国家卫生健康委员会"十三五"规划教材

全国高等学历继续教育规划教材

供临床、预防、口腔、护理、检验、影像等专业用

U0627083

医学计算机应用

第 3 版

主　编　胡志敏

副主编　时松和　肖　峰

人民卫生出版社

图书在版编目（CIP）数据

医学计算机应用 / 胡志敏主编 . — 3 版 . —北京：
人民卫生出版社，2018
全国高等学历继续教育"十三五"（临床专本共用）
规划教材
ISBN 978-7-117-27088-5

Ⅰ. ①医…　Ⅱ. ①胡…　Ⅲ. ①计算机应用 – 医学 – 成
人高等教育 – 教材　Ⅳ. ①R319

中国版本图书馆 CIP 数据核字（2018）第 190704 号

| 人卫智网 | www.ipmph.com | 医学教育、学术、考试、健康，购书智慧智能综合服务平台 |
| 人卫官网 | www.pmph.com | 人卫官方资讯发布平台 |

版权所有，侵权必究！

医学计算机应用
第 3 版

主　　编：胡志敏
出版发行：人民卫生出版社（中继线 010-59780011）
地　　址：北京市朝阳区潘家园南里 19 号
邮　　编：100021
E - mail：pmph @ pmph.com
购书热线：010-59787592　　010-59787584　　010-65264830
印　　刷：中农印务有限公司
经　　销：新华书店
开　　本：850×1168　1/16　印张：29
字　　数：856 千字
版　　次：2007 年 8 月第 1 版　　2018 年 10 月第 3 版
　　　　　2022 年 11 月第 3 版第 4 次印刷（总第 9 次印刷）
标准书号：ISBN 978-7-117-27088-5
定　　价：65.00 元
打击盗版举报电话：010-59787491　E-mail：WQ @ pmph.com
（凡属印装质量问题请与本社市场营销中心联系退换）

纸质版编者名单

数字负责人

胡志敏

编　者（按姓氏笔画排序）

王宏伟 / 大连医科大学　　　　　　张建莉 / 长治医学院

孙　玮 / 广州卫生职业技术学院　　胡　杰 / 南京医科大学

肖　峰 / 大连医科大学　　　　　　胡志敏 / 广州卫生职业技术学院

时松和 / 郑州大学　　　　　　　　黄海平 / 肇庆医学高等专科学校

编写秘书

孙　玮 / 广州卫生职业技术学院

数字秘书

孙　玮 / 广州卫生职业技术学院

在线课程编者名单

在线课程负责人

肖　峰

编　者（按姓氏笔画排序）

王宏伟 / 大连医科大学　　　　　　胡　杰 / 南京医科大学

孙　玮 / 广州卫生职业技术学院　　胡志敏 / 广州卫生职业技术学院

肖　峰 / 大连医科大学　　　　　　黄海平 / 肇庆医学高等专科学校

时松和 / 郑州大学　　　　　　　　肇恒宇 / 大连医科大学

张建莉 / 长治医学院

在线课程秘书

肇恒宇 / 大连医科大学

第四轮修订说明

随着我国医疗卫生体制改革和医学教育改革的深入推进,我国高等学历继续教育迎来了前所未有的发展和机遇。为了全面贯彻党的十九大报告中提到的"健康中国战略""人才强国战略"和中共中央、国务院发布的《"健康中国2030"规划纲要》,深入实施《国家中长期教育改革和发展规划纲要(2010—2020年)》《中共中央国务院关于深化医药卫生体制改革的意见》,落实教育部等六部门联合印发《关于医教协同深化临床医学人才培养改革的意见》等相关文件精神,推进高等学历继续教育的专业课程体系及教材体系的改革和创新,探索高等学历继续教育教材建设新模式,经全国高等学历继续教育规划教材评审委员会、人民卫生出版社共同决定,于2017年3月正式启动本套教材临床医学专业第四轮修订工作,确定修订原则和要求。

为了深入解读《国家教育事业发展"十三五"规划》中"大力发展继续教育"的精神,创新教学课程、教材编写方法,并贯彻教育部印发《高等学历继续教育专业设置管理办法》文件,经评审委员会讨论决定,将"成人学历教育"的名称更替为"高等学历继续教育",并且就相关联盟的更新和定位、多渠道教学模式、融合教材的具体制作和实施等重要问题进行了探讨并达成共识。

本次修订和编写的特点如下:

1. 坚持国家级规划教材顶层设计、全程规划、全程质控和"三基、五性、三特定"的编写原则。

2. 教材体现了高等学历继续教育的专业培养目标和专业特点。坚持了高等学历继续教育的非零起点性、学历需求性、职业需求性、模式多样性的特点,教材的编写贴近了高等学历继续教育的教学实际,适应了高等学历继续教育的社会需要,满足了高等学历继续教育的岗位胜任力需求,达到了教师好教、学生好学、实践好用的"三好"教材目标。

3. 本轮教材从内容和形式上进行了创新。内容上增加案例及解析,突出临床思维及技能的培养。形式上采用纸数一体的融合编写模式,在传统纸质版教材的基础上配数字化内容,以一书一码的形式展现,包括在线课程、PPT、同步练习、图片等。

4. 整体优化。注意不同教材内容的联系与衔接,避免遗漏、矛盾和不必要的重复。

本次修订全国高等学历继续教育"十三五"规划教材临床医学专业专科起点升本科教材29种,于 2018 年出版。

第四轮教材目录

序号	教材品种	主编	副主编
1	人体解剖学（第4版）	黄文华 徐 飞	孙 俊 潘爱华 高洪泉
2	生物化学（第4版）	孔 英	王 杰 李存保 宋高臣
3	生理学（第4版）	管茶香 武宇明	林默君 邹 原 薛明明
4	病原生物学（第4版）	景 涛 吴移谋	肖纯凌 张玉妥 强 华
5	医学免疫学（第4版）	沈关心 赵富玺	钱中清 宋文刚
6	病理学（第4版）	陶仪声	申丽娟 张 忠 柳雅玲
7	病理生理学（第3版）	姜志胜 王万铁	王 雯 商战平
8	药理学（第2版）	刘克辛	魏敏杰 陈 霞 王垣芳
9	诊断学（第4版）	周汉建 谷 秀	陈明伟 李 强 粟 军
10	医学影像学（第4版）	郑可国 王绍武	张雪君 黄建强 邱士军
11	内科学（第4版）	杨 涛 曲 鹏	沈 洁 焦军东 杨 萍 汤建平 李 岩
12	外科学（第4版）	兰 平 吴德全	李军民 胡三元 赵国庆
13	妇产科学（第4版）	王建六 漆洪波	刘彩霞 孙丽洲 王沂峰 薛凤霞
14	儿科学（第4版）	薛辛东 赵晓东	周国平 黄东生 岳少杰
15	神经病学（第4版）	肖 波	秦新月 李国忠
16	医学心理学与精神病学（第4版）	马存根 朱金富	张丽芳 唐峥华
17	传染病学（第3版）	李 刚	王 凯 周 智
18*	医用化学（第3版）	陈莲惠	徐 红 尚京川
19*	组织学与胚胎学（第3版）	郝立宏	龙双涟 王世鄂
20*	皮肤性病学（第4版）	邓丹琪	于春水
21*	预防医学（第4版）	肖 荣	龙鼎新 白亚娜 王建明 王学梅
22*	医学计算机应用（第3版）	胡志敏	时松和 肖 峰
23*	医学遗传学（第4版）	傅松滨	杨保胜 何永蜀
24*	循证医学（第3版）	杨克虎	许能锋 李晓枫
25*	医学文献检索（第3版）	赵玉虹	韩玲革
26*	卫生法学概论（第4版）	杨淑娟	卫学莉
27*	临床医学概要（第2版）	闻德亮	刘晓民 刘向玲
28*	全科医学概论（第4版）	王家骥	初 炜 何 颖
29*	急诊医学（第4版）	黄子通	刘 志 唐子人 李培武
30*	医学伦理学	王丽宇	刘俊荣 曹永福 兰礼吉

注：1. * 为临床医学专业专科、专科起点升本科共用教材

　　2. 本套书部分配有在线课程，激活教材增值服务，通过内附的人卫慕课平台课程链接或二维码免费观看学习

　　3.《医学伦理学》本轮未修订

评审委员会名单

顾　　　问　　郝　阳　秦怀金　闻德亮

主 任 委 员　　赵　杰　胡　炜

副主任委员（按姓氏笔画排序）

龙大宏　史文海　刘文艳　刘金国　刘振华　杨　晋

佟　赤　余小惠　张雨生　段东印　黄建强

委　　　员（按姓氏笔画排序）

王昆华　王爱敏　叶　政　田晓峰　刘　理　刘成玉

江　华　李　刚　李　期　李小寒　杨立勇　杨立群

杨克虎　肖　荣　肖纯凌　沈翠珍　张志远　张美芬

张彩虹　陈亚龙　金昌洙　郑翠红　郝春艳　姜志胜

贺　静　夏立平　夏会林　顾　平　钱士匀　倪少凯

高　东　陶仪声　曹德英　崔香淑　蒋振喜　韩　琳

焦东平　曾庆生　虞建荣　管茶香　漆洪波　翟晓梅

潘庆忠　魏敏杰

秘 书 长　　苏　红　左　巍

秘　　　书　　穆建萍　刘冰冰

前　言

随着计算机的广泛应用,计算机应用基础课程成为高等院校各专业必修的一门公共基础课。本课程的任务是:使学生掌握必备的计算机基础知识和基本技能,培养学生应用计算机解决工作与生活中实际问题的能力;使学生初步具有应用计算机学习的能力,从而提高学生的信息素养以适应工作岗位的需求。

一、编写指导思想

(一) 体现"三基五性"的基本原则

1. 三基　基本理论、基本知识、基本技能,是教材建设的主体和框架。

2. 五性　即思想性、科学性、先进性、启发性、适用性,是教材建设的灵魂。

(二) 体现够用、实用、会用

针对高等学历继续教育非零起点性、学历需求性、职业需求性、模式多样性的特点,贴近继续教育学生的知识水平、贴近学生的学习与生活工作,达到教师好教、学生好用的教材使用效果,本教材从内容选材、教学方法、学习方法等方面将突出以够用、实用、会用为原则,淡化专业理论的特点。为了启发读者阅读,本教材配有同步练习、PPT、在线课程等融合教材,扫描二维码即可查看。

(三) 体现先进性

1. 内容的选取　本书介绍的内容是当今最常用的办公软件 Win7+Office2010、基于 Internet 的多种常用软件(包括浏览器 IE、即时通讯软件)、云计算技术、信息安全技术、医院信息系统、医学统计软件 SPSS 及智慧医疗概况等。

2. 教学内容的组织　强调工作过程导向,打破原有的学科知识体系,以"任务"为基本写作单元,任务实例尽量与岗位相联系,把知识点包含在一个个具体的"任务"当中。因此,全书的体系结构,按"任务名称"→"任务描述"→"知识点分析"→"学习小结"→"复习参考题"等构成。

3. 在教与学的方法上,采用"任务"驱动、情景教学等方法,使学生通过实践密切联系实际任务,掌握最基本的操作和相关的理论知识。同时,由于计算机知识更新较快,所以在编写中注意培养学习者学习计算机知识的能力,达到融会贯通、举一反三的效果。

(四) 体现医药卫生工作特色

素材选取尽量考虑医药卫生工作实际。

(五) 体现整体性

注意课程前后内容的衔接,避免不必要的交叉和重复;注重理论教学和实验的衔接,使理论知识体系与实践技能体系能有机地结合起来。

二、教材的使用说明

本书中的内容在实际讲授的时候,可根据授课对象做适当的删减,即有些内容不用讲授而仅作为课后自学参考。因此,本书可作为高等院校非计算机专业高等学历继续教育计算机基础课程的教材,也可供相关人员自学使用,还可以作为计算机培训的教材。

本书在编写过程中,得到了参编老师和广大同行的大力支持与帮助,在此一并表示衷心的感谢!

由于计算机技术的更新速度较快,加上时间仓促,书中难免存在一些疏漏,敬请广大读者不吝赐教,以便再版时修订和完善。

胡志敏

2018 年 6 月

目　录

第五章　PowerPoint 2010 演示文稿制作软件 ⋯⋯⋯ ▪236

第一章　计算机基础知识

1

学习目标

掌握　计算机系统的基本组成；计算机各部分硬件的功能及搭配原则；数据的存储单位、字符编码和汉字编码；计算机使用的数制及数制之间的转换。

熟悉　当前计算机市场的主流机型及配置，能够根据需求列出电脑选购清单，完成选购；安装 Windows 7 操作系统、设备驱动程序及常用软件的方法。

了解　计算机的发展历程以及应用领域。

能力目标

　　学习本章内容之后，能根据实际需要，选购一台性价比高的电脑；能安装 Windows 7 操作系统、设备驱动程序；能根据信息在计算机内的表示方式计算出存储相应数据所需的存储空间。

任务 1-1　选购一台电脑

【任务描述】

了解当前主流微机的性能和配置,各计算机配件当前市场价格及趋势,再根据自己的需求,选择适合的硬件配置,购买一台性价比较好的计算机,然后安装中文操作系统 Windows 7 及硬件驱动程序,并使计算机能正常运行。

【知识点分析】

1.1.1　计算机系统组成

一、计算机系统和冯·诺依曼体系结构

计算机是指一种能够存储数据和程序,并能自动执行程序,从而快速、高效地自动完成对各种数字化信息处理的电子设备。程序是计算机解决问题的若干指令集合。软件是指计算机运行所需要的程序、数据和文档集合。一个完整的计算机系统包括硬件系统和软件系统两部分。硬件系统包括中央处理器(即CPU)、存储器和外部设备等,是构成计算机的实体。软件系统包括系统软件和应用软件,是计算机的灵魂,是控制和操作计算机工作的核心。没有安装任何软件的计算机称为裸机。

自从 1946 年第一台电子计算机 ENIAC 在美国诞生以来,电子计算机每隔数年都会在逻辑器件、软件及应用方面有重大发展,在至今短短 70 多年里经过了电子管、晶体管、中小规模集成电路(IC)、大规模和超大规模集成电路(VLSI)四个阶段的发展,体积、重量、功耗进一步减小,而运算速度、存储容量、可靠性等却有了大幅度提高,功能越来越强,价格越来越低,应用越来越广泛。特别是随着微型计算机的普及,计算机技术已渗透到各个领域,并有着十分广泛的应用。例如,在医学领域有计算机辅助诊断和辅助决策系统、医院信息系统(HIS)、卫生行政管理信息系统(MIS)、医学情报检索系统、疾病预测预报系统、计算机辅助教学(CAI)、计算机医学图像处理与图像识别等。

未来计算机发展趋势正逐渐向巨型化、微型化、网络化、智能化和多媒体化发展。

随着芯片制造技术的进步,在不断推动计算机技术向前发展的同时,硅技术也越来越接近其物理极限,为此,人们也在研究开发新一代计算机,期望在计算机的体系结构、工作原理与器件及制造技术方面都发生颠覆性的变革,产生一次量与质的飞跃。新一代计算机包括量子计算机、光子计算机、超导计算机、生物计算机等。

2017 年 5 月 3 日,世界上第一台超越早期经典计算机的光量子计算机在中国诞生。这标志着我国的量子计算机研究水平已迈入世界一流行列。量子计算机是指利用量子相干叠加原理,理论上具有超快的并行计算和模拟能力的计算机。

尽管现在的电子计算机与当初的计算机在各方面都发生了惊人的变化,但其基本结构和原理仍然基于冯·诺依曼的存储程序原理,这个体系结构实现了实用化的通用计算机。

冯·诺依曼体系结构的基本思想可概况为三条:

(一) 计算机硬件系统由运算器、控制器、存储器、输入设备、输出设备五大部分组成。

(二) 程序和数据在计算机中用二进制数表示。

(三) 计算机的工作过程是由存储程序控制的。

二、计算机分类与微型计算机

按照不同的标准对计算机分类,可以有不同的分类方法:

1. 按处理数据信息的形式分为模拟计算机、数字计算机、数字模拟混合计算机。通常所用的计算机是指数字计算机。

2. 按照 1989 年由 IEEE 科学巨型机委员会提出的运算速度分类法巨型机、大型机、小型机、工作站和微型计算机。

3. 按功能分为专用计算机和通用计算机。

微型计算机简称微机,俗称电脑,是由 CPU,存储器,输入、输出接口和系统总线构成。其特点是:体积小、重量轻、价格低,已经广泛应用于各个领域,从工厂生产控制到政府的办公自动化,从商业数据处理到家庭信息管理,到处都有微型机的身影。

PC 机是 Personal Computer 的缩写,也就是通常说的个人电脑,属于微型计算机。PC 机分为 IBM-PC 机和苹果机,分别由 IBM 公司和苹果电脑公司开发,面向小型和个人用户的电子计算机。由于 IBM-PC 的广泛流行,已经使 IBM-PC 机成了 PC 机的代表,也成了 PC 机的标准,通常说的 PC 机就是指 IBM-PC 标准的电脑。兼容机是指兼容 IBM-PC 的计算机。

三、台式电脑、一体台式机、笔记本、平板电脑

随着计算机技术的普及应用,电脑市场产品细分为品牌电脑、DIY 电脑、笔记本电脑、一体台式机、平板电脑等。

(一)台式电脑

台式电脑是桌上型计算机,台式电脑的主机和显示器等设备一般都是分离的,需放置在电脑桌或专门的工作台上。台式电脑包含品牌台式电脑与 DIY 组装电脑。台式电脑优点就是耐用、价格实惠,和笔记本电脑相比,相同价格前提下配置较好,散热性较好,DIY 升级方便,配件若损坏更换价格相对便宜。缺点:占用空间大、耗电量较大、比较笨重、连接线多。

台式电脑适合人群广泛,主要用于日常工作和学习、影音娱乐、高端游戏等,其中 DIY 组装电脑性价比也是比较高的。

(二)一体台式机

一体台式机是指将传统分体的台式电脑的主机集成到显示器中,从而形成一体台式电脑。优点是相较传统台式电脑有着连线少、体积小的优势,集成度更高。缺点是配置相对较弱,仅能满足部分需求,由于集成度高,散热也相对较差,DIY 升级有局限。

(三)笔记本电脑

笔记本电脑又称手提电脑或膝上电脑,是一种小型可携带的个人电脑,自带键盘,重量在 1~3 公斤之间。笔记本电脑秉承的是移动为王、性能够用的原则。

笔记本电脑除了键盘外,还提供了触控板(Touch Pad)或触控点(Pointing Stick),提供了更好的定位和输入功能。

笔记本电脑可以大体上分为商务型、时尚型、多媒体应用型、上网型、学习型、特殊用途型六类。①商务型笔记本电脑一般用于办公需要,需要较好的便携性、电池长续航能力、能运行多种软件;②时尚型笔记本主要针对喜好新潮、时尚外观的用户;③多媒体应用型笔记本电脑则有较强的图形、图像处理能力和多媒体的能力,尤其是播放能力,为享受型产品,而且多媒体笔记本电脑多拥有较为强劲的独立显卡和声卡

（均支持高清），并有较大的屏幕；④上网本（Netbook）就是轻便和低配置的笔记本电脑，具备上网、收发邮件以及即时信息等功能，并可以实现流畅播放流媒体和音乐；上网本注重便携性，多用于在出差、旅游甚至公共交通上的移动上网；⑤学习型笔记本的机身设计为笔记本外形，采用标准电脑操作，全面整合学习机、电子辞典、复读机、点读机、学生电脑等多种机器功能；⑥特殊用途的笔记本电脑是服务于专业人士，可以在酷暑、严寒、低气压、高海拔、强辐射、战争等恶劣环境下使用的机型。

（四）平板电脑

平板电脑其英文是 Tablet Personal Computer，简称 Tablet PC、Flat PC、Tablet、Slates，是一种小型、方便携带的个人电脑，可以通过内建的手写识别、屏幕上的软键盘、语音识别实现输入而不是使用键盘和鼠标输入。平板电脑分为 ARM 架构（代表产品为 iPad 和安卓平板电脑）与 X86 架构（代表产品为 Surface Pro），X86 架构平板电脑一般采用 Intel 处理器及 Windows 操作系统，具有完整的电脑及平板功能，支持 .exe 程序。

平板电脑优点：小巧，携带非常方便，非常适合一般的上网娱乐与看电子书，以及一些简单的游戏需求等。外出时不用携带繁重的笔记本电脑，只需将平板电脑装入夹包，就可以在酒店，机场，咖啡厅随时随地网上冲浪。

四、该购买台式电脑还是笔记本电脑

为了满足日常工作和学习的需要，在选购电脑时，首先要了解台式电脑和笔记本的各自特点，再根据具体实际情况决定购买台式电脑还是笔记本。

台式电脑可以根据功能、样式、品牌等购买品牌机或 DIY 组装（攒机），还可以根据需要对系统和配件随时升级。无论在性能、外观还是各个硬件的选择，可以有更灵活方式，搭配出相对理想的计算机，如选择不同尺寸和性能的显示器、选择卧式机箱或立式机箱、选配自己喜好的鼠标、键盘等。而笔记本基本上就不适合自己组装，一般都是购买品牌笔记本。

台式电脑上用的硬件与笔记本上用的硬件虽然功能一样，但对尺寸、散热要求不一样。笔记本为了携带方便，需要薄、轻、小些，但散热会有问题，所以对元器件、对工艺要求很高。这就带来很多技术难题，也就增加了成本。

相对而言，台式电脑的性价比更高些，硬件功能也更强些，特别是在显卡、处理器、硬盘等配件方面。例如，笔记本采用的处理器都是笔记本专用的 CPU 简称 Mobile CPU，相比台式电脑的 CPU 性能较差些。

笔记本占地空间小，并配有电池，在没电的情况下，还可以使用一段时间，而台式电脑没电就不能使用了。

台式电脑和笔记本电脑各有优缺点。具体怎么选择购买，还是一句话："真正适合自己的才是最好的。"

如果打算选购台式电脑，还要考虑是购买品牌机还是 DIY 电脑（攒机）。

品牌机指由具有一定规模和技术实力的计算机厂商生产、注册商标、有独立品牌的计算机。品牌机出厂前经过了严格的性能测试，其特点是电脑性能稳定，故障率低。品质有保证，易用。电脑配置明确。外观美观，带有正版软件。缺点是升级扩展性稍差，价格相对贵一些，性价比一般。

组装机是购买各种计算机配件，然后将它们组装成计算机，可以自己动手 DIY 也可以商家代为组装。组装机的特点是计算机的配置较为灵活，可以组装低配置电脑，也可以组装高配置电脑。性价比略高于品牌机，但有时会遇到售后问题。对于选择品牌机还是组装机，主要看用户。如果对电脑不是很了解，购买品牌机就是较好的选择，不会出现硬件不兼容以及售后服务等问题。如果对电脑比较了解，希望可以花费较少费用，提高电脑配置，并且为将来升级考虑，可以选择组装机。

五、需考虑的硬件及相关性能指标

如何选购一台合适的电脑？首先要了解自己的需求，这台电脑是要用来设计的，还是要用来运行大型软件的，出发点不同，很多配置就不同。如今计算机硬件的更新速度非常快，通常每18个月就更新一代，这就是常常被提及的摩尔定律。所以在选购的时候，要量力而行，从实际情况出发，不必太刻意地追求高配置。选购电脑需要考虑的硬件及相关性能指标如下：

（一）CPU

CPU，即中央处理器是整台计算机的核心部件，它主要由控制器和运算器组成。运算器又称为算术逻辑单元（ALU），是负责对数据进行加工处理的部件，包括算术运算（加、减、乘、除等）和逻辑运算（与、或、非、异等）。控制器负责从存储器中取出指令，对指令进行译码，并根据指令的要求，按时间的先后顺序向各部件发出控制信号，保证各部件协调一致地工作，一步一步地完成各种操作。控制器主要由指令寄存器、译码器、程序计数器和操作控制器等组成。计算机运算性能高低，速度快慢，在很大程度上都取决于CPU的等级与层次（图1-1）。

图 1-1 CPU

目前，市场上形成产品线的CPU厂家主要有两家：intel（英特尔）和AMD。intel占有CPU市场的较高份额，而AMD主要追求的是性价比路线，相较Intel CPU价格较低些。

CPU主要的指标有以下几项：

1. **主频** 主频也叫时钟频率，单位是MHz（或GHz），用来表示CPU的运算、处理数据的速度。通常，主频越高，CPU处理数据的速度就越快。CPU的主频＝外频 × 倍频系数。

2. **外频** 是CPU与主板之间同步运行的频率。单位是MHz。主要影响了主板上各种总线的频率。

3. **倍频系数** 倍频系数是指CPU主频与外频之间的相对比例关系。在相同的外频下，倍频越高，CPU的频率也越高。

4. **前端总线（FSB）频率** 即总线频率，直接影响CPU与内存直接数据交换速度。有一条公式可以计算，即数据带宽＝（总线频率 × 数据位宽）/8，数据传输最大带宽取决于所有同时传输的数据的宽度和传输频率。

5. **字长** CPU在单位时间内能一次处理的二进制数的位数。字长直接影响到计算机的功能、用途及应用领域。常见的字长有8位、16位、32位、64位等。

6. **缓存（Cache）** 缓存大小也是CPU的重要指标之一，而且缓存的结构和大小对CPU速度的影响非常大，CPU内缓存的运行频率极高，一般是和处理器同频运作，工作效率远远大于系统内存和硬盘。实际工作时，CPU经常需要重复读取同样的数据块，而缓存容量的增大，可以大幅度提升CPU内部读取数据的命中率，而不用再到内存或者硬盘上寻找，以此提高系统性能。但是由于受制于CPU芯片面积和成本因素,缓存都很小。缓存分为一级缓存、二级缓存和三级缓存。

7. **多线程** Simultaneous Multithreading,简称 SMT。SMT 可通过复制处理器上的结构状态,让同一个处理器上的多个线程同步执行并共享处理器的执行资源,提高处理器运算部件的利用率。Core i3/i5/i7 CPU 都支持超线程技术,四核的 Core i7 可同时处理八个线程操作。

8. **多核心** 指单芯片多处理器(Chip Multiprocessors,简称 CMP),是将大规模并行处理器中的 SMP(对称多处理器)集成到同一芯片内,各个处理器并行执行不同的进程。

9. **睿频加速技术** Turbo Boost,顾名思义,就是加速技术,它通过分析当前 CPU 的负载情况,智能地完全关闭一些用不上的核心或者在需要多个核心时,动态开启相应的核心。

(二)存储器

存储器是计算机硬件中重要的组成部件,用于存储程序和数据。存储器是由存储体、地址译码器、读写控制电路、地址总线和数据总线组成。能由中央处理器直接随机存取指令和数据的存储设备称为内存储器(或主存储器),不能直接被中央处理器读取的存储设备,如磁盘、磁带、光盘等称为外存储器(或辅助存储器)。

计算机存储单位一般用 b、B、KB、MB、GB、TB、EB 等来表示,它们之间的关系是:

b(位,bit,binary digits,比特):存放一位二进制数,即 0 或 1;

B(字节,Byte):8 个二进制位为一个字节,最常用的单位;

$1KB$(kilobyte,千字节)$=1024B=2^{10}B$;

$1MB$(megabyte,兆字节,简称"兆")$=1024KB=2^{10}KB$;

$1GB$(gigabyte,吉字节,又称"千兆")$=1024MB=2^{10}MB$;

$1TB$(trillionbyte,万亿字节,太字节)$=1024GB=2^{10}GB$;

$1PB$(petabyte,千万亿字节,拍字节)$=1024TB=2^{10}TB$。

1. **内部存储器** 也称主存,简称内存,计算机中几乎所有的操作都要通过内存才能实现。它不仅是 CPU 直接寻址的存储器,而且还是 CPU 与外部设备交流的桥梁。因为 CPU 不能直接访问外存,当需要某一程序或数据时,首先要调入内存,然后再运行。内存分为随机存储器(Random Access Memory,RAM)和只读存储器(Read-Only Memory,ROM)。

RAM 既可以进行读操作,也可以进行写操作,但一旦系统断电,RAM 中的信息就会丢失。通常所说的内存条,即为 RAM 条(图 1-2)。

ROM 即使断电,里面的内容仍然存在,因此它主要是用来存放固定不变、重复使用的程序、数据,最典型的是 ROM BIOS(基本输入 / 输出系统)。

内存对整机的性能影响很大,许多指标都与内存有关,加之内存本身的性能指标就很多,因此,这里只介绍几个最常用,也是最重要的指标。

(1)内存速度:指存取一次数据所需的时间(单位为纳秒,ns),时间越短,速度就越快。只有当内存与主板速度、CPU 速度相匹配时,才能发挥计算机的最大效率,否则会影响 CPU 高速性能的充分发挥。

(2)容量:内存容量是指该内存条的存储容量,容量的大小直接影响计算机的性能和可靠性。

(3)内存电压:SDRAM 使用 3.3V 电压,而 DDR 使用 2.5V 电压,DDR2 使用 1.8V 电压,DDR3 使用 1.5V 电压,DDR4 使用 1.2V 电压。

(4)内存接口标准:目前,主流内存接口有 DDR3、DDR4 两种类型,且分笔记本电脑专用或台式机专用,选购时要分清楚,同

图 1-2　内存条

时要注意内存的频率,频率越高越好。如金士顿的延时 CL9~CL10 的 DDR3,支持的频率为 1333~1866MHz;延时 CL14~CL15 存储容量为 4G 或 16G 的 DDR4,支持频率为 2133~2666MHz;延时 CL12~CL15、存储容量为 16G、32G、64G 的 DDR4,支持频率为 2133~3000MHz。

2. 外部存储器 又称辅助存储器,简称外存或辅存。外存储器的特点是容量大,数据在系统断电后不会消失,可长期保存,但存取速度较慢。常用的外存储器有硬盘、光盘和 U 盘。

硬盘是计算机的主要外部存储设备,操作系统、程序文件和用户数据文件都保存在硬盘上。硬盘分为机械硬盘(HDD)和固态硬盘(SSD)(图 1-3、图 1-4)。其中,HDD 采用磁性碟片来存储,转速越高速度越快,一般有 5400r/min、7200r/min,SSD 采用内存颗粒来存储。目前基本采用 128G 固态硬盘,如需更大存储空间,可再加一块机械硬盘组成双硬盘。

图 1-3 机械硬盘内部结构

图 1-4 固态硬盘

(三) 显卡

显示接口卡或显示适配器(Video card,Graphics card),简称显卡。显卡作为电脑主机里的一个重要组成部分,是电脑进行数模信号转换的设备,承担输出显示图形的任务。

显卡按结构可分为三大类:独立显卡、集成显卡(板载显卡)、核心显卡。

1. 独立显卡 是指将显示芯片、显存及其相关电路单独做在一块电路板上,作为一块独立的板卡存在,它需占用主板的扩展插槽。独立显卡按接口类型分为 ISA 显卡、PCI 显卡、AGP 显卡、PCI-E 显卡等。

独立显卡具有较好的显示效果和性能,可以更换升级,其缺点是系统功耗有所加大,发热量也较大,比较适合对显示性能要求较高的。独立显卡分为专用于绘图和 3D 渲染的专业显卡和专门为游戏设计的娱乐显卡。

2. 集成显卡 一般是指板载显卡,是将显示芯片、显存及其相关电路都在主板上,与主板融为一体。大部分集成显卡没有单独的显存,需使用系统内存来充当显存,集成显卡的显示效果与性能较差,不能对显卡进行硬件升级,优点是不需要单独购买显卡,系统功耗有所减少,主要适合对图形图像处理性能要求不高的用户。

3. 核芯显卡 是 Intel 新一代图形处理核心,与传统意义上的集成显卡不同,它将图形核心整合在处理器当中,进一步加强了图形处理的效率,并把集成显卡中的"处理器 + 南桥 + 北桥(图形核心 + 内存控制 + 显示输出)"三芯片解决方案精简为"处理器(处理核心 + 图形核心 + 内存控制)+ 主板芯片(显示输出)"的双芯片模式,有效降低了核心组件的整体功耗,对采用核芯显卡的笔记本电脑,更利于延长续航时间。

独立显卡的结构如图 1-5 所示。

图 1-5 独立显卡

其性能指标有：

(1) 时钟周期和工作频率：是非常重要的性能指标，指的是显存每处理一次数据要经过的时间。显存速度越快，单位时间交换数据量也就越大，在同等情况下显卡的性能将会得到明显提升，显存时钟周期一般以 ns 为单位，工作频率以 MHz 为单位。显存时钟周期跟工作频率一一对应，它们之间的关系为：

$$工作频率(MHz) = 1 \div 时钟周期(ns) \times 1000$$

常见显存时钟周期有 5ns，4ns，3.8ns，3.6ns，3.3ns，2.8ns。对于 DDR SDRAM 显存来说，描述其工作频率时用的是等效工作频率。因为在时钟周期上的升沿和下降沿都能传送数据，所以在工作频率和数据位宽度相同的情况下，显存带宽是 SDRAM 的两倍。换句话说，在显存时钟周期相同的情况下，DDR SDRAM 显存实际工作频率是 SDRAM 显存的两倍。例如 5ns 的 SDRAM 显存的工作频率为 200MHz，而 5ns 的 DDR SDRAM 显存的等效工作频率就是 400MHz。

(2) 显存容量：显存全称显示内存，其主要功能是用于负责存储显示芯片所处理的各种数据，其容量越大，显示图像精度也会越高，但价格也必然越高。显存与系统内存使用相同的技术，不过高端显卡需要比系统内存更快的存储器，所以现在越来越多显卡厂商转向使用第四代 DDR4 和第五代 DDR5 技术。显卡用的显存被称为 GDDR2、GDDR3、GDDR4、GDDR5，以与系统内存区别(这里"G"是英文显卡的单词 Graphics 的缩写)。ns 数值越小的显存能跑更高的频率，所以显存的 ns 被认为是显卡选购的关键之一。

(3) 显存带宽：主要用于衡量显示芯片与显存之间的数据传输速率，一般来讲带宽越大数据传输速度就越快，单位是字节 / 秒。在频率相同情况下，带宽高的显卡性能也会越强。就好比同等条件下六车道高速路在同一段时间内车流量大于四车道高速路的道理一样。

(4) 显存位宽：即显存在一个时钟周期内所能传送数据的位数，位数越大则单位时间所能传输的数据量越大，这是显存的重要参数之一。

目前市场上的显存位宽有 64 位、128 位、256 位、448 位和 256 位五种。人们习惯上叫的 64 位显卡、128 位显卡和 256 位显卡就是指其相应的显存位宽。显存位宽越高性能越好，价格也就越高。

(5) 色彩位数(彩色深度)：图形中每一个像素的颜色是用一组二进制数来描述的，这组描述颜色信息的二进制数位数就称为色彩位数。色彩位数越高，显示图形的色彩越丰富。通常所说的标准 VGA 显示模式是 8 位显示模式，即在该模式下能显示 256 种颜色；增强色(16 位)能显示 65 536 种颜色，也称 64K 色；24 位真彩色能显示 1677 万种颜色，也称 16M 色。

(6) 显示分辨率：指组成一幅图像(在显示屏上显示出图像)的水平像素和垂直像素的乘积。显示分辨率越高，屏幕上显示的图像像素越多，则图像显示也就越清晰。显示分辨率和显示器、显卡有密切的关系。显示分辨率通常以"横向点数 × 纵向点数"表示，如 1024×768。最大分辨率是指显卡或显示器能显示的最高分辨率。

(四) 显示器

显示器是计算机最基本的输出设备。计算机通过屏幕显示 CPU 处理的结果，屏幕上的画面主要是通过显卡所产生。

显示器根据不同的制造技术，可分为阴极射线管显示器(Cathode Ray Tube，CRT)和液晶显示器(Liquid

图1-6 液晶显示器

Crystal Display，LCD）两种。CRT采用阴极射线管技术来呈现影像的，体积较大。LCD是利用存放在液晶面板中的液晶来呈现影像的。因为它轻、薄、短小，再加上无辐射、低耗电量、标准平面直角、画面不会闪烁等多项优点，所以很快就替代了传统的CRT显示器。LCD显示器如图1-6所示。

液晶显示器的性能指标如下：

（1）分辨率：分辨率是指屏幕上每行有多少像素点、每列有多少像素点，其中每个像素点都能被计算机单独访问。

（2）点距：点距是液晶显示器的一个重要的硬件指标。所谓点距，是指一种给定颜色的一个发光点与离它最近的相邻同色发光点之间的距离，这种距离不能用软件来更改，这一点与分辨率是不同的。在任何相同分辨率下，点距越小，显示图像越清晰细腻，分辨率和图像质量也就越高。液晶显示器的点距数值可以这样得到，以一般14英寸LCD为例，它的可视面积为285.7mm×214.3mm，如果它的最大分辨率为1024×768，那么点距就等于可视宽度/水平像素（或者可视高度/垂直像素），即285.7mm/1024=0.279mm（或214.3mm/768=0.279mm）。

（3）刷新频率：刷新频率是指显示帧频，亦即每个像素为该频率所刷新的时间，与屏幕扫描速度及避免屏幕闪烁的能力相关，也就是说刷新频率过低，可能出现屏幕图像闪烁或抖动。

（4）防眩光防反射：主要是为了减轻用户眼睛疲劳所增设的功能。

（5）可视角度：LCD的可视角度都是左右对称的，也就是由左边或是右边可以看见荧幕上图像的角度是一样的。例如左边为60度可视角度，右边也一定是60度可视角度，可视角是愈大愈好。而上下可视角度通常都小于左右可视角度。

（6）TFT LCD显示器的可接受亮度为150cd/m²以上。一般市场中的TFT液晶显示器亮度都在200cd/m²左右（LCD显示器的亮度测量单位为平方米烛光"cd/m²"，也就是一般所称的NIT）。亮度过低就会感觉荧幕比较暗，当然亮一点会更好，前提是要提供足够高的对比度来显示亮度，才能确保色彩的真实度和色阶准确度。但是，如果荧幕过亮的话，人的双眼观看荧幕过久同样会有疲倦感产生。在购买显示器时，要特别注意亮度指标，不过，还没有一套有效且公正的标准来衡量对比度和亮度指标。所以最好的识别方法还是利用自己的双眼来判定。即将LCD显示器调到最亮和最暗，看看感觉如何。现在也只能利用这方法来找到比较合适的LCD显示器。亮度值一般都在200~250cd/m²之间。

（7）响应时间：响应时间愈小愈好，它反映了液晶显示器各像素点对输入信号反应的速度，即像素由暗转亮或由亮转暗的速度。响应时间短，在观看运动画面时不会出现尾影拖拽的感觉。

（8）显示器的尺寸：显示器的尺寸是指液晶面板的可视范围对角线尺寸，以英寸为单位。

（五）声卡

声卡也称音频卡，是多媒体技术中最基本的组成部分，是实现声波的模拟/数字信号转换的一种硬件。声卡分为独立声卡和集成声卡（板载声卡），其基本功能是把来自话筒、磁带、光盘的原始声音信号加以转换，输出到耳机、扬声器、扩音机、录音机等声响设备，或通过音乐的设备的数学接口（MIDI）使乐器发出美妙的声音。独立声卡如图1-7所示。

声卡主要的指标有：

（1）采样的位数：采样的位数有8位、16位、32位。位数越大，精度越高，所录制的声音质量也越好。

图1-7 独立声卡

(2) 最高采样频率：最高采样频率即每秒钟采集样本的数量，一般声卡提供了 11.025kHz、2.44.1kHz 的采样频率，高档的声卡采样频率可达 48kHz。

(3) 数字信号处理器（DSP）：是一块单独的专用于处理声音的处理器。带 DSP 的声卡要比不带 DSP 的声卡快得多，而且可以提供更好的音质和更高的速度；不带 DSP 的声卡要依赖 CPU 完成所有的工作。

(4) 还原 MIDI 声音的技术：现在的声卡都支持 MIDI 标准，MIDI 是电子乐器接口的统一标准。声卡中采用两种技术还原 MIDI 声音，即 FM 技术与波表技术。

（六）主板

主板是位于主机箱内的一块大型多层印刷电路板，其上有 CPU 插槽、内存槽、控制芯片组、总线扩展（ISA、PCI、AGP）槽、外设接口（键盘口、鼠标口、COM 口、LPT 口）、CMOS 和 BIOS 控制芯片等部件。

主板的主要功能是提供安装 CPU、内存条和各种功能卡的插槽，提供常用外部设备的通用接口。主板如图 1-8 所示。

主板的性能直接影响整个计算机系统的性能；同时，它与 CPU 密切相关，选购主板必须根据 CPU 类型来确定。主板一般首选大板，大板相对于小板而言最大的优势就是有充足的布线空间，有更好的电气性能。供电模块是主板的核心部分，在购买主板时一定要留意供电模块，最重要的是 CPU 供电部分，如图 1-9 所示，需要三相供电才能够满足要求。

图 1-8 主板

图 1-9 主板上的供电模块

六、电脑各部件选购原则

1. **需求原则**　购买电脑之前，首先要确定购买电脑的用途，根据用途确定硬件的配置，建立正确的选购方案，切勿盲目追求高性能，也勿盲目贪图低价格。

2. **预算原则**　在资金有限的情况下，根据资金情况决定配置相应级别的计算机。

3. **有效分配原则**　在资金不足的情况下，根据需求重点决定不同硬件的资金分配。

4. **趋势原则**　在选购计算机前，要对市场的主流产品及其价格有所了解并进行分析，观察市场行情，确定选购方案。

5. **市场原则**　选购时，不能只听商家推荐，要多方了解市场实际情况，选择正规产品，确定价格合理后再进行购买。

根据上述的原则，在购买计算机时应注意以下几个问题：

(1) 电脑这类电子产品，更新换代很快，不论买多少钱的电脑，不出几年也比不上同价位的新款电脑，因此,千万不要想着买台电脑用个十来年。

(2) 明确购买电脑的用途是什么,不同的用途可选择的配置不同,针对用途选择性价比高的方案,一定要量身定做。特别是选购主板和CPU时,更要慎重考虑性能和价格,还要注意两者之间是否匹配。

(3) 针对不同的购买预算,在资金确定的情况下,可以根据硬件性价比进行取舍。比如:是购买 Intel 的CPU还是使用 AMD 的 CPU?在显卡、网卡、声卡等硬件的选择上,需要考虑是否使用性能高一些的硬件,以及考虑以后是否有电脑升级换代需求等。

(4) 必要的功能是什么?要考虑主板是否实现了必要的功能。例如,是否带有 USB3.0、IEEE1394、SATA接口,集成声卡、集成网卡是否能满足要求等。

(5) 品牌不同厂商及相同厂商不同批次和不同型号的主板的质量是不同的,因此选购者应该选购口碑好的品牌和型号。

(6) 购买电脑前,尽量上网查看一下价格,以免被卖家欺骗。

七、当前计算机市场的主流机型的硬件配置

根据所购电脑用途,大致分成下面几种类型:

1. **普通家用类型**　一般的家庭中,使用电脑来处理文档、收发 E-mail、浏览新闻、玩一些小游戏、看看网络视频等,一般不必要配置高性能的电脑,选择一台中低端的配置就可以满足了。

2. **商务办公类型**　对于办公型电脑,需要电脑能够长时间地稳定运行,性能稳定,能够顺畅地运行办公软件,处理文档,收发 E-mail 以及制表等。

3. **专业型和图形设计类型**　因为需要处理图形色彩、亮度,图像处理工作量大,所以要配置运算速度快、整体配置高的计算机,尤其在 CPU、内存、显卡上要求较高配置,为了减小长时间使用电脑对人体的伤害,尽量配置一款显示效果好的显示器。

4. **发烧友和娱乐游戏为主类型**　对电脑的整体性能要求更高,尤其在内存容量、CPU 处理能力、显卡技术、显示器、声卡等方面都有一定的要求。

针对上述用户类型,硬件配置就有不同的选择,按价位列出一些常用的配置情况。

配置清单 1:

(1) 处理器:Intel 酷睿 i5-7500,主频 3.4GHz,四核四线程,14 纳米,支持 Turbo Boost,三级缓存容量:6MB,内置 Intel HD Graphics 630 显示核心,显示核心频率 350MHz,支持内存频率 DR4 2400MHz,DDR4 2133MHz,DDR3L 1600MHz。

(2) 显卡:Intel 集成核心显卡 HD630(Intel 酷睿 i5-7500 CPU 内置)。

(3) 内存:金士顿,8G DDR4 2400MHz。

(4) 主板:使用 Intel 芯片 B250 的主板,B250 主板,如华硕 B250M-G 或微星 B250M-E45 或技嘉 B250M-D3V。

(5) 硬盘:128GB 固态硬盘,如需更大存储空间,可加一块机械硬盘组成双硬盘。

(6) 电源:250W 额定电源(购买电源时认准 3C 安全强制认证)。以上这些配置,在不包含机箱、键盘、鼠标、音箱和显示器等外设情况下,目前价位不到 3000 元。

(7) 显示器:明基(BenQ)GW2760 27 寸,分辨率 1920×1080,点距 0.311mm,可视角度 178/178,亮度 300cd/m^2,对比度 3000∶1;或者:三星 S24D360HL,23.6 寸,分辨率 1920×1080,点距 0.24mm,可视角度 178/178,亮度 250cd/m^2,对比度 1000∶1。

说明:i5-7500 与 B250 主板是性价比较高的组合,使用 i5 处理器,没有独立显卡,适合不玩大型游戏,以办公上网为主的用户,整套配置省电。i5-7500 处理器性能无需多言,保证 Office 应用和上网的流畅,集成

Intel HD630 核芯显卡满足日常应用以及应付一般游戏娱乐也是没问题的。

配置清单 2：

如果将配置清单 1 中的集成核芯显卡 Intel HD630 换成独立显卡，如搭配支持 DirectX 12 的新款中高端显卡 GTX1050Ti，电源换成 400W 额定功率，增加了游戏性能，价格要增加千元左右。

显卡：GTX1050Ti 独显，4G GDDR5 显存，可选品牌如技嘉或华硕或七彩虹等。

配置清单 3：

如果将配置清单 1 中的 i5-7500 处理器换成 i7-7700 高端处理器，电源换成 300W 额定功率，仍使用内置集成核芯显卡 HD 630，就是一台高性能办公电脑，但价格需要增加千元左右。

处理器：Intel 酷睿 i7-7700 CPU，主频 3.6GHz，四核八线程，14 纳米，支持 Turbo Boost，三级缓存容量：8MB，内置 Intel HD Graphics 630 显示核心，显示核心频率 350MHz，支持内存频率 DDR4 2400MHz，DDR3L 1600MHz。

配置清单 4：

如果将配置清单 1 中的 i5-7500 处理器换成 i7-7700 高端处理器，集成核芯显卡 Intel HD630 换成专业图形显示卡，如 Quadro P600，电源换成 400W 额定功率，就是一台适合图形、图像处理的图形工作站。

可选显卡品牌：丽台 Quadro P600 或技嘉 Quadro P600，显存类型 GDDR5，显存容量 2GB。Quadro P600 特别为 PhotoShop、CAD 软件等作图软件设计优化，更适合图形设计。

当然，计算机技术更新换代很快，上述的配置也会随时间的改变而有所更新，因此，在购买前建议多了解市场的情况再选择购买适用的计算机。

1.1.2 全新安装 Windows 7 操作系统

一、准备工作

(一) 硬件配置要求

Windows 7 对计算机硬件的要求较高，必须保证所使用的计算机配置达到 Windows 7 的基本要求，Windows 7 对硬件的基本要求如下：

1. 安装 32 位 Windows 7 要求 CPU 主频 1GHz 及以上，安装 64 位 Windows 7 需要更高的 CPU 支持。

2. 1GB 以上的内存，推荐 2GB 及以上。

3. 需要支持 DirectX9 128M 及以上的显卡，如果要开启 AERO 效果。

4. 安装 32 位 Windows 7 要求 16GB 以上的可用硬盘空间，安装 64 位 Windows 7 要求 20GB 以上的可用硬盘空间。

(二) 准备安装盘

准备好你要安装的 Windows 7 版本的安装盘，并检查光驱是否支持自启动。说明：安装 Windows 7 有很多种方法，如果你的电脑没有光驱，那么可以从硬盘或者 U 盘安装，下面的过程是以光驱启动安装 Windows 7 专业版为例进行介绍，其他 Windows 7 版本安装过程类似。

(三) 检查硬盘

可能的情况下，在运行安装程序前，用磁盘扫描程序扫描所有硬盘，检查硬盘错误并进行修复，否则安装程序运行时检查到有硬盘错误将不能正确安装。

(四) 产品密钥

准备好 Windows 产品密钥。

（五）备份 C 盘

如果 C 盘有用户重要数据，安装前需要备份出来。

二、用 Windows 7 光盘启动系统并安装

首先进入 CMOS 设置界面，设置开机从光驱启动，将 Windows 7 安装光盘放入光驱，保存设置并重启。刚启动时，当出现如图 1-10 所示 Windows 7 的安装界面。

这里用默认的，不用修改，单击"下一步"按钮。出现如图 1-11 所示的安装界面。

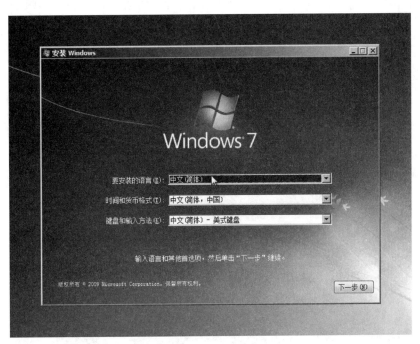

图 1-10　输入语言和其他首选项

图 1-11　"现在安装"界面

单击"现在安装"按钮。当出现如图 1-12 所示的安装界面时,勾选"我接受许可条款",然后单击"下一步"按钮继续安装。

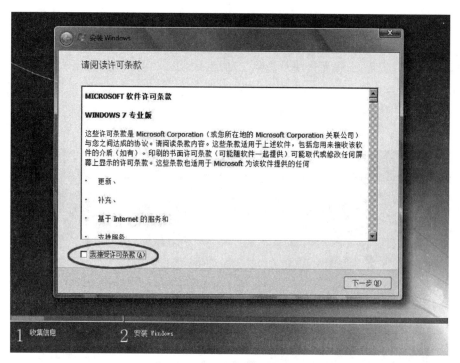

图 1-12　勾选"我接受许可条款"

出现如图 1-13 所示的界面,这里有"升级"和"自定义"两个安装选项,注意要单击"自定义(高级)"模式来安装,这种安装方法就是我们所说的全新安装。

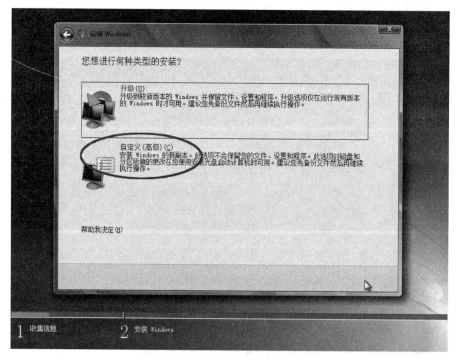

图 1-13　"自定义(高级)"模式来安装

在出现如图 1-14 所示的"您想将 Windows 安装在何处"界面中,选择系统的安装分区(一般安装在 C 盘),如果未列出任何分区,则单击"未分配空间",然后单击"下一步"按钮。或者,单击"驱动器选择(高级)"选项,可以重新规划分区,如删除分区、新建分区、格式化分区等。

图 1-14　选择系统分区和"驱动器选择(高级)"选项

单击"下一步"按钮,出现"正在安装 Windows…"界面,如图 1-15 所示,这才真正开始安装,安装过程中会出现重启,不用管它,直到安装完成。

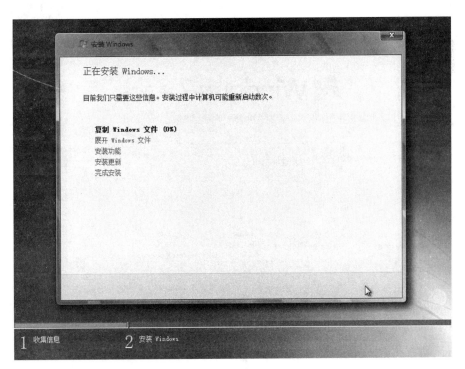

图 1-15　复制文件

安装好以后,Windows 7 第一次启动如图 1-16 所示。

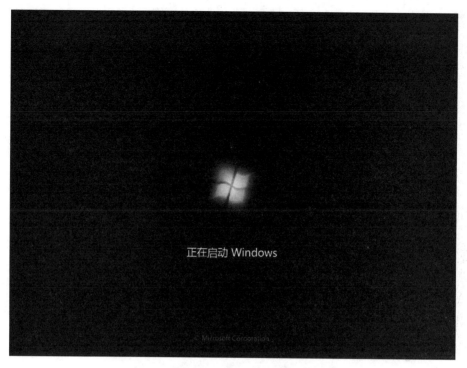

图 1-16　启动 Windows

接下来设置自己的用户名和计算机名称,如图 1-17 所示。

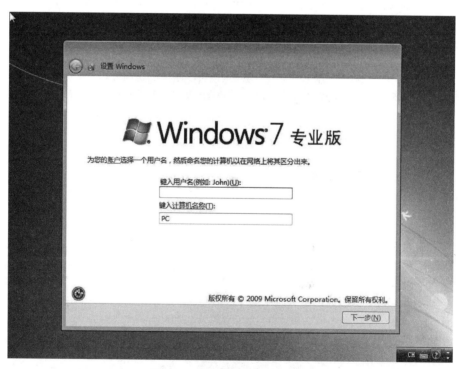

图 1-17　设置用户名和计算机名称

可以根据个人情况设置，如图 1-18 所示。

图 1-18　输入用户名和计算机名称

单击"下一步"按钮，在出现如图 1-19 所示的"为账户设置密码"界面中，设置密码和密码提示信息。

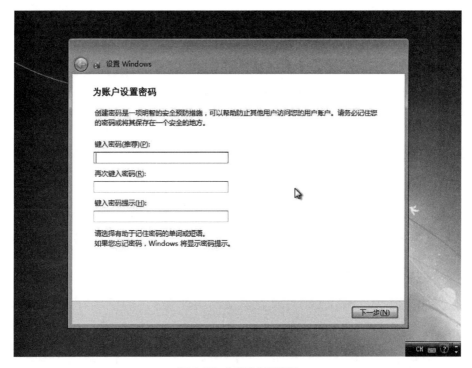

图 1-19　为账户设置密码

接下来要输入 Windows 7 产品密钥,如图 1-20 所示。

图 1-20　输入 Windows 7 产品密钥

输入产品密钥后,单击"下一步"按钮,出现如图 1-21 所示的界面。

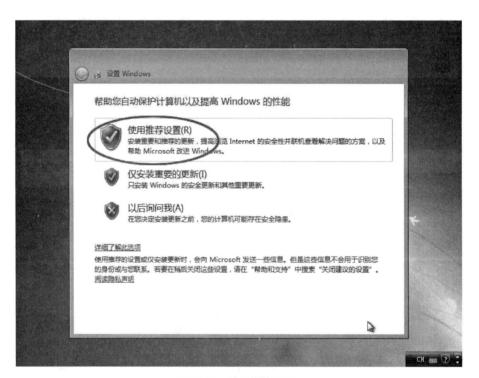

图 1-21　使用推荐设置

单击选择第一项"使用推荐设置",出现如图 1-22 所示的"查看时间和日期设置"界面。

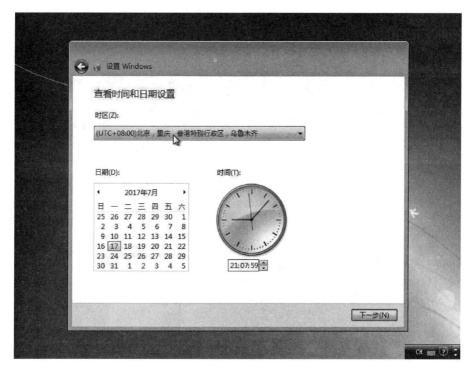

图 1-22 "查看时间和日期设置"界面

单击"下一步"按钮,出现如图 1-23 所示的界面,设置网络,根据实际情况进行选择。

图 1-23 设置网络

单击所需的网络后,出现如图 1-24 所示的欢迎界面

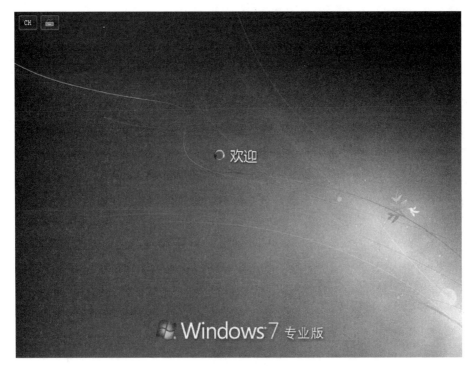

图 1-24　Windows 7 欢迎界面

正在准备桌面如图 1-25 所示。

图 1-25　准备桌面

Windows 7 安装完成如图 1-26 所示。

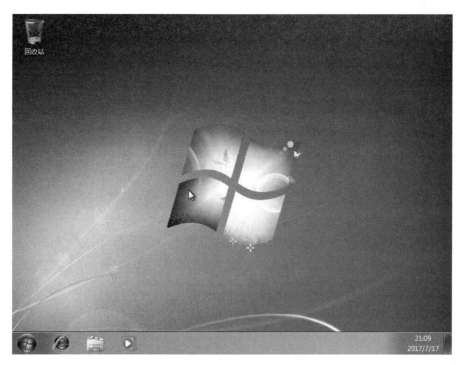

图 1-26　Windows 7 安装完成

全新安装的 Windows 7 专业版,占用不到 8G 存储空间,如图 1-27 所示,剩余的存储空间用于安装各种软件。

图 1-27　全新安装的 Windows7 专业版占有的存储空间

到现在为止,一个全新的 Windows 7 系统已经安装完成,接下来还要设置桌面常见的图标,安装设备驱动。

三、设置桌面常见的图标

在桌面空白处单击鼠标右键,在弹出的菜单中选择"个性化",出现如图 1-28 所示的个性化窗口。

图 1-28　个性化窗口 - "更改桌面图标"

单击屏幕左侧的"更改桌面图标"命令,出现如图 1-29 所示的"桌面图标设置"对话框。

图 1-29　默认桌面图标

新安装的系统默认只选择了"回收站"，可以根据个人喜好选择桌面显示的图标，如单击选择"计算机""用户的文件""网络"，如图1-30所示，然后单击"确定"按钮，将会看到桌面上多了想要的图标，如图1-31所示。

图 1-30　设置常用的桌面图标

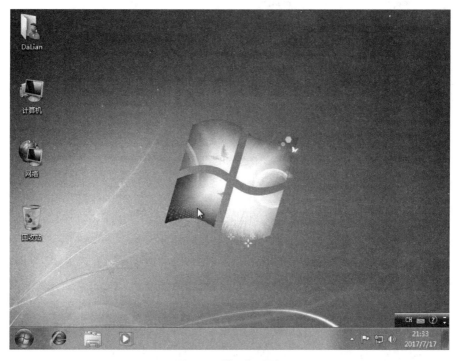

图 1-31　常用桌面图标

1.1.3　安装设备驱动程序

一、安装驱动程序的步骤

安装驱动程序是新系统装好后的必经步骤。Windows 7 包含的驱动已经很全面,对于近几年的硬件,几乎全部支持,对于较老的硬件或者最新的硬件,还需要手动安装驱动程序,安装驱动程序的步骤如下:

步骤 1:安装 Windows 操作系统后,首先应给系统打补丁,即安装 Service Pack(SP)。驱动程序直接面对的是操作系统与硬件,所以首先应该用 SP 补丁解决操作系统的兼容性和漏洞问题,这样才能尽量确保操作系统和驱动程序的无缝结合。可以到微软的官方网站下载最新补丁,或者通过第三方工具(如 360 安全卫士)等下载。

步骤 2:检查主板芯片组驱动是否安装,检查方法是在控制面板中,单击如图 1-32 所示"设备管理器"查看。

图 1-32　控制面板中的"设备管理器"和"程序和功能"

主板驱动主要用来开启主板芯片组内置功能及特性。需要说明的是主板驱动仅指的是芯片组驱动(主板芯片组驱动能够识别出相应芯片的主板,并自动安装相应的以 .inf 为扩展名的文件,以体现芯片组的功能特征,例如对 PCI 和 ISA PNP 服务的支持,对 AGP、SATA、USB、IDE/ATA100 的支持、对 PCIE 的支持等),而主板上集成的声卡、网卡等设备还需要安装其对应的驱动。

步骤 3:检查是否安装 DirectX 以及版本号,检查方法是运行 dxdiag 程序。一般 Windows 7 自带 DirectX 11。

步骤 4:检查显卡驱动程序是否安装正确。要把安装显卡驱动程序放在安装诸如声卡、网卡等其他设备驱动程序前面,因为安装显卡驱动后,不仅能够提供更为舒适的操作界面,还能减少黑屏死机的概率。安装显卡驱动后,推荐重新启动系统,然后再进行其他操作。

步骤 5:检查声卡、网卡等其他硬件设备的驱动安装。

步骤 6:安装打印机、扫描仪等其他外设驱动。按照这样的顺序安装就能使系统文件合理搭配,协同工作,充分发挥系统的整体性能。

步骤7:对于键盘、鼠标、显示器等设备也都具有专门的驱动程序,尤其是一些大品牌厂商,虽然这些设备能够被系统正确识别并使用,但是在安装对应的驱动后,不仅能提高稳定性和性能,还能获得一些特殊功能,方便不同的用户使用。

二、如何获取驱动程序

掌握了驱动程序的安装顺序后,就需获取驱动程序,这时必须先要知道计算机中各个硬件设备的型号,然后才知道需要哪些相应的硬件驱动程序。当然,如果使用驱动精灵、驱动人生等软件,就可以自动识别全部的驱动,方便快捷。

(一)获取驱动程序前的准备——识别硬件型号

对于硬件型号的识别,首先需要使用检测软件,在 Windows 下得到相关的硬件信息,直观且方便。推荐使用 Everest 工具来识别硬件型号,如图 1-33 所示。Everest 软件能够识别绝大部分硬件型号,如果遇到无法识别的硬件,可以按照如下方法识别。

1. 查看说明书或配套盘 在购买硬件之后,一般都附带硬件的说明书和驱动盘。在说明书中会详细介绍此硬件的型号,以及该硬件在各种操作系统中的安装方法。

2. 硬件上的型号标识 在一些硬件的外观上,通常会印有型号,例如主板的 PCB 板上就印有型号,如果没有,通过查看硬件上的芯片也可以看出该产品的型号,比如显卡的显示芯片、主板的北桥芯片等。

图 1-33　Everest 检测硬件信息

(二)获取驱动程序的途径

已经知道了硬件设备的型号,通常可以从以下几方面来获取驱动程序:

1. 驱动程序配套盘 在购买硬件设备时,厂家都会提供有配套盘,这些盘中存有该硬件设备的驱动程序。但不推荐使用配套盘中的驱动程序,因为一般配套盘中的驱动程序都是硬件刚推出时的旧版本,而有实力的厂商,会不断对驱动程序进行优化,会定期更新驱动程序,而手中硬件的性能(包括兼容性、稳定性和速度)都会随着驱动的升级而不断地趋于完美,并且还会带来更多的功能。

2. 操作系统自带的驱动程序　Windows 操作系统几乎包含了绝大多数硬件的驱动,原则上是操作系统的版本越高兼容的硬件设备也就越多。不过由于硬件的更新总是领先于操作系统的版本更新,并且硬件厂商为了提高其硬件产品的性能和兼容性,也在不停地发布新版本的驱动程序,所以操作系统所包含的驱动程序版本一般较低,不能完全发挥硬件的性能和提高它的兼容性。因此,只有在无法通过其他途径获得专用驱动程序的情况下,才使用操作系统提供的驱动程序。

3. 官网下载或"驱动之家"下载　现在新驱动程序的发布都是通过网络进行的,所以,这是推荐的获取驱动的方式。除了到硬件厂商网站下载驱动程序外,也可以到驱动下载网站——"驱动之家"下载所需的驱动。特别强调一下,在网络上下载新的驱动,一定要下载操作系统支持的版本,比如,Windows 系统是 32 位的,就要下载 32 位的驱动程序,如果是 64 位的系统,就要下载 64 位的驱动。

三、如何安装驱动程序

所有要安装的驱动程序都准备好后,就可以开始安装驱动程序了。驱动程序的安装方法也有很多种。

(一) 傻瓜化安装

硬件厂商已经越来越注重其产品的人性化,其中就包括将驱动程序的安装尽量简单化,有些硬件厂商提供的驱动程序盘中加入了 Autorun. exe 自启动文件,只要将盘放入到计算机的驱动器中,便会自动启动。然后,在启动界面中,单击相应的驱动程序名称就可以自动开始安装过程。另外,很多驱动程序盘里都带有一个"Setup. exe"可执行文件,只要双击运行它,然后按提示按"Next(下一步)"就可以完成驱动程序的安装。

(二) 从设备管理器里指定安装

如果驱动程序文件中没有 Autorun. exe 自启动,也没有"Setup. exe"安装可执行文件,这时需自己指定驱动程序文件,进行手动安装。从设备管理器中,指定驱动程序的位置完成驱动程序的安装,该方法也适用于更新驱动程序。

步骤 1:单击"控制面板"→"设备管理器",如图 1-34 所示显示"其他设备"中的"基本系统设备"没有安装驱动程序,因其前面有黄色感叹号"!"标记。

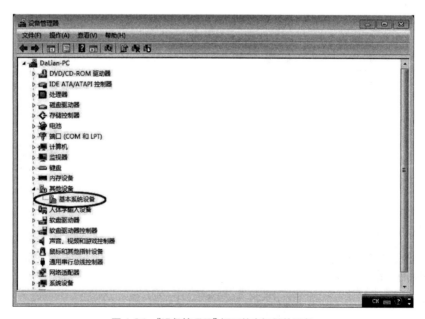

图 1-34　"设备管理器"标示的有问题的设备

步骤2:光标移至"基本系统设备"单击鼠标右键,然后选择"更新驱动程序软件",弹出如图1-35所示的对话框,询问如何搜索驱动程序,如果知道驱动程序位置,可以浏览选择;如果不知道驱动程序,选择自动搜索更新的驱动程序软件。

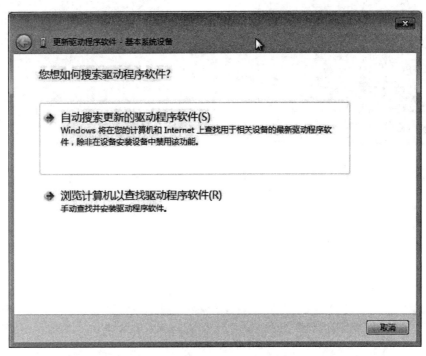

图 1-35　搜索驱动程序软件方式

(三)让 Windows 自动搜索驱动程序

Windows 7 操作系统支持即插即用,所以当安装了新设备后启动计算机,在计算机进入操作系统时,若安装的硬件设备支持即插即用功能,则在计算机启动的过程中,系统会自动进行检测新设备,当 Windows 检测到新的硬件设备时,会提示安装设备驱动程序软件。

四、升级、备份和卸载驱动程序

(一)升级驱动程序

前面已经提到过新版驱动的诸多好处,因此,应该时常关注自己的计算机硬件是否有新的驱动,做到及时更新。升级驱动程序的方法有两种:

(1)手动更新:去硬件设备的官方网站或者是"驱动之家"网站下载自己所需的新版本驱动程序,然后安装即可。为了避免出现一些兼容性问题,建议升级新的驱动程序前,最好先把老版本的驱动程序卸载了再安装新的驱动程序,卸载方法将在后面章节中提到。

(2)软件更新:为了解决驱动更新的麻烦,利用驱动之家推出的新版的"驱动精灵"软件来完成更新硬件驱动。

在"驱动之家"(http://drivers.mydrivers.com/)网站上下载新版"驱动精灵",安装后界面如图1-36所示。

可以单击"立即检测"进行全面检测或单击"硬件检测"只针对硬件检查,检测后,单击"驱动管理",可以对相应的设备驱动程序进行升级,如图1-37所示。

图 1-36 "驱动精灵"界面

图 1-37 驱动精灵 - 驱动管理

(二) 备份驱动程序

备份驱动程序是指直接从操作系统里提取已经安装好的驱动程序进行备份,而不是对原有的驱动盘进行备份。备份的好处是重装系统后能够快速地恢复原有功能,对于驱动程序的备份,虽然也可以手工备份,但是操作比较麻烦,推荐使用工具进行。可以用驱动精灵备份驱动程序,其操作步骤如下:

步骤 1:运行"驱动精灵"软件,在"驱动精灵"的"百宝箱"选项卡中,有"驱动备份"和"驱动还原",如图 1-38 所示。

图 1-38　驱动精灵 - 驱动备份 / 驱动还原

步骤 2：单击 "驱动备份" 命令，"驱动精灵" 会列出可能需要备份的驱动程序，可以单击 "一键备份" 命令对所有列出的驱动程序经行备份，也可以只选择需要备份的设备，如图 1-39 所示。由于操作系统自带了大部分硬件的驱动，通常只需要备份声卡、网卡、显卡以及一些特殊设备的驱动，不过对于新手用户，需选择除系统自带设备外的所有驱动。备份之前，还可以选择存放备份文件的位置，注意，要将备份的驱动程序存放到除系统盘外的其他盘上，并设置一个专门的文件夹存放备份文件。

图 1-39　驱动精灵 - 驱动备份

（三）卸载驱动程序

为避免出现一些兼容性问题，升级新的驱动程序前，最好先将旧版本的驱动程序卸载了，再进行安装，卸载方法有：

1. **在设备管理器中卸载**　先进入"控制面板"→"设备管理器"，打开设备管理器，找到想要卸载驱动程序的硬件设备，单击鼠标右键，在弹出的快捷菜单中选择"卸载"即可，如图1-40所示。

也可以双击该硬件设备，然后在弹出的对话框中选择"驱动程序"项，单击"卸载"。

2. **在"程序和功能"中卸载**　对于有些驱动程序，安装后会自动添加到控制面板的"程序和功能"中，对这样的驱动程序，也可以在"程序和功能"中将其卸载。

图 1-40　设备管理器 - 卸载

任务 1-2　计算机中数据的表示与存储

【任务描述】

1. 字符和汉字在计算机内是如何存储的？如果将 26 个英文字母存储在计算机内，需要多少存储空间？

2. 32×32 点阵字库中每一个汉字需要多少字节存储？

3. 假如家中新安装了宽带，带宽 50Mbps。当使用该宽带下载文件时，理论上要下载有 512 万个汉字的文本文件，至少需要多长时间？

【知识点分析】

计算机最主要的功能是处理信息，如处理文字、声音、图形和图像等信息。在计算机内部，各种信息都必须经过数字化编码后才能被传送、存储和处理。因此，要完成此任务，还必须要了解计算机中信息的表现形式。

一、数制

（一）二进制

计算机内部是一个二进制数字世界，采用二进制来保存数据和信息。无论是指令还是数据，若想存入计算机中，都必须采用二进制编码形式，即使是图形、图像、声音等信息，也必须转换成二进制，才能存入计算机中。为什么在计算机中必须使用二进制数，而不使用人们习惯的十进制数？原因在于：

二进制对于现代计算机的研制具有重要的理论意义：首先，二进制有两个数码，即 0 和 1，这在自然界中使用具有两种稳定状态的电气组件很容易表示和存储，如开关的通、断，电容的充电与放电，电压的高与低等。计算机的电子器件、磁存储和光存储的原理都采用了二进制的思想，即通过磁极取向、表面凹凸来记录数据的 0 和 1。其次，二进制用来表示的二进制数的编码、计数、加减运算规则简单，使计算机运算器的硬件结构大大简化，控制也就简单多了。而且，1 和 0 还可以代表逻辑值的"真"和"假"。

但由于二进制数书写冗长、易错、难记,并且十进制数与二进制数之间的转换过程也比较麻烦,所以,尽管在计算机内部都使用二进制数来表示各种信息,在计算机外部仍采用人们熟悉和便于阅读的形式表示信息,如采用十进制、八进制、十六进制、文字、图形、音视频等,再由计算机系统将各种形式的信息转化为二进制的形式并储存在计算机的内部。

(二)进位计数制

数制,也称计数制,是指用一组固定的符号和统一的规则来表示数值的方法。按进位的方法进行计数,称为进位计数制。下面介绍各种进制数的表示。

1. 十进制 在十进制数中,基数为 10。因此在十进制数中出现的数字字符有 10 个:0、1、2、3、4、5、6、7、8 和 9。采用"逢十进一"的计数原则。对任何一个 n 位整数,m 位小数的十进制数 N,都可按权展开,其展开形式表示为:

$$N=a_{n-1} \times 10^{n-1}+\cdots+a_1 \times 10^1+a_0 \times 10^0+a_{-1} \times 10^{-1}+\cdots+a_{-m} \times 10^{-m}$$

即:

$$N = \sum_{i=-m}^{n-1} a_i \times 10^i$$

如十进制数 123.45 可以表示为:

$$(123.45)_{10}=1 \times 10^2+2 \times 10^1+3 \times 10^0+4 \times 10^{-1}+5 \times 10^{-2}$$

2. 二进制 在二进制数中,基数为 2。因此在二进制数中出现的数字字符只有 2 个:0 与 1。采用"逢二进一"的计数原则。对任何一个 n 位整数,m 位小数的二进制数 N 可表示为:

$$N=a_{n-1} \times 2^{n-1}+\cdots+a_1 \times 2^1+a_0 \times 2^0+a_{-1} \times 2^{-1}+\cdots+a_{-m} \times 2^{-m}$$

即:

$$N = \sum_{i=-m}^{n-1} a_i \times 2^i$$

上式即为二进制数按权展开的形式。不难看出,它与十进制的差别仅仅在于进位基数变化了,每个位的"权"表现为 2 的幂次关系。如二进制数 10011.101 可以表示为:

$$(10011.101)_2=1 \times 2^4+0 \times 2^3+0 \times 2^2+1 \times 2^1+1 \times 2^0+1 \times 2^{-1}+0 \times 2^{-2}+1 \times 2^{-3}$$

3. 八进制 在八进制数中,基数为 8。因此在八进制数中出现的数字字符有 8 个:0、1、2、3、4、5、6 和 7。采用"逢八进一"的计数原则。对任何一个 n 位整数,m 位小数的八进制数 N 可表示为:

$$N=a_{n-1} \times 8^{n-1}+\cdots+a_1 \times 8^1+a_0 \times 8^0+a_{-1} \times 8^{-1}+\cdots+a_{-m} \times 8^{-m}$$

即:

$$N = \sum_{i=-m}^{n-1} a_i \times 8^i$$

上式即为八进制数按权展开的形式。它与十进制和二进制的差别也仅仅在于进位基数变化了,每个位的"权"表现为 8 的幂次关系。如八进制数 123.45 可以表示为:

$$(123.45)_8=1 \times 8^2+2 \times 8^1+3 \times 8^0+4 \times 8^{-1}+5 \times 8^{-2}$$

4. 十六进制 在十六进制数中,基数为 16。因此在十六进制数中出现的数字字符有 16 个:0、1、2、3、4、5、6、7、8、9、A、B、C、D、E 和 F。计数原则为"逢十六进一"。这里用 A、B、C、D、E、F 代表十进制数中 10、11、12、13、14、15。对任何一个 n 位整数,m 位小数的十六进制数 N,可表示为:

$$N=a_{n-1} \times 16^{n-1}+\cdots+a_1 \times 16^1+a_0 \times 16^0+a_{-1} \times 16^{-1}+\cdots+a_{-m} \times 16^{-m}$$

即:

$$N = \sum_{i=-m}^{n-1} a_i \times 16^i$$

上式即为十六进制数按权展开的形式。它与十进制、二进制、八进制的差别也在于进位基数变化了，每个位的"权"表现为16的幂次关系。如十六进制数123.45可以表示为：

$$(123.45)_{16}=1\times16^2+2\times16^1+3\times16^0+4\times16^{-1}+5\times16^{-2}$$

二、数制间的相互转换

（一）非十进制数转换为十进制数

非十进制数转换成十进制数的方法是：把各个非十进制数写出它的按权展开的形式，然后计算出相应的十进制数。

【例1.1】把二进制数 $(1101.101)_2$ 转换成十进制数。

解：$(1101.101)_2=1\times2^3+1\times2^2+0\times2^1+1\times2^0+1\times2^{-1}+0\times2^{-2}+1\times2^{-3}=8+4+0+1+0.5+0.25+0.125=(13.875)_{10}$

【例1.2】把八进制数 $(256.124)_8$ 转换成十进制数。

解：$(256.124)_8=2\times8^2+5\times8^1+6\times8^0+1\times8^{-1}+2\times8^{-2}+4\times8^{-3}=128+40+6+0.125+0.03125+0.0078125=$ $(174.1640625)_{10}$

【例1.3】把十六进制数 $(12CA.48)_{16}$ 转换成十进制数。

解：$(12CA.48)_{16}=1\times16^3+2\times16^2+C\times16^1+A\times16^0+4\times16^{-1}+8\times16^{-2}=4096+512+192+10+0.25+0.03125=$ $(4810.28125)_{10}$

（二）十进制数转换为非十进制数

转换规则：整数部分采用"逐次除以基数取余"法，直到商为0；小数部分采用"逐次乘以基数取整"法，直到小数部分为0或取到有效数位。

1. 十进制数转换成二进制数 整数部分采用"逐次除以2取余"倒法；小数部分采用"逐次乘以2取整"法。

【例1.4】将十进制数6转换为二进制数，其过程如下所示：

【例1.5】将0.25转换为二进制小数，其过程如下所示：

需要注意的是，并不是任何十进制小数都能精确转换为二进制小数，此时，只能按计算精度要求取得一个近似值。例如，将十进制小数0.2转换为二进制小数，需指定精度，如转换后保留小数点后4位，则 $(0.2)_{10}\approx(0.0011)_2$。

2. 十进制转八进制或十六进制 用同十进制转二进制一样的方法，可将十进制数转换成八进制数或十六进制数，方法是分别采用"逐次除以8取余，逐次乘以8取整"或"逐次除以16取余，逐次乘以16取整"法。

(三) 非十进制数之间的转换

两个非十进制数之间的转换方法可以先将被转换数转换为相应的十进制数,然后将十进制数转换为其他进制数。但由于二进制、八进制和十六进制之间存在着特殊关系,即 $8^1=2^3$,$16^1=2^4$,因此使用下面的转换方法更容易。

1. 二进制、八进制数之间的转换 由于 1 位八进制数相当于 3 位二进制数,因此,二进制数转换成八进制数,只需以小数点为界,整数部分按照由右至左(由低位向高位)、小数部分按照从左至右(由高位向低位)的顺序每 3 位划分为一组,最左面、最右面不足 3 位二进制数时用 0 补足。按表 1-1,每 3 位二进制数分别用与其对应的八进制数码来取代,即可完成转换。而将八进制转换成二进制的过程正好相反。

【例 1.6】将 $(11001110.01010101)_2$ 转换成八进制数。

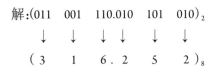

解:$(011 \quad 001 \quad 110.010 \quad 101 \quad 010)_2$

$\quad\quad\downarrow\quad\quad\downarrow\quad\quad\downarrow\quad\quad\downarrow\quad\quad\downarrow\quad\quad\downarrow$

$\quad\quad(3 \quad\quad 1 \quad\quad 6 \;.\; 2 \quad\quad 5 \quad\quad 2)_8$

【例 1.7】将 $(374.625)_8$ 转换成二进制数。

解:$(3 \quad\quad 7 \quad\quad 4\;.\;6 \quad\quad 2 \quad\quad 5)_8$

$\quad\quad\downarrow\quad\quad\downarrow\quad\quad\downarrow\quad\quad\downarrow\quad\quad\downarrow\quad\quad\downarrow$

$\quad\quad(011 \quad 111 \quad 100.110 \quad 010 \quad 101)_2$

2. 二进制、十六进制数之间的转换 由于十六进制的 1 位数相当于二进制的 4 位数,因此二进制同十六进制之间的转换就如同二进制同八进制之间的转换一样,只是 4 位一组,不足 4 位补 0。所以将二进制数转换成十六进制数,整数部分从小数点由右往左每 4 位一组转换,若不够四位时,在最左面补 0,补足 4 位。小数部分从小数点开始自左向右每 4 位一组进行转换,若不够 4 位时,在最右面补 0,补足 4 位。

十六进制转换成二进制数:如将十六进制数转换成二进制数,只要将每一位十六进制数用 4 位相应的二进制数表示,即可完成转换。

【例 1.8】将 $(11101110100101.1011011)_2$ 转换成十六进制数。

解:$(0011 \quad 1011 \quad 1010 \quad 0101.1011 \quad 0110)_2$

$\quad\quad\downarrow\quad\quad\downarrow\quad\quad\downarrow\quad\quad\downarrow\quad\quad\downarrow\quad\quad\downarrow$

$\quad\quad(3 \quad\quad B \quad\quad A \quad\quad 5 \;.\; B \quad\quad 6)_{16}$

表 1-1　二进制、八进制和十六进制之间的关系

二进制	八进制	二进制	十六进制	二进制	十六进制
000	0	0000	0	1000	8
001	1	0001	1	1001	9
010	2	0010	2	1010	A
011	3	0011	3	1011	B
100	4	0100	4	1100	C
101	5	0101	5	1101	D
110	6	0110	6	1110	E
111	7	0111	7	1111	F

三、数值型数据在计算机内的表示形式

计算机中的数据分为数值型和非数值型两大类。

数值型数据指可以参加算术运算的数据,例如$(456)_{10}$、$(1011.101)_2$等。

非数值型数据不参与算术运算。例如字符串"邮编:116044""2的3倍等于6"等都是非数值数据。注意这两个例子中均含有数字,如116044、2、3、6,但它们不能也不需要参加算术运算,故仍属非数值数据。下面讨论数值型的二进制数的表示形式:

(一) 机器数

在计算机中,因为只有"0"和"1"两种形式,所以数的正负,也必须用"0"和"1"表示。通常把一个数的最高位定义为符号位,用0表示正,1表示负,称为数符,其余位仍表示数值。把在机器内存放的正、负号数码化的作为一个整体来处理的二进制数称为机器数(或机器字),而把机器外部由正、负号表示的数称为真值数。

例:真值为$(+1010011)_B$的机器数为01010011,存放在机器中,等效于 +83。

需注意的是,机器数表示的范围受到字长和数据的类型的限制。字长和数据类型定了,机器数能表示的数值范围也就定了。例如,若表示一个整数,字长为8位,则最大的正数为01111111,最高位为符号位,即最大值为127。若数值超出127,就要"溢出"。

(二) 带符号数的表示形式

在计算机中,带符号数可以用不同方法表示,常用的有原码、反码和补码。

(1) 原码表示法:一个机器数X由符号位和有效数值两部分组成。

设符号位为X_0,X真值的绝对值$[X]=X_1X_2\cdots X_n$,X的机器数原码表示为:

$[X]_原=X_0X_1X_2\cdots X_n$;

当X≥0时,X_0=0(符号位为0,表示符号为正);

当X<0时,X_0=1(符号位为1,表示符号为负)。

采用原码的优点是简单易懂,与真值转换方便,用于乘除法运算十分方便。但是对于加减法运算就麻烦了,因为当两个同号数相减或两个异号数相加时,必须判断两个数的绝对值哪个大,用绝对值大的数减去绝对值小的数,而运算结果的符号则应取与绝对值大的数相同符号。要完成这些操作相当麻烦,还会增加运算器的复杂性。为了克服原码的缺点,引进了数的反码和补码表示方法。

(2) 反码表示法:负数的反码是原码符号位不动,其余各位取相反码。反码没有直接的用途,只是作为求补码的中间过程。正数的反码与原码相同。

(3) 补码表示法:负数的补码等于它的反码值再加1而得到的数。正数的补码表示与原码一样,$[X]_补=[X]_原$。

在补码中,0有唯一的编码:$[+0]_补=[-0]_补=00000000$,补码可以将减法运算转化为加法运算,即实现类似代数中的$x-y=x+(-y)$的运算。补码的加减法运算规则:$[X+Y]_补=[X]_补+[Y]_补$、$[X-Y]_补=[X]_补+[-Y]_补$

总结:正数的原码,反码和补码相同,只有负数的有不同。真值 +0 和 −0 的补码表示是一致的,但在原码和反码表示中具有不同的形式。

四、数字化信息编码

数字化信息编码是把少量二进制符号(代码),根据一定规则组合起来,以表示大量复杂多样的信息的一种编码。一般来说,根据描述信息的不同可分为数字编码、字符编码、汉字编码等。

(一) 数字编码

数字编码是用二进制数码按照某种规律来描述十进制数的一种编码。最简单最常用的是8421码,或称 BCD 码(Binary-Code-Decimal)。它利用四位二进制代码进行编码,这四位二进制代码,从高位至低位的位权分别为2^3、2^2、2^1、2^0，即 8、4、2、1。并用来表示一位十进制数。下面列出十进制数符与 8421 码的对应关系。

十进制数：0　　1　　2　　3　　4　　5　　6　　7　　8　　9

8421 码：0000　0001　0010　0011　0100　0101　0110　0111　1000　1001

根据这种对应关系，任何十进制数都可以同 8421 码进行转换。例如：

$$(835)_{10} = (1000\ 0011\ 0101)_{BCD}$$

$$(1001\ 0101\ 1001\ 0110)_{BCD} = (9596)_{10}$$

（二）西文字符编码（ASCⅡ码）

在计算机中，对非数值的文字和其他符号进行处理时，要对文字和符号进行数字化处理，即用二进制编码来表示。字符编码就是规定用怎样的二进制编码来表示文字和符号。

ASCⅡ码（American Standard Code of Information Interchange）是"美国标准信息交换代码"的缩写。该种编码后来被国际标准化组织 ISO 采纳，作为国际通用的字符信息编码方案。ASCⅡ码由基本 ASCⅡ码和扩展 ASCⅡ码组成。在计算机内部用一个字节（8 位二进制数）存放一个 ASCⅡ码，二进制位最高位是 0 的为基本 ASCⅡ码，其范围是 0~127，来表示 128 个不同的字符（因 2^7=128）；二进制位最高位是 1 的为扩展 ASCⅡ码，其范围是 128~255。ASCⅡ码中，每一个编码转换为十进制数的值被称为该字符的 ASCⅡ码值。基本 ASCⅡ表中有 34 个非图形字符（又称为控制字符），其余 94 个可打印字符，称为图形字符。这些字符按 ASCⅡ码从小到大的顺序排列。其中，大写字母 A 的 ASCⅡ码是 65，小写字母 a 的 ASCⅡ码是 97，"0"的 ASCⅡ码是 48，空格的 ASCⅡ码是 32。ASCⅡ码表如表 1-2 所示。

表 1-2　ASCⅡ码表

$b_6b_5b_4$ / $b_3b_2b_1b_0$	000	001	010	011	100	101	110	111
0000	NUL	DLE	SP	0	@	P	`	p
0001	SOH	DC1	!	1	A	Q	a	q
0010	STX	DC2	"	2	B	R	b	r
0011	ETX	DC3	#	3	C	S	c	s
0100	EOT	DC4	$	4	D	T	d	t
0101	ENQ	NAK	%	5	E	U	e	u
0110	ACK	SYN	&	6	F	V	f	v
0111	BEL	ETB	'	7	G	W	g	w
1000	BS	CAN	(	8	H	X	h	x
1001	HT	EM	)	9	I	Y	i	y
1010	LF	SUB	*	:	J	Z	j	z
1011	VT	ESC	+	;	K	[	k	{
1100	FF	FS	,	<	L	\	l	|
1101	CR	GS	−	=	M	]	m	}
1110	SO	RS	.	>	N	^	n	~
1111	SI	US	/	?	O	_	o	DEL

（三）汉字编码

汉字在计算机内也采用二进制的数字化信息编码。由于汉字的数量大，常用汉字也有几千个，显然汉字编码比 ASCⅡ码表要复杂得多，用一个字节（8bit）是不够的，目前的汉字编码方案有二字节、三字节甚至四字节。在一个汉字处理系统中，输入、内部处理、输出对汉字的要求不同，所用代码也不尽相同。所以，汉字信息处理系统在处理汉字词语时,要进行输入码、国标码、内码、字型码等一系列的汉字代码转换。

1. 国标码　1981 年国家颁布了《中华人民共和国国家标准信息交换汉字编码》(GB 2312-1980 标准),这种编码称为国标码。在国标码字符集中共收录了汉字和图形符号 7445 个,其中一级汉字 3755 个,二级汉字 3008 个,西文和图形符号 682 个。

国标 GB 2312-1980 规定,所有的国标汉字与符号组成一个 94×94 的矩阵。在此方阵中,每一行称为一个区(区号分别为 01~94)、每个区内有 94 个位(位号分别为 01~94)的汉字字符集。

汉字与符号在方阵中的分布情况如下:

1~15 区为图形符号区

16~55 区为一级汉字、常用二级汉字区

56~87 区为不常用的二级汉字区

88~94 区为自定义汉字区

2. 汉字输入码与机内码　计算机处理汉字时,由于汉字具有特殊性,因此汉字输入、存储、处理及输出过程所使用的代码均不相同。其中包含用于汉字输入的输入码、机内存储和处理的机内码、用于显示及打印的字模点阵码(字形码)。

(1) 输入码(外码):汉字由各种输入设备以不同方式输入计算机所用到的编码。每一种输入码都与相应的输入方案有关。根据不同的输入编码方案不同,一般可分类为:数字编码(如区位码)、音码(如拼音编码)、字形码(如五笔字型编码)及音形混合码等。

(2) 机内码:汉字系统中对汉字的存储和处理使用了统一的编码,即汉字机内码(机内码、内码)。机内码与国标码稍有区别,如果直接用国标码作内码,就会与 ASCⅡ码冲突。在汉字输入时,根据输入码通过计算或查找输入码表完成输入码到机内码的转换。如果用十六进制表示,就是把汉字国标码的每个字节都加 80H(即二进制数 10000000)。如汉字国标码(H)+8080(H)= 汉字机内码(H)。

3. 汉字库与汉字字形码　字形码是汉字字库中存储的汉字字形的数字化信息,用于汉字的显示和打印。目前,汉字字形的产生方式大多是用点阵或矢量函数表示。点阵表示方式是以点阵的方式形成汉字图形,缺点是字形放大后产生锯齿,效果差。而矢量表示方式解决了点阵字形放大后的锯齿问题,TrueType 技术就是汉字的矢量表示方式。

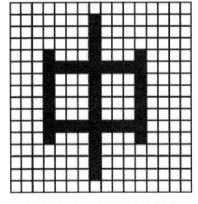

图 1-41　16×16 汉字点阵"中"

一个汉字的点阵有多种表示:如 16×16、24×24、32×32、48×48 等。一个汉字字形中行数、列数分得越多,描绘的汉字也越细微,但占用的存储空间也就越多。如图 1-41 所示是一个 16×16 点阵的汉字"中",用 "1" 表示黑点、"0" 表示白点,则黑白信息就可以用二进制数来表示。由于每一个点的信息都要用一位二进制数来表示,则一个 16×16 的汉字字模要用 32 个字节来存储。国标码中的 6763 个汉字及符号要用 261696 字节存储。以这种形式存储所有汉字字形信息的集合称为汉字字库。可以看出,随着点阵的增大,所需存储容量也很快变大,其字形质量也越好,但成本也越高。

五、任务解析

在计算机内,西文字符是以 ASCⅡ码存储的,占 1 个字节,汉字在计算机内是以内码存储的,占 2 个字节。如果存储 26 个英文字母,需要 26 个字节。

32×32 点阵字库中每一个汉字共有 1024 个点(32×32),每个点都用一个二进制位来存储,共需要 1024 个二进制位,1024b=128Byte,所以需要 128 个字节存储。

50M 带宽是指在 1 秒内能通过的最大比特位数为 50Mbps（b，比特位 bit），50M 宽带的理论最高下载速率是 $50 \times 1024/8 = 6400\text{KB/s}$（KB 为千字节）。如果要下载 1 个有 512 万个汉字的文本文件，512 万个汉字的所占的字节数为 $512 \times 10\,000 \times 2\text{B} = 10\,240\,000\text{B} = 10\,000\text{KB}$，所以，下载 512 万个汉字至少需要 $10\,000\text{KB}/6400 \approx 1.563$ 秒时间。

（王宏伟）

学习小结

在第一台电子计算机 ENIAC 诞生后，冯·诺依曼提出了存储程序控制和计算机采用二进制的思想，至今计算机基本结构和原理仍然采用冯·诺依曼体系结构。

根据计算机所采用的物理元器件的不同，将计算机的发展划分为四个阶段。

计算机有不同的分类方法，可以按计算机处理数据的类型、用途、规模和处理能力等来分。

计算机技术已渗透到医学的各个领域，并有着十分广泛的应用。未来计算机发展趋势正逐渐向巨型化、微型化、网络化、智能化和多媒体化发展。

计算机系统包括硬件系统和软件系统两部分。硬件系统是物理设备和器件的总称，用来完成信息交换、存储、处理和传输的基础。计算机由运算器、控制器、存储器、输入设备和输出设备五大部分组成。软件系统分为系统软件和应用软件。软件是计算机运行所需要的程序、数据和文档集合。程序是计算机解决问题的若干指令集合。

计算机中的数据都是以二进制形式存储、传输和加工处理的。数据的最小单位是 b，存储容量的基本单位是 B，数据单位还有 KB、MB、GB、TB 等。计算机中最常用的字符编码是 ASCII 码。汉字的编码是用两个字节来表示一个汉字的。为了与 ASCII 码兼容，国标码的每个字节加上 80H（即将每个字节的最高二进制位置 1）就是汉字机内码，汉字就可以在计算机内存储和处理了。

复习参考题

1. 怎样根据自己的需要选购一台性价比较好的计算机？

2. 如何安装 Windows 7 操作系统？

3. 如何安装显卡、声卡、网卡驱动程序？

第二章　中文操作系统 Windows 7

2

学习目标

掌握　Windows7 常用的基本功能;制作个性化 Windows7 操作环境;Windows 的文件系统知识及其文件管理操作;使用控制面板管理配置系统。

熟悉　Windows7 的桌面、任务栏、窗口、对话框、菜单、工具栏;Windows7 资源管理器;控制面板的功能;计算器、记事本、画图、录音机等 Windows7 实用程序的使用。

了解　命令行解释器;并初步使用系统配置实用程序。

能力目标

　　熟练掌握 Windows7 的启动与退出以及窗口和对话框的基本操作,熟悉添加 Windows7 小工具的操作。

　　能够管理桌面图标,熟练设置"显示"属性、自定义"开始"菜单和"任务栏",创建应用程序或其他项目的桌面快捷方式。

　　熟练使用"计算机"查看文件和文件夹,并对文件和文件夹进行各项管理操作以及搜索文件和文件夹。

　　能根据实际需要进行账户的配置和管理、磁盘整理和系统维护,卸载程序。

　　能够利用 Windows7 系统集成的各种实用程序完成相关任务。

计算机操作系统（Operating System，简称 OS）是计算机系统中最重要的系统软件，它直接管理计算机硬件和软件资源，合理地组织计算机工作流程、控制程序运行，提供人机交互界面并为应用软件提供使用平台。Windows 是美国微软公司研发的一种具有图形用户界面的操作系统，它问世于 1985 年，随着电脑硬件和软件的不断升级，Windows 也在持续更新和不断完善，系统版本从最初的 Windows 1.0 到 Windows 95、Windows 98、Windows 2000、Windows 2003、Windows XP、Windows Vista、Windows 7、Windows 8、Windows 10 和 Windows Server 服务器企业级操作系统等，性能越来越好，功能越来强，可靠性越来越高，使用越来越方便，成为家喻户晓的最为成熟和流行的操作系统之一。

不同版本的 Windows 具有一致的图形用户界面和相似的操作使用方法，掌握了某一版本 Windows 操作系统的基本知识和操作方法，对其他版本的学习就触类旁通，易如反掌。本章主要讲解新一代主流个人计算机操作系统 Windows7 的基本功能，在熟悉 Windows7 操作环境的基础上，对其文件管理、任务管理和设备管理及其实用功能做较为全面的介绍，在以后的叙述中，Windows7 均简称 Win7。

任务 2-1　制作个性化 Win7 操作环境

【任务描述】

本次任务从启动 Win7 操作系统开始，逐步完成 Win7 桌面设置、显示设置、自定义"开始"菜单、任务栏以及和窗口的各项操作等。具体内容包括：

1. 熟悉 Win7 桌面及桌面图标，熟悉 Win7 的开始菜单和任务栏，熟悉窗口的结构与组成。
2. 查看排列桌面图标，调整图标大小。
3. 在桌面上添加或删除系统图标，在桌面创建程序或文件的快捷方式图标。
4. 自定义"开始"菜单上的外观和行为、设置任务栏的外观、位置，改变任务栏按钮的显示方式；设置系统日期和时间。
5. 将计算机中保存的个人照片或自己喜欢的图片设置为桌面背景，设置屏幕保护程序及屏幕分辨率。
6. 通过各种方式改变窗口的大小，移动和排列窗口。

【知识点分析】

2.1.1　认识 Win7

Win7 作为新一代主流个人计算机操作系统，相比之前系统的功能特色主要体现在以下几方面：支持 Aero 透明玻璃效果；革命性的工具栏设计；个性化的桌面；智能化的窗口缩放等，这些特点使得 Win7 的操作简单、高效、便捷，被很多用户所推崇。

一、Win7 的启动

一般来说，只要安装了 Win7 操作系统，打开外部设备如显示器的电源开关和主机电源开关，计算机就会开始引导启动 Win7 操作系统。如果用户设置了用户名和密码，首先出现的是用户登录界面，Win7 会将可用的用户以图标的方式显示在界面上，此时单击希望登录的用户名图标，并输入密码，再按回车键即可登录。如果用户没有设置用户名和密码,计算机会自动进入到 Win7 的桌面,桌面是用户登录到 Win7 系统后所看到的整个计算机屏幕界面,是用户和计算机进行交流的窗口,如图 2-1 所示。

图 2-1 Win7 桌面

二、Win7 桌面构成

Windows 启动后的整个屏幕称为桌面,屏幕就像人们办公的桌面,上面整齐地摆放着一些办公用具,这些用具在 Windows 中称为对象,用户可以根据自己的喜好、习惯来组织和管理桌面。

1. **桌面图标** "桌面图标"是指在桌面上排列的小图像,包含图形、说明文字两部分。如图 2-2 所示。Win7 桌面上的图标主要包括系统图标和应用程序图标,系统图标主要有计算机、网络、控制面板、回收站和用户的文件夹五大部分,双击这些图标可以打开系统文件夹,如双击桌面上的"控制面板"图标可以打开 Windows "控制面板"对话框。应用程序图标是安装软件时放置在桌面的快捷方式,双击此类图标可以快速启动应用程序或打开用户文件,快捷方式图标的左下角都有一个小箭头。用户可以根据自己的需要把经常使用的程序、文件和文件夹放到桌面上或在桌面上为它们创建快捷方式。

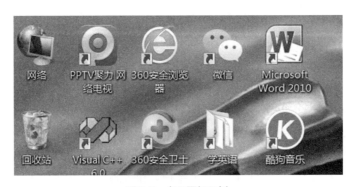

图 2-2 桌面图标示例

2. **"开始"菜单** 使用 Windows 通常是从
"开始"菜单开始的。单击屏幕左下角的开始
按钮或者按键盘上的 Windows 徽标键,
弹出"开始"菜单,如图 2-3 所示。"开始"菜
单包含了许多 Windows 的命令,主要完成启动
应用程序、打开文档、系统设置、查找文件、关
闭系统等任务,单击某项命令后 Windows 会打
开一个窗口或弹出子菜单。

常用程序列表区:左边的大窗格是"开
始"菜单常用程序列表区,Windows 系统会根
据用户使用程序的频率,自动把最常用的程
序罗列在此处,这一功能可以使用户快速启
动经常使用的应用程序。单击左窗格底部的
"所有程序"命令显示其他程序以及文件夹列
表,每个文件夹中包含有相关的程序,单击某
个程序的图标可启动该程序。

搜索框:"开始"菜单左边窗格的底部
是搜索框,通过输入搜索项可在计算机上查
找程序和文件。除了可以用于搜索内容外,
Win7"开始"菜单中的搜索框还起到了老版
本 Windows 中运行对话框的作用,对于希望运
行的命令,只要直接在该搜索框中输入就可

图 2-3 Windows7 的"开始"菜单

以。例如在"开始"菜单搜索框中输入"cmd"并按下回车键,则打开命令行窗口。

常用系统设置功能区:"开始"菜单的右侧是 Win7 的常用系统功能设置区,主要显示一些 Windows 经
常使用的系统功能,该区域顶部的图标是与当前所指向的系统功能相对应的图标,单击某一系统功能按钮
即可打开相应的功能界面。在这个区域的上方是当前账户的名称和图片,下方是"关机"按钮。

3. **任务栏** 任务栏是桌面底部的灰色区域。Win7 中的任务栏由"开始"菜单按钮、快速启动工具栏、
窗口按钮栏和通知区域等几部分组成,如图 2-4 所示。任务栏显示了系统正在运行的程序和打开的窗口、
当前时间等内容,用户通过任务栏可以完成许多操作,而且也可以对它进行一系列的设置。了解任务栏各
个部分的作用并灵活运用任务栏,可以大大提高计算机的使用效率。

图 2-4 Win7 的任务栏

(1)"开始"按钮:位于任务栏最左端的"开始"按钮,用于打开"开始"菜单。

(2)快速启动工具栏与窗口按钮栏:快速启动工具栏与窗口按钮栏依次位于"开始"按钮的右侧。

快速启动工具栏由一些小型的按钮组成,单击某按钮可以快速启动相应程序。一般情况下,它包括网
上浏览工具 Internet Explorer 图标、资源管理器图标和播放器图标等。用户也可根据个人需要将常用的图标
添加到快速启动工具栏中,亦可将某任务从快速启动工具栏中解锁即删除。

当用户启动某项应用程序而打开一个窗口后,在任务栏上会出现相应的有立体感的按钮,比如,表
明当前程序正在被使用,通过鼠标单击任务栏上的不同按钮可以切换这些已打开的不同窗口或应用程序,

当关闭一个窗口后,任务栏上对应的按钮也消失。当某窗口最小化时,移动鼠标到该窗口对应的按钮上,就可以出现窗口的缩略图。

在任何一个按钮上单击右键,均会弹出一个被称为"跳转列表"的显示相关选项的选单。在这个选单中,除列出了更多的操作选项之外,还增加了一些强化功能,可以让用户实现精确导航并更加轻松地找到搜索目标。

图 2-5　输入法菜单

图 2-6　日期面板

(3) 语言栏:单击语言栏 中"输入法"按钮 ,便会弹出如图 2-5 所示的输入法菜单,用户可以从中选择一种输入法实现输入法的切换,选择了某种输入法,在语言栏会显示相应的指示器。右击输入法 按钮→选择"还原语言栏",语言栏将独立于任务栏之外,此时鼠标指向语言栏最左侧的按钮 ,并拖拽鼠标至任务栏,语言栏便会停靠在任务栏上。

(4) 日期指示器:在任务栏的最右侧显示当前的时间和日期。单击日期指示器将显示日期面板,如图 2-6 所示。单击下方的"更改日期和时间设置"链接,可以打开"日期和时间"对话框,用户可以根据需要调整时间和日期。

(5) 提示区:日期指示器的左边区域称为提示区。当运行一些特定的应用程序时,提示区将显示一些小图标,用以表示任务的不同状态,这些小图标也称为指示器。例如:当打印文档时,提示区显示打印机的指示器,表示正在打印。要改变这些指示器对应的设置,只需双击提示区的指示器即可。

(6) 音量控制器:音量控制器是桌面上扬声器形状的按钮 ,单击它后会出现一个音量控制对话框,用户可以通过拖动上面的小滑块来调整扬声器的音量。当单击其中的扬声器按钮后,可以打开"扬声器属性"对话框进行相关设置。

三、Win7 的退出

在关闭或重新启动计算机之前,要先退出 Windows 正在运行的应用程序,否则可能会破坏一些没有保存的文件和正在运行的程序。单击"开始"→"关闭"按钮,安全地退出系统,最后关闭外部设备的电源开关。

若单击"关机"按钮右侧的三角箭头,可以弹出更详细的操作命令,可实现"切换用户""注销""锁定""重新启动"和"睡眠"等功能,如图 2-7 所示。

图 2-7　Win7 的关机菜单

2.1.2　窗口、对话框、菜单

一、Win7 窗口的构成

对窗口的操作是 Windows 系统中最频繁的操作,窗口是屏幕上与一个应用程序相对应的矩形区域,每当打开程序、文件或文件夹时,都会在屏幕上出现相应的窗口。比如当用户开始运行一个应用程序时,应用程序就创建并显示一个窗口;当用户操作该窗口中的对象时,程序会做出反应;用户通过关闭窗口来终止程序的运行;通过选择应用程序窗口来选择相应的应用程序。典型的窗口如图 2-8、图 2-9 所示。

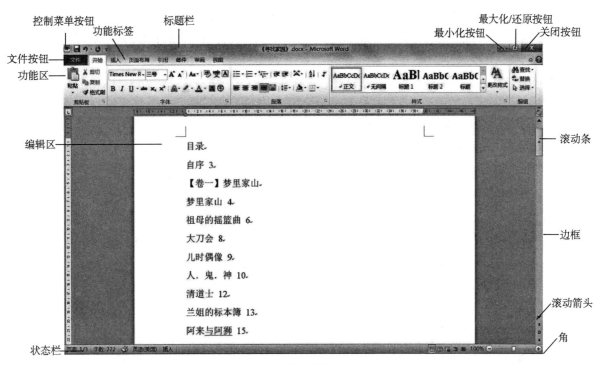

图 2-8　典型的窗口 1

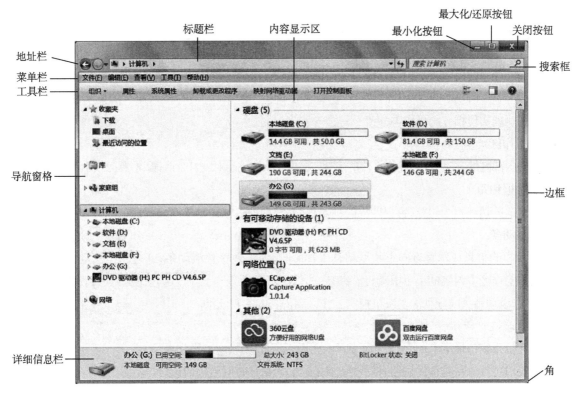

图 2-9　典型的窗口 2

　　图 2-8 所示为 Word 2010 的工作窗口,图 2-9 所示为"计算机"窗口,虽然每个窗口的内容各不相同,但所有窗口都有一些共同点。一方面,窗口始终显示在桌面(屏幕的主要工作区域)上;另一方面,大多数窗

口都具有相同的组成部分。

窗口常见的组成部分有：

（一）标题栏

标题栏位于窗口顶部，用于显示应用程序名称，它由控制菜单图标、最小化按钮、最大化／还原按钮、关闭按钮组成。若标题栏颜色为高亮度显示时，此窗口为"活动窗口"（当前窗口）。拖动标题栏可以改变窗口的位置。

控制菜单图标：位于窗口左上角，单击该图标可打开该窗口的"控制菜单"，用于对窗口进行改变尺寸和位置等操作。

最小化按钮：单击该按钮，窗口最小化为任务栏中的一个图标。

最大化按钮：单击该按钮，窗口最大化为整个屏幕，按钮变为"还原"按钮。

还原按钮：单击该按钮，窗口还原成原来窗口大小和位置，按钮变成"最大化"按钮。

关闭按钮：单击该按钮，将关闭窗口及对应的应用程序。

（二）菜单栏

菜单栏位于标题栏下方。菜单中的每一项都对应着一些相应的操作命令。单击菜单项（或按 Alt+ 菜单名右侧带下划线的字母）可打开下拉菜单，从中选择要操作的命令。

在菜单中有一些特殊的标记，不同的标记表示不同的含义，常用的标记及含义如下：

"▶"标记：表明此菜单项目下还有下一级菜单。

"…"标记：表明此菜单项目会打开一个对话框。

"✓"标记：复选标记，在菜单组中，单击某菜单项时出现"✓"，表明该项处于选中状态，再次单击该项时，标记会消失，表明该项被取消。

"●"标记：单选标记，在菜单组中，同一时刻只能有一项被选中。

当一个菜单项呈现灰色时，表明该菜单项当前不能用。

（三）工具栏

Win7 操作系统的工具栏位于菜单栏下方，由一些按钮组成。当打开不同类型的窗口或选中不同类型的文档时，工具栏中的按钮会发生相应变化。单击工具栏中的下拉按钮，将打开下拉菜单，通过下拉菜单中所提供的功能实现相应的操作。

（四）工作区

窗口的内部区域，在其中可进行文件的编辑、处理等操作，在图 2-8 中为编辑区、图 2-9 中为内容显示区。

（五）边框和角

组成窗口的边线称为边框，窗口四周的顶点称为角，拖动边框和角可以改变窗口的大小。

（六）滚动条

当窗口内的信息在垂直方向上长度超过工作区时，便出现垂直滚动条，通过单击滚动箭头或拖动滚动块可控制工作区中内容的上下滚动；当窗口内的信息在水平方向上宽度超过工作区时，便出现水平滚动条，通过单击滚动箭头或拖动滚动块可控制工作区中内容的左右滚动。

（七）状态栏

状态栏位于窗口最下方的一行，用于显示应用程序的有关状态和操作提示。

其他窗口可能具有其他的按钮、框或栏，但是它们通常具有以上组成部分。

二、对话框的组成

在 Win7 操作系统中，经常要进行"对话框"操作。对话框是用户和计算机系统之间进行信息交流的窗口,在对话框中选择相应的选项,就可以对系统进行修改和设置。对话框与窗口区别在于对话框没有菜单栏,而且它的大小是固定的,不能随意改变。下面以"屏幕保护程序设置"对话框为例,说明对话框的组成。

在桌面空白处任意地方单击鼠标右键,在弹出的快捷菜单中选择"个性化"选项,打开"个性化"窗口,在"个性化"窗口中单击"屏幕保护程序"按钮,打开"屏幕保护程序设置"对话框,观察弹出的窗口,如图 2-10 所示。

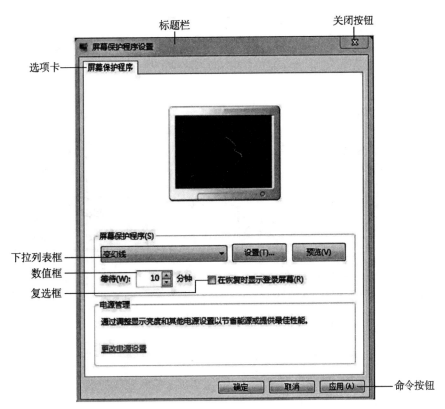

图 2-10 "屏幕保护程序设置"对话框

1. **标题栏** 显示对话框标题名称,右侧有关闭按钮 ▧ ,有的对话框还显示帮助按钮 ▨ 。

2. **选项卡** 在 Win7 中有很多对话框都是由多个选项卡构成的,相关的功能放在一个选项卡上,每个选项卡都有标签,以示区分。用户单击标签即可以在各个选项卡之间切换,查看、修改和设置不同的选项内容。

3. **命令按钮** 在对话框中外形为圆角矩形,上面标注有命令名称的按钮。例如,"确定"按钮、"取消"按钮、"电源"按钮等。单击命令按钮即可执行相应的命令。如命令按钮的名称后面带"…",表示单击这个按钮后,将弹出相应的对话框。如命令按钮呈现灰色样式,则表示在当前情况下,此命令按钮不能被执行。

4. **单选按钮** 单选按钮的状态表示它代表的功能是否被选中,◉代表选中,○代表未选中。同一主题的一组单选按钮同时只能有一个被选中。

5. **复选框** 复选框的状态也表示它代表的功能是否被选中,单击复选框中出现"√"符号,选项被选中。同一主题的一组复选框同时可以有多个被选中。

6. **数值框** 数值框用于输入数值,例如 10 ,单击数值框右侧的两个微调按钮可以增大或减小数值框中数值,也可以直接在数值框输入数值。

7. **下拉列表框** 下拉列表框是带有一个可提供选项的下拉列表。单击下拉列表框右侧的按钮时,可以弹出相应下拉列表,在其中选择需要的选项。

8. **文本框** 文本框用于输入文本内容。

三、菜单

菜单是提供一组相关命令的清单,在 Windows 的桌面和大部分程序窗口都有菜单工作方式。菜单有以下五种:

1. **"开始"菜单** 通过单击"开始"按钮弹出的菜单。

2. **下拉菜单** Windows 各种窗口中标题栏之下的菜单或单击某下拉按钮打开的菜单,可在打开的菜单中选择某项操作,图 2-11 左图所示为"计算机"窗口中的"查看"下拉菜单。

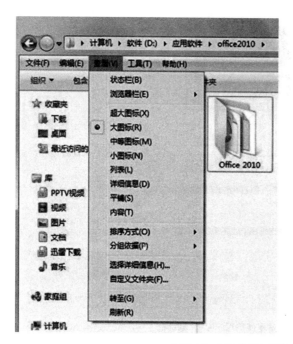
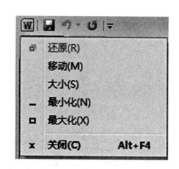

图 2-11 下拉菜单和控制菜单

3. **控制菜单** 当单击窗口中的"控制菜单"按钮时,会弹出该窗口的控制菜单,用于控制窗口大小,如图 2-11 右图所示为 Word 2010 工作窗口的控制菜单。

4. **快捷菜单** 当鼠标指向某个对象单击右键时,就可以弹出一个可用于对该对象进行操作的菜单,称为快捷菜单。右击的对象不同,系统所弹出的快捷菜单也不同。

5. **级联菜单** 下拉菜单和快捷菜单中带有"▶"标志的菜单项外侧出现的子菜单。

在打开的菜单以外的任何空白区域单击一下,这样就可以撤销该菜单,按 Esc 键也可以撤销菜单。

2.1.3 制作个性化 Win7 操作环境

一、桌面设置

(一)管理桌面图标

1. **添加或删除系统图标** 将图标放在桌面上,可以快速访问经常使用的程序、文件和文件夹,但过多的桌面图标会使得桌面显得凌乱,从而影响工作效率。用户可以选择要显示在桌面上的系统图标,也可以随时添加或删除。

桌面系统图标主要包括计算机、网络、控制面板、回收站和用户的个人文件夹，将它们添加到桌面的步骤如下：

(1) 右击桌面上的空白区域，从弹出的快捷菜单中选择"个性化"命令，打开"个性化"文件夹窗口，如图 2-12 所示。

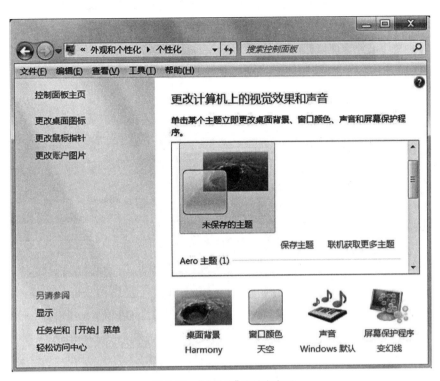

图 2-12 "个性化"文件夹窗口

(2) 在"个性化"窗口的左窗格中，单击"更改桌面图标"链接，打开"桌面图标设置"对话框，如图 2-13 所示。

图 2-13 "桌面图标设置"对话框

(3) 在"桌面图标"选项卡中,选中想要添加到桌面的图标的复选框,或清除想要从桌面上删除的图标的复选框,然后单击"确定"按钮。

2. 添加桌面快捷方式图标 桌面上左下角有 标志的图标是表示与一个项目链接的图标,双击此类图标可以快速启动应用程序或打开用户文件。通常安装软件时会在桌面放置应用程序的快捷方式,如果删除快捷方式图标,则只会删除这个快捷方式,而不会删除原始项目。如果想要从桌面上轻松访问自己经常使用的程序、文件或文件夹,用户可在桌面上创建相应的快捷方式图标,使用时直接双击快捷图标即可启动该项目。常用方法如下:

方法1:找到要为其创建快捷方式的项目(程序或文件等),右击该项目,从弹出的快捷菜单中选择"发送到"→"桌面快捷方式"命令,该快捷方式图标便出现在桌面上,如图2-14所示,为记事本应用程序notepad.exe创建桌面快捷方式。

图2-14 创建桌面快捷方式

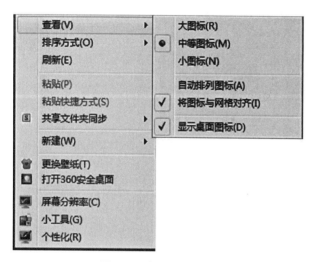

图2-15 查看命令子菜单

方法2:选定该应用软件或文件夹后,按住鼠标右键不放,将该文件夹图标拖拽到桌面上,然后松开鼠标右键,在弹出的快捷菜单中选择"在当前位置上创建快捷方式"选项。

3. 查看与排列桌面图标 右键单击桌面的空白处,在弹出的快捷菜单中选择"查看"命令,在子菜单中包含了多种查看方式。当用户选择子菜单中的命令后,在其左侧出现"✓"说明该命令已被选中;再次选择这个命令后,"✓"标志消失,即表明取消了此命令。如图2-15所示。

(1)自动排列图标:如果用户选择了"自动排列图标"命令,在对图标进行移动时会出现一个选定标志,这时,只能在固定的位置将各图标进行位置的互换,而不能拖动图标到桌面上任意位置。

(2) 将图标与网格对齐:当选择了"将图标与网格对齐"命令后,在调整图标的位置时,它们总是成行成列地排列,而不能移动到桌面上任意位置。

(3) 显示桌面图标。当用户取消了"显示桌面图标"命令前的"✓"标志后,桌面上将不显示任何图标,即桌面图标被隐藏起来。可以通过再次选择"查看"→"显示桌面图标"命令来显示桌面图标。

右击桌面上的空白区域,然后在快捷菜单中选择"排序方式"命令,可选择桌面图标的排列方式。

4. 对桌面图标的其他操作

(1) 选择多个桌面图标:若要一次移动或删除多个桌面图标,必须首先选中这些图标。单击桌面上的空白区域并拖动鼠标,用出现的矩形框包围要选择的桌面图标,然后释放鼠标按键,图 2-16 所示为一组被框选的桌面图标,可以将这一组被框选的桌面图标作为整体来拖动或删除。

图 2-16 框选多个桌面图标

(2) 图标的重命名与删除:右键单击桌面上的图标,在弹出的快捷菜单中选择"重命名"命令,当图标的文字说明位置呈反色显示时,用户可以输入新名称,然后在桌面上任意位置单击,即可完成对图标的重命名。

需要删除桌面上的图标时,可以右键单击该图标,在弹出的快捷菜单中选择"删除"命令,系统会弹出对话框,询问用户是否确实要删除所选内容并移入回收站。单击"是"按钮确认删除;单击"否"按钮取消操作。

(二) 设置桌面背景

桌面背景也称为"壁纸",是显示在桌面上的图片、颜色或图案。可以选择某个图片作为桌面背景,也可以以幻灯片形式显示多个图片。选择某个图片作为桌面背景的操作步骤如下:

(1) 在桌面空白处单击右键,选择"个性化"→"桌面背景"。

图 2-17 "屏幕保护程序设置"对话框

(2) 在"背景"列表框中选择一个背景图片或者单击"浏览"按钮,选定一个自定义的图片文件。

(3) 在"位置"下拉列表框中选择"填充""适应""拉伸"或"平铺"或"居中"。

(4) 单击"确定"按钮,选定的图片就会作为桌面的背景。

(三) 设置屏幕保护程序

如果在使用计算机进行工作的过程中临时有一段时间需要做一些其他的事情,从而中断了对计算机的操作,这时就可以启动屏幕保护程序,将屏幕上正在进行的工作状况画面隐藏起来,使用屏幕保护程序可以起到保护显示器的作用。设置屏幕保护程序操作步骤如下:

(1) 在桌面空白处单击右键,选择"个性化"。

(2) 在"个性化"窗口中,单击"屏幕保护程序"选项卡,如图 2-17 所示。

(3) 在"屏幕保护程序"下拉列表框中,选择某一个屏幕保护程序(例如:"三维文字")。

(4) 设置等待时间为 10 分钟,选中"在恢复时显示登录屏幕"。

(5) 单击"设置"按钮,可以对"三维文字"进行详细设置。

(6) 单击"应用"按钮,新设置的屏幕保护程序生效。

(四) 设置屏幕分辨率

通过设置电脑的分辨率,我们可以在视觉上更加舒服地使用电脑,操作步骤如下:

(1) 在桌面空白处单击右键,选择"屏幕分辨率",打开"屏幕分辨率"对话框,如图 2-18 所示。

图 2-18　设置屏幕分辨率

(2) 如果想简单设置的话,可以点击"屏幕分辨率"对话框中"分辨率"后面的黑色小三角,在下拉菜单中拖动滑标设置分辨率即可。设置分辨率后,如果感觉文字不清晰,可以点击对话框下方的"放大或缩小文本和其他项目"进行调节。

(3) 设置屏幕分辨率也可在"屏幕分辨率"对话框中点击"高级设置",在弹出的属性窗口中,单击"列出所有模式"按钮,打开"列出所有模式"对话框,如图 2-19 所示。

图 2-19　"列出所有模式"对话框

(4) 在"列出所有模式"对话框的"有效模式列表中"选择相应的选项,如"1680×1050,真彩色(32 位),60 赫兹",单击"确定"按钮。

(五) 定制个性桌面主题

Win7 操作系统提供了很多漂亮的主题供用户使用,Win7 每一种主题包括设置好的桌面背景、屏幕保护程序、窗口边框颜色和声音方案,Win7 系统安装完成以后,默认的主题是 Aero 主题下的 Win7 主题。通过更换主题,用户可以调整桌面背景、窗口颜色等,以满足个性化的需求。Win7 主题的视窗效果炫目美观,主题的设置也是在"个性化"设置窗口中完成的。Window7 系统为用户内置许多种桌面主题信息,按照不同的主题类型、风格等进行整齐排列,依次点击即可自动切换到对应的主题状态当中。

二、自定义任务栏

用户可以自定义任务栏来满足个性化的喜好,例如,可以让 Windows 在用户不使用任务栏的时候自动将其隐藏;可以将整个任务栏移向屏幕的左边、右边或上边;可以使任务栏变大;也可以在任务栏上添加工具栏。

(一)自动隐藏任务栏

操作步骤如下:

(1) 鼠标指向任务栏空白处单击右键,选择"属性"→"任务栏"选项卡,打开"任务栏和「开始」菜单属性"对话框,如图 2-20 所示。

图 2-20 "任务栏和「开始」菜单属性"对话框之"任务栏"选项卡

(2) 勾选"自动隐藏任务栏"复选框。

(3) 单击"确定"按钮。

(二)更改图标在任务栏上的显示方式

可以自定义任务栏,包括图标的外观及打开多个项目时这些项目组合在一起的方式。操作步骤如下:

(1) 鼠标指向任务栏空白处单击右键,选择"属性"→"任务栏"选项卡。

(2) 从打开的快捷菜单中选择"属性"命令,打开"任务栏和开始菜单属性"对话框。

(3) 在"任务栏外观"栏的"任务栏按钮"下拉列表中选择以下 3 个选项之一。

从不合并:将每个项目显示为一个有标签的图标。

始终合并、隐藏标签:表示任务栏每个程序显示为一个无标签的图标,即使当打开某个程序的多个项目时也是如此。

当任务栏被占满时合并:表示将每个项目显示为一个有标签的图标,但当任务栏变得非常拥挤时,具有多个打开项目的程序将折叠成一个程序图标。

(4) 若要使用小图标,可选中图 2-20 中的"使用小图标"复选框;若要使用大图标,则清除该复选框。

(5) 单击"确定"按钮。

(三) 锁定任务栏和解除任务栏锁定

锁定任务栏可帮助防止无意中移动任务栏或调整任务栏大小。操作步骤如下:

(1) 右击任务栏空白处。

(2) 从打开的快捷菜单中选择"锁定任务栏"命令,以便选择或取消复选标记。

(四) 移动任务栏

任务栏通常位于桌面的底部,任务栏未锁定时可以将其移动到桌面的两侧或顶部。操作步骤如下:

(1) 解除任务栏锁定。

(2) 单击并拖动任务栏上的空白处到桌面的 4 个边缘之一。

(3) 当任务栏出现在所需的位置时,释放鼠标按键。

(五) 设置系统时间

1. 在任务栏的最右侧显示当前的时间,鼠标在上面停留片刻,会出现当前的日期。单击日期指示器将显示"日期"面板。

2. 单击"日期"面板下方的"更改日期和时间设置"链接,可以打开"日期和时间"对话框如图 2-21 所示,用户可以根据需要设置时区、调整日期和时间。

3. 电脑的时间是由一块电池供电保持的,可能出现走时不准的情况,通过时间同步功能,可以实现自动、定期的同步本机标准时间。操作步骤如下:在"日期和时间"对话框单击"Internet 时间"标签项→"更改设置"命令按钮→勾选"与Internet 时间服务器同步"复选框,如图 2-22 所示。

图 2-21 "日期和时间"对话框

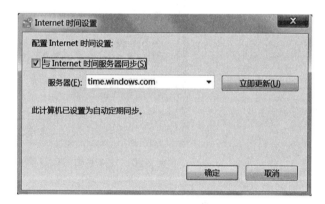

图 2-22 "Internet 时间设置"对话框

三、开始菜单、窗口操作

(一) 自定义开始菜单

操作步骤如下:

(1) 鼠标指向任务栏中的"开始"单击右键→"属性"→"「开始」菜单"选项卡,如图 2-23 所示。

(2) 单击"自定义"按钮,打开自定义开始菜单对话框,如图 2-24 所示。

(3) 进行相应设置,自定义"开始"菜单上的链接、图标以及菜单的外观和行为、自定义要显示的最近打开过的程序的数目等。

(4) 单击"确定"按钮。

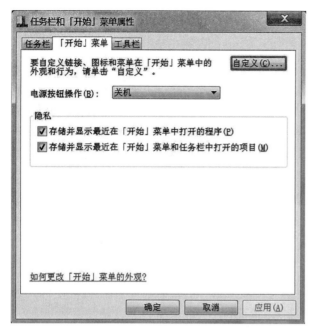

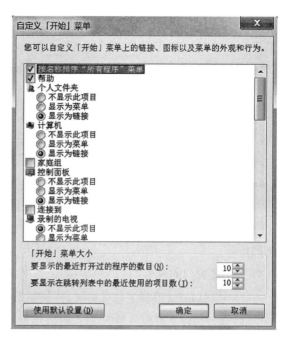

图 2-23 "任务栏和「开始」菜单属性"对话框之
"「开始」菜单"选项卡

图 2-24 "自定义开始菜单"对话框

(二) 窗口的操作

下面以启动"画图"程序为例,说明窗口操作。单击"开始"→"所有程序"→"附件"→"画图"程序,如图 2-25 所示。

1. 最小化、最大化 / 还原、关闭窗口 单击窗口右上角的三个按钮,从左到右依次分别实现最小化、最大化(或还原)、关闭窗口,单击它们即可实现相应的操作。

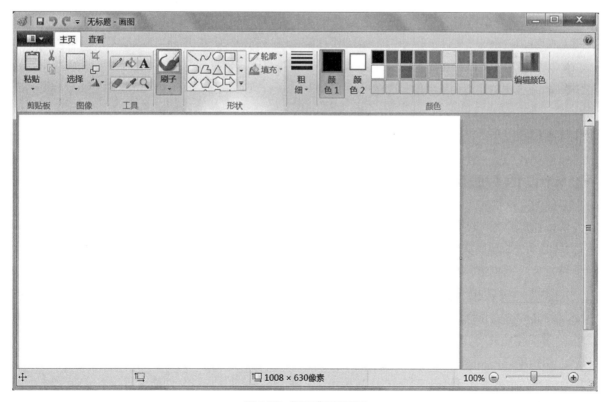

图 2-25 "画图"程序窗口

（1）当最小化到任务栏时，点击任务栏的图标还原窗口；当最大化时，点击右上角中间的按钮还原窗口。

（2）点击左上角的"控制菜单"按钮，打开操作窗口的控制菜单，同样可以对窗口进行相应的操作。

另外，双击窗口的标题栏可使窗口最大化或还原。将窗口的标题栏拖动到屏幕的顶部，该窗口的边框即扩展为全屏显示，释放窗口使其最大化。将窗口的标题栏拖离屏幕的顶部时将窗口还原为原始大小。关闭窗口的操作方法较多，还可以通过以下方法来完成：①在任务栏相应窗口图标处点击鼠标右键→选择"关闭窗口"；②要关闭当前活动窗口，可通过按 Alt+F4 快捷键完成；③当窗口无响应时，可通过按 Ctrl+Alt+Del 组合键打开任务管理器，关闭无响应的应用程序或进程即可。

有些窗口还可以通过选择文件菜单中的【退出】命令来关闭。

2. 窗口移动　当窗口处于非最大化状态时，将鼠标指向窗口标题栏，按住鼠标左键，可将窗口拖动到所需位置。

3. 改变窗口的大小

（1）当窗口处于非最大化状态时，将鼠标指向窗口四角上的任意一个边角，鼠标指针变为斜向的双向箭头时，按住鼠标左键沿对角线方向拖动，则窗口在保持宽和高比例不变的情况下，大小随之调整。

（2）当窗口处于非最大化状态时，将鼠标指向窗口上、下、左、右四个边框上，鼠标指针变为双向箭头时，按住鼠标左键拖动，则窗口大小随之调整，至所需高度或宽度时可释放鼠标。

4. 切换窗口　当用户同时打开多个窗口时，只能有一个窗口是处在激活状态的，它的标题栏以深蓝色为背景，并且处于最前面，这就是当前窗口。除此之外的窗口都为后台窗口，它们的标题栏的背景都是浅灰色的。

要切换窗口，最简单的操作方法是用鼠标单击任务栏上对应窗口的按钮，或是直接单击想要激活的窗口中任何地方也可切换到该窗口。

也可用快捷键 Alt+Esc 和 Alt+Tab 来实现在当前窗口与其他打开的窗口之间进行切换，这两种组合键在选择窗口时的显示方式上有区别，前者以窗口方式交换，后者以图标方式交换。

在打开的多个窗口中，可按 Windows 徽标键 +Tab 键，实现窗口的折叠显示，方便用户快速在不同窗口之间完成切换等操作。

5. 排列窗口　可以在桌面上按层叠、纵向堆叠或并排模式自动排列窗口。把鼠标指向任务栏空白处单击右键，在弹出的快捷菜单中单击选择一种排列方式。

【知识拓展】

一、Win7 的关机、切换用户、注销、锁定、重新启动以及睡眠

要解释它们之间的不同，需要先回顾一下关于操作系统的一点小知识：我们知道，每一个应用程序要运行，就必须先将程序从硬盘调入内存，在内存中被执行的程序片段就称为进程。而内存一个较大的特点就是易失性，一旦断电，内存中的数据将全部被清空。

1. 关机　当我们选择"关机"时，系统首先会关闭所有运行中的程序（如果某些程序不太配合，可以选择强制关机），然后，系统后台服务关闭，接着，系统向主板和电源发出特殊信号，让电源切断对所有设备的供电，计算机彻底关闭。

2. 切换用户　Windows 允许多个用户登录计算机，切换用户就是允许另一个用户登录计算机，但前一个用户的操作依然被保留在计算机中，其请求并不会被清除，一旦计算机又切换到前一个用户，那么他仍能继续操作，这样即可保证多个用户互不干扰地使用计算机了。

3. 注销　注销就是清除现在登录的用户,重新出现用户登录界面,可重新选择希望登录的用户名,使用其他用户来登录系统,注销不可以替代重新启动,只是取消了当前用户正在运行的任务。

4. 锁定　一旦选择了"锁定",系统将自动向电源发出信号,切断除内存以外的所有设备的供电,由于内存没有断电,系统中运行着的所有数据将依然被保存在内存中,这个过程仅需1~2秒的时间,当我们从锁定态转向正常态时,系统将继续从根据内存中保存的上一次的"状态数据"进行运行,当然了,这个过程同样也仅需1~2秒。而且,由于锁定过程中仅向内存供电,所以耗电量是十分小的,对于笔记本,电池甚至支持计算机接近一周的"锁定"状态。所以,如果你需要经常使用计算机的话,推荐不要关机,锁定计算机就可以了,这样可以大大节省再次使用所需的时间,更何况这样也不会对计算机产生什么不利的影响(除内存外其他设备都断电了)。

5. 睡眠　睡眠也就是假关机,以很小的电量保持系统随时被唤醒,所有运行的东西还都在内存里,唤醒时不用初始化,所以唤醒很快,主要目的是省电,长时间不用电脑又不想彻底关机就选择"睡眠"。当执行"睡眠"时,内存数据将被保存到硬盘上,然后切断除内存以外的所有设备的供电,如果内存一直未被断电,那么下次启动计算机时就和"锁定"后启动一样了,速度很快,但如果下次启动前内存不幸断电了,则在下次启动时会将硬盘中保存的内存数据载入内存。所以说,可以将"睡眠"看作是"锁定"的保险模式。

6. 重新启动　重新启动电脑,一切和开机时一样需要初始化电脑的软硬件(只是没有断电),一些比较大的系统更新,或者安装一些比较大的软件时经常需要重启电脑。

二、Win7 桌面小工具

Win7系统中包含了常用的桌面小工具,如CPU仪表盘、幻灯片放映、货币换算、联系簿、天气和日历等,用户既可以将其置于桌面上的任意位置,也可以随意更改桌面小工具的大小。

1. 添加和移动小工具　在Win7桌面的空白处单击鼠标右键,在弹出的快捷菜单中选择"小工具"命令可以打开工具添加窗口,如图2-26所示。

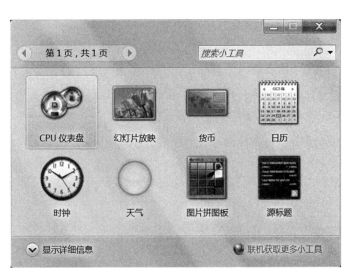

图2-26　桌面小工具添加窗口

双击工具图标或者选择右键菜单的"添加"命令就能添加到边栏,边栏是Win7系统中占据桌面最右侧的长方形区域。桌面上的小工具可以通过鼠标随意拖动来安排位置。

2. 设置小工具属性的实例

下面介绍用户经常使用的时钟小工具属性的调整。

（1）打开小工具面板，将"时钟"添加到桌面中，如图 2-27 所示。

（2）右击桌面上的"时钟"小工具→"选项"命令，可以在弹出的"时钟"对话框中选择时钟的样式，也可以在"时钟名称"文本框中输入名称。

（3）设置完成后，单击"确定"按钮退出设置。

用户还可以调整小工具的透明度或者设置和这个小工具有关的选项。方法如下：右击小工具图标→在弹出的快捷菜单中选择"不透明度"子菜单，在下拉子菜单中选择某一数值，如"100%"，如图 2-28 所示。

图 2-27 "时钟"小工具

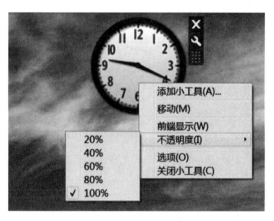

图 2-28 设置小工具的快捷菜单

默认状态下，小工具都呈不透明的状态。通过设置工具的透明度，可将工具平常状态设为半透明显示，这时只有将鼠标移动到工具上方才不会透明。

任务 2-2 整理个人资料

安装的操作系统、各种应用程序及编排的信息和数据等，都是以文件形式保存在计算机中的，经过一段时间的使用，电脑上的文件会越来越多，为了使电脑中的文件井然有序，我们要对电脑中的文件和文件夹定期进行归纳与整理，如重新分类、建立新的文件和文件夹、删除不需要的文件、搜索找不到的文件、压缩文件以及及时备份重要文件等。本部分内容详细介绍了对文件和文件夹进行管理的基本方法。

【任务描述】

本次任务要求在理解文件和文件夹相关的概念的基础上，对文件和文件夹的进行操作，使自己计算机里的文件存放有序。具体操作包括：

1. 整理计算机中的文件

（1）熟悉"计算机"窗口的各个组成部分。

（2）查看和排序文件及文件夹，更改文件与文件夹的查看方式。

（3）查看文件和文件夹的属性，将重要的文件和文件夹设置为隐藏属性，并设置系统不显示隐藏的文件和文件夹。

(4) 使用搜索功能搜索某个特定文件。

(5) 建立层次结构的分类文件夹,以多种方式进行文件及文件夹的新建、复制、移动、删除、还原、重命名等操作。

2. 利用 WinZip 进行文件和文件夹的压缩与解压缩。

【知识点分析】

2.2.1 Windows 的文件系统

一、文件管理概述

Windows 通过"计算机""控制面板"等实现对系统资源的管理,从资源管理角度分析,文件系统是计算机系统最主要而且与用户关系最密切的一种系统资源。文件是具有文件名的一组相关信息的集合。在计算机系统中,所有的程序和数据都是以文件的形式存放在计算机的外存(如硬盘、U 盘等)上的。例如,一个 Word 文档、一张图片、一段视频、一个 C 语言源程序、各种可执行程序等都是文件,一个文件,它的属性包括文件的名字、大小、类型、创建和修改时间等。

(一) 文件名与文件类型

在计算机中,任何一个文件都有文件名,文件名是文件存取和执行的依据。在大部分情况下,文件名分为主名和扩展名两个部分,它们之间以分隔符"."间隔。主文件名是文件的唯一标识,扩展名用于表示文件的类型。例如,Windows 中的画图程序的文件名为 mspaint. exe。

Win7 的文件命名规则:

1. 文件或者文件夹名称不得超过 255 个字符。

2. 文件名除了开头之外任何地方都可以使用空格。

3. 文件名中不能有下列符号:"?""、"""\"""*"""""""""<"">""|"。

4. 文件名不区分大小写,但在显示时可以保留大小写格式。

5. 文件名中可以包含多个间隔符,如"我的文件 . 我的图片 .bmp",最后一个分隔符"."的右端字符串为该文件名的扩展名。

6. 在同一文件夹中不能有同名文件。

在 Windows 操作系统中,文件的扩展名表示文件的类型。不同类型的文件处理方法是不同的,用户不能随意更改文件扩展名,否则将导致文件不能被执行或打开。在 Windows 操作系统中,虽然允许扩展名为多个英文字符,但是大部分扩展名习惯采用 3 个英文字母。

常用的文件类型及对应的扩展名如表 2-1 所示。

表 2-1 常用文件类型的扩展名

文件类型	扩展名	说明
可执行程序	exe、com	程序文件,每个程序文件的图标外观不一样
文本文件	txt	由字母、数字等字符组成,不包含控制字符通用性极强,所有具有文本编辑功能的程序都可以打开
office 文件	doc/docx	Word 文档
	xls/xlsx	Excel 工作簿
	ppt/pptx	PowerPoint 演示文稿

文件类型	扩展名	说明
图像文件	jpg、gif、bmp	存放图片信息，图片文件的格式很多
视频文件	mpg、mpeg、avi、rmvb、mov、wmv	不同格式的视频文件，通过相应的视频播放软件播放
压缩文件	rar、zip	压缩文件
音频文件	wav、mp3、wma、mid	不同的扩展名表示不同格式的音频文件
网页文件	htm、html、asp	前两种是静态网页，后者是动态网页

（二）文件夹

计算机中所说的"文件夹"跟生活中的文件夹相似，可以用于存放文件或文件夹。

在文件夹中还可以再创建下一级文件夹，文件夹中的文件夹被称为"子文件夹"。为了有效地管理和使用文件，可以将文件分门别类地存放到相应的文件夹里，比如将相同类型的文件或相同主题的文件放在同一个文件夹中，同名文件可以存放在不同的文件夹中。文件夹在计算机中的图标形式如图 2-29 所示。

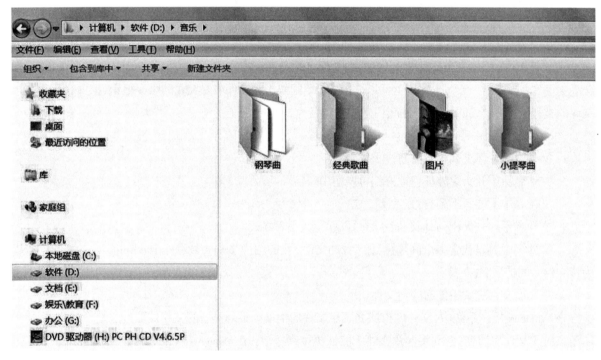

图 2-29　常见的文件夹图标

用户可以自行建立不同的文件夹，也可以对自行建立的文件夹进行移动、删除、修改名称等操作。在安装操作系统和应用软件时，也会建立一些文件夹，如 WINDOWS、Documents and Settings、Office2010 等，对于这些文件夹，用户不能进行移动、删除、修改目录名称等操作，否则将导致操作系统或应用软件不能正常使用。Windows 操作系统的文件夹结构如图 2-30 所示。

（三）文件属性

文件除了文件名外，还有文件大小、占用空间、创建时间、存放位置、打开方式等信息，这些信息称为"文件属性"。文件夹也有位置、大小、占用空间、创建时间、大小等属性。

鼠标指向文件或文件夹图标单击右键，会打开相应的属性面板，如图 2-31、图 2-32 所示。

图 2-30　Windows 操作系统的文件夹结构

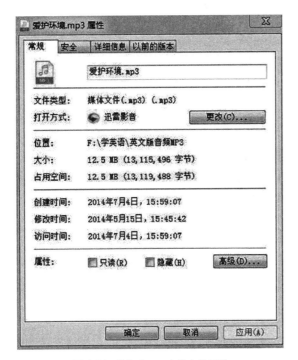

图 2-31　Windows 中的文件属性

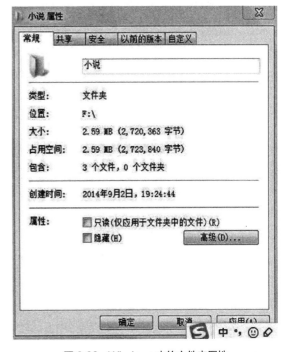

图 2-32　Windows 中的文件夹属性

　　隐藏:对于计算机中的重要文件和文件夹,为了防止被其他用户查看或修改,可以将其隐藏起来,隐藏后所有计算机用户都无法看到被隐藏的文件和文件夹。

　　只读:表示该文件只能读取,不能修改和删除。

(四) 文件路径

　　所有文件分门别类地存放在所属文件夹中,文件路径是文件存取时,需要逐级经过的文件夹的名称。

文件路径分为绝对路径和相对路径,绝对路径指从盘符开始的路径,如图 2-33 中,文件 notepad.exe 的绝对路径为 "C:\Windows\System32";相对路径是从当前文件夹开始,到某个文件之前的子文件夹名称,假如当前路径为 C:\Windows,要描述上述路径,只需输入 ..\System32,".." 表示上一级文件夹。

图 2-33　Windows 中的文件路径

二、Win7 资源管理器

"资源管理器"是 Windows 系统提供的资源管理工具,用户可以用它查看本台计算机的所有资源,特别是通过它提供的树形文件系统结构,能清楚直观地认识计算机的文件和文件夹。在"资源管理器"中还可以很方便地对文件进行各种操作,如打开、复制、移动等。

(一)启动资源管理器

在 Win7 中启动资源管理器常用方法:

1. 直接双击桌面上的"计算机"图标,打开的"计算机"对话框实际上就是资源管理器。

2. 单击"开始"菜单,单击"所有程序"→"附件"→"Windows 资源管理器"命令,也可以打开"资源管理器"对话框。

3. 鼠标箭头对指向"开始"菜单,单击右键→选择"打开 Windows 资源管理器"命令,也可以打开"资源管理器"对话框。

4. 启动"资源管理器"最快捷的方法是直接按 Win+E 组合键。

(二)查看文件和文件夹

资源管理器启动后的窗口如图 2-34 所示,在左侧窗格中会以树形结构显示计算机中的资源,单击某一个文件夹将其选中,文件夹中的内容会显示在右侧的主窗格中。比如在左侧窗格单击"计算机",则在右侧主窗格中显示所有磁盘分区、分区容量及可用空间等信息,双击某个磁盘图标,即可进入磁盘浏览其中的文件和文件夹。

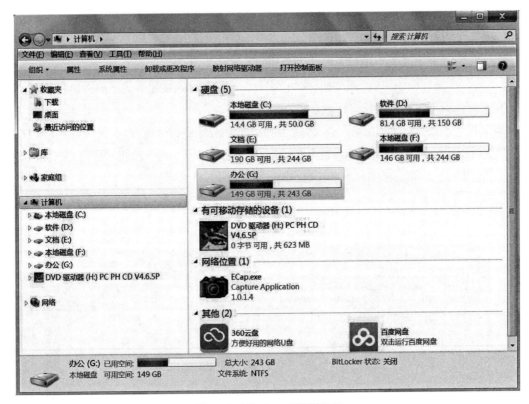

图 2-34 Windows 资源管理器

左侧窗格文件夹前面的 ◢ 和 ▷ 图标,分别表示相应的文件夹处于"展开"和"折叠"状态,单击这两个图标,则会分别"折叠"和"展开"相应的文件夹。

1. **调整查看方式** 设置视图模式:在浏览过程中,单击窗口工具栏的"视图"下拉按钮,可以对查看方式、排列顺序等进行设置,方便用户的管理。如图 2-35 所示是以"详细信息"模式显示的窗口。

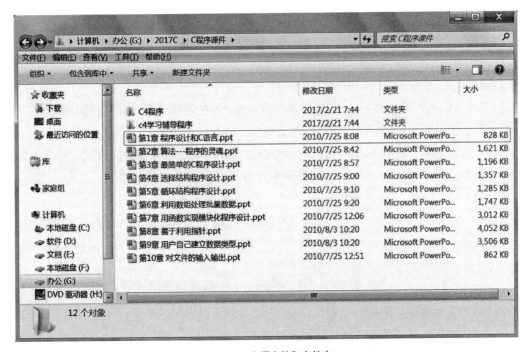

图 2-35 查看文件和文件夹

2. 排序文件和文件夹　当窗口中包含了太多的文件和文件来时,可按照一定规律对窗口中的文件和文件夹进行排序,以便于浏览。具体方法如下。

(1) 设置窗口中文件和文件夹的显示模式为"详细信息"。

(2) 单击文件列表上方的相应标题按钮,比如"名称",或单击标题按钮旁的下拉按钮▾打开下拉菜单,从中选择排序依据,此时文件列表将排序显示。

3. 预览文件　预览窗格会调用与所选文件相关联的应用程序进行预览,对于某些类型的文件,默认情况下,预览功能没有开启,单击"计算机"右上方的"显示/隐藏预览窗格"按钮,可开启文件的预览功能,再选中某一文件即可在预览窗格中显示文件的预览效果,如图 2-36 所示。

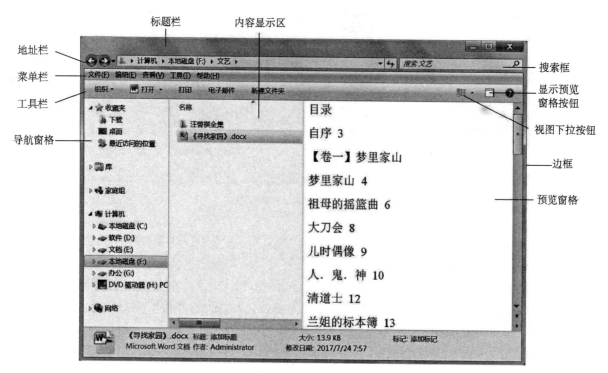

图 2-36　预览窗格

(三) 搜索框

计算机中的资源种类繁多、数目庞大,如果用户找不到文件的准确位置,便可以利用搜索框进行搜索。"资源管理器"窗口的右上角内置了搜索框,此搜索框具有动态搜索功能:当输入关键字的一部分时,搜索就已经开始了;随着输入关键字的增多,搜索的结果会被反复筛选,直到搜索出所需要的内容。搜索结果与关键字相匹配的部分会以黄色高亮显示,能让用户更加容易地找到需要的结果。

(四) 地址栏

地址栏出现在每个文件夹窗口的顶部,将用户当前的位置显示为以箭头分隔的一系列链接。通过地址栏,不仅可以知道当前打开的文件夹名称,可以通过单击某个链接、输入位置路径或者网络地址来导航到其他位置,打开相应内容。

在 Win7 中,地址栏上增加了"按钮"的概念。例如,在资源管理器中打开"F:\ 学习资料 \ 语文"文件夹后,路径中的文件夹变成不同的按钮,单击相应的按钮可以在不同的文件夹中切换。不仅如此,单击每个按钮右侧的三角标记,还可以打开一个下拉菜单,其中列出了与当前按钮对应的文件夹内保存的所有子文件夹。例如,单击"学习资料"按钮右侧的三角标记,弹出的下拉菜单会显示其中的文件夹,如图 2-37 所示。

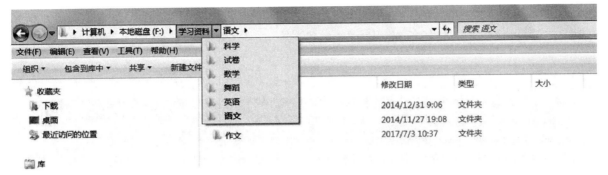

图 2-37　地址栏按钮

2.2.2　文件夹和文件的管理

一、管理文件和文件夹

对文件进行任何管理操作之前,必须打开相应的文件浏览窗口。在 Windows 中,是通过资源管理器打开各个文件夹窗口,在文件夹窗口中浏览、管理文件和文件夹的。

1. 选定文件或文件夹　对文件和文件夹进行复制、移动或删除等操作,必须先选择文件或文件夹,Windows 中选定的文件或文件夹将反向显示。文件和文件夹的选择主要分三种情况:选择单个文件和文件夹,选择多个连续文件或文件夹,选择非连续的文件或文件夹。选择方法如下:

(1) 单选:在窗口中单击所需的文件和文件夹。

(2) 连续多选:单击第一个图标,按住 Shift 键,单击最后一个文件或文件夹的图标即可多选;或者在窗口中按下鼠标左键,拖动指针进行框选。在空白处单击则取消选择。

(3) 不连续的多选:按住 Ctrl 键再逐个单击要选取的文件或文件夹,可以实现不连续的多选。

(4) 全选:单击“组织”按钮→“全选”,或按 Ctrl+A 快捷键选中当前窗口中全部的文件和文件夹。

(5) 反向选定:若选定的文件较多,而不被选定的文件较少时,可采取反向选定。采用上述的方法先选定不被选定的文件,然后单击菜单“编辑”→“反向选择”命令即可。

如果单击非选中处,则取消文件的选择。

选择文件或文件夹也可用键盘,如果用键盘,则只需输入相对应的键。表 2-2 列出了用键盘选择文件夹所用的按键。

表 2-2　选择文件或文件夹所用的按键

键	功能
↑	选择所选文件夹上面的文件或文件夹
↓	选择所选文件夹下面的文件或文件夹
Home	选择文件夹列表中的第一个文件或文件夹
End	选择文件夹列表中的最后一个文件或文件夹
字母	选择名字以该字母开始的第一个文件或文件夹,若快速输入几个字母,则选择名字以该字母开始的第一个文件或文件夹

2. 新建文件或文件夹

(1) 新建文件夹:打开“计算机”,在右窗口中选定一个文件夹或驱动器图标,然后双击,在该窗口空处单击鼠标右键,出现相应的快捷菜单,如图 2-38 所示,将鼠标指向"新建"→选择"文件夹",即在当前文件夹中建立了一个子文件夹,其名称默认为"新建文件夹",文件名处于可编辑状态,用户可以输入文件夹名称。

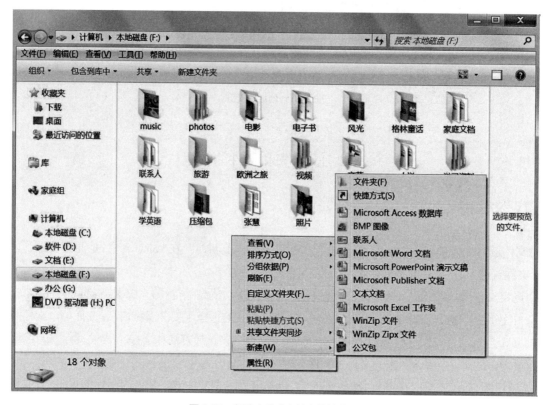

图 2-38　新建文件或文件夹快捷菜单

新建文件夹也可以在左侧"文件夹"窗口中指向一个文件夹或驱动器图标,单击鼠标右键出现相应的快捷菜单,方便地在选定的目标位置上创建一个新文件夹;还可通过"文件"菜单中选择"新建"→"文件夹"来实现。

(2) 新建文件:最常用的方法是启动应用程序后创建文件,如先打开 Windows 附件中的"记事本"窗口,然后再编辑和保存文本。也可以按建立文件夹的方法,在需要创建文件的位置单击鼠标右键,在弹出的快捷菜单选择一个文件类型,如"新建"→"Microsoft word 文档"即可在文件夹中创建默认名称为"新建 Microsoft Word 文档"的空 Word 文档,输入文件的名称后按回车键即可。

3. 移动和复制文件或文件夹　移动文件或文件夹和复制文件或文件夹的区别是:移动后,原文件或文件夹不在原来的位置;而复制则是原文件或文件夹在原位置存在,在新的位置又产生了一个副本。

这两项操作有共同之处,依次为:选取文件和文件夹,单击工具栏中的"组织"下拉按钮打开其下拉菜单,在下拉菜单中选择相应的命令。以复制文件夹为例,具体步骤如下。

(1) 选中要复制的文件或文件夹。

(2) 单击工具栏中的"组织"下拉按钮,打开其下拉菜单。

(3) 在下拉菜单中选择"复制"命令。

(4) 打开要移动到的目标磁盘或文件夹窗口。

(5) 单击工具栏中的"组织"下拉按钮,在下拉菜单中选择"粘贴"命令。

移动文件夹的操作是在第(3)步选择"剪切"命令。

也可先选中要移动的文件和文件夹,鼠标指向选中的区域即反白显示的区域单击鼠标右键,在弹出的快捷菜单里选择相应的命令。

说明：①按住 Ctrl 键不放，用鼠标将选定的文件或文件夹拖动到目标盘或目标文件夹中，可实现复制操作。如果在不同驱动器上复制，只要用鼠标拖动即可，不必使用 Ctrl 键。②用户可以按住 Shift 键，同时用鼠标将选定的文件或文件夹拖动到目标盘或目标文件夹中，可实现移动操作。如果是在同一个驱动器上移动，只要用鼠标拖动即可，不必使用 Shift 键。③"剪切""复制"和"粘贴"命令都有对应的快捷键，分别是 Ctrl+X、Ctrl+C 和 Ctrl+V。

4. 删除文件或文件夹

（1）删除文件或文件夹：要将一些文件或文件夹删除，需要选中要移动的文件和文件夹，单击"组织"→"删除"菜单命令，或按 Delete 键，或单击鼠标右键→在出现的快捷菜单中选"删除"→在弹出的"删除"对话框中，单击"是"按钮，可将选定的文件或文件夹移动到回收站（U 盘等移动存储设备中的文件或文件夹不会移动到回收站，而是彻底地删除）。

删除文件或文件夹时会弹出如图 2-39 所示的确认对话框，单击"是"按钮执行删除操作；单击"否"按钮取消删除操作。

图 2-39　删除确认对话框

（2）回收站的操作：回收站用于临时保存用户从磁盘中删除的各类文件和文件夹。当用户对硬盘上的文件和文件夹进行删除操作后，它们并没有从计算机中直接被删除，而是被保存在回收站中。对于误删的文件和文件夹，可以随时通过回收站恢复；对于确认无用的文件和文件夹，可以从回收站彻底删除，以节省磁盘空间。

双击桌面"回收站"图标，打开回收站窗口，如图 2-40 所示。

图 2-40　"回收站"窗口

还原所有项目:在回收站窗口中,如果需要恢复全部文件,直接单击工具栏上的"还原所有项目"按钮即可。

还原部分项目:选定要还原的文件或文件夹之后,单击鼠标右键→选择"还原"命令;或是打开"文件"菜单→选择"还原"命令。

清空回收站:可将回收站中的全部文件和文件夹彻底删除,删除的文件或文件夹将不能再恢复。如果想一次性将整个回收站清空,直接在工具栏上单击"清空回收站"按钮,回收站中的内容就会被清空,所有的文件也就真正从磁盘上删除了。也可在桌面上右击"回收站"图标,在弹出的快捷菜单中选择"清空回收站"命令即可,如图 2-41 所示。此时会弹出确认删除操作的对话框,单击"是"按钮,确认删除。

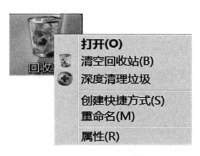

图 2-41 清空回收站

清除指定文件:如果需要清除回收站中的部分内容,可以选中需消除的文件和文件夹后,单击右键→在快捷菜单中选择"删除"命令,如图 2-42 所示;或是单击"组织"按钮→选择"删除"命令即可。

图 2-42 快捷菜单

说明:①如果想恢复刚刚被删除的文件,则选择"编辑"菜单中的"撤销"命令;如果要恢复以前被删除的文件,则应该使用"回收站"。在清空回收站之前,被删除的文件将一直保存在那里。②如果删除文件时按住 Shift 键,则文件或文件夹将从计算机中删除,而不保存到回收站中。

5. **重命名文件或文件夹** 文件或文件夹重命名的常用的操作方法有:

方法 1:选定要改名的文件或文件夹,单击鼠标右键→"重命名",此时的文件或文件夹处于修改状态,键入新文件名按"回车"。

方法 2:选定要改名的文件或文件夹,单击"组织"按钮→"重命名"命令,后面的操作与前相同。

一次只能给一个文件或文件夹改名。

二、搜索文件和文件夹

Windows 提供了多种搜索文件和文件夹的方法,在不同的情况下可以使用不同的方法。即使用户不记得文件和文件夹的名字和保存位置,也可以利用搜索功能迅速定位。

1. **使用"开始"菜单上的搜索框搜索文件和文件夹** 使用"开始"菜单上的搜索框可以在计算机上便捷地查找项目,"开始"菜单上的搜索框的默认搜索范围包括:"开始"菜单中的程序、Windows 库和索引中的用户文件(图片、文档、音乐、收藏夹等)、Internet 浏览历史等。也就是说,在这个搜索框中,不仅可以搜索硬盘上的文件,而且可以搜索安装的程序,以及浏览器的历史记录。具体步骤如下:

(1) 单击"开始"按钮打开"开始"菜单,然后在搜索框中输入搜索项,如字词或字词的一部分。

(2) 输入后,与所输入文本相匹配的项将显示在搜索框的上方。搜索基于文件名中的文本、文件中的文本和标记及其他文件属性。

与其他方式的搜索类似,"开始"菜单中的搜索框也是动态进行搜索的,如果希望使用"Windows7"作为关键字进行搜索,那么在输入关键字的前几个字母,例如"Win"的时候,搜索工作就已经开始了,并且会立刻显示出匹配的结果,有时候,甚至不需要输入完整的关键字,想要的结果就会跃然而出。随着关键字的完善,搜索结果也将更加准确,并最终精确反映出用户需要搜索的内容。

单击任一搜索结果可将其打开,或者单击搜索框右边的"清除"按钮 ,清除搜索结果并返回到常用程序列表,还可以单击"查看更多结果"命令以搜索整个计算机。

2. **在"计算机"窗口中使用搜索框查找文件和文件夹** Win7 系统在"计算机"窗口的右上角内置了搜索框,该搜索框可以灵活调节宽窄。它能动态快速地搜索 Windows 中的文档、图片、程序、Windows 帮助甚至网络等信息。具体步骤如下:

(1) 打开"计算机"窗口。

(2) 通过搜索框进行搜索时,首先需要确定搜索范围,若进入 F 盘文件夹窗口进行搜索,则搜索范围为整个 F 盘,如图 2-43 所示;同样,如果进入下级文件夹中进行搜索,如 C:\windows,则搜索范围为"Windows"文件夹。如不确定搜索范围,则默认的搜索范围是整个计算机,即所有磁盘。

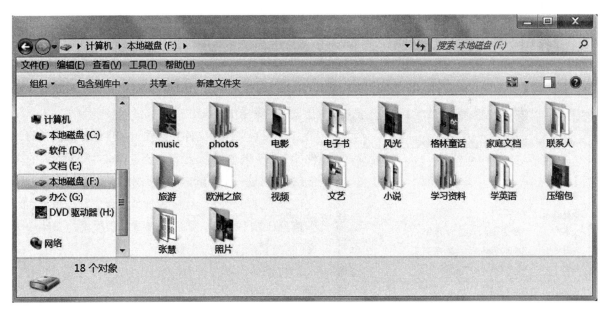

图 2-43　搜索框

(3) 在搜索框中输入要搜索的关键字的第一个字符,窗口中立刻自动筛选出包含该字符的文件和文件夹。

(4) 继续输入字符并完善关键字,系统会根据输入的内容自动搜索文件和文件夹名称中包含该关键字的所有文件和文件夹,并显示相关信息。如图 2-44 所示。

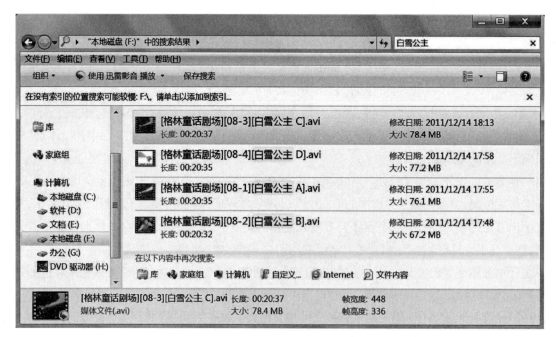

图 2-44　在搜索框内输入关键字"白雪公主"

　　注意:在查找文件或文件夹时,可以使用通配符"*"和"?"。"*"代表任意多个任意字符,"?"代表一个任意字符。如:"*.JPG"表示所有扩展名为 JPG 的文件;"A?.*"表示主文件名由两个字符组成,且文件名的第一个字符是"A"的所有文件;"*.*"表示所有的文件。

　　如果要进行更为全面、细致的搜索,可以在搜索内容时,针对搜索内容添加搜索筛选器,如选择修改日期、大小等,提升搜索的效率和速度。

三、文件和文件夹的高级管理

　　文件和文件夹的高级管理包括查看文件和文件夹信息、显示或隐藏文件扩展名,以及显示或隐藏文件和文件夹等操作。

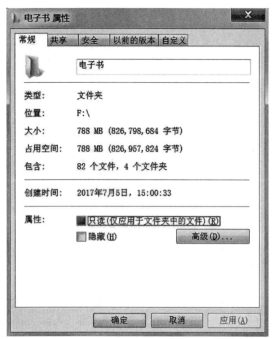

图 2-45　属性对话框

　　1. **查看文件和文件夹属性**　在管理计算机中的文件和文件夹的过程中,经常需要查看文件和文件夹的详细信息,以进一步了解详情。例如,对于文件,需要查看文件类型、打开方式、大小、存放位置及创建与修改的时间信息;对于文件夹,则需要查看其中包含的文件和子文件夹的数量。操作步骤如下:

　　将鼠标指向要查看的文件或文件夹图标,单击右键→"属性"命令→选择"常规"选项卡,就可以查看文件和文件夹的详细属性了,如图 2-45 所示。

　　2. **显示或隐藏文件扩展名**　每个类型的文件都有各自的文件扩展名,因为可以根据文件的图标辨识文件类型,所以 Windows 默认是不显示文件扩展名的,这样可防止用户误改文件扩展名而导致文件不可用。

　　如果用户需要查看或修改文件的扩展名,要事先通过设置将文件扩展名显示出来。操作步骤如下:

（1）"计算机"窗口中单击"组织"按钮→选择
"文件夹和搜索选项"命令→选择"查看"选项卡，或
者单击"工具"菜单中的"文件夹选项"命令→选择
"查看"选项卡。

（2）在"高级设置"列表框中取消"隐藏已知
文件类型的扩展名"复选框（勾选该复选框则选择
隐藏）。

（3）单击"确定"，如图 2-46 所示。此时返回文
件夹窗口，再进入磁盘中查看文件时，就可以看到文件
扩展名显示出来了。

3. 显示或隐藏文件和文件夹 对于计算机中的
重要文件和文件夹，为了防止被其他用户查看或修
改，可以将其隐藏起来，隐藏后所有计算机用户都无
法看到被隐藏的文件和文件夹。隐藏文件夹时，还可
以选择仅隐藏文件夹或者将文件夹中的文件与子文
件夹一同隐藏。

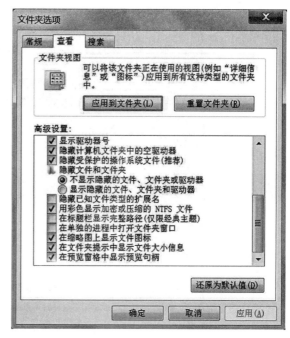

图 2-46 "文件夹选项"对话框"查看"选项卡

下面以隐藏文件为例进行介绍，操作步骤如下：

（1）"计算机"窗口中，右击要隐藏的文件图标→选择"属性"命令。

（2）在"常规"选项卡中选中"隐藏"复选框→单击"确定"，将此文件设为"隐藏"属性。

（3）返回文件夹窗口，单击"组织"按钮→选择"文件夹和搜索选项"命令→选择"查看"选项卡。

（4）在"高级设置"列表框中选中"不显示隐藏的文件、文件夹或驱动器"单选按钮，如图 2-46 所示→
单击"确定"。此时返回文件夹窗口，再进入磁盘中查看文件时，就看不到具有隐藏属性的文件了。

2.2.3 文件压缩软件的使用

压缩软件是利用压缩原理压缩数据的工具。一个较大的文件经压缩后，产生了另一个较小容量的文
件，而这个较小容量的文件，就是这个较大容量文件的压缩文件或压缩包，也可以将若干个文件压缩成一
个文件。压缩包已经是另一种文件格式了，常见扩展名有 .RAR、.ZIP、.ARJ 等，如果你想使用其中的数据，首
先得用压缩软件把数据还原，这个过程称作解压缩，解压缩是相对压缩而言的，是压缩的反过程。常见的
压缩软件有 WinZip、WinRAR、7-Zip 等。其中，WinZip 是一个功能强大简单易用的压缩解压程序，支持多种
压缩格式文件，是我们工作与生活中必备的软件之一。

一、WinZip 的安装与启动

用户可以到网上下载安装文件，双击 WinZip 的安装程序就可以安装了。或者在其他工具软件的帮助
下自动安装，比如 360 软件管家是一个集软件下载、更新、卸载、优化于一体的工具，启动 360 软件管家后，
在搜索框内输入 WinZip，然后单击 🔍 按钮开始搜索，在搜索结果中找到安装的项目，点击其相应的安装按
钮即可。

WinZip 启动后的主界面如图 2-47 所示。界面中有一排按钮，它们是 WinZip 的主要功能按钮，将鼠标
指向某个按钮会显示出该按钮的功能。

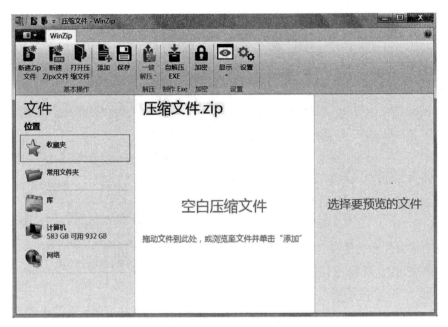

图 2-47　WinZip 主界面

二、应用实例

在 WinZip 中建立新压缩文件有很多方法,下面介绍两种主要使用方法:

(一) 使用 WinZip 工具栏压缩与解压缩文件

1. 压缩文件

(1) 选择要压缩的文件和文件夹:在 WinZip 窗口左侧"文件"窗格中单击"计算机",出现如图 2-48 所示的界面。

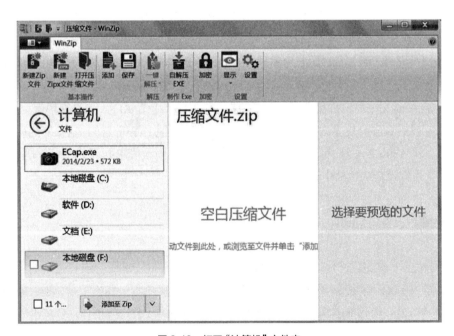

图 2-48　打开"计算机"文件夹

此时,左侧窗格中显示出"计算机"下面的项目列表,鼠标指向某项目时项目前边会出现一个复选框,单击该项目,复选框即为选中状态;双击某项目,则进入下一级文件夹。如双击"本地磁盘(F:)"按钮,打开 F:盘,如图 2-49 所示。

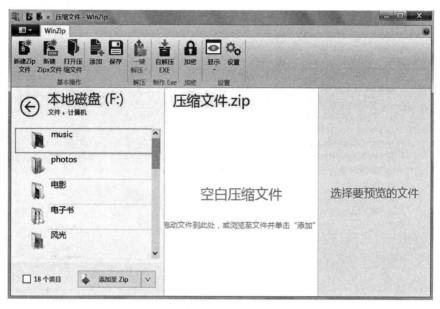

图 2-49　打开 F:盘

打开 F:盘后,双击其中的"电子书"文件夹,打开该文件夹。在该文件夹的项目列表中选中要压缩的文件,然后拖动文件到压缩文件窗格,如图 2-50 所示。或者单击"添加"按钮,打开"添加"对话框,从计算机中添加文件。

图 2-50　选择要压缩的文件

(2) 保存压缩文件:单击"保存",打开"保存至计算机"对话框,选择压缩文件保存的位置,并给压缩文件起一个名字(默认名为"压缩文件 .zip")。如压缩文件以"电子书 .zip"文件名保存到了 D:盘,如图 2-51 所示。

图 2-51　保存压缩文件

　　此时，单击"保存"，即完成了压缩文件的保存。若要继续创建压缩文件，则单击 WinZip 主界面中"新建 WinZip 文件"按钮，重复上述操作即可。

2. 解压缩文件

　　(1) 选择要解压缩的文件：WinZip 启动后的主界面左侧窗格中会显示出最近打开的压缩文件，单击该文件便会将其打开，如图 2-52 所示，单击"电子书 .zip"，将其打开，并显示在中部的压缩文件窗格中。

图 2-52　打开压缩文件

　　也可以通过单击工具栏上的"打开压缩文件"按钮打开"打开 WinZip 文件"对话框来选择打开相应的压缩文件，如图 2-53 所示，在对话框中选择要打开的压缩文件→单击"打开"按钮即可。

　　(2) 解压文件：选择了解压文件后，单击工具栏中的"一键解压"按钮，在级联菜单中单击"一键解压"

命令,如图 2-54 所示。

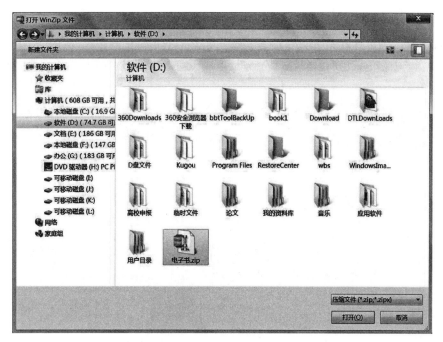

图 2-53 "打开 WinZip 文件"对话框

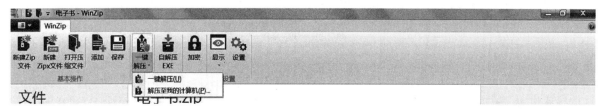

图 2-54 "一键解压"级联菜单

此时 WinZip 会立刻在压缩文件所在文件夹创建一个与压缩文件主文件名同名的文件夹,并解压文件到该文件夹。并自动打开"计算机"窗口,可以看到新建的文件夹(当前文件夹)和解压到该文件夹下的文件,如图 2-55 所示。

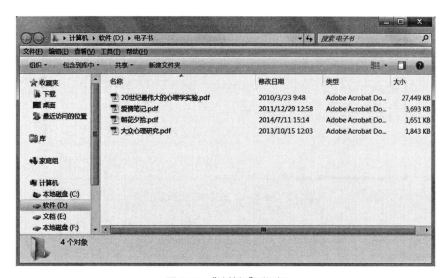

图 2-55 "计算机"对话框

需要说明的是,如果用户想自行选择解压后的文件所在的文件夹,则需在级联菜单中单击"解压至我的计算机"命令。

(二)在"资源管理器"中使用快捷菜单压缩与解压缩文件

在"资源管理器"中选择好要压缩的文件和文件夹,然后右击选中的对象,从如图 2-56 所示的快捷菜单中选择"添加到电子书 .zip",则在当前文件夹直接生成压缩文件,主文件名与当前文件夹名称相同。

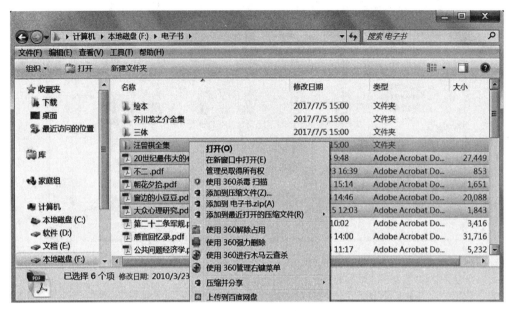

图 2-56　快捷菜单

如果在快捷菜单中选择"添加到压缩文件…",则会弹出"添加文件"对话框,用户可重新选择压缩文件的存放位置、自行输入压缩文件名以及设置压缩文件其他属性。设置完毕单击"添加"按钮,WinZip 就开始压缩,如图 2-57 所示。

图 2-57　"添加文件"对话框

同样,在"资源管理器"中解压缩文件时,只需右击要解压的文件,在快捷菜单中选择相应的解压命令即可。

任务 2-3　整理和维护 Win7

在 Win7 操作系统中,用户可以设置计算机的工作环境,从而营造一种方便、舒适的工作平台。用户可以改变桌面的颜色、屏幕保护程序、鼠标的操作速度、键盘的重复速度等。Win7 在系统配置、维护和管理方面提供了许多便捷的手段,以帮助用户方便、快速地完成这类任务。

【任务描述】

能够掌握控制面板的功能、使用控制面板完成 Win7 的日常管理、系统配置、系统维护与性能优化等任务。操作要求:
1. 分别以"类别""大图标""小图标"的方式查看控制面板。
2. 创建一个新账户,账户类型为标准账户,账户名称为"十月",并为该账户设置密码。
3. 下载安装"微信电脑版"应用软件,尝试使用后卸载。
4. 打开"文本服务和输入语言",练习输入法设置的常用操作。
5. 按需要对鼠标进行设置。
6. 练习磁盘操作,比如查看磁盘属性、格式化磁盘(慎用)、磁盘检查、磁盘清理、磁盘碎片整理等。
7. 练习文件的备份和还原。
8. 打开任务管理器,对程序进行管理。

【知识点分析】

2.3.1　控制面板的介绍

控制面板是 Windows 对计算机的系统环境进行设置和控制的地方,用户可以通过控制面板对设备进行直观的设置与管理,比如添加硬件,添加 / 删除软件,控制用户账户,更改辅助功能选项等,是设置计算机最重要的程序。

一、打开控制面板

打开控制面板的常用方法有两种:

方法 1:单击"开始"→"控制面板"。

方法 2:打开"计算机",在工具栏中单击"控制面板"按钮或者在地址栏中直接输入"控制面板"来将其打开。

打开控制面板后,在任务栏相应图标上单击鼠标右键→"将此程序锁定到任务栏",那么控制面板就固定在任务栏上了,这样以后打开控制面板就很方便了。

二、控制面板的查看方式

Win 7 系统的控制面板默认以"类别"的形式来显示功能菜单,分为系统和安全、用户账户和家庭安全、网络和 Internet、外观和个性化、硬件和声音、时钟语言和区域、程序、轻松访问等类别,每个类别下会显示该类的具体功能选项。

除了"类别"，Win7 控制面板还提供了"大图标"和"小图标"的查看方式，只需点击控制面板右上角"查看方式"旁边的小箭头，从中选择自己喜欢的形式就可以了，如图 2-58 所示。

图 2-58 "控制面板"窗口

Win7 系统的搜索功能非常强劲，控制面板中也提供了搜索功能，我们只要在控制面板右上角的搜索框中输入关键词，比如"鼠标"，回车后即可看到控制面板功能中相应的搜索结果，这些功能按照类别做了分类显示，一目了然，极大地方便了用户快速查看功能选项，如图 2-59 所示。

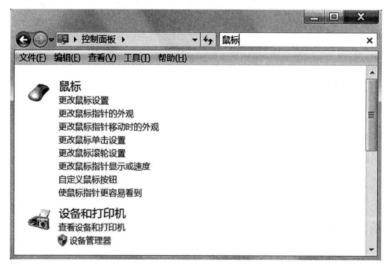

图 2-59 "控制面板"窗口"搜索框"

利用 Win7 控制面板中的地址栏导航，也可快速切换到相应的分类选项或者指定需要打开的程序。点击地址栏每类选项右侧向右的箭头，即可显示该类别下所有程序列表，从中点击需要的程序即可快速打开，如图 2-60 所示。

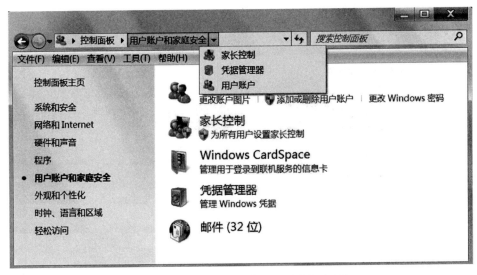

图 2-60　利用"控制面板"地址栏查找相应功能

2.3.2　使用控制面板控制系统

一、账户的配置与管理

Windows 系统允许多个用户共享一台计算机。为操作系统设置多个账户,可以给每个系统使用者提供单独的桌面及个性化的设置,避免相互干扰,并且系统将每个用户使用计算机时的数据和程序相互隔离开来,以便更好地保护计算机中的用户资料。

Windows 有 3 种类型的账户,每种类型的账户为用户提供不同的计算机控制级别。

管理员账户:管理员账户可以设置多个,且必须保证至少有一个管理员账户,第一个管理员账户是在系统安装过程中自动产生的,名字为"Administrator"。每个管理员账户拥有相同的权利,可以对计算机进行最高级别的控制:比如安装程序或增删硬件、访问计算机的所有文件、管理本计算机中的所有其他用户账号,包括增加、删除、变更等操作。

标准账户:用户创建的账户。标准账户在尝试执行系统关键设置的操作时,会受到用户账户控制机制的阻拦,以避免管理员权限被恶意程序所利用,同时也避免了初级用户对系统的错误操作,适用于日常计算机使用。

来宾(Guest)账户:来宾账户主要针对需要临时使用计算机的用户,其用户权限比标准账户受到更多的限制,只能使用常规的应用程序,而无法对系统设置进行更改。来宾账户没有密码,拥有最小的使用计算机的权利。来宾账户是 Windows 系统内置的账户。

(一) 创建新账户

要创建一个新账户,首先用管理员账户登录系统,然后按如下操作进行:

(1) 单击"开始"→控制面板→"用户账户和家庭安全"→"添加或删除用户账户",打开"管理账户"窗口,如图 2-61 所示。

(2) 单击"创建一个新账户",在该窗口的文本框中输入新账户的名称,并选择新账户的类型(标准用户或管理员)。

(3) 单击"创建账户"按钮,系统立即创建新的用户,并返回"管理账户"窗口。

创建用户账户也可通过单击"开始"菜单,选择菜单顶端的用户头像图标,打开"用户账户"文件夹窗口,然后单击"管理其他账户"链接,打开"管理账户"窗口。

图 2-61 "管理账户"窗口

(二) 更改账户设置

对已有账户可更改其名称和账户类型以及创建、更改或删除密码等,这些操作需管理员账户才能进行。操作步骤如下:

(1) 在"管理账户"窗口中单击要更改设置的用户图标,打开的"更改用户账户"对话框,如图 2-62 所示。可根据需要单击相应的链接并逐步按照提示对用户的名称、密码、图片、家长控制、账户类型等进行更改操作。

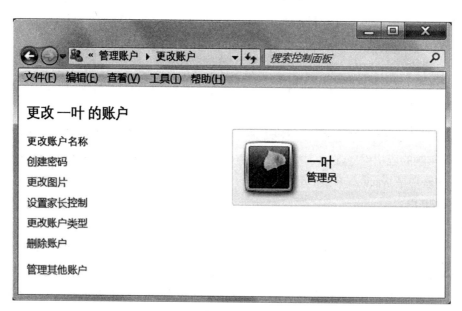

图 2-62 "更改用户账户"窗口

(2) 单击"更改我的名称"进入更改账户界面,如图 2-63 所示,将名为"一叶"的账户改为"十月",在文本框内输入十月后,点击"更改名称"按钮确认。

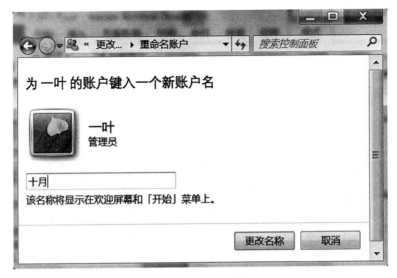

图 2-63　"重命名账户"窗口

(3) 单击"创建密码"进入创建密码界面,如图 2-64 所示。如给"一叶"账户设置密码:123456,这样在进入操作系统时,需要输入密码才能登录系统。

图 2-64　创建密码

(4) 更改图片:每个账户都拥有一幅登录图片,在登录 Win7 系统时,在欢迎页面会看到该图片。单击"更改图片"进入更改图片界面,选择喜欢的图片,然后单击"更改图片"按钮,如图 2-65 所示。

(5) 更改账户类型:当前"一叶"的账户类型为"管理员",在计算机上可以进行任何操作,将其改为"标准用户"类型,使权限受到一定的限制。点击"更改账户类型",进入更改账户类型窗口,选择"标准用户"选项,如图 2-66 所示。单击"更改账户类型"按钮,完成设置。

图 2-65　更改图片

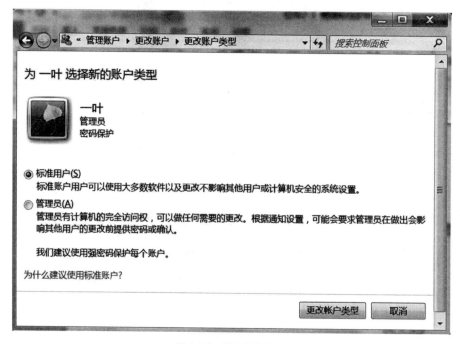

图 2-66　更改账户类型

（三）启用或禁用来宾账户

Windows 默认禁止了来宾账户，用户需要手动启用或禁用这个账户。操作步骤如下：

（1）在"管理账户"窗口中，单击"来宾账户"图标。

（2）若来宾账户的当前状态是"未启用"，则会打开"启用来宾账户"窗口，如图 2-67 所示，单击"启用"按钮即可启用。若来宾账户已启用，则会打开"更改来宾选项"，如图 2-68 所示，单击"关闭来宾账户"链接即可禁用。

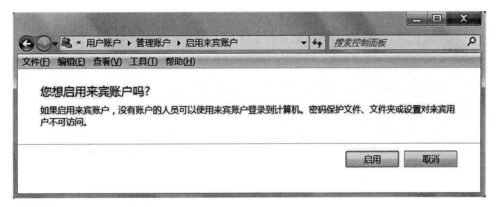

图 2-67 "启用来宾账户"窗口

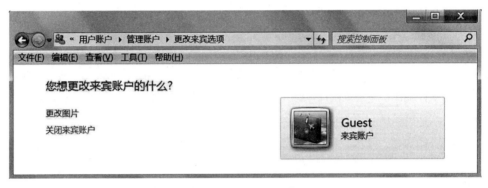

图 2-68 "更改来宾选项"窗口

(四)控制账户登录方式

在"开始"菜单的右窗格下方有一个"关机"按钮,单击"关机"按钮旁的向右箭头按钮可打开下拉菜单,如图 2-69 所示。

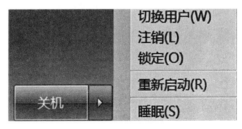

图 2-69 "关机"菜单

注销当前账户:注销功能的作用是结束当前所有用户的进程,然后退出当前账户的桌面环境。此外,当遇到无法结束的应用程序时,可以用 Windows 的注销功能强行退出。

锁定当前桌面:如果用户需要暂时离开计算机,既不打算退出当前应用又不希望其他人用计算机,那么就可以锁定当前用户桌面,这样可在不注销账户的情况下返回到登录界面。

多账户切换:如果一台计算机上有多个用户账户,则可以使用"切换用户"功能在多个用户账户之间进行切换。

二、添加 / 删除程序

计算机的正常工作需要大量程序,应用程序是在操作系统的支持下完成一定任务的软件,有些软件是操作系统自带的,大多数软件是通过光盘或网上下载后安装的。安装、卸载、运行、关闭应用程序是最常用的操作,它对提高计算机的应用能力至关重要。

(一) 应用程序的安装

在"计算机"窗口中找到安装文件后双击即可启动安装程序。

(二) 应用程序的运行

当"开始"菜单不包含所要运行的程序时,可打开包含要运行程序的文件夹,在可执行程序图标上双击即可;当在桌面上建立了一个应用程序的快捷方式后,可直接双击快捷方式图标,也能启动应用程序;也可以在"计算机"中找到应用程序对应的程序文件双击运行。

(三) 应用程序的关闭

关闭程序的方法很简单,以下任何一种操作均可关闭应用程序:按下窗口标题栏上的关闭按钮;单击控制菜单中的"关闭"命令;直接按下 Alt+F4 键;在应用程序的菜单中选择"退出"命令。

(四) 应用程序的卸载

卸载就是从系统中删除一个应用程序。由于一个应用程序安装到系统中时,它包含有初始化文件、数据文件、动态链接库等,分别放在不同的目录下,如果采用直接删除的方法,往往只能删除掉指定文件夹的文件,而放在其他文件夹中的文件如动态链接库,数据文件就不一定能删除。因此应该尽量使用卸载方式删除一个软件,而不是简单地删除文件或文件夹。

在"控制面板"中点击"程序"→"卸载程序"选项,如图 2-70 所示,在应用程序列表中单击待删除程序(如本任务中所说的电脑版"微信"),然后单击"卸载"按钮,系统出现卸载该程序的提示,确认后完成应用程序的卸载任务。也可从"计算机"窗口中选择"卸载或更改程序"。

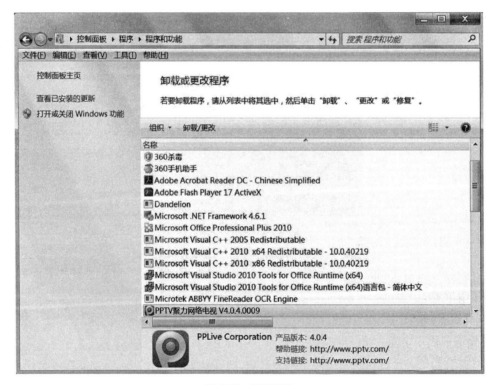

图 2-70　卸载程序

此外,还可以利用程序自带的卸载功能来卸载该软件。比如通过"开始"→"所有程序",找到想要卸载的程序及其卸载命令,单击相应的卸载命令即可卸载。如图 2-71 所示,"阿里旺旺"和"百度音乐"都自带卸载功能。

也可借助于一些工具软件完成应用程序的安装与卸载,比如 360 软件管家是一个集软件下载、更新、卸载、优化于一体的工具,为用户提供了一个一站式下载安装软件的平台。

图 2-71　程序自带卸载功能

三、输入法设置

Win7 支持 85 个国家和地区的 17 种自然语言。通过"区域选项"的设置,可以更改日期、时间、货币、数字,也可以选择度量制度、输入法以及设置键盘布局等。

单击"开始"→"控制面板"→单击"区域和语言",可以打开"区域和语言"对话框,如图 2-72 所示。在对话框中单击"键盘和语言"选项卡→单击"更改键盘"命令按钮,即可打开"文本服务和输入语言"对话框,如图 2-73 所示。也可右击桌面右下角的输入法标志,单击设置打开"文本服务和输入语言"对话框。

图 2-72　"区域和语言"对话框

图 2-73　"文本服务和输入语言"对话框

(一)添加输入法

Win7 自带了多种输入方法,对于 Win7 自带的输入法,用户可以在使用的过程中根据需要添加。操作步骤如下:

在"文本服务和输入语言"对话框中,选择"常规"选项卡→单击"添加",弹出如图 2-74 所示对话框,选择相应的输入法后单击"确定"即可。添加若干个输入法后,就可以设置默认输入语言,方法是在"文本服务和输入语言对话框"的常规选项卡里的"默认输入语言"列表里选择想设置的输入法,然后点击"应用"或"确定"均可。

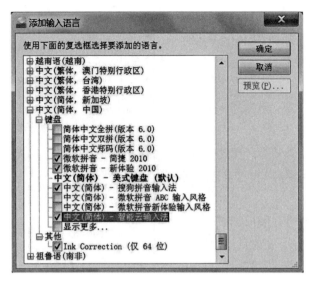

图 2-74 "添加输入语言"对话框

对于 Win7 未提供的输入法,如搜狗拼音输入法等,必须通过相应的安装程序来添加,安装程序可从相关网站下载。

（二）删除输入法

在图 2-73 所示的对话框中,单击选中一种输入法→单击"删除"按钮,即在工具栏中删除该输入法。

（三）更改输入法属性

在图 2-73 所示的对话框中,单击选中一种输入法→单击"属性"按钮,即在弹出与该输入法相应的属性设置对话框,进行属性设置。

（四）高级键设置

Windows 允许用户组定义切换输入法的快捷键,比如通常按组合键 Ctrl+Shift 可以在英文和各种中文输入法之间切换,按 Ctrl+Space 在英文和首选中文输入法之间切换。用户可以设置自己习惯的快捷键,操作步骤如下:

在图 2-75 所示的"文本服务和输入语言"对话框中单击"高级键设置"选项卡→在列表中选择某项操作→单击"更改按键顺序按钮",在"更改按键顺序"对话框中即可完成相应的设置。

图 2-75 "高级键设置"选项卡

四、鼠标设置

鼠标是常用的输入设备之一。在对鼠标的配置操作中，可以进行更改系统指针方案、切换左右键功能以及调整双击速度等一系列操作。鼠标设置操作步骤如下：

（1）单击"开始"→"控制面板"→"硬件和声音"→"鼠标"，打开"鼠标属性"对话框，然后就可以设置鼠标键、指针、指针选项、滑轮、硬件等参数了，比如设置鼠标的样式，鼠标左右键切换，鼠标双击速度等，用户可以根据需要切换到不同的选项卡设置即可。如图 2-76 所示。

（2）配置鼠标键：通常情况下，鼠标的左键为主要性能键，用于单击选择、双击打开等操作；右键为次要性能键，用于弹出快捷菜单等操作。图 2-76 中，在"鼠标键配置"一栏里勾选"切换主要和次要的按钮"复选框，则不必单击"确定"按钮，左右键的性能就立刻互换了。

图 2-76 "鼠标属性"对话框"鼠标键"选项卡

（3）设置指针方案：鼠标指针是在计算机开始使用鼠标后，为了在图形界面上标识出鼠标位置而产生的，随着计算机软件的发展，它渐渐的包含了更多的信息。在 Windows 操作系统中，可以用不同的指针图案来表示系统不同的工作状态，如：系统忙，移动中，拖放中等，用户可以在"鼠标属性"对话框"指针"选项卡中根据个人喜好选择系统提供的指针方案，如图 2-77 所示。

（4）指针选项：指针选项主要用于调节鼠标指针移动的速度。在手中鼠标在台面上移动相同距离的情况下，指针移动速度越快，屏幕上鼠标指针移动的距离就越长。拖动"移动"框架内的滑标向左或向右移动来改变鼠标指针移动的速度的慢或快；勾选"可见性"框架中的"显示指针踪迹"复选框，鼠标将产生拖尾现象，如图 2-78 所示。

图 2-77 "鼠标属性"对话框"指针"选项卡

图 2-78 "鼠标属性"对话框"指针选项"选项卡

2.3.3　Win7 的系统维护与性能优化

一、磁盘管理

磁盘管理操作主要包括磁盘属性、格式化磁盘、复制磁盘、维护磁盘等。

(一) 磁盘属性

通过右击磁盘驱动器盘符,选择"属性"命令打开该磁盘属性对话框,如图 2-79 所示。磁盘属性对话框中包含"常规""工具""硬件"和"共享"等选项卡,"常规"选项卡下显示磁盘的容量、已用空间、可用空间,用户可以修改磁盘卷标、进行磁盘清理。通过"工具"选项卡下可以完成对磁盘的维护操作,包括磁盘查错、碎片整理和备份。在"安全"选项卡中设置用户对磁盘的读写权限。

图 2-79　磁盘"属性"对话框

(二) 格式化磁盘

磁盘是计算机的重要组成部分,计算机中的各种文件和程序都存储在其上,格式化将清除磁盘上的所有信息。新磁盘在使用前要"格式化"磁盘,即在磁盘上建立可以存放文件或数据信息的磁道(track)和扇区(sector)。磁盘格式化操作包括:硬盘的低级格式化、硬盘的分区和硬盘的高级格式化等。

低级格式化简称低格,又称为物理格式化。低级格式化是相对于高级格式化而言的,是把空白磁盘一级级地进行划分,如先将磁盘划分成柱面和磁道,再将磁道划分出许多的扇区,每个扇区又划分出几个部分,它的作用区域是整个磁盘。硬盘在出厂的时候,都已经做好低级格式化,一般除非特殊维修,用户是不必自已做低格的。

安装操作系统和软件之前,需要对硬盘进行分区和高级格式格式化,然后才能使用硬盘保存各种信息。磁盘分区是使用分区工具把一个硬盘划分成几个逻辑部分,这样不同类的文件夹与文件可以存储在不同的分区便于文件夹与文件的管理。硬盘分区就如给一间大房子打隔断,比如将硬盘逻辑上分成 C 盘、D 盘、E 盘、F 盘四部分,C 盘装系统,D 存储视频和音乐,E 盘存储工作和学习资料、F 盘存放其他文件,那么重装系统不影响 C 盘以外的其他盘中的文件,让数据与系统分离,便于维护。

高级格式化,又称逻辑格式化,是对磁盘分区的初始化操作,硬盘分区后经过格式化,各逻辑盘才能使用。若对使用过的磁盘或 U 盘进行格式化,将清除其中的数据。平日里我们所说的格式化,右击格式化或者磁盘处理类软件格式化都属于高级格式化。

格式化方法:在"计算机"窗口中,选定要格式化的磁盘分区,单击鼠标右键中右击→"格式化"→"开始"即可,如图 2-80 所示。开始格式化前可在"格式化"对话框中在选定格式化参数。

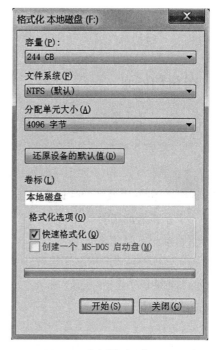

图 2-80 磁盘"格式化"对话框

(三) 磁盘维护

1. 磁盘检查 使用 Win7 内置的系统工具,可对磁盘进行错误检查,其操作步骤如下:

在"计算机"窗口中,选定要进行磁盘检查的驱动器图标,单击鼠标右键→"属性"→"工具"选项卡→在"查错"选项区域中,单击"开始检查",弹出"检查磁盘"对话框,如图 2-81 所示。

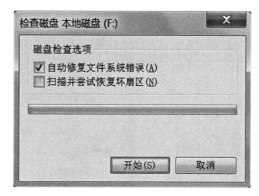

图 2-81 "检查磁盘"对话框

在"磁盘检查选项"选项区中包含两个复选框选项:"自动修复文件系统错误"和"扫描并试图恢复坏扇区"。如果需要修复选定磁盘中的文件系统错误,可选择第一个选项复选框。如果希望扫描磁盘并修复磁盘上的坏扇区,可选择第二个选项复选框。如果选择了第二个复选框,可以不再选择第一个复选框,因为该选项具有自动修复功能。

2. 磁盘清理 格式化磁盘计算机使用一段时间后,由于系统对磁盘进行大量的读写以及安装操作,使得磁盘上残留许多临时文件或已经没用的应用程序。这些残留文件和程序不但占用磁盘空间,而且会影响系统的整体性能,因此需要定期进行磁盘清理工作。清除掉没用的临时文件和残留的应用程序,以便释放磁盘空间,同时也使文件系统得到巩固。清理磁盘的操作步骤如下:

在"计算机"窗口中选定要进行磁盘检查的驱动器图标,单击鼠标右键→"属性"→"常规"选项卡→"磁盘清理"→在"磁盘清理"对话框中选择要清理的选项→单击"确定"按钮。

3. 磁盘碎片整理 经过一段时间后,计算机的整体性能会有所下降,主要是因为对磁盘多次进行读写操作后,会在磁盘上残留大量的碎片文件,当文件变得零碎时,计算机读取文件的时间便会增加。碎片整理通过重新组织文件来改进计算机的性能。在进行磁盘碎片整理之前,可以使用碎片整理程序中的分析磁盘功能得到磁盘空间使用情况的信息,信息中显示了磁盘上有多少碎片文件和文件夹,根据这些信息来决定是否需要对磁盘进行整理。

整理磁盘碎片的操作步骤如下:在"计算机"窗口中选定要进行磁盘检查的驱动器图标,单击鼠标右键→"属性"→选择"工具"选项卡→单击"碎片整理"选项区域中的"开始整理"→单击"磁盘碎片整理程序"对话框中的"分析磁盘",启动磁盘碎片分析功能,可通过分析结果确定磁盘是否需要运行碎片整理。如要进行碎片整理,还是在"磁盘碎片整理程序"对话框,单击"磁盘碎片整理"即可。也可以单击"配置计划",用户自行设置频率、日期和时间,使计算机按计划自动进行磁盘碎片整理。

二、备份和还原

Win7 系统自带的系统还原功能可以通过对还原点的设置,记录我们对系统所做的更改,当系统出现故障时,可以在不需要重新安装操作系统,也不会影响个人数据文件的情况下,将系统恢复到更改之前的状态,继续正常使用。但一旦储存设备遭遇重大灾难,系统还原功能就无能为力了。因此,Win7 还提供了文件的备份与还原,以及系统映像备份与还原。

(一)系统还原功能

使用系统还原功能前,先确认 Win7 是否开启了系统保护功能。在桌面选定"计算机"图标,单击鼠标右键→"属性"→"系统保护",打开"系统属性"对话框,在"保护设置"区域中查看各驱动器是否处于"打开"保护的状态,如图 2-82 所示。选择某驱动器,单击"配置",可以设置是否打开系统保护以及希望能够还原的内容等。

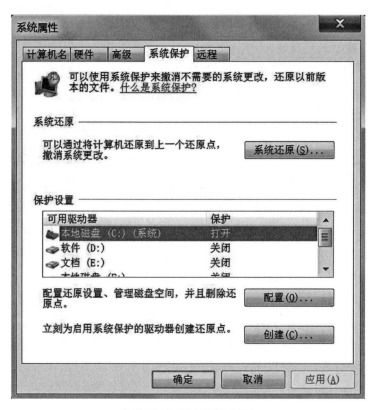

图 2-82 "系统属性"对话框

当对某个分区设置了保护功能打开后,Win7 就会周期性地自动创建还原点。当然,此时我们也可以手动创建一个还原点,方法是在图 2-82 的界面中,点击最下方的"创建"按钮,填入还原点名称后,稍等片刻即可完成还原点的创建。

那么,当系统出现问题的时候如何进行系统还原呢? 方法是在图 2-82 的界面中,点击"系统还原"按钮,打开系统还原主界面按照向导进行操作,用户既可以选择系统所推荐的还原点,也可自行选择另一还原点,选择好还原点后,经过一个确认步骤,剩下的工作就由系统还原功能自动完成了。

(二) 备份和还原文件

系统在使用过程中,不可避免地会出现设备故障,如硬盘驱动器损坏、病毒感染、供电中断、网络故障以及其他一些原因,可能引起硬盘中数据的丢失和损坏,因此,定期备份硬盘上的数据是非常必要的。数据被备份之后,在需要时就可以将它们还原,这样,即使数据出现错误或丢失的情况,也不会造成大的损失。

1. **文件的备份** 操作步骤如下:

(1) 单击"开始"菜单→"控制面板"→"系统和安全"→"备份您的计算机"→"设置备份",打开"设置备份"对话框,如图 2-83 所示。

图 2-83 "设置备份"对话框

(2) 选择系统备份存放的位置(备份文件和源文件不要放在同一个磁盘上),然后单击"下一步",选择需要备份内容,既可以使用系统推荐的方案,也可自行选择要备份的内容,建议使用推荐方案或对个人重要文件夹进行备份。

(3) 继续单击"下一步",确认备份保存位置以及保存内容后点击"保存并运行备份"即可进行备份。

2. **文件的还原** 操作步骤如下:

(1) 将备份设备联机,打开"控制面板"→"备份您的计算机",此时会打开"备份和还原"窗口,如图 2-84 所示。

(2) 单击"还原我的文件"打开"还原文件"对话框,如图 2-85 所示。单击"浏览文件夹",打开"浏览文件夹或驱动器的备份"对话框,单击欲还原的系统备份→单击"添加文件夹",将需要还原的文件添加到"还原文件"对话框中的列表中。系统默认仅显示最新备份的文件,如需要以往日期的文件,点击"选择其他日期"。

(3) 在"还原文件"对话框中单击"下一步"→"还原",即可完成文件的还原。

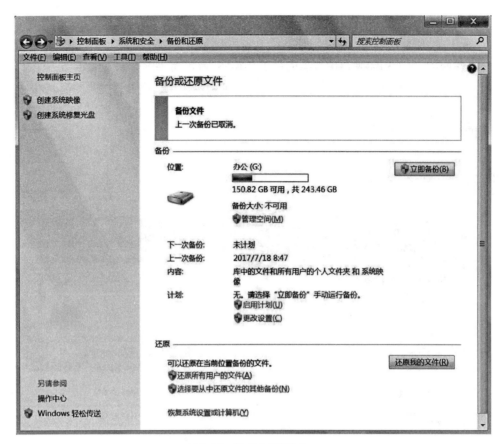

图 2-84 "备份和还原"窗口

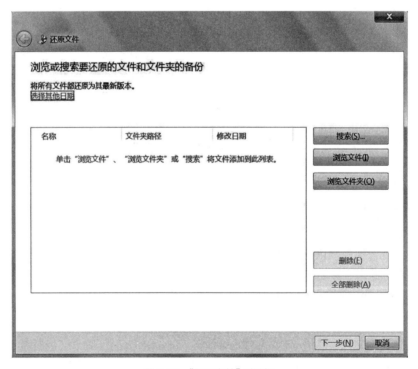

图 2-85 "还原文件"对话框

（三）系统映像备份与还原

Win7 也具备了类似 Ghost 的功能，可以建立系统的完整镜像，在意外时候恢复系统。备份设备上支持本地分区（不推荐）、光存储器、外部存储设备及网络。用户既可以一次性创建系统映像，也可以通过创建备份计划来实现系统映像的定期备份。

1. 系统映像备份

(1) 在"备份与还原"窗口中(图 2-84),单击左侧的"创建系统映像",打开"创建系统映像"对话框,如图 2-86 所示。

(2) 在图 2-86 中选择系统映像的保存位置,然后单击"下一步",打开如图 2-87 所示的对话框。此时,备份中除包含运行系统所需的驱动器(通常为 C:)此外还可以自由添加其他分区和目录到映像列表当中,一次性完成备份工作。

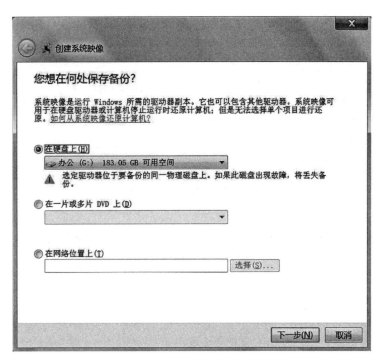

图 2-86 "创建系统映像"对话框 1

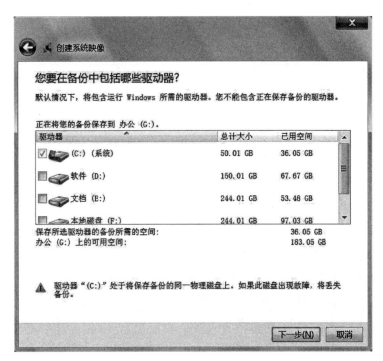

图 2-87 "创建系统映像"对话框 2

(3) 在图 2-87 中，单击 "下一步" → 单击 "开始备份" 即可。

需要说明的是，备份结束后，会出现对话框询问用户是否要创建系统修复光盘。可使用系统修复光盘启动计算机，光盘中还包含 Windows 系统恢复工具，可以帮助用户将 Windows 从严重错误中恢复过来。

另外，用户不仅可以一次性创建系统映像，还可以通过创建备份计划来实现系统映像的定期备份。

2. 使用系统镜像进行还原　方法一：一般情况下采用，操作步骤如下：

(1) 首先让存储镜像的备份设备联机，在图 2-84 "备份和还原" 窗口中单击下方的 "恢复系统设置或计算机"，打开 "恢复" 对话框，如图 2-88 所示。

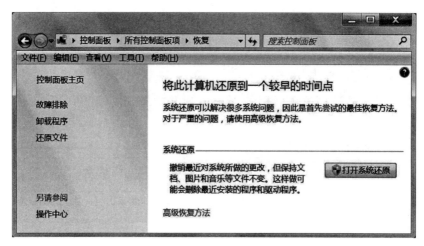

图 2-88　"恢复" 对话框

(2) 在 "高级恢复方法" 窗口中选择一个高级恢复方法，比如点击 "使用之前创建的系统映像恢复计算机" 即可。

方法二：无法进入系统的情况下采用，操作步骤如下：

首先让存储镜像的备份设备联机，打开计算机，出现开机引导界面时按 F8 功能键出现引导菜单，点击最顶端的 "修复计算机" 项即可进入 Win7 的恢复环境。

也可用 Windows 安装光盘引导进入 Win7 的恢复环境。

三、使用任务管理器

通过任务管理器可以很方便地对程序进行管理。任务管理器为用户提供当前正在计算机上运行的应用程序和进程的相关信息，利用任务管理器可以监视计算机性能、快速查看正在运行的程序的状态、开启或关闭程序，采用图形和数据的形式查看 CPU 和内存的使用情况。

(一) 打开任务管理器

以下任一操作均可打开任务管理器：

1. 同时按下 Ctrl+Shift+Esc 键。

2. 同时按下 Ctrl+Alt+Del 键，然后选择 "启动任务管理器"。

3. 在搜索框中输入 "任务管理器"，并回车。

4. 鼠标右击任务栏，然后选择 "启动任务管理器"。

Windows 任务管理器提供了有关计算机性能的信息，并显示了计算机上所运行的程序和进程的详细信息，如果连接到网络，那么还可以查看网络状态。它的用户界面提供了文件、选项、查看、窗口、关机、帮助六大菜单项，其下还有应用程序、进程、性能、联网、用户五个选项卡，窗口底部则是状态栏，从这里可以查看到当前系统的进程数、CPU 使用比率、内存使用情况等数据。

(二) 任务管理

在任务管理器"应用程序"选项卡(图 2-89)中,显示了当前计算机上运行的任务(程序)的名称和状态。通过该选项卡可以结束、切换和启动一个新任务。

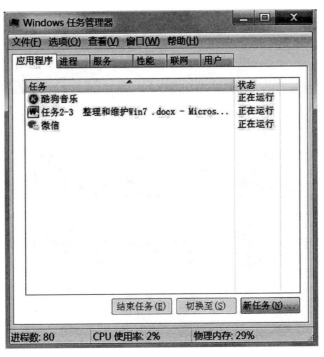

图 2-89 "任务管理器"对话框

1. **结束和切换任务**　如选定一个任务,单击"切换至"按钮,可以使该任务对应的应用程序窗口成为活动窗口;单击"结束任务"按钮就可以结束这个任务。

2. **启动"新任务"**　如在本地计算机中已安装"QQ 截图"程序,存放在"D:\ 应用软件"文件夹下,在存放路径后加上要运行的程序名称构成该程序的完整路径:D:\ 应用软件 \QQ 截图 .exe。

单击"新任务"按钮在弹出的输入框中写入"D:\ 应用软件 \QQ 截图 .exe"或单击"浏览"按钮来选择文件,如图 2-90 所示,然后单击"确定"开启程序。

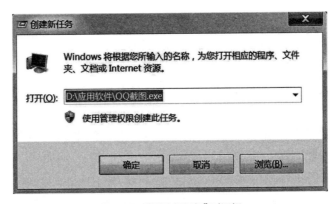

图 2-90 "创建新任务"对话框

(三) 结束进程

在"进程"选项卡中显示了当前计算机上运行的进程,进程是一个程序与其数据一道在计算机上顺序执行时所发生的活动,即程序的运行状态。一个程序被加载到内存,系统就创建了一个进程,程序执行结束后,该进程就消亡了。当一个程序同时被执行多次时,系统创建多个进程。通过单击某一进程,然后按下"结束进程"按钮即可结束进程。利用这一功能可以强制关闭一个应用程序。

(四) 性能监视

任务管理器的"性能"窗口是用来监测计算机的硬件使用情况的工具,如图 2-91 所示。在"性能"选项卡中,动态显示计算机的 CPU 和内存使用情况以及系统的项目数、物理内存、核心内存等情况的数据和图形。

图 2-91 "性能"窗口

任务 2-4 使用 Win7 的实用程序

【任务描述】

利用 Win7 系统集成的各种实用程序完成相关任务,具体操作包括:

1. 记事本、写字板与便笺的使用

(1) 打开记事本,输入以下内容,并保存到 D:盘,文件名为"rw41.txt"。"记事本只能记录纯文本,利用这点我们可以将网上复制来的东西(可能包括文本,图片,表格等)中的非文本信息滤除掉:如果只是想复制网页中的文本,那么可以先将网页中的内容复制到记事本中以过滤图片等多余信息,然后再从记事本将文本复制到 word 做进一步的编辑,这样就可以获得纯净的文本了。"

(2) 打开写字板,输入标题"利用记事本过滤非文本信息",把上述文字复制到新建文档中,对标题和正文进行格式设置,并在文末插入日期和时间。将文档保存到 D:盘,文件名为"rw42.rtf"。

(3) 使用便笺输入某同学的姓名和手机号码。

2. 画图工具与截图工具的使用练习。

3. 计算器、录音机、放大镜、数学输入面板的使用

(1) 计算 5！ +10！ +23^2。

(2) 使用放大镜,放大模式为"停靠",使用完毕退出放大镜。

(3) 使用数学输入面板将表达式 $S = \sum_{i=1}^{10} \sqrt[3]{x_i - a} + \dfrac{a^3}{x_i^3 - y_i^3} - \int_3^8 X_i\,dx$ 插入到 Word 2010 文档中。

4. 启动命令行解释器,进行命令查看并执行简单的命令。

5. 启动系统配置程序,取消一项开机启动的程序。

【知识点分析】

2.4.1　Win7 应用程序

Win7 操作系统提供了许多实用的工具,包括记事本、写字板、画图、计算器等,这些工具能够满足用户日常的各种需求,因此,即使计算机中没有安装其他软件,用户也能通过系统自带的工具实现一些基本的操作。

下面介绍的 Win7 实用工具均位于"开始"菜单→"所有程序"的"附件"文件夹中,都可以通过单击"开始"菜单→"所有程序"→"附件"文件夹中相应命令打开,如图 2-92 所示。

一、记事本、写字板与便笺

(一) 记事本

"记事本"是 Win7 自带的一款文本编辑工具,用于输入和记录各种文本内容。可以用它创建简单文本文档(.txt),也可用它编辑高级语言源程序。

打开记事本后,会自动创建一个名为"无标题"的空文档。可以在工作区内输入文档内容(如输入第一任务中的内容)。输入完成后,单击菜单"文件"→"保存"(或"另存为")命令→在另存为对话框中确定文件保存的位置(如"D:盘")、文件名(如"rw41.txt")等信息→单击"保存",即可将该文档保存在相应的位置。

(二) 写字板

写字板是 Win7 系统自带的一个功能强大的文字处理程序,可以创建和编辑带复杂格式的文档。写字板窗口如图 2-93 所示。

写字板的功能较强,操作简单,占用系统资源少,使用写字板可以创建和编辑文本文件和带格式的 RTF 文件。用户可以利用它进行日常工作中文件的编辑,可以图文混排,插入图片、声音、视频

图 2-92 "附件"文件夹

剪辑等多媒体资料。还可以单击下拉按钮 ,从下拉菜单中选择"页面设置"命令,在打开的"页面设置"对话框中,可以设置纸张大小、文字排列方向及页边距等参数。

例如完成任务 2-4 中的 1(2):打开写字板,输入标题"利用记事本过滤非文本信息",把上述文字复制到新建文档中,对标题和正文进行格式设置,并在文末插入日期和时间。将文档保存到 D:盘,文件名为"rw42.rtf"的操作步骤是:

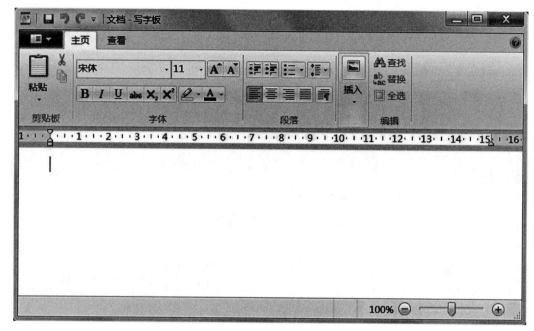

图 2-93 "写字板" 窗口

(1) 单击 "开始" 菜单→ "所有程序" → "附件" 文件夹中 "写字板"。

(2) 输入标题 "利用记事本过滤非文本信息",然后按 "回车"。

(3) 打开 "D:rw41.txt" 文件,将内容复制到新建文档。

(4) 应用格式设置的菜单对标题和正文进行格式设置。

(5) 在文末按 "插入" 选项组的 "日期和时间" 命令,则可插入系统的日期和时间。

(6) 单击下拉按钮 ![下拉按钮] → "保存"(或 "另存为")命令→在另存为对话框中输入保存的位置 D:,输入文件名 rw42→ "保存"。

如果我们的电脑中还没有安装 Microsoft Office 等办公软件,那么 Win7 系统附带的写字板是一个非常不错的图片和文字的处理工具。

(三) 便笺

便笺是为了方便用户在使用计算机的过程中临时记录一些备忘信息而提供的工具,与现实生活中的便笺功能类似,如可以输入 "某同学的姓名和手机号码" 等。计算机中的便笺只用于临时记录信息,无需保存,所以便笺窗口仅有 "新建便笺" 按钮和 "删除便笺" 按钮。右击便笺会弹出快捷菜单,其中的各种颜色命令可用于设置便笺的底色。

二、画图工具与截图工具

(一) 画图工具

"画图" 程序是中文 Win7 中的一个图形处理应用程序,使用 Win7 画图就能轻松实现裁剪、图片的旋转、调整大小等操作。Win7 画图除了有很强的图形生成和编辑功能外,还具有一定的文字处理能力。Win7 画图下的图片存为位图文件(.bmp 文件),并可以直接打印。

单击 "开始" 菜单→ "所有程序" → "附件" 文件夹中的 "画图",打开 "画图" 窗口,如图 2-94 所示。绘图和涂色工具位于窗口顶部的功能区,利用绘图工具和颜料,在工作区中绘制图形。图片的保存与 "记事本" 中文档的保存相同。

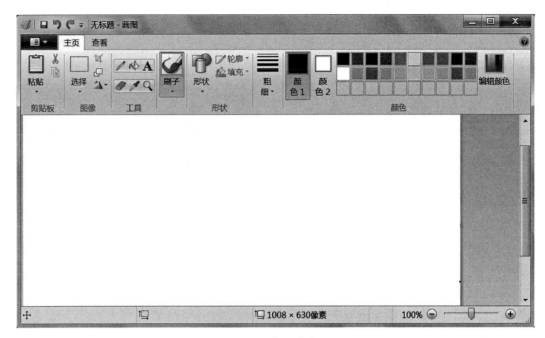

图 2-94　"画图"窗口

1. **绘制已定义形状**　Win7 画图窗口选项卡 "主页" 的 "形状" 选项组中提供了多种形状供用户选择绘制。

例如使用直线工具绘制直线的操作步骤如下：

(1) 单击选项卡 "主页" → "形状" 选项组 → "直线" 命令。

(2) 单击 "颜色" 选项组 → "颜色 1" 命令 → 单击要使用的颜色。

(3) 在绘图区域按住鼠标左键拖动即可绘制出直线。

2. **绘制自由形状**　铅笔和刷子可以用于绘制完全随机的自由形状。其操作步骤如下：

(1) 单击选项卡 "主页" → "工具" 选项组 → "铅笔" 命令。

(2) 单击 "颜色" 选项组 → "颜色 1" 命令 → 单击要使用的颜色。

(3) 在绘图区域按住鼠标左键拖动即可绘制出自由形状。

绘制形状时，若要更改边框样式，则单击 "形状" 选项组 → "边框" → 选择某种边框样式。单击 "颜色" 选项组 → "颜色 1" → 选择某种边框的颜色 → 单击用于边框。

如果不希望形状具有边框，则单击 "形状" 选项组 → "廓线" → 在下拉菜单中选择 "无轮廓线"；单击 "颜色" 选项组 → "颜色 2" → 选择用于填充形状的颜色 → 单击 "形状" 选项组中的 "填充" → 在下拉菜单中选择某种填充样式。如果不希望填充形状，则单击 "无填充"。

3. **添加文本**　可以添加简单的消息或标题到图片中：单击选项卡 "主页" → "工具" 选项组 → "文本" 按钮 **A** → 在希望添加文本的绘图区域拖动指针绘制文本框，同时窗口出现 "文本工具"，在文本框插入点处键入要添加的文本，并可以对文本进行字体、背景和颜色等设置。

4. **擦除图片中的某部分**　如果有失误或者需要更改图片中的部分内容，请使用橡皮擦。默认情况下，橡皮擦将所擦除的任何区域更改为白色，但可以更改橡皮擦颜色。例如，如果将背景颜色设置为黄色，则所擦除的任何部分都将变成黄色。

单击选项卡 "主页" → "工具" 选项组 → "橡皮擦" 工具 ；单击 "颜色" 选项组 → "颜色 2" → 选择用于擦除时使用的颜色。如果要在擦除时使用白色，则选择白色，然后在要擦除的区域内拖动指针。

5. **保存图片**　经常保存图片，这样就不会意外丢失所绘制的图形。要进行保存，单击 "画图" 按钮 ，然后在下拉菜单中选择 "保存"，将保存上次保存之后对图片所做的全部更改。

首次保存新图片时,需要给图片指定一个文件名。操作步骤如下:单击"画图"按钮→在下拉菜单中选择"保存"→输入保存的位置、文件名、保存类型→单击"保存"即可。

(二)截图工具

截图工具是 Win7 自带的一款简单的用于截取屏幕图像的工具,使用该工具能够将屏幕中显示的内容截取为图片,并保存为文件或直接粘贴应用到其他文件中。

图 2-95 "截图工具"窗口

启动截图工具:单击"开始"菜单→"所有程序"→"附件"文件夹中的"截图工具"命令,打开"截图工具"窗口,如图 2-95 所示。

截图工具提供了 4 种截图方式,分别为"任意格式截图""矩形截图""窗口截图"和"全屏幕截图",在图 2-95 中,单击"新建"下拉按钮,在下拉菜单中选择其中一种截图方式。下面是以"矩形截图"方式截取的图片的操作步骤:

(1) 在图 2-95 中,单击"新建"下拉按钮→选择"矩形截图"命令,此后光标呈十字。

(2) 拖动光标在图片窗口中选取要捕获的区域。

(3) 释放鼠标,即可将选取范围截取为图片并显示在"截图工具"窗口中,如图 2-96 所示。

(4) 单击"保存"按钮🖫或单击"文件"→"另存为"命令,打开"另存为"对话框保存图片文件。

图 2-96 以"矩形截图"方式截图后"截图工具"窗口

三、计算器、录音机、放大镜和数学输入面板

(一)计算器

单击"开始"菜单→"所有程序"→"附件"文件夹中的"计算器",如图 2-97 所示。利用 Win7 自带的计算器,除了可以进行简单的加、减、乘、除运算外,还可以进行各种复杂的函数与科学计算。这些计算对应于不同的计算模式,不同模式的转换是通过"计算器"窗口中的"查看"菜单进行的。

标准型模式:标准型模式与现实生活中的计算器的使用方法相同。

科学型模式:科学型模式提供了各种方程、函数与几何计算功能,用于日常进行各种较为复杂的公式计算。在科学型模式下,计算器会精确到 32 位小数。

图 2-97 科学型"计算器"窗口

程序员模式:程序员模式提供了程序代码的转换与计算功能,以及不同进制数字的快速计算功能。程

序员模式只是整数模式,小数部分将被舍弃。

统计信息模式:使用统计信息模式时,可以同时显示要计算的数据、运算符及计算结果,便于用户直观地查看与核对,其他功能与标准型模式相同。

在"编辑"菜单中,利用"复制"选项可以将计算结果复制到剪贴板;利用"粘贴"选项可以将剪贴板中的数据复制到计算器中参加计算。

(二)录音机

"录音机"是 Win7 提供的具有语音录制功能的工具,用它可以收录自己的声音,并以声音文件格式保存到磁盘上。单击"开始"菜单→"所有程序"→"附件"文件夹中的"录音机",即可打开录音机。

(三)放大镜

Win7 提供的放大镜工具,用于将计算机屏幕显示的内容放大若干倍,从而使用户更清晰地查看内容。单击"开始"菜单→"所有程序"→"附件"→"轻松访问"→"放大镜"命令,或者同时按下键盘上的 Windows 徽标键■ + 加号键,都可以打开"放大镜"窗口,如图 2-98 所示。同时当前屏幕内容会按放大镜的默认设置倍率(200%)显示。

图 2-98 "放大镜"窗口

单击放大镜窗口中的"+"和"−"可以分别增大和减小放大倍数;单击"视图",可以改变放大镜的放大模式,有全屏、镜头、停靠三种设置。

退出放大镜,可以单击窗口的"关闭"按钮,也可以通过同时按下键盘上的 Windows 徽标键 "■" + "Esc"组合键来实现。

(四)数学输入面板

数学输入面板是 Win7 的一个附带工具,它使用内置于 Win7 的数学识别器来识别手写的数学表达式,而且可以将识别的数学表达式插入到文字处理软件或计算程序中。单击"开始"菜单→"所有程序"→"附件"→"数学输入面板"命令,打开数学输入面板窗口,如图 2-99 所示。

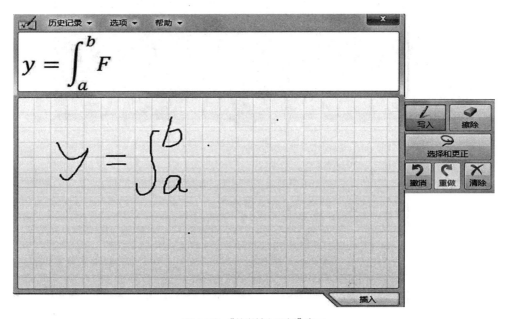

图 2-99 "数学输入面板"窗口

操作说明:

用鼠标在书写区域中书写完整的数学表达式,从其预览区域中可见手写识别是有误差的。单击更正按钮区域中的"选择和更正"按钮,然后在书写区域中标记(单击或画圆圈选定被错误识别的表达式)需要修改的部分。被标记的部分会显示为红色且包含在虚线框内,同时弹出相似符号选择列表供用户选择。选择正确的符号后,识别的数学表达式会显示在预览区域,如果书写的内容不在相似符号选择列表中,也可以用"擦除"按钮和"写入"按钮重新改写选定的表达式。

打开需插入数学公式的 word 2010 文档,并确定光标位置。

当确认预览区域中正确显示所需的数学表达式后,单击数学输入面板下方的"插入"按钮,可以将识别的数学表达式插入到当前的活动程序比如 word 2010 文档中。

四、命令行解释器

磁盘操作系统(disk operating system,DOS)在计算机的发展过程中占有非常重要的作用,曾经广为盛行,在世界上有众多的使用者。在磁盘操作系统环境下,没有图形界面,用户只能依靠输入并执行命令来实现相应的操作。在 Windows 系统中,用户使用计算机基于图形用户界面,但 Windows 系统自带有一个叫"命令行解释器"的程序,用于对命令行进行解释执行,可在用户和操作系统之间提供直接的通讯。

在命令行解释器下,界面不够美观,需要手工输入命令,但命令行解释器有其独特的价值。

(一) 启动 Windows 命令行解释器

启动命令行解释器方法有以下三种:

1. 单击"开始"菜单→在搜索框内输入"cmd"→按"回车"。

2. 单击"开始"菜单→"所有程序"→"附件"→"运行"→输入"cmd"→单击"确定"。

3. 同时按下键盘上的 Windows 键 +R 键也会打开"运行"对话框。

启动命令行解释器后的界面如图 2-100 所示,">"提示符之前显示的就是当前目录。

图 2-100 "命令行解释器"窗口

每条命令输完后须回车,方开始运行,并得到运行结果。命令行解释器把提示符">"和回车键间的字符串视为一条命令,如果这字符串确实符合 Windows 命令语法,就执行它,执行完后又回到提示符状态,否则命令行解释器给出错误信息。

(二) 查看命令

输入:help 后按下回车键,此时可得到一份常见命令列表。要具体学习某个命令,最好的方法是阅读该命令的联机帮助,可以输入"命令名 / ?"或"help 命令名"来查看命令的联机帮助,如了解列目录 dir 命令,有两种方法实现:

◆ 输入 help< 空格 > 命令名 例如:help dir

◆ 输入命令名 / ? 例如:dir/ ?

查看各命令功能与使用方法后,可灵活运用 DOS 各命令完成相应的操作,在此不再叙述。

有需要的,可自学该部分内容。

五、系统配置实用程序

很多时候需要打开系统配置实用程序,如设置开机时系统等待时间,查看或删除启动项等,打开系统配置实用程序的方法有以下三种:

1. 单击"开始"菜单→在搜索框内输入"msconfig"→按"回车"。
2. 单击"开始"菜单→"所有程序"→"附件"→"运行"→输入"msconfig"→单击"确定"。
3. 单击"开始"→"控制面板"→"系统和安全"→"管理工具"→双击"系统配置"。

打开系统配置实用程序后出现系统配置程序的主窗口,如图2-101所示。

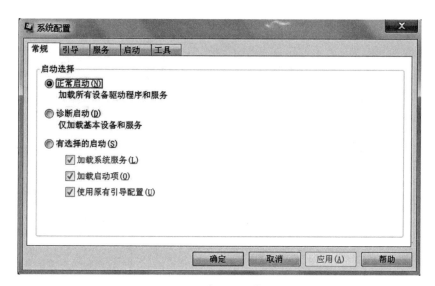

图 2-101 "系统配置"窗口

在系统配置实用程序中,"启动"选项卡的主要功能是设置与开机一起启动的软件,如果有不需要开机启动的程序,可以将其禁止。手动设置或禁止开机启动项操作步骤如下:

(1) 在系统配置窗口中单击"启动"选项卡,界面如图2-102所示。

图 2-102 "系统配置"窗口"启动"选项卡

(2) 要选择或取消开机启动的程序,选中或取消选中相应的复选框即可。

(3) 单击"确定",此时弹出"系统配置"对话框询问是否重启电脑以使改变生效,如图 2-103 所示,单击"重新启动"按钮。

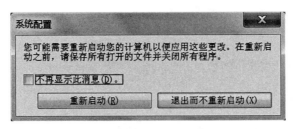

图 2-103　询问是否重新启动的"系统配置"窗口

(张建莉)

学习小结

操作系统是计算机硬件与其他软件的接口,也是用户和计算机的接口,用户通过操作系统平台管理计算机的硬件和软件,掌握好操作系统的知识及其操作是学习其他软件的前提和基础。本章主要讲解 Win7 操作系统,要求学生在熟悉 Win7 操作环境的基础上掌握其常用操作,尤其对 Win7 操作环境的设置、文件和文件夹的管理、控制面板的使用、磁盘整理和系统维护以及 Win7 实用程序的使用要熟练掌握。在本章的学习过程中,要注重知识理解与操作实践并重,循序渐进,在掌握基本操作的基础上逐步深入。在学习过程中,也可以借助于 Windows 提供的帮助系统获取帮助信息。

复习参考题

在 Win7 环境中完成如下的操作:

1. 将桌面图标按"项目类型"排序,大小为"中等图标"。

2. 分别打开"计算机"窗口、"Microsoft Word 2010"应用程序窗口和"记事本"窗口,练习窗口的系列操作:最小化、最大化/还原、关闭窗口;窗口移动;改变窗口的大小;实现窗口的折叠显示和切换。

3. 将"Microsoft Word 2010"应用程序的图标锁定到任务栏上,自动隐藏任务栏。

4. 在"开始"菜单的搜索框中搜索记事本应用程序"notepad. exe",并为其创建桌面快捷方式。

5. 设置屏幕保护程序为"变换线",等待 5 分钟,且在恢复时显示登录屏幕。

6. 打开"计算机"(资源管理器),设置查看方式为"详细信息";设置在使用"计算机"查看文件时,显示已知文件的扩展名。

7. 在 D: 盘上创建新文件夹,文件夹名称为"我的资源",并在该文件夹下创建"图片"和"文档"子文件夹。

8. 在计算机上搜索扩展名为"jpg"的文件,并将其按"修改日期"的升序排序,将排在前五个图片文件复制到"图片"文件夹中,然后将"图片"文件夹设置为"只读"属性。

9. 利用"记事本"新建一个文本文档,保存在"文档"文件夹中,文件名为 poem. txt。文档内容如下:

"如果有来生,要做一棵树,站成永恒。没有悲欢的姿势,一半在尘土里安详,一半在风里飞扬;一半洒落阴凉,一半沐浴阳光。"

10. 将"poem. txt"重命名为"小诗 .txt",将"小诗 .txt"移动到"我的资源"文件夹中,直接删除"我的资源"中的"小诗 .txt",而不是将其放到回收站中。

11. 关闭来宾账户,创建一个标准账户,账户名称为"神采飞扬",并为该账户设置密码为"happy"。

12. 利用"画图"软件,自己画一幅画,并命名为"花朵 .bmp",然后,保存在桌面;查看图像文件"花朵 .bmp"的大小,利用压缩解压软件,将该文件压缩为"花朵 .zip";将文件"花朵 .zip"解压到 D: 盘中,解压后的文件名仍为"花朵 .bmp"。

第三章

Word 2010 文字处理软件

3

学习目标

掌握　Word 2010 文字处理软件的启动和退出；文档的创建、打开、保存编辑和打印；文本的复制、删除、插入、查找与替换；字体格式、段落格式和页面格式的编排；Word 2010 的图形图像、文本框、自选图形与艺术字等对象的编辑及使用；Word 表格的创建，表格中数据的输入与编辑，数据的排序和计算。

熟悉　Word 2010 文档的引用和审阅功能，以及邮件合并功能。

了解　Word 2010 文字处理软件的基本功能、运行环境。

能力目标

熟练使用 Word 2010 进行文字处理和文档编辑。

Word 2010 是 Office 2010 应用程序中的文字处理应用程序，它的主要功能是运用 Word 2010 提供的整套工具对文档进行编辑、排版和打印，Word 2010 中的审阅、批注与比较功能可以快速收集和管理来自多种渠道的反馈信息，也能调用 Office2010 其他组件图片、数据创建出更精美的文档。Word 2010 与 Office 2010 其他组件如 PowerPoint 及 Outlook 可以进行协同工作。Word 2010 所见即所得，操作直观，能实现图、文、表格混排，易学易用，深受广大用户的喜爱。

任务 3-1　撰写医学论文

【任务描述】

医学论文是医学科学研究工作的文字记录和书面总结，是医学科学研究工作的重要组成部分。本任务是把医学论文的内容录入并保存到 Word 2010 文档中，并对文档的内容进行简单的编辑。

1. 打开 Word 应用程序，录入医学论文的内容，如图 3-1 所示。

图 3-1　论文内容

2. 保存该文档到 D 盘，文件名为"论文 .docx"。
3. 调整段落顺序，把文档的第七、第八段落移动成为文档的第五、第六段落。效果如图 3-2 所示。

图 3-2　调整前后的论文内容

4. 把文档中所有的"猪流感"替换为"甲流"。

5. 对文档进行以下格式设置(请按序号顺序操作),效果如图 3-3 所示。

甲 流 的 预 防 及 现 状 分 析

张三[1]　李四[2]

健康医院[1]　康健医院[2]　510010

甲流的预防

人感染甲流大流行的风险如何

大部分人特别是那些没有和猪有日常接触的人群,缺乏对人感染甲流病毒的免疫力。假如人感染甲流病毒具备了有效的人传人能力,则有可能引起流感大流行。

人感染甲流死亡率高不高

通常情况下,流感病毒的新毒株出现时,都会出现高发病和高死亡的现象,此次人感染甲流病毒变异后,对于人类来说,也是一次新的挑战。就像当年的 SARS 刚刚出现时,病毒毒力较高,导致了高死亡的现象。

目前甲流发病情况

甲流发生和流行的诱发因素

引起甲流发生和流行的诱发因素很多,大体可归纳为 3 个方面:①人为因素②天气因素③环境因素。

中国甲流的现状

目前已发现的甲流病毒至少有 H1N1、H1N2、H1N7、H3N2、H3N6、H4N6、H9N2 等七种不同的血清亚型,导致猪只发病的有 H1N1、H1N2 和 H3N2 。

甲流的治疗

研究发现,达菲（Tamiflu）对甲型流感病毒有抑制作用,从香料八角中提取的莽草酸（$C_7H_{10}O_5$）是合成达菲的原料之一。

图 3-3　格式设置效果图

(1) 第一段格式设置为:黑体,三号,加粗,加双下划线,字体颜色为标准色蓝色,字符间距加宽 2 磅,居中,段后间距 6 磅。

(2) 第二段格式设置为:中文字体宋体,西文字体 Times New Roman;小四,居中,1.5 倍行距;作者姓名旁的数字设为上标。

(3) 第三段格式设置为:中文字体宋体,西文字体 Times New Roman;五号,居中,1.5 倍行距;医院旁的数字设为上标。

(4) 第四、九、十四段的格式设置为宋体,四号,加粗,段前段后间距 3 磅。

(5) 第五、七、十、十二段的格式设置为宋体,小四号,加粗,段前段后间距 3 磅。

(6) 其他文本格式设置为:宋体,五号,两端对齐,段前段后间距 1 磅,首行缩进 2 字符,1.3 倍行距。

(7) 文档中除最后一段外的所有的英文字符使用大写字母表示。

(8) 最后一段的"$C_7H_{10}O_5$"设置为西文字体 Times New Roman;数字设为下标。

6. 保存"论文 .docx"。

【知识点分析】

3.1.1　Word 2010 的启动退出和用户界面

Word 2010 是 Office 2010 应用程序中的文字处理应用程序，它的主要功能是对文档进行编辑和排版。

一、Word 2010 的启动

Word 2010 的启动通常有以下三种方法：

1. 单击"开始"按钮→"所有程序"→"Microsoft Office"→"Microsoft Word 2010"子菜单，即可启动 Word 2010。

2. 如果桌面上或其他位置已经创建了 Word 2010 的快捷方式，双击该快捷方式图标即可启动 Word 2010。

3. 通过双击某个 Word 2010 文档的图标，都可启动 Word 2010 并同时打开所选文档。

二、Word 2010 的退出

结束文档的编辑后，要退出 Word 2010 时，一般应该首先关闭文档，如果有未关闭的文档，则 Word 2010 将先关闭它。退出 Word 2010 常见的方法有以下两种

1. 单击"文件"选项卡→"退出"命令。

2. 单击 Word 2010 程序窗口右上角的"关闭"按钮。

三、Word 2010 的用户界面

启动 Word 2010 后，屏幕上就会出现 Word 2010 的用户界面，它是一种窗口结构，如图 3-4 所示。下面介绍其各部分的名称及相关操作。

1. **标题栏**　标题栏位于窗口的最上端，它的作用是用来显示正在编辑的文档的文件名以及所使用的软件名。其中还包括标准的"最小化""还原"和"关闭"按钮。

2. **快速访问工具栏**　常用命令位于此处，例如"保存""撤销"和"恢复"。在快速访问工具栏的末尾是一个下拉菜单，在其中可以添加其他常用命令或经常需要用到的命令，还可以更改快速访问工具栏的显示位置。

3. **"文件"选项卡**　单击此按钮可以查找对文档本身而非对文档内容进行操作的命令，例如"新建""打开""另存为""打印"和"关闭"。

4. **功能区**　工作时需要用到的命令位于此处，包括开始、插入、页面布局、引用、邮件、审阅、视图等选项卡。用户可通过单击选项卡展开选项组，如果需要查看正在编辑的文档的详细信息，可以单击在右上角的最小化功能区箭头，折叠功能区。如图 3-5 所示。

5. **编辑区**　中间空白区域就是 Word 2010 的编辑区，显示正在编辑的文档的内容。

6. **滚动条**　在编辑区的右侧和下侧，分别为垂直滚动条和水平滚动条。单击滚动条中的滚动箭头，可以使屏幕向上、下、左、右滚动一行或一列；单击滚动条的空白处，可以使屏幕上下、左右滚动一屏；拖动滚动条中的滚动块，可迅速到达显示的位置。

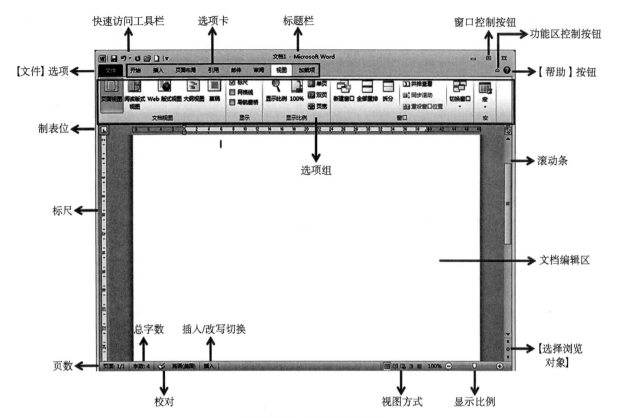

图 3-4　Word 2010 用户界面

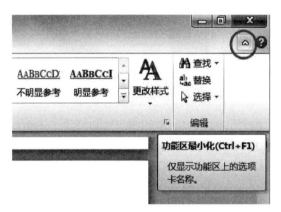

图 3-5　最小化功能区

7. 状态栏　状态栏位于 Word 2010 程序窗口的最下端,显示文档的编辑状态信息或操作提示信息,如页数、字数、编辑状态等。对着状态栏单击鼠标右键,可以自定义状态栏要显示的信息项。

8. 视图按钮　视图按钮用于更改正在编辑的文档的显示模式。在 Word 2010 中有 5 种显示视图:页面视图、阅读版式视图、Web 版式视图、大纲视图、草稿视图。

(1) 页面视图:是 Word 2010 最常用的视图。页面视图中的文档效果与打印出来的效果一致,具有"所见即所得"的显示效果。页面视图方式最适合对文档进行图文混排,可编辑和显示页眉、页脚、图形对象、分栏设置、页面边距等。

(2) 阅读版式视图:该视图可把整篇文档分屏显示,增加可读性,以最适合屏幕阅读的方式显示文档,还可以单击"工具"按钮选择各种阅读工具。

(3) Web 版式视图:以网页的形式显示 Word 2010 文档,与在浏览器中打开看到的效果一致。Web 版式视图适合于创建和编辑电子邮件或网页。

(4) 大纲视图：主要用于设置和显示文档的层级结构，可以方便地折叠和展开各种层级，广泛用于 Word 2010 长文档的快速浏览和设置。

(5) 草稿视图：不能显示页面边距、分栏、页眉页脚和图片等元素，仅显示标题和正文，适合在该视图下进行文字录入和编辑工作。草稿视图还能显示分页符和分节符，如果要删除分页符或分节符，一般会切换到草稿视图。

9. **显示比例**　位于状态栏的最右侧，用于调节视图的显示比例，其调节范围是 10%~500%。

3.1.2　Word 2010 文档的建立与保存

一、Word 2010 文档的建立

Word 2010 按新建文档的顺序，依次对文档临时命名为"文档 1""文档 2""文档 3"等。Word 2010 文档的建立方法有以下几种：

1. 启动 Word 2010 后，自动新建一个名为"文档 1"的空白文档。我们可以在该空白文档中输入医学论文的具体内容。

2. 利用选项卡创建新文档　在 Word 2010 中。单击"文件"选项卡→"新建"→在可用模板选择需要的模板→单击"创建"按钮，便可创建一个新文档。

3. 利用快速访问工具栏创建空白文档　单击快速访问工具栏上的"新建空白文档"按钮可创建一个新的空白文档。

二、Word 2010 文档的录入

1. **文档的输入**　打开 Word 2010 文档，可以看到在工作区的左上方有不断闪烁的定位光标，便可以开始输入内容了。录入文字时，插入点向右移动，移至行尾时会自动换行，当输入完一个自然段内容后，按回车键可分段即插入一个段落标记符。同时，定位光标和原来的段落标记一起转到下一行的左边，即另起一个新段，接下来，就可以输入新段落的内容了。

在完成全部文本的输入后，如果需要添加或修改文本，可以用鼠标单击需要修改文本的位置，对文本进行添加、删除或修改。添加文本时，Word 自动调整段落的其余部分以容纳新文本。如果要使新添加的文本覆盖原有文本，可以将默认的"插入"状态变为"改写"状态，方法是单击状态栏中的"插入"标记或按 Insert 键。再次单击"改写"标记可恢复"插入"状态。

2. **输入内容的撤销和恢复**　对于刚输入的文字，点击快速访问工具栏上的"撤销"按钮或按快捷键 Ctrl+Z 可以撤销输入；点击"恢复"按钮或快捷键 Ctrl+Y 可以恢复输入或重复输入刚输入的字或词。

3. **插入特殊符号**　在录入文档时，有时需要输入一些键盘上没有的特殊符号，如⑫、§、♀、◆、①等。插入特殊符号的操作步骤如下：

(1) 将插入点光标置于要插入符号的位置。

(2) 单击"插入"选项卡→"符号"选项组→在"符号"下拉列表框中选择所需要的特殊符号。如果没有找到所需要的特殊符号，则在下拉列表框中单击"其他符号"，在弹出的"符号"对话框中选择"符号"选项卡，再选择所需的字体和字集，如图 3-6 所示。最后选中要输入的特殊符号，单击"插入"按钮，即可将其输入到当前光标位置。

另外，利用中文输入法中的软键盘也可以帮助我们输入各种特殊符号。

图 3-6　插入符号

4. **拼写错误检查**　Word 2010 具有拼写错误检查的功能。自动检查拼写和语法时,红色波形下划线表示可能的拼写错误,绿色波形下划线表示可能的语法错误。右击红色波形下划线上的文字,Word 将给出更正建议。出现绿色下划线时,可直接进行修改或忽略。也可以单击"审阅"选项卡→"校对"选项组→"拼写和语法"命令,一次性检查文档中所有拼写和语法的正确性。无论是红色的下划线还是绿色的波形下划线,都不影响文档的处理,也不会打印输出波形下划线,但如果不希望看到这些标记,则可以关闭自动拼写和语法检查功能。单击"文件"选项卡→"选项"命令→在弹出的"Word 选项"对话框中,选择"校对"→清除"键入时检查拼写"复选框的选中标记,如图 3-7 所示。

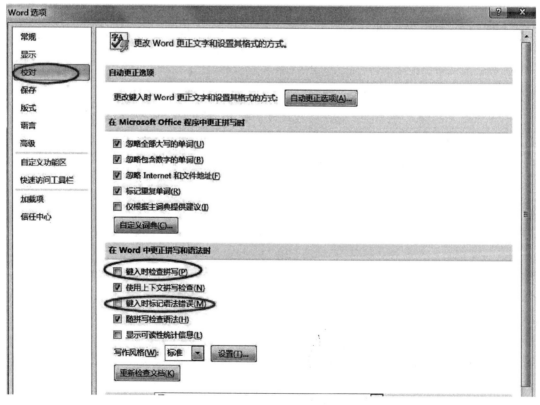

图 3-7　关闭自动拼写和语法检查功能

三、Word 2010 文档的保存

1. 新文档的保存　刚创建的新文档,文档内容输入编辑完毕后,应当及时保存。可单击快速访问工具栏上的"保存"按钮或按 Ctrl+S 组合键或单击"文件"选项卡→"保存"或"另存为"命令,在弹出"另存为"对话框中选择保存位置及文件名和文件类型后单击"确定"按钮即可,如图 3-8 所示。

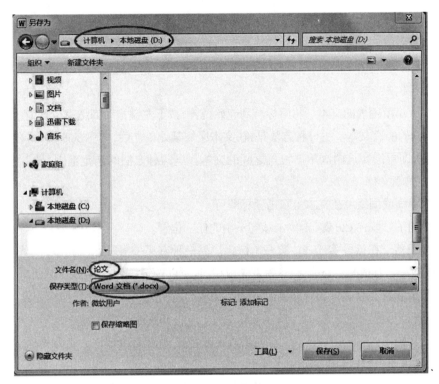

图 3-8　"另存为"对话框

　　首次保存文档时,文档中的第一行文字将作为文件名预填在"文件名"框中,若要更改文件名,请键入新文件名。文件的保存类型一般默认为 Word 文档(*.docx),如果要把文件保存为其他类型,例如 PDF 文档,请选择相应的保存类型。

2. 已保存过文档的保存　如果文档是一个已编辑保存过的文档,单击保存命令后,文档当前的内容将保存在原文件中,如想要按新名字、新类型或新位置保存,可以单击"文件"选项卡→"另存为"命令,在弹出的"另存为"对话框中进行设置。

3. 自动保存　默认情况下 Word 程序每隔 10 分钟会对正在编辑的文档进行自动保存,如果需要修改自动保存的时间间隔,单击选项卡"文件"→"选项"命令→在弹出的"Word 选项"对话框中选择"保存"→在"保存自动恢复信息时间间隔"中设置保存的时间(分钟)间隔即可。

四、Word 2010 文档的打开

　　打开 Word 2010 文档的常用方法如下:

1. 单击"文件"选项卡→"打开"命令,或者单击快速访问工具栏上的"打开"按钮,在弹出的"打开"对话框中选择要打开的文件所在的位置和文件类型,双击要打开的文档即可。

2. 单击"文件"选项卡→"最近所用文件"命令,就会显示最近使用过的文档,单击即可打开所选

文件。

3. 在指定位置双击要打开的 Word 2010 文档图标,即可以在启动 Word 2010 的同时打开该文档。

3.1.3 Word 2010 文档的编辑

一、文本的选定

在对文本进行复制、设置格式等操作之前,都需要先选定文本,即"先选定后操作",所选文字位置将添加背景色以指示选择范围。可以选定任意大小范围内的文本,可以选定一个字符、一个单词或词组、一个句子、一行或多行、一个或多个段落,甚至是文档的全部,特别地,还可选定矩形区域内的文本。以下是几种常用的文本选定方法:

1. **选定任意大小范围内的文本** 将鼠标移到起始位置,按下左键拖动到结束位置为止,将选中起始位置到结束位置之间的所有文本。另一种方法是,在文本区域某处单击后,按住 Shift 键,再在另一处单击(必要时利用滚动条),即可选定这两次单击位置之间的文本。这两种方法的选定范围,最小可以选定一个字符,最大可以选定整篇文档。

2. **选定一个单词或词组** 在文本上双击鼠标即可。

3. **选定一个句子** 按住 Ctrl 键,再单击该句子中的任一位置。

4. **选定一个段落** 在该段落任一位置三击鼠标。另一种方法是将鼠标指针移到段落左侧的选定区,鼠标指针会变成向右上方指的空心箭头,这时双击鼠标,也可以选定一个段落。

5. **选定一行或多行** 将鼠标指针移到所要选定文本的左侧选定区,当鼠标指针变成向右上方指的空心箭头时单击鼠标即可选定相应的一行,按住鼠标左键上下拖动鼠标即可选定多行。

6. **选定整个文档** 将鼠标指针移到文档左侧选定区,当鼠标指针变成向右上方指的空心箭头时,三击鼠标或者按住 Ctrl 键单击鼠标即可选定整个文档。

7. **选定矩形区域内的文本** 按住 Alt 键,拖动鼠标从起始位置到结束位置即可。

二、复制文本

复制文本是将一块文本复制一份到另一个位置(原位置仍有这块文本)。文本复制有以下两种方法。

1. **剪贴板法** 选定要复制的文本,单击"开始"选项卡→"剪贴板"选项组→"复制"命令,或者按快捷键 Ctrl+C,或者单击鼠标右键,在弹出的菜单中选择"复制"。此时所选定的文本被复制,并临时保存在剪贴板中。将光标定位到要复制到的位置(新位置可以是在当前文档中,也可以在另一个文档中),再单击"剪贴板"选项组→"粘贴"命令,或者按快捷键 Ctrl+V,或者单击鼠标右键,在弹出的快捷菜单中选择"粘贴选项",就可以完成选定文本的复制。使用该方法复制的文本可以多次粘贴。

2. **拖动鼠标法** 选定要复制文本,然后将鼠标指向该文本块的任意位置,鼠标光标变成一个空心的箭头,然后在按住 Ctrl 键的同时按住鼠标左键并拖动鼠标到该文本要复制到的位置后再松开 Ctrl 键和鼠标即可。

三、移动文本

移动文本就是将一块文本从文档中的一个位置移动到另一个位置(原位置没有这块文本了,后面的文本往前移,把移动文本后留下的空位填上)。移动文本有以下两种方法。

1. **剪贴板法**　选定要移动的文本,单击"开始"选项卡→"剪贴板"选项组→"剪切"命令,或者按快捷键 Ctrl+X,或者单击鼠标右键,在弹出的菜单中选择"剪切",此时所选定的文本被剪切,并临时保存在剪贴板中。将插入点移到该文本要移动到的新位置(新位置可以是在当前文档中,也可以在另一个文档中)。单击"剪贴板"选项组→"粘贴"命令,或者按快捷键 Ctrl+V,或者单击鼠标右键,在弹出的菜单中选择"粘贴选项",就可以完成选定文本的移动。

2. **拖动鼠标法**　选定要移动文本,然后将鼠标指向该文本块的任意位置,鼠标光标变成一个空心的箭头,然后按住鼠标左键拖动鼠标到该文本要移动到的新位置后松开鼠标。

任务一中要调整论文中的段落顺序。具体的操作可以是:选择"人感染猪流感大流行的风险如何……则有可能引起流感大流行。"这两段的内容,注意要选择段落标记符,再单击"开始"选项卡→"剪贴板"选项组→"剪切"命令,然后把光标定位到"人感染猪流感死亡率高不高"这一段的最前面,再单击"剪贴板"选项组→"粘贴"命令。

四、删除文本

删除文本时,先选定要删除的文本,然后按 Del 或 Delete 键即可,当然也可以单击"开始"选项卡→"剪贴板"选项组→"剪切"命令。另外,按 Backspace 键可删除插入点前面的一个字符,按 Del 或 Delete 键可删除插入点后面的一个字符。

五、查找和替换

若对长篇文档或文档中含有多处相同的共同单字、词或多个字符组成内容的共同体进行修改时,可使用 Word 2010 提供的查找与替换文本的功能。其操作是在文档中查找指定的内容,并可将查找到的内容替换为别的内容。查找的范围可以是选定区域,也可是整个文档。

图 3-9　"导航"窗格

1. **查找文本**　可以快速搜索特定单词或词组的每个匹配项。具体操作步骤如下。

(1) 单击"开始"选项卡→"编辑"选项组→"查找"→在下拉菜单中选择"查找",则显示"导航"窗格。如图 3-9 所示。

(2) 在搜索框中,键入要查找的文本。找到的文本的所有实例在文档中突出显示,在导航窗格中列出,如图 3-10 所示。如果要搜索除文本外的其他对象,可以单击放大镜按钮来进行设置。

(3) 通过使用向上和向下箭头控件浏览结果。

2. **文本的替换**　单击"开始"选项卡→"编辑"选项组→"替换"命令→在弹出的"查找和替换"对话框中选择"替换"选项卡→在"查找内容"下拉列表框中输入要查找的文本,在"替换为"下拉列表框中输入要替换的文本,如图 3-11 所示。最后单击"替换"或"全部替换"按钮。

3. **高级查找替换**　在"查找和替换"对话框中单击"更多"按钮,对话框将向下拉大,显示更多的选项和按键。可使用这些高级选项和按钮进行更具体、更灵活、符合各种条件的查找。例如,利用"格式"按钮,可对查找内容或替换内容进行格式设置,即查找满足一定格式的文本内容或对某一查找内容统一设置格式;再例如,从网上复制的内容经常会有人工换行符,利用"特殊字符"按钮,可选择人工换行符作为查找内容,段落标记符作为替换内容即可把所有的人工换行符替换为段落标记符。

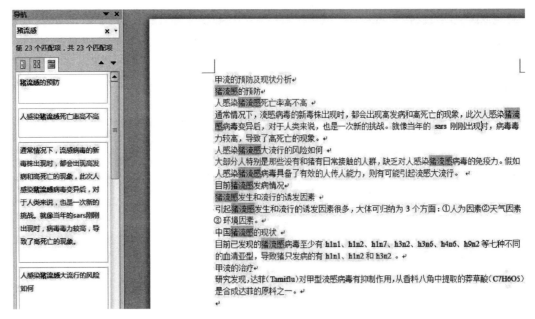

图 3-10　查找结果

图 3-11　"查找和替换"对话框

3.1.4　设　置　格　式

一、字体格式设置

Word 2010 字体格式化功能包括对各种字符的字体、大小、字形、颜色、字符间距等的设置。

(一) 使用选项卡"开始"的"字体"选项组设置字符格式

单击"开始"选项卡,然后利用"字体"组中的工具可以完成大部分字体格式设置。例如在任务 3-1 中的 5(1)中,"把论文的第一段格式设置为:黑体,三号,加粗,加双下划线,字体颜色为标准色蓝色"就可以使用"字体"选项组的按钮来完成,如图 3-12 所示。在任务 3-1 的 5(2)中,把数字设为上标或下标,也可以使用"字体"选项组的按钮来完成。"字体"选项组中所有按钮的名称和功能如表 3-1 所示。

图 3-12　"字体"选项组

表 3-1 "字体"选项组按钮名称及功能

按钮	名称	功能
宋体(正文) ▾	字体	更改字体
11 ▾	字号	更改文字的大小
A˄	增大字体	增加文字大小
A˅	缩小字体	缩小文字大小
Aa▾	更改大小写	将选中的所有文字更改为全部大写、全部小写或其他常见的大小写形式
A̲ꞵ	清除格式	清除所选文字的所有格式设置,只留下纯文本
B	加粗	使选定文字加粗
I	倾斜	使选定文字倾斜
U ▾	下划线	在选定文字的下方绘制一条线。单击下拉箭头可选择下划线的类型
abc	删除线	绘制一条穿过选定文字中间的线
x₂	下标	创建下标字符
x²	上标	创建上标字符
A ▾	文字效果	对选定文字应用视觉效果,例如阴影、发光或映像
aby ▾	文字突出显示颜色	使文本看起来好像是用荧光笔标记的
A ▾	字体颜色	更改文字颜色

(二) 利用"字体"对话框设置字符格式

"开始"选项卡的"字体"选项组虽然操作方便,但并不能完成所有的格式设置。例如在任务 3-1 中的 5(1)中,把第一段文字的字符间距加宽 2 磅,这个设置就需要用到"字体"对话框。"字体"对话框可以对字符进行各种格式的设置。

打开"字体"对话框的方法有以下两种方法:

一是单击"开始"选项卡→"字体"选项组→右下角的"对话框启动器",如图 3-13 所示。

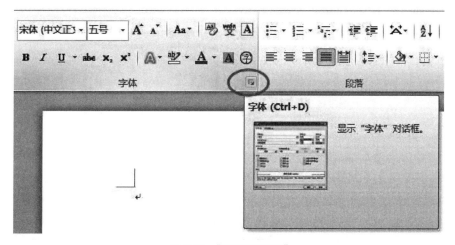

图 3-13 "对话框启动器"

图 3-14 使用"字体"对话框分别设置中文、西文字体

二是选定要设置格式的文字后单击鼠标右键，在打开的快捷菜单中选择"字体"，则弹出"字体"对话框。

"字体"对话框中包括了"字体"选项卡和"高级"选项卡。下面将详细介绍这两选项卡。

1. **"字体"选项卡** 用于对中文字体、西文字体、字形、字号、字体颜色、下划线线型、着重号等进行设置，以及对删除线、上标、下标、阴影、空心等文字效果进行调整。

Word 提供了多种字体，常用的中文字体有宋体、仿宋 _GB2312、楷体 _GB2312、黑体、隶书、幼圆等。在"字体"对话框中可以对中文和英语数字（西文）分别设置不同的字体，如图 3-14 所示。字形则是指加于字符的一些属性，常用的有常规、加粗、倾斜等。字号用于设置字符的大小，分"字号"和"磅"两种单位，用"字号"表示，字从大到小依次是：初号、小初、一号、小一……八号，用磅表示，字从小到大依次是 5、5.5、6.5……72，72 磅的字要比初号字大一些，如果觉得 72 磅的字号仍不够大，可以在"字号（s）"下的输入框中输入更大的磅值。

在编辑文档时我们经常需要对文字的效果进行设置。如要输入"张三 [1] 李四 [2]"，只要先输入"张三 1 李四 2"，然后选择数字"1""2"，选择在"字体"选项卡中，勾选"效果"中的"上标"复选框即可。同样的道理，当我们需要输入"$C_7H_6O_5$"时，只需要把数字"7""6""5"设置为"下标"就可以了。

如要把文档中除最后一段以外的所有的英文字符使用大写字母表示，则可以选择相应区域后，则勾选"效果"中的"全部大写字母"复选框，如图 3-15 所示。

2. **"高级"选项卡** 用于对字符进行缩放、调整字符间距或调整字符的位置。如图 3-16 所示

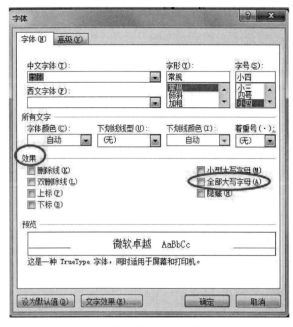

图 3-15 "字体"对话框的"效果"区

图 3-16 "字体"对话框的"高级"选项卡

字符"缩放"并不是字符整体都得到缩小或放大，只有宽度按照被设置的发生变化，而高度并不改变。"位置"列表框则用来设置字符之间的垂直位置，字符的位置有"标准""提升""降低"三种。字符缩放和位置调整的效果如图 3-17 所示。

"间距"列表框用来设置字符之间的水平距离。如在任务中"把标题间距设置为加宽 2 磅"，则先选择标题，再在"字体"对话框中单击"高级"选项卡，在"间距"列表框中选择"加宽"，在"磅值"框中输入"2 磅"，如图 3-18 所示。

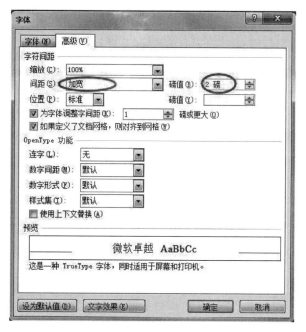

胖 瘦 浮 沉

缩放 200%　　　缩放 50%　　　位置提升 10 磅　　　位置降低 10 磅

图 3-17　字符缩放和位置调整的效果

图 3-18　字符间距的调整

二、段落格式设置

在 Word 2010 中，段落是独立的信息单位，具有自身的格式特征，如对齐方式、缩进、行间距、段间距等。每一个段落的后面都有一个段落标记即一个回车符。段落标记不仅标识一个段落的结束，还存储了该段落的格式信息。删除了段落标记也就删除了段落的格式。

（一）利用"段落"对话框设置段落格式

如果要对某一段落进行段落格式设置，只需要把光标定位在该段落中的任意位置，如果需要对若干段落进行格式设置，则需要选定多段文本。选择好操作的对象后，单击"开始"选项卡→"段落"选项组→右下角"对话框启动器"，打开"段落"对话框，如图 3-19 所示。

下面我们重点学习其中的"缩进和间距"选项卡。

1. 对齐方式　段落的对齐方式有 5 种：左对齐、居中、右对齐、两端对齐、分散对齐。

（1）左对齐：文本行靠左对齐。

（2）居中：文本行居中，左右两边留出相同数量的空白。

（3）右对齐：文本行靠右对齐。

（4）两端对齐：文本行左端和右端的文字对齐。

（5）分散对齐：文本行向左右两边均匀分散开布满整行。

很多时候左对齐和两端对齐的效果是一样的，但是，当文本中含有宽窄不一的西文字符、数字及大小不同的中文字符时，左对齐就不能保证段落的右端也是整齐的，这时应当使用两端对齐。

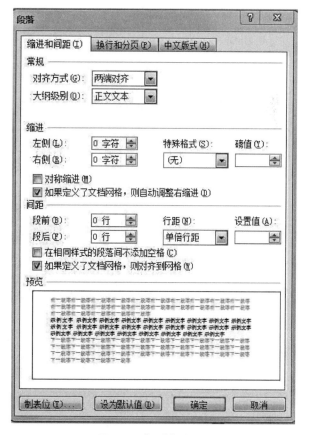

图 3-19　"段落"对话框

2. **左缩进和右缩进**　段落缩进是段落中的文本相对于纸张的左或右页边距的距离。左缩进是控制整个段落与左页边界的距离,右缩进是控制整个段落与右边界的距离。

3. **首行缩进和悬挂缩进**　在"特殊格式(S):"的下拉列表中可以选择首行缩进或悬挂缩进的段落格式,并可在"度量值(Y):"输入框中输入缩进值。首行缩进控制段落中的第一行的缩进量,例如我们通常都习惯在中文每一段落的第一行缩进 2 个字符。悬挂缩进:控制段落中除第一行外其余行的缩进量。

4. **段前间距和段后间距**　段前距或段后距是指被选中的段落与前一行或后一行之间的距离

5. **行距**　行距是指段落中行与行之间的距离。可在"行距"下拉列表中选择所需要的行距,如果选择的是"固定值"或"最小值",还需在"设置值"文本框中键入或选择具体的数值。如果选择的是多倍行距,则应在"设置值"文本框中键入或设置相应的倍数。

例如,在任务中,要把某些文本的段落格式设置为:"两端对齐,段前段后间距 1 磅,首行缩进 2 字符,1.3 倍行距"的操作步骤是:选中要操作的文本→单击"开始"选项卡→"段落"选项组→右下角"对话框启动器",打开"段落"对话框→在对话框中进行相应的设置,如图 3-20 所示。

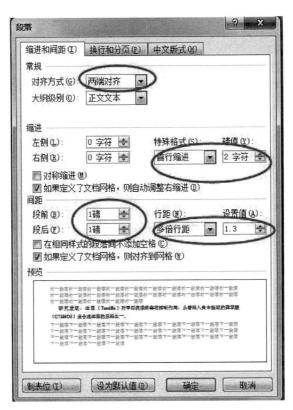

图 3-20　"段落"对话框的设置

注意:各项设置值的单位并不一样,有些是"字符"、有些是"磅",有些是"厘米",可以直接在输入框中输入单位或单击选项卡"文件"→"选项"命令,在打开的"Word 选项"对话框中点击"高级"选项卡,"度量单位"中选择所需的单位,如果要使用字符单位,例如首行缩进 ×× 字符,或段前间距 ×× 行,则勾选"以字符宽度为度量单位(W)",如图 3-21 所示。

(二) 使用"开始"选项卡的"段落"选项组设置段落格式

"段落"选项组上有设置段落对齐方式的按钮,包括全部的五种对齐方式,还可以通过"行和段落间距"按钮来设置行距和段前段后间距。

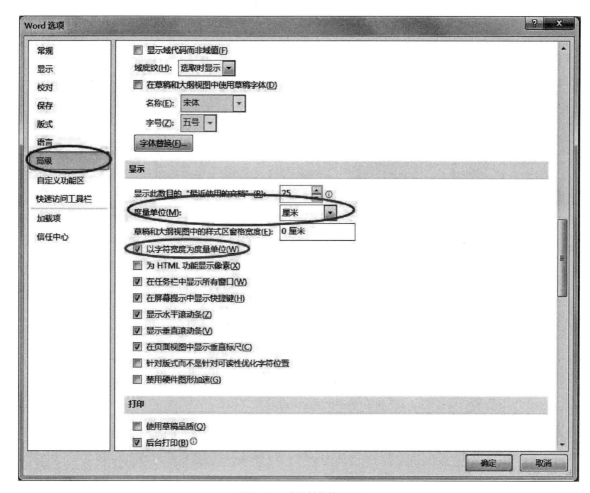

图 3-21　度量单位的设置

三、"格式刷"的使用

　　格式刷是 Word 2010 中非常强大的功能之一,当需要给文档中大量的内容设置相同的格式时,可以利用格式刷来完成。"格式刷"按钮在选项卡"开始"的"剪贴板"选项组。单击"格式刷"按钮,可把已选定文本块的格式复制 1 次,双击"格式刷"按钮,可把已选定文本块的格式复制到多个位置。

　　例如,在任务 3-1 中的 5(4)要求"第四、九、十四段的格式设置为宋体,四号,加粗,段前段后间距 3 磅",可以设置好第四段的格式后,可以用格式刷把格式复制另外两段,具体的操作步骤如下:

　　(1) 设置好第四段的格式,然后选定这一段。

　　(2) 双击"格式刷"命令按钮。

　　(3) 拖动鼠标逐一选定第九段和第十四段,这两段就会和第四段格式相同了。

　　(4) 再次单击"格式刷"按钮,退出格式复制。

【任务扩展】

　　为"论文 .docx"设置打开和修改密码,打开密码设置为:lw1234,编辑密码设置为:lw5678。

　　操作提示:

　　1. 设置打开密码　有时我们出于安全的需要,会希望只有部分人能打开文件。要对 Word 2010 文档设置打开密码,可以按以下步骤操作:

（1）打开需要加密的文档。

（2）单击"文件"选项卡→"信息"→"权限"→在下拉菜单中选择"用密码进行加密"，如图 3-22 所示。

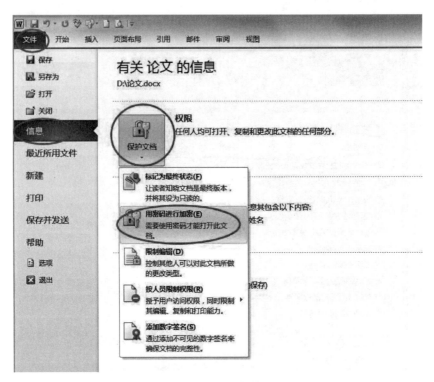

图 3-22　设置文件的权限

（3）在弹出的"加密文档"对话框中输入打开密码，如图 3-23 所示。单击"确定"。

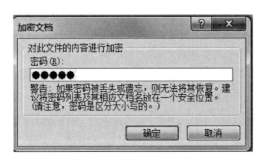

图 3-23　输入文档的打开密码

（4）再次输入打开密码确认，单击"确定"按钮即可。

保存文档并关闭后，如果需要打开该文档时，必须输入正确的密码，否则文档不能打开或修改。

如果需要撤销打开密码，只需要按上述步骤操作，在弹出的"加密文档"对话框中删除密码，单击"确定"按钮即可。

2. **设置编辑密码**　有些文档，我们希望别人只能阅览，不能修改。要对 Word 2010 文件设置编辑密码，可以按以下步骤操作：

（1）打开需要加密的文档。

（2）单击"文件"选项卡→"信息"→"权限"→"限制编辑"命令，或者单击"审阅"选项卡→"保护"选项组→"限制编辑"命令。

（3）在"限制格式和编辑"窗格中勾选"仅允许在文档中进行此类型的编辑"，在下拉框中选择"不允许任何更改(只读)",然后单击"是,启动强制保护",如图 3-24 所示。

(4) 在弹出的"启动强制保护"对话框中输入和确认编辑密码。

设置了"限制编辑"后,文档将不能更改。如果需要对文档进行编辑,可以单击"限制格式和编辑"任务窗格最下方的"停止保护"按钮,在弹出的"取消保护文档"对话框中输入编辑密码。

任务 3-2 论文排版

【任务描述】

撰写好的医学论文要按一定的格式进行排版,使其满足医学杂志投稿格式的要求。下面,我们就按某医学杂志的投稿格式要求对"论文 .doc"进行排版

1. 打开任务 3-1 完成的文档"论文 .docx",另存为"任务二 .docx"。

2. 对正文设置二级列表,设置后的效果如图 3-25 所示。一级编号样式为"一,二,三(简)…",编号后有"、",编号对齐方式"左对齐",对齐位置"0 厘米",文本缩进位置"1 厘米";二级编号样式为"1,2,3…",编号后有".",编号对齐方式"左对齐",对齐位置"1 厘米",文本缩进位置"1 厘米"。

3. 把第四段的内容保存为新快速样式,样式名称为"一级标题",并把该样式应用于所有一级列表(第四、九、十四段落)。

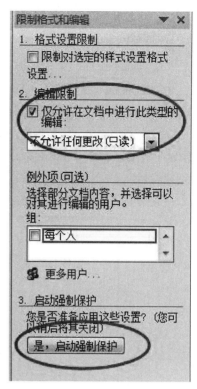

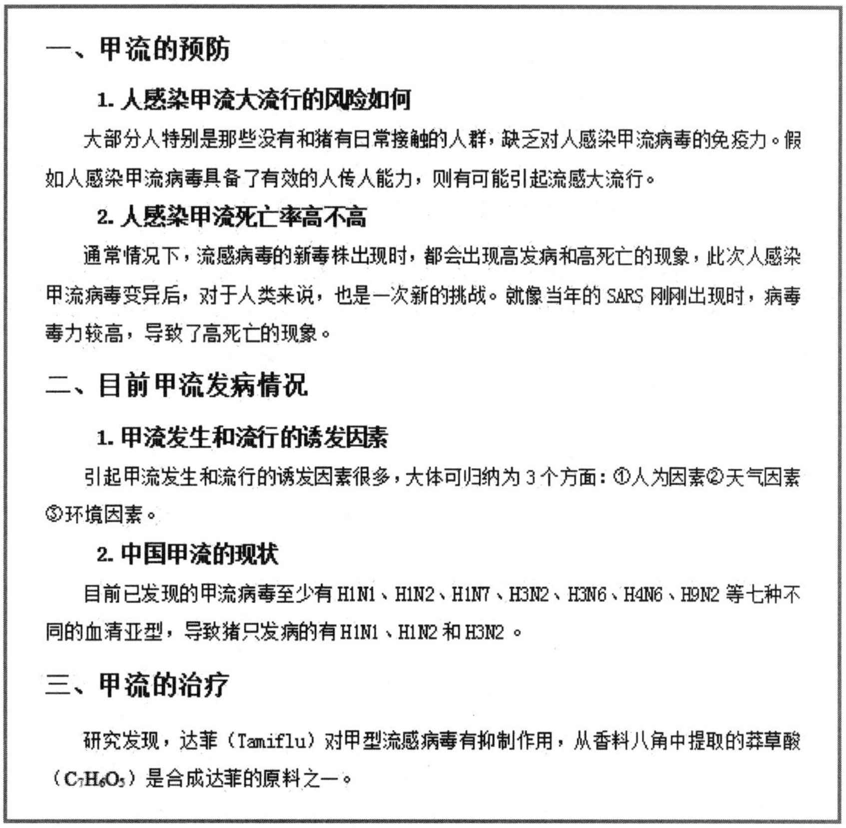

图 3-24 "限制格式和编辑"窗格

一、甲流的预防

1. 人感染甲流大流行的风险如何

大部分人特别是那些没有和猪有日常接触的人群,缺乏对人感染甲流病毒的免疫力。假如人感染甲流病毒具备了有效的人传人能力,则有可能引起流感大流行。

2. 人感染甲流死亡率高不高

通常情况下,流感病毒的新毒株出现时,都会出现高发病和高死亡的现象,此次人感染甲流病毒变异后,对于人类来说,也是一次新的挑战。就像当年的 SARS 刚刚出现时,病毒毒力较高,导致了高死亡的现象。

二、目前甲流发病情况

1. 甲流发生和流行的诱发因素

引起甲流发生和流行的诱发因素很多,大体可归纳为 3 个方面:①人为因素②天气因素③环境因素。

2. 中国甲流的现状

目前已发现的甲流病毒至少有 H1N1、H1N2、H1N7、H3N2、H3N6、H4N6、H9N2 等七种不同的血清亚型,导致猪只发病的有 H1N1、H1N2 和 H3N2。

三、甲流的治疗

研究发现,达菲(Tamiflu)对甲型流感病毒有抑制作用,从香料八角中提取的莽草酸($C_7H_6O_5$)是合成达菲的原料之一。

图 3-25 设置二级列表效果图

4. 把第五段的内容保存为新快速样式,样式名称为"二级标题",并把该样式应用于所有二级列表(第五、七、十、十二段)。

5. 页面纸张 B5,上、下页边距 2.3,左、右页边距 2.5,在左边预留 1 厘米的装订线位置。

6. 除最后一段外的正文的内容(从"一、甲流的预防"到"……导致猪只发病的有 H1N1、H1N2 和 H3N2。")分为两栏,栏宽相等,栏间距为 2.5 字符,加分隔线。

7. 在文档的第三段后增加一个段落,在该段落中为文档建立目录,目录中显示页码且页码右对齐,目录显示级别为 2 级,第 1 级目录建自样式"一级标题",第 2 级目录建自样式"二级标题"。此时文档的效果如图 3-26 所示。

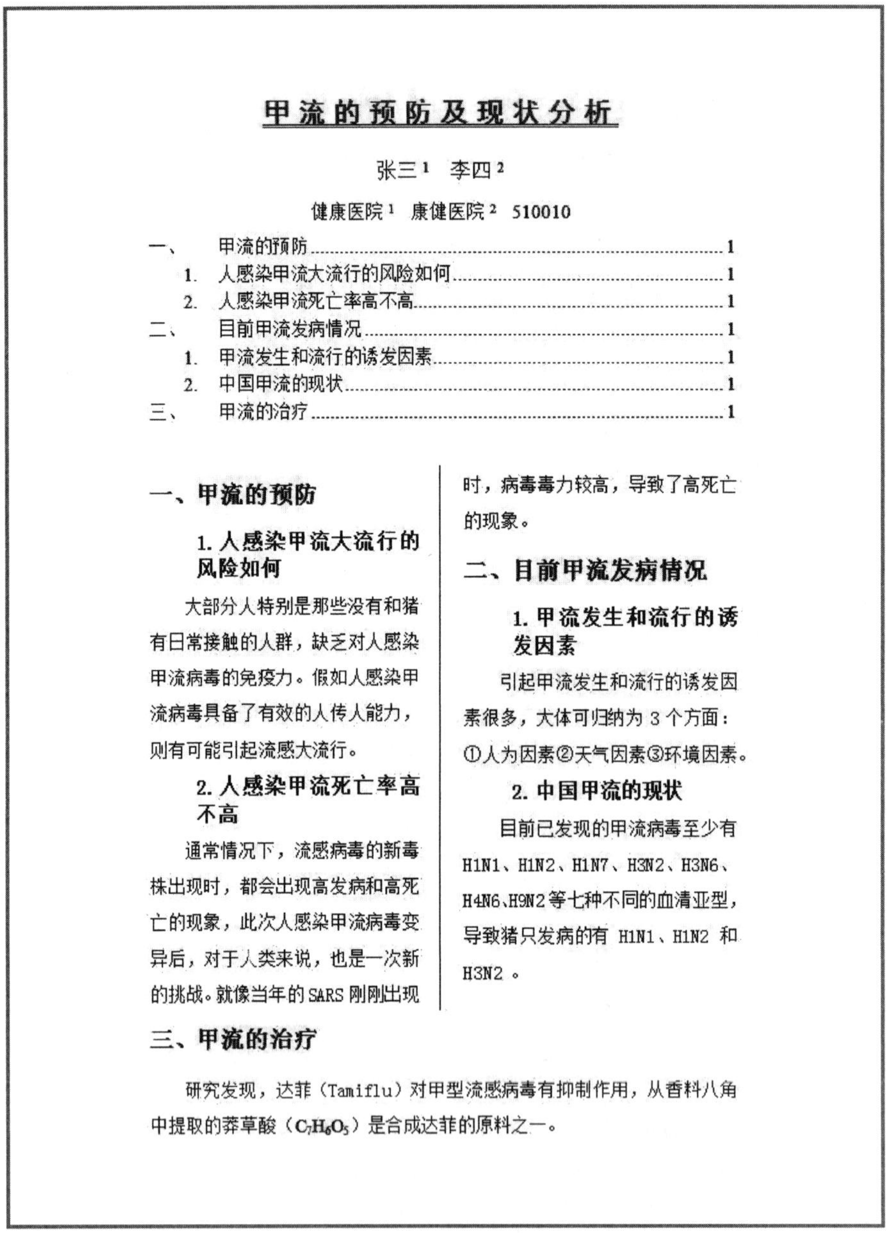

图 3-26 排版效果图

8. 为文档设置页眉和页脚,页眉内容:"甲型流感专刊",右对齐,页脚内容:"X/Y"(X、Y 是变量,X 表示当前页码,Y 表示总页数,X,Y 随着具体页码和总页数的改变而改变),居中对齐。

9. 保存文档。

【知识点分析】

3.2.1 设置项目符号和编号

项目符号和编号的使用可使文档内容更加层次分明,Word 2010可在输入时自动创建项目符号和编号,也可在输入完成后再次添加。

一、设置项目符号和编号

项目符号是指提纲式前导符,如●、◆、■等;项目编号是指文本的系列性序号。

1. **自动创建项目符号和编号** Word 2010提供了自动创建项目符号和编号的功能,具体方法如下:

(1) 执行下列操作之一:键入 *(星号)后面跟一个空格,创建项目符号列表;或键入一个数字序号,创建编号列表。

(2) 键入所需的任意文本,然后按回车创建下一个项目,Word会自动插入下一个项目符号或编号。

(3) 如果要结束列表,按回车键两次。

2. **取消自动项目符号和编号功能** 如果暂时不需要Word自动插入的项目符号或编号,可以单击在列表旁出现的"自动更正选项"按钮,选择"撤销自动编号"。如果希望以后输入的内容都不会自动增加编号,则选择"停止自动创建编号列表"。如果整个文档都不需要自动创建项目符号和编号列表,可以关闭自动列表功能,具体方法如下:

(1) 单击"文件"选项卡→"选项"→"校对"命令。

(2) 在弹出的"Word选项"对话框中,单击"自动更正选项"。

(3) 在弹出的"自动选项"对话框中,选择"键入时自动套用格式"选项卡。

(4) 在"键入时自动应用"栏目下,清除自动项目符号列表复选框或自动编号的列表复选框,如图3-27所示。

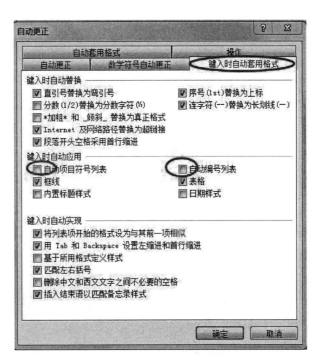

图 3-27 取消自动项目符号和编号

3. 为已有段落添加项目符号和编号 添加项目符号和编号的具体操作步骤如下：

(1) 选择要添加项目符号或编号的段落。

(2) 单击"开始"选项卡→"段落"选项组→"项目符号"或"编号"命令，还可以单击"项目符号"或"编号"旁边的向下箭头查找不同的项目符号样式和编号格式，如图 3-28 所示。

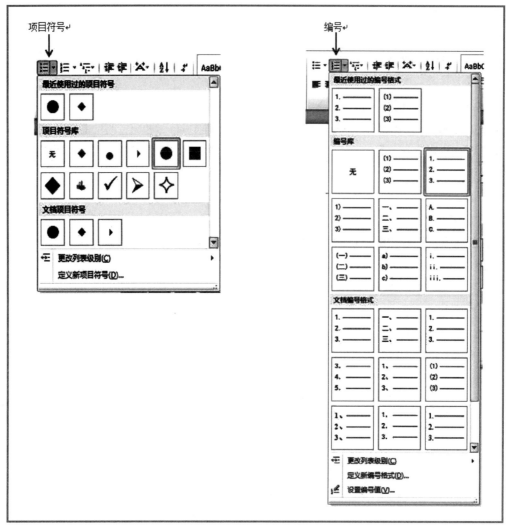

图 3-28 设置项目符号和编号

二、设置多级列表

有些长文档需要用到多级的编号，这时可以使用多级列表功能。例如在任务中，要求对正文设置二级列表，具体的操作步骤如下：

(1) 选择要建立多级列表的所有段落：如在任务 3-2 中的 3、任务 3-2 中的 4 应选择第四、五、七、九、十、十二、十四段，如图 3-29 所示。注意应选择所有级别的段落。

(2) 选择列表或定义新多级列表：单击选项卡"开始"→"段落"选项组→"多级列表"旁边的向下箭头→在列表库中选择合适的列表。若列表库没有合适的列表（如任务 3-2 中的 3、任务 3-2 中的 4），则选择"定义新的多级列表"→在弹出"定义新多级列表"对话框，先选择级别 1，输入要求的编号样式、格式（注意先选择编号样式，再设置编号格式）、位置选项，如图 3-30 所示，然后继续定义级别 2 的格式，设置完后单击"确定"按钮。

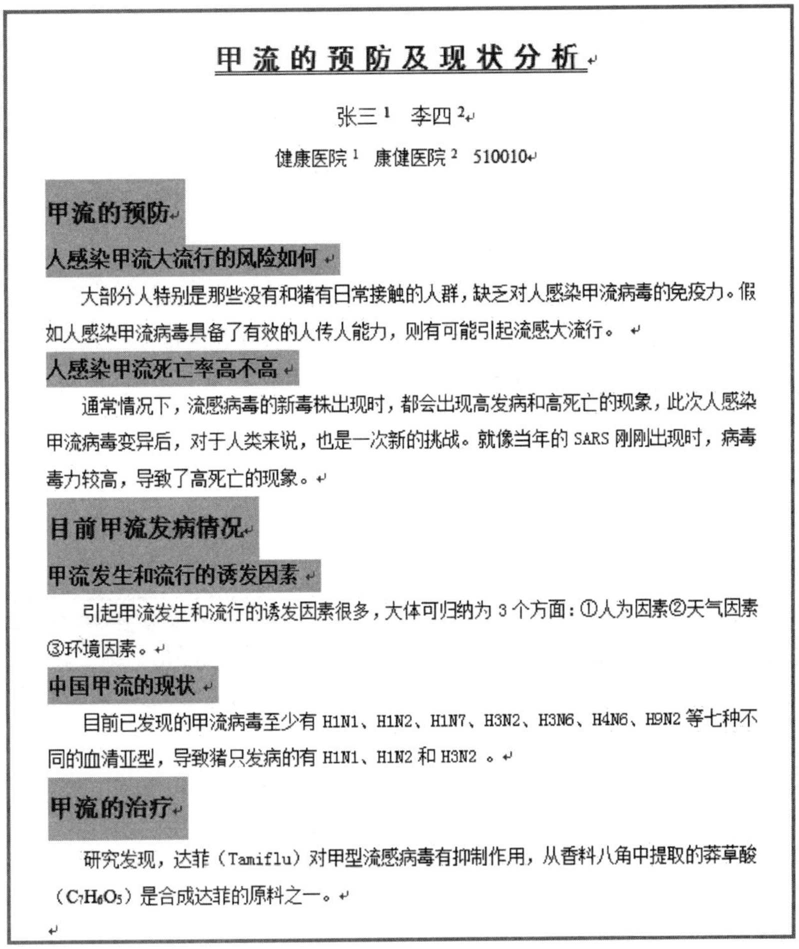

甲流的预防及现状分析

张三[1] 李四[2]

健康医院[1] 康健医院[2] 510010

甲流的预防

人感染甲流大流行的风险如何

大部分人特别是那些没有和猪有日常接触的人群，缺乏对人感染甲流病毒的免疫力。假如人感染甲流病毒具备了有效的人传人能力，则有可能引起流感大流行。

人感染甲流死亡率高不高

通常情况下，流感病毒的新毒株出现时，都会出现高发病和高死亡的现象，此次人感染甲流病毒变异后，对于人类来说，也是一次新的挑战。就像当年的 SARS 刚刚出现时，病毒毒力较高，导致了高死亡的现象。

目前甲流发病情况

甲流发生和流行的诱发因素

引起甲流发生和流行的诱发因素很多，大体可归纳为 3 个方面：①人为因素②天气因素③环境因素。

中国甲流的现状

目前已发现的甲流病毒至少有 H1N1、H1N2、H1N7、H3N2、H3N6、H4N6、H9N2 等七种不同的血清亚型，导致猪只发病的有 H1N1、H1N2 和 H3N2 。

甲流的治疗

研究发现，达菲（Tamiflu）对甲型流感病毒有抑制作用，从香料八角中提取的莽草酸（$C_7H_6O_5$）是合成达菲的原料之一。

图 3-29　选择设置多级列表的段落

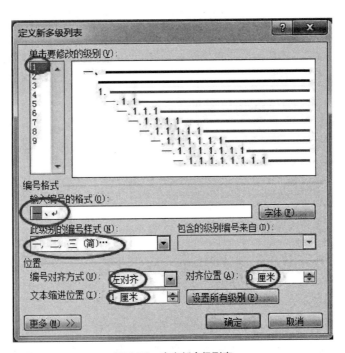

图 3-30　定义新多级列表

（3）更改列表级别：执行步骤（2）后，所有选择的段落默认都设置为多级列表中的级别 1，如果需要更改列表级别，可以选择段落后，单击"段落"选项组中的"增加缩进量"按钮或按键盘上的"Tab"键。

例如完成任务 3-2 中的 4,我们就可以选择第五、七、十、十二段,然后单击"段落"选项组中的"增加缩进量"按钮。

3.2.2　样式的使用

样式是自动化排版的基本工具,也是实现其他高级排版功能的基础。样式是一组命名的字符和段落格式等集中了多种基本格式的一个混合体,规定了文档中的字、词、句、段与章等文本元素的格式。减少了为同类的多个内容重复设置格式的时间,也避免了人为操作失误,同时保证了格式上的统一。

样式的创建和使用都可以使用"开始"选项卡的"样式"选项组来完成,该选项组的各组成部分如图 3-31 所示。

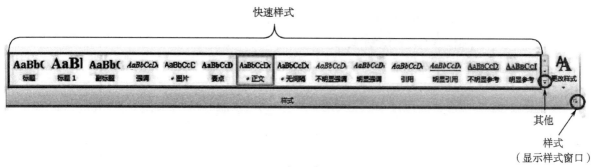

图 3-31　"样式"选项组

一、样式的类型

Word 2010 的样式根据应用方向的不同,分为段落、字符、链接段落和字符、表格、列表 5 种类型。下面介绍最常用的前面三种类型。

1. **段落样式**　同时包含字体和段落两种格式,将其格式应用于整段,无论是否选中该段落,只要鼠标位于段落内就会将格式应用于整段。

2. **字符样式**　仅用于控制所选文字的字体格式。

3. **链接段落和字符样式**　与段落样式包含的内容相同,样式则根据是否选择部分内容来决定格式的应用范围,如果只选择了段落内的一部分文字,则将样式中的字符格式应用到选区上,如果选择整段或只单击段落内,则会同时应用字符和段落两种格式。

二、创建样式

1. **将所选内容保存为新快速样式**　此功能适合于根据已经设置好格式的内容创建新样式。例如在任务 3-2 中的 3:"把第四段的内容保存为新快速样式,样式名称为"一级标题。"具体的操作步骤如下:

(1) 选择第四段。

(2) 对着第四段单击鼠标右键,在弹出的快捷菜单中选择"样式"→"将所选内容保存为新快速样式";或者单击"开始"选项卡→"样式"选项组→"其他"命令→"将所选内容保存为新快速样式",弹出"根据格式设置创建新样式"对话框。

(3) 在"根据格式设置创建新样式"对话框的名称框中输入新样式的名称"一级标题",单击"确定"按钮。

2. 新建样式:此功能适合于根据格式要求创建新样式。具体的操作步骤如下:

(1) 单击"开始"选项卡→"样式"选项组→"样式"命令→弹出"样式"窗格。

(2) 单击"样式"窗格左下角的"新建样式"按钮💷,弹出"根据格式设置创建新样式"对话框。

(3) 在"根据格式设置创建新样式"对话框中设置样式的名称、类型、样式基准、后续段落样式、字体格式、段落格式等,单击"确定"按钮。

三、应用样式

创建新样式之后,我们可以利用新样式对文档中的内容设置格式。另外,我们还可以应用 Word 2010 自带的标题样式、正文样式等内置样式。

为某些文本设置字符样式时,需要先选定这些文本,然后单击"样式"窗格中所需的样式;如果为段落设置样式,只需光标定位在该段落内部,然后应用指定的样式;为图片设置样式也是选定该图片,然后从样式窗格中选择一种样式即可。

完成任务 3-2 中的 3:"把'一级标题'样式应用于所有一级列表(第四、九、十四段)"具体的操作步骤如下:

(1) 选择第四、九、十四段。

(2) 单击"开始"选项卡→"样式"选项组,在"快速样式"中选择"一级标题"。

3.2.3　页　面　设　置

页面格式设置直接影响打印效果,页面设置内容包括纸张的大小、方向、页边距、分栏等。

一、设置页边距和页面方向

(一) 设置页边距

页边距指页面四周的空白区域,通俗理解是打印纸的边缘与正文之间的距离,分上下左右。如果打印出来的文档要进行装订,则要预留一定的装订区域,并设置装订的位置是在"左"还是"顶"。设置页边距的操作步骤如下:

1. 单击"页面布局"选项卡→"页面设置"选项组→"页边距"命令→在下拉列表框中有可选"边距样式",从中选择所需的页边距格式。"边距样式"是已设定好的页面边距,包括"上次的自定义设置""普通""窄""适中"和"宽""镜像"等,这些样式已标出上、下、左、右边距的厘米数。

2. 如果要根据自己的实际需要设置页边距,则在"页边距"命令的下拉列表框中选择"自定义边距",弹出"页面设置"对话框。在"页面设置对话框"的"页边距"选项卡中,包括"页边距""纸张方向""页码范围""应用于"等各个选项。

(1) 页边距:包括设置上、下、左、右页边距的数值,装订线的位置,装订线距离页边距的距离。例如任务 3-2 中的 5 中,"把页面设置为上、下页边距 2.3,左、右页边距 2.5,在左边预留 1 厘米的装订线位置",其设置如图 3-32 所示。

(2) 纸张方向:包括"纵向"和"横向"按钮,按页面设置需求单击其中一按钮即可。

(3) 页码范围:主要包括"普通""对称页边距""拼页""书籍折页"与"反向书籍折页"等页码范围格式。

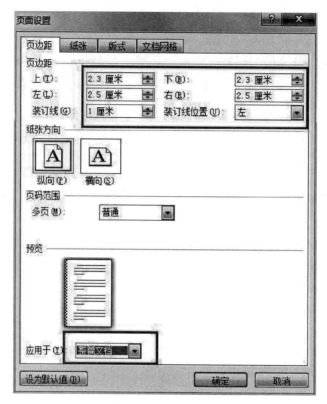

图 3-32 设置页边距

(4) 应用于：设置页面参数应用的范围，包括整篇文档、本节、插入点之后 3 种。文档中如果存在分节符，如文档进行了分栏操作或插入了分节符等，那么在"页边距"选项卡的"应用于"下拉列表中会新增一个"本节"项，选择它只对光标所在节的页面进行更改，会造成该节与文档中其他内容的页面不一致。如要整个文档保持一致的页面设置，则应在下拉列表中选择"整篇文档"

（二）设置纸张大小

纸张大小以宽度与高度来度量，默认的纸型为 A4，它的宽度是 21 厘米，高度是 29.7 厘米。设置纸张大小的方法如下：

1. 单击"页面布局"选项卡→"页面设置"选项组→"纸张大小"命令→在下拉列表框中选择所需的纸张大小。

2. 如果列表中没有合适的纸张大小，则点击列表最下方的"其他页面大小(A) …"，在弹出的"页面设置"对话框中选择"纸张"选项卡中进行设置。若要把纸张设置为特定的尺寸，则在"纸张大小"下拉框中选择"自定义大小"，在"宽度"和"高度"框中输入纸张的尺寸。

二、分栏

在报纸或杂志上，我们常常看到文章分成若干个小块，看起来层次分明，引人注目，这种排版效果叫"分栏"。分栏的操作步骤如下：

1. **确定分栏范围** 根据需要选定文本。例如，在任务 3-2 中的 6："除最后一段外的正文的内容（从"一、甲流的预防"到"……导致猪只发病的有 H1N1、H1N2 和 H3N2。"）分为两栏，栏宽相等，栏间距为 2.5 字符，加分隔线"，就要先选定除最后一段外的正文段落。

2. **选择分栏数** 单击"页面布局"选项卡→"页面设置"选项组→"分栏"命令→在下拉列表中选择"一栏、两栏……"或"更多分栏"。

3. 分栏选项设置 如果在第 2 步中选择"更多分栏",就会弹出"分栏"对话框。可以在"栏数"数值框中输入或调整栏数,在"宽度和间距"框中设置栏宽和间距。如选中"栏宽相等"复选框,则各栏的栏宽相等,并有相同的栏间距;清除选中"栏宽相等"复选框,则可以逐栏设置宽度和间距。如果要在各栏之间加一条分隔线,则选中"分隔线"复选框。最后在"应用于"列表框中选择分栏的范围是"整篇文档"或"所选文字"。

例如,在任务 3-2 中的 6:"最后一段外的正文的内容分为两栏,栏宽相等,栏间距为 2.5 字符,加分隔线",其分栏对话框的设置如图 3-33 所示。

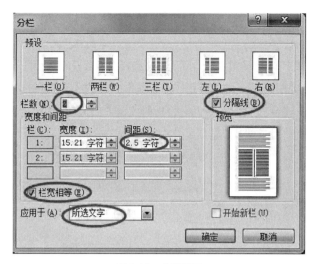

图 3-33 分栏设置

3.2.4 目 录

目录是文档中标题的列表,通过目录可以快速浏览文档的各章节内容。一个包含多页的长文档,例如书稿、毕业论文等,通常需要插入目录。

一、建立目录

下面以完成任务 3-2 中的 7 要求建立的目录为例,说明建立目录的具体步骤。

1. 建立目录前首先要为文档中的各标题设置大纲等级或样式。如任务 3-2 中的 3 和 4,建立的"一级标题"和"二级标题"样式,是建立目录的基础。

2. 单击"引用"选项卡→"目录"选项组→"目录"命令→在下拉列表中选择"插入目录"→弹出"目录"对话框,根据要求设置有关的选项,如图 3-34 所示。

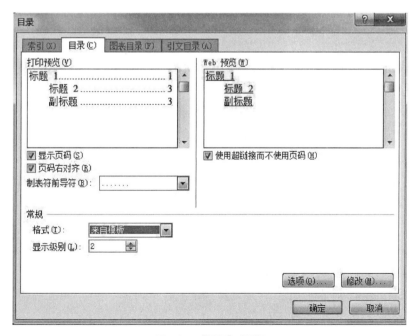

图 3-34 "目录"对话框

3. 单击"目录"对话框中的"选项"按钮,打开"目录选项"对话框,选择"目录建自:样式"(如果各标题设置为大纲等级,则选择"目录建自:大纲级别"),把"目录级别"输入框中原有的内容删除,在"有效样式"的"一级标题"的"二级标题"后的"目录级别"输入框中分别输入"1"和"2",如图3-35所示。单击"确定"按钮,完成目录的建立。

图 3-35 "目录选项"对话框

二、更新目录

Word 所创建的目录是以文档的内容为依据,如果文档的内容发生了变化,如页码或者标题发生了变化,就要更新目录,使它与文档的内容保持一致。更新目录的操作方法如下:

1. 选择要更新的目录。

2. 执行以下操作之一,弹出"更新目录"对话框。

(1) 单击"引用"选项卡→"目录"选项组→"更新目录"命令。

(2) 单击鼠标右键,在弹出的菜单中选择"更新域"。

3. 设置"更新目录"对话框 若勾选"只更新页码"复选框,则仅页码发生变化;若勾选"更新整个目录"复选框,则目录与页码都发生变化。

3.2.5 页眉和页脚

页眉和页脚是页面的两个特殊区域,通常位于文档中每个页面页边距的顶部和底部区域。设置页眉和页脚的目的是为页面或者说为阅读者提供更丰富、更有意义的导航信息,包括时间、日期、页码、单位名称、文档标识等。

一、添加页眉和页脚

我们通过完成任务 3-2 中的 8:"为文档设置页眉和页脚,页眉内容:"甲型流感专刊",右对齐,页脚内容:"X/Y",居中对齐"来说明插入页眉页脚的方法。

(1) 单击"插入"选项卡→"页眉和页脚设置"选项组→"页眉"命令→在下拉列表选择样式为"空白"。在页面的上端会出现页眉编辑区,文档中原来的内容变成灰色显示,同时,显示"页眉和页脚"工具栏。

(2) 在"页眉"编辑区中输入文本并设置格式。在"页眉"编辑区中可以直接输入文本,也可以利用"页眉和页脚"工具栏上的相关按钮插入页码、日期时间及自动图文集等,至于页眉的格式,其设置方法与正文的相同。现在,我们在"页眉"编辑区中直接输入"甲型流感专刊",然后点击"开始"选项卡→"段落"选项组→"右对齐"按钮。

(3) 单击"页眉和页脚"工具栏上的"转至页脚"按钮,可切换到"页脚"编辑区。

(4) 单击"页眉和页脚"工具栏上的"转至页脚"按钮,在下列表中选择"页面底端"选项→选择"X/Y"类型中的"加粗显示的数字 2",如图 3-36 所示。

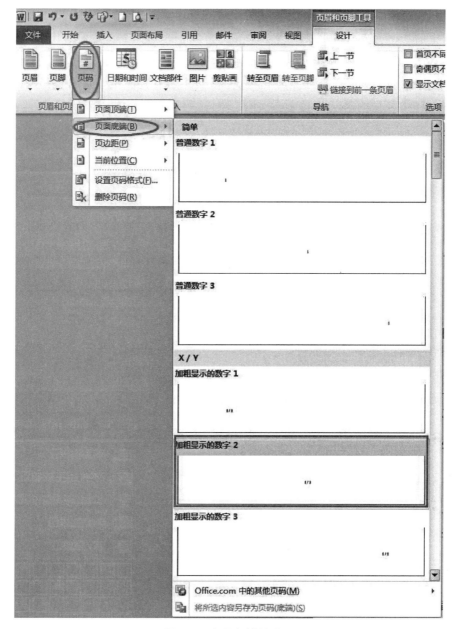

图 3-36　在页脚中插入页码

"X/Y"类型看的X表示页码,Y表示总页数。如果要把页码的格式设为"第X页共Y页",可以在"X/Y"的基础上直接修改,在页码X的前面输入"第",后面输入"页",把"/"改为"共",在总页数Y后输入"页"。

(5) 单击"页眉和页脚"工具栏上的"关闭页眉和页脚"按钮,或在页眉页脚区域外双击鼠标左键,退出页眉和页脚编辑状态。

二、设置不同的页眉或页脚

在文档中可自始至终用同一个页眉或页脚,也可在文档的不同部分用不同的页眉和页脚。例如,可以在首页上使用与众不同的页眉或页脚或者不使用页眉和页脚。还可以在奇数页和偶数页上使用不同的页眉和页脚,其操作步骤如下:

(1) 如果尚未设置页眉页脚,单击"插入"选项卡→"页眉和页脚设置"选项组→"页眉"命令(或"页脚"命令),显示"页眉和页脚"工具栏。

(2) 如果已经设置页眉页脚,在页眉页脚区域内双击鼠标左键,显示"页眉和页脚"工具栏。

(3) 在"页眉和页脚"工具栏的"选项"组中,勾选"首页不同"或"奇偶页不同"复选框。

(4) 编辑区左上角上会出现"首页页眉"或"奇数页页眉"或"偶数页页眉"字样以提醒用户当前处在哪一个编辑区。使用"页眉和页脚"工具栏上的"上一节""下一节"和"转至页眉""转至页脚"按钮选择进入不同的编辑区创建不同内容。

(5) 单击"页眉和页脚"工具栏上的"关闭页眉和页脚"按钮,完成设置。

【任务扩展】

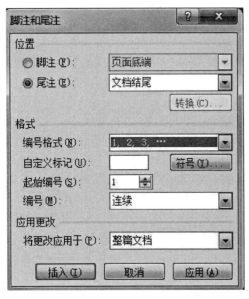

图 3-37 "脚注和尾注"对话框

在文档中的文本"SARS"后插入尾注,位置:文档结尾。编号格式:1,2,3……,起始编号:1,内容:"严重急性呼吸道综合征;俗称非典型肺炎"。

操作提示:

编辑某些 Word 文档,例如论文、书稿等,有时需要对某些文本内容作一些文字说明,这就需要插入脚注或尾注。脚注在页面底端,而尾注则在文档结尾。

首先选中需要插入脚注或尾注的文本内容,这里我们选择"SARS"→单击"引用"选项卡→"脚注"选项组→"对话框启动器"→在弹出"脚注和尾注"的对话框中选择位置(脚注位于当前页面的底部或所选文字的下方,尾注位于当前文档或节的结尾处)、编号格式等,如图 3-37 所示→单击"插入"按钮,在脚注区或尾注区输入脚注或尾注内容。

任务 3-3　制作某药房药品销售表

在我们的日常生活中,经常使用到表格,如通讯录、求职简历、销售业绩统计表等。表格不仅具有严谨的结构,而且还具有简洁、清晰的逻辑效果。Word 2010 提供了强大的表格制作功能,不仅可以创建形式各异的表格,而且还可以对表格的数据进行简单的计算与排序,并能够在文本信息与表格之间互相转换。

【任务描述】

本次任务在了解表格的组成及掌握表格的建立、表格与文本的相互转换、表格的各种编辑方式的基础上,制作一个健康药房感冒药一季度销售表,如图 3-38 所示。

制作要求:

1. 将页面设置为 A4 纸、横放、页面的左右边距均为 2 厘米。

2. 录入表格的标题"健康药房感冒药品销售一季度表",并将其字体设置字符格式为华文新魏、三号、加粗。

3. 创建一个 6 行 5 列的表格,将销售表的内容录入至表格中,如图 3-39 所示。

健康药房2013年一季度感冒药品销售表

销售量 药品名称	单价（元）	一季度销售量			一季度销售总量	一季度销售总金额
		一月销售量	二月销售量	三月销售量		
999感冒灵胶囊	12.50	127	205	172	504	6300
康泰克	20.90	95	102	87	284	5935.6
四季感冒片	9.80	132	152	226	510	4998
羚翘解毒丸	9.50	136	245	122	503	4778.5
感冒软胶囊	9.00	115	136	213	464	4176

图 3-38　健康药房感冒药品销售一季度表

	单价（元）	一月销售量	二月销售量	三月销售量
感冒软胶囊	9.00			
999感冒灵胶囊	12.50			
羚翘解毒丸	9.50			
康泰克	20.90			
四季感冒片	9.80			

图 3-39　感冒药销售表 1

4. 对表格进行编辑

（1）插入/删除表格的行、列：在最后一列右侧插入两列，用于计算"一季度销售总量"和"一季度销售总金额"、在标题行上方插入一行。

（2）调整表格行高和列宽：设置第一行的行高为 2 厘米，第二行高为 1 厘米，其余行为 0.7 厘米；第一列的列宽为 3 厘米，第二列的列宽为 2 厘米，其余列宽选择为默认。

（3）合并与拆分单元格与绘制表头：按图 3-40 所示合并单元格、绘制表头，并输入相应的内容。

销售量 药品名称	单价（元）	一季度销售量			一季度销售总量	一季度销售总金额
		一月销售量	二月销售量	三月销售量		
感冒软胶囊	9.00	115	136	213		
999感冒灵胶囊	12.50	127	205	172		
羚翘解毒丸	9.50	136	245	122		
康泰克	20.90	95	102	87		
四季感冒片	9.80	132	152	226		

图 3-40　感冒药销售表 2

5. 对表格进行格式化，要求如下：

（1）表格样式：选择的是"中等深浅网络 3- 强调文字颜色 6"，并表格样式选项中选中"标题行""第一列""镶边行"；

（2）边框和底纹：表格外边框为蓝色 0.75 磅双实线，内框线为 0.5 磅蓝色单线；

（3）字体、字形设置：表格内第一、二行的所有单元格及 A3:A7 单元格字体设置为黑体、五号、加粗，其余的单元格字体为宋体、五号；

（4）单元格对齐方式：所有单元格对齐方式为中部居中。

6. 计算与排序　计算各药品第一季度的销售总量及销售金额，并将按一季度销售总金额的降序进行排序。

7. 制作各种药品在一月至三月的销售量的簇状柱形图，比较各种药品各月销售量的变化。最后以文件名为"感冒药品一季度销售表.docx"保存。

【知识点分析】

3.3.1　表格的建立

一、表格的组成

我们先来认识表的组成，如图 3-38 所示，表格是由多个"行"和多个"列"组合而成，如这表格就是由 6 行 5 列所组成的，我们则称这表格是"5×6 表格"。行与列交叉处的矩形框称为单元格，每个单元格都有自己的地址名称。表格中的"行"是从上到下的，位置名称依次为 1、2、3、……，"列"是从左到右的，位置名称依次为 A、B、C、……，例如：B3 表示在第二列第三行的单元格，即表格中的"12.50"。

通常用对角的单元格表示某一矩形位置的所有单元格，如 B3:D5 表示以 B3 与 D5 为对角的矩形内的所有单元格，共有 9 个单元格。

二、表格的建立

Word 2010 中创建表格的方法有很多，如我们现需要建立一个 5×6 表格，常见有如下两种方法：

方法一："表格"菜单法

操作步骤如下：

①将光标定位至需要插入表格的位置。

②单击"插入"选项卡→"表格"选项组→"表格"命令。

③在表格框中按鼠标左键拖曳以选取所需的 6 行 5 列，如图 3-41 所示，然后释放左键，可得到一个 5×6 的表格。

方法二："插入表格"命令法

操作步骤如下：

①将光标定位至需要插入表格的位置。

②单击"插入"选项卡→"表格"选项组→"插入表格"命令。

③在弹出的"插入表格"对话框中，设置所需的列数和行数（例如 6 行和 5 列），设置"自动调整"操作选项中的"固定列宽"，如图 3-42 所示。

（4）单击"确定"按钮，就在当前光标处插入一张 6 行 5 列的表格。

图 3-41　利用"表格"菜单法插入表格

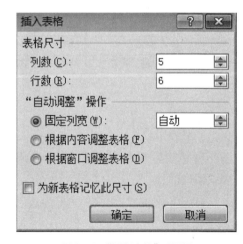

图 3-42　"插入表格"对话框

在"插入表格"对话框中选项的具体功能如表 3-2 所示：

表 3-2 "插入表格"选项的功能

选项		功能
表格尺寸	行数	表示插入表格的行数
	列数	表示插入表格的列数
"自动调整"操作	固定列宽	为列宽指定一个固定值，按照指定的列宽创建表格
	根据内容调整表格	表格中的列宽会根据内容的增减而自动调整
	根据窗口调整表格	表格的宽度与正文区宽度一致，列宽等于正文区宽度除以列数
为新表格记忆此尺寸		选中该复选框，当前对话框中的各项设置将保存为新建表格的默认值

Word 2010 中不仅可以插入普通的表格，而且还可以插入 Excel 电子表格。其操作步骤是：单击"插入"选项卡→"表格"选项组→"Excel 电子表格"命令，即可在文档中插入一个 Excel 电子表格，如图 3-43 所示。

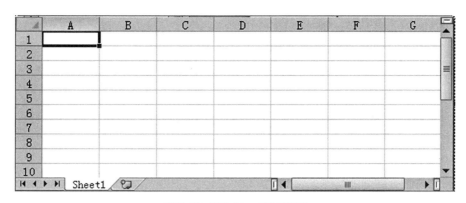

图 3-43　插入 Excel 电子表格

同时，Word 2010 一共为用户提供了表格式列表、带副标题 1、日历 1、双表等 9 种表格模板。为了更直观地显示模板效果，在每个表格模板中都自带了表格的数据。利用表格模板建立表格的步骤是：单击"插入"选项卡→"表格"选项组→"快捷表格"命令，选择相应的表格样式即可。如选择"矩阵"表格样式，如图 3-44 所示。

城市或城镇	点 A	点 B	点 C	点 D	点 E	
点 A	—					
点 B	87	—				
点 C	64	56	—			
点 D	37	32	91	—		
点 E	93	35	54	43	—	

图 3-44　"矩阵"表格样式

三、绘制表格

在 Word 2010 中我们还可以运用铅笔工具手动绘制不规则的表格。单击"插入"选项卡→"表格"选项组→"绘制表格"命令，当光标变成铅笔状时，拖动鼠标绘制虚线框后，松开左键即可绘制表格的矩形边框，从矩形边框的左边界开始拖动鼠标，当表格边框出现水平虚线后松开鼠标，即可绘制出表格的一条横线。

四、文字与表格的转换

在 Word 2010 编辑中，药品销售表中已有格式化的文本，如图 3-45 所示。现将其制作成表格，又如何进行操作呢？在 Word 2010 中，文本与表格可以方便地相互转换。

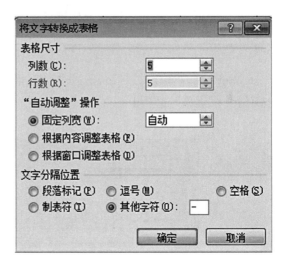

图 3-45　用"-"分隔成格式化文字

（一）格式化的文字转换成表格

格式化的文字是用段落标记、制表符、逗号或其他符号分隔符区分不同格式的文本，要将格式化的文本转换成表格，可按下列操作步骤进行：

（1）选定该段文本。

（2）单击"插入"选项卡→"表格"选项组→"文本转换成表格"命令→在弹击的"将文字转换成表格"对话框中选择"文字分隔位置"中的其他字符"−"，列数、行数和列宽框的数值都将根据所选文本数据项的多少自动生成，如图 3-46 所示。

（3）单击"确定"按钮，便将选定文本转换成表格了。

在"将文字转换成表格"对话框中各选项的具体功能如表 3-3 所示

图 3-46　"将文字转换成表格"对话框

表 3-3　"将文字转换成表格"选项的功能

选项		功能
表格尺寸	列数	表示文本转换成表格的列数
	行数	表示文本转换成表格的行数，其根据所选文本的段落决定。默认情况下不可调整
"自动调整"操作	固定列宽	表示指定转换后表格的列宽
	根据内容调整表格	表示将自动调节以文字内容为主的表格，使表格的栏宽和行高达到最佳配置
	根据窗口调整表格	表示表格的内容将会同文档窗口宽度具有相同的跨度
文字分隔位置		该选项组主要用来设置文本之间所使用的分隔符，一般在转换表格之前，需要在文本之间使用统一的一种分隔符

图 3-47　"表格转换成文本"对话框

（二）将表格转换为文字

选定要转换的表格，如选定刚转换的表格，单击"表格工具 - 布局"选项卡→"数据"选项组→"转换成文本"命令→在弹出"表格转换成文本"对话框根据需要选择文本的分隔符，如图 3-47 所示→单击"确定"按钮，便实现了转换。

3.3.2　表格的编辑

在使用表格制作高级数据之前,我们还需要掌握表格的基本操作,例如选择单元格、插入单元格、调整单元格的宽度与高度、合并拆分单元格。

一、选定行、列、单元格或整个表格

对表格操作也必须遵循"先选定后操作"的原则。操作方法有如下两种:

(一)利用"选择"命令的方法

将光标定位至表格内某一单元格中,单击"表格工具 - 布局"选项卡→"表"选项组→"选择"命令→在下拉列表中选择单元格、行、列或整个表格。

(二)利用鼠标直接选定的方法

1. **选定一行或多行**　将鼠标指针移至表格左侧,当指针变成向右黑色箭头时,单击可选定相应的一行,拖动可选定连续多行。

2. **选定一列或多列**　将鼠标指针移至表格某列的顶端,当指针变成向下黑色粗箭头时,单击左键可选定该列,拖动可选定连续多列。

3. **选定一个或多个单元格**　将鼠标指针移至单元格左内侧,当指针变成向右黑色粗箭头时,单击左键可选定该单元格;拖动鼠标可选定连续多个单元格;或者先选定某一单元格内,然后按住 Shift 键再选另一单元格,即可选定以这两个单元格为对角点的多个单元格。不连续单元格的选择是先选定某一单元格后,按 Ctrl 键不放,再选其他的单元格。按 Tab 或 Shift+Tab 键,可选择插入符所在的单元格后面或前面的单元格。

4. **选定整个表格**　将光标定位至表格内任一单元格后,单击表格左上角的内有花十字形的控制柄,就可选定整个表格;或者选定表格所有的行或列也可选定整个表格。

二、插入 / 删除行、列或单元格

通过自动方式建立的表格,有时还需经过一定的修改,才符合要求。

(一)插入行或列

在表格中选择需要插入行或列的单元,单击"表格工具 - 布局"选项卡→"行和列"选择组的各条命令,即可插入行或列。"行和列"选择组中的各项命令的功能如表 3-4 所示。

表 3-4　插入"行和列"选项组中的各项命令功能

插入项	命令	功能
行	在上方插入	在所选单元格的上方插入一行
	在下方插入	在所选单元格的下方插入一行
列	在左侧插入	在所选单元格的左侧插入一列
	在右侧插入	在所选单元格的右侧插入一列

如在这表格的最后一列右侧插入两列,用于输入"一季度销售总量"和"一季度销售总金额"的操作步骤如下:

（1）选定第 5 列。

（2）单击"表格工具 - 布局"选项卡→"行和列"选择组→"在右侧插入"命令,即可插入一列,再按一下该键,就可多插入一列。

再如在这表格的标题行上方插入一行,其操作步骤是:

（1）选定标题行。

（2）单击"表格工具 - 布局"选项卡→"行和列"选择组→"在上方插入"命令,即可插入一行。

若的某行下增加一行,则有以下两种方法:

方法一:将光标定位至该行最后一个单元格以外,按"回车"键。

方法二:选定这行,单击"表格工具 - 布局"选项卡→"行和列"选择组→"在下方插入"命令。

(二) 插入单元格

选择需要插入单元格的相邻单元格,单击"表格工具 - 布局"选项卡→"行和列"选择组→"对话框启动器"→在弹出的"插入单元格"对话框中选中相应的选项即可。

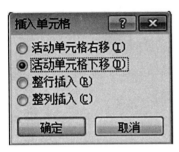

图 3-48 "插入单元格"对话框

例如,想新插入的单元格在原来单元格的位置,原有的单元格下移,其操作步骤如下:

（1）选定这一单元格。

（2）单击"表格工具 - 布局"选项卡→"行和列"选择组→"对话框启动器"。

（3）在弹出的"插入单元格"对话框中选择"活动单元格下移",如图 3-48 所示。

（4）单击"确定"按钮。

(三) 删除行、列、单元格或表格

删除行、列、单元格或表格的操作有两种方法:

1. 使用快捷菜单 选定需要删除的行、列或单元格,单击鼠标右键→在快捷菜单中单击"删除单元格"命令→在弹出的"删除单元格"对话框中选择相应的选项→单击"确定"按钮即可。这时行、列或单元格中内容将同时删除。

若只需删除其中的内容,则按键盘上的"Del"键。

2. 使用组 选定需要删除的行、列、单元格或表格→单击"表格工具 - 布局"选项卡→"行和列"选择组→"删除"命令→在其下拉列表中选择相应的命令即可。

(四) 移动、复制表格

1. 移动表格 移动鼠标到表格左上角的"表格标签"按钮上,当光标变为四个方向箭头时,拖动鼠标即可。

2. 复制表格 单击"表格标签"按钮选择所要复制的表格→单击"开始"选项卡→"剪贴板"选择组→"复制"命令→将光标定位至所要复制的位置→单击"粘贴"下拉列表→"粘贴"命令即可。

三、调整表格

为了使表格与文档更加协调,也为了使表格更加美观,用户还需要调整表格的大小、列宽、行高。同时,还需要运用插入或绘制表格的方法来绘制斜线表头。

(一) 调整表格大小

调整表格的大小可分为使用鼠标调整、使用对话框调整、使用组调整三种方法。

方法一:使用鼠标调整

移动光标到表格的右下角,当光标变成双向箭头时,拖动鼠标即可调整表格大小。

方法二:使用对话框调整

将光标定位到表格中,单击"表格工具 - 布局"选项卡→"表"选择组→"属性"命令→在"表格属性"对话框,通过"指定宽度"选项来调整表格大小。如图 3-49 所示。

图 3-49　调整表格尺寸

也可以通过右击表格执行"表格属性"命令,或单击"表格工具 - 布局"选项卡→"单元格大小"选择组→"对话框启动器"→在弹出的"表格属性"对话框中调整单元格大小。

方法三:使用组调整

单击"表格工具 - 布局"选项卡→"单元格大小"选择组→"自动调整"命令,选择相应选项即可。"自动调整"命令中主要包含根据内容调整表格、根据窗口调整表格与固定列宽 3 种。

也可以右击表格执行"自动调整"命令调整表格大小。

(二) 调整行高和列宽

表格建立后,将光标定位至表中任意位置,在水平标尺和垂直标尺上便会出现列标记和行标记,这些行标记和列标记反映了表格的行列空间及行高和列宽。

下面以完成任务 3-3 中的 4:"设置第一行的行高为最小值 2 厘米,第二行为高最小值 1 厘米,其余行为 0.7 厘米;第一列的列宽为 3 厘米,第二列的列宽为 2 厘米,其余列宽选择为默认。"为例说明行高和列宽调整的方法。

调整表格行高和列宽有以下两种方法:

1. **使用鼠标调整**　选中表格对象后,拖动标尺上的表格行高或列宽标记,可以快速设置行高和列宽。若拖动时按住 Alt 键,标尺中将显示行高和列宽值,可以进行精确的调整。

当不需要太精确的调整时,可将鼠标指针移到表格竖线上变成带左右双向箭头的双竖线✛时,水平拖动鼠标,将改变该竖线前后两列的宽度。将鼠标指针移到表格横线上变成带上下双向箭头的双线✤,垂直拖动鼠标,将改变该横线上一行的高度。

2. **利用"表格属性对话框"调整**　先选定需要调整的表格区域,如选定第一行,然后单击"表格工具 -

布局"选项卡→"表"选择组→"属性"命令→在弹出"表格属性"对话框,对"行"选项卡进行设置,指定高度为 2 厘米,行高值为最小值即可,如图 3-50 所示。

图 3-50 "表格属性"行设置对话框

在对话框中单击"前一行"与"后一行"按钮,可以快速选择前一行与后一行的单元格,避免重复打开该对话框。

其余列宽的设置与行高的设置类同,在此不再赘述。

(三) 调整单元格大小

选定要调整大小的单元格→单击"表格工具 - 布局"选项卡→在"单元格大小"选择组中设置"表格行高度"与"表格列宽度"值也可在文本框中直接输入数值即可调整单元格的大小,如图 3-51 所示。

另外,还可以单击"表格工具 - 布局"选项卡→"单元格大小"选择组→"对话框启动器"→在弹出的"表格属性"对话框中,选择"单元格"选项卡→设置"字号"选项组中的选项即可。

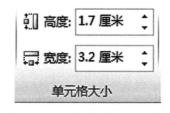

图 3-51 调整单元格宽度与高度的值

四、拆分与合并单元格

1. **合并单元格** 合并单元格是将多个单元格合并成一个单元格。如对单元格 A1:A2 进行合并,其操作步骤如下:

(1) 选定要合并的单元格 A1:A2。

(2) 单击"表格工具 - 布局"选项卡→"合并"选择组→"合并单元格"命令。

2. **拆分单元格** 拆分单元格是将一个单元格或几个单元格拆分成更多的单元格。如将单元格拆分为 2 列 1 行,其操作步骤是:

(1) 选定要拆分的单元格。

(2) 单击"表格工具 - 布局"选项卡→"合并"选择组→"拆分单元格"命令→弹出"拆分单元格"对

话框。

（3）根据拆分的需要，在"列数"数值框中输入或选择相应的数值 2、"行数"数值框中输入或选择相应的数值 1，如图 3-52 所示。

（4）单击"确定"按钮。

其中，在"拆分单元格"对话框中勾选"拆分前合并单元格"复选框，表示在拆分单元格之前应先合并该单元格区域，然后再进行拆分。

3. 拆分表格　拆分表格是指将一个表格从指定的位置拆分成两个或多个表格。操作步骤是：将光标定位在需要拆分的表格位置→单击"表格工具 - 布局"选项卡→"合并"选择组→"拆分表格"命令即可。

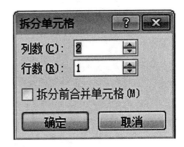

图 3-52　"拆分单元格"对话框

五、绘制斜线表头

当表格中含有多个项目时，为了清晰地显示行与列的字段信息，需要在表格中绘制斜线表头。有以下两种方法：

1. 插入斜线表头　当我们需要在表格中绘制一条斜线时，可以单击"插入"选项卡→"插图"选择组→"形状"命令→选择"线条"类型中的"直线"形状，拖动鼠标在表格中绘制斜线即可。然后根据斜线位置与行高调整文本位置，如图 3-53 所示。

2. 手绘斜线表头　单击"插入"选项卡→"表格"选择组→"绘制表格"命令，在表格中绘制斜线。还可以单击"表格工具 - 设计"选项卡→"绘图边框"选择组→"绘制表格"命令→当光标变成铅笔形状时，将光标定位至单元格内部→拖动光标绘制斜线，松开左键即可。

图 3-53　插入斜线表头

六、设置表格格式

将表格进行适当格式化后，可以运用 Word 2010 中的"表格工具"选项调整表格的对齐方式、文字环绕方式、边框样式、表格样式等美观效果，从而起美化表格作用。

（一）应用样式

样式是包含颜色、文字颜色、格式等一些组合的集合。Word 2010 一共提供了 98 种内置表格样式。我们可根据实际情况应用快速样式或自定义表格样式来设置表格的外观样式。

1. 应用快速样式　在文档中选定需要应用样式的表格→单击"表格工具 - 设计"选项卡→"表格样式"选择组→"其他"命令→在下拉列表中选择相符的外观样式即可。

注意：应用表格样式后，在"其他"下拉列表中选择"清除"选项，即可清除表格样式。

2. 修改外观样式　应用表格样式之后，用户还可以在原有样式的基础上修改表格样式的标题行、汇总行等内容。选定应用快速样式的表格，单击"表格工具 - 设计"选项卡→"表格样式选项"，选择选项组中的各个选项即可。

例如，要完成任务 3-3 中的 5（1）表格样式：选择的是"中等深浅网络 3- 强调文字颜色 6"，并表格样式选项中选中"标题行""第一列""镶边行""的效果如图 3-54 所示。

"表格样式选项"选项组中的各个选项的功能如下所述。

标题行：勾选该复选框，在表格的第一行中将显示特殊格式。

汇总行：勾选该复选框；在表格的最后一行中将显示特殊格式。

销售量 / 药品名称	单价(元)	一季度销售量			一季度销售总量	一季度销售总金额
		一月销售量	二月销售量	三月销售量		
感冒软胶囊	9.00↵	115↵	136↵	213↵	↵	↵
999 感冒灵胶囊	12.50↵	127↵	205↵	172↵	↵	↵
羚翘解毒丸	9.50↵	136↵	245↵	122↵	↵	↵
康泰克	20.90↵	95↵	102↵	87↵	↵	↵
四季感冒片	9.80↵	132↵	152↵	226↵	↵	↵

图 3-54　应用快速样式及修改外观样式后的效果

镶边行:勾选该复选框,在表格中将显示镶边行,并且该行上的偶数行与奇数行各不相同,使表格更具有可读性。

第一列:勾选该复选框,在表格的第一列中将显示特殊格式。

后一列:勾选该复选框,在表格的最后一列中将显示特殊格式。

镶边列:勾选中该复选框,在表格中将显示镶边列,并且该列上的偶数列与奇数列各不相同。

3. 自定义表格样式　在 Word 2010 中,我们可以通过单击"表格工具 - 设计"选项卡→"表格样式"选择组→"其他"→"新建表样式"命令→在弹出的"根据格式设置创建新样式"对话框中设置表格样式的属性与格式,如图 3-55 所示。

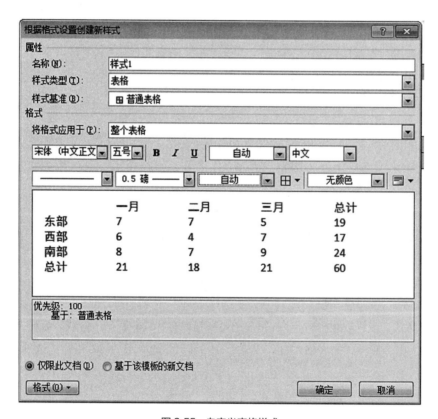

图 3-55　自定义表格样式

(1)"属性"选项组:主要包括"名称""样式类型"与"样式基准" 3 个选项。其中,"名称"文本框主要用于输入创建样式的名称,"样式类型"选项主要用于设置段落、字符、链接段落、字符、表格与列表 6 种类型,"样式基准"选项主要用于设置与创建样式相似的样式基准。

(2)"格式"选项组:在该选项组中可以设置表格的应用范围、表格中的字体格式等参数。其中,"将格式应用于"选项主要用于设置新建表格样式所应用的范围,"格式"选项主要用于设置字体、字号、字体颜色等字体格式。另外,该选项组还包含仅限此文档、基于该模板的新文档与格式 3 个选项,其功能如下所述。

仅限此文档:选中该单选按钮,表格新创建的样式只能应用于当前的文档。

基于该模板的新文档:选中该单选按钮,表格新创建的样式可以应用于当前以及新创建的文档中。

格式:单击该按钮,可以设置表格的边框、底纹、属性、字体等格式。

(二)设置表格的边框与底纹

表格边框是表格中的横竖线条,底纹是显示表格中的背景颜色与图案。在 Word 2010 中我们可以通过设置表格边框的线条类型与颜色,以及设置表格的底纹颜色的方法,来增加表格的美观性与可视性。设置表格的边框与底纹有以下两种方法:

1. 选项组添加 单击"表格工具 - 设计"选项卡→"表格样式"选择组→"边框"与"底纹"命令,为表格添加边框与底纹。

(1)添加边框:Word 2010 一共为用户提供了 13 种边框样式。如要完成任务 3-3 中的 5(2):"边框和底纹:表格外边框为蓝色 0.75 磅双实线,内框线为 0.5 磅蓝色单线"的操作步骤是:

1)选定要设置边框的表格。

2)单击"表格工具 - 设计"选项卡→"绘图边框"选择组→设置线条样式是双实线,大小为 0.75 磅,选择笔颜色为"蓝色",如图 3-56 所示。

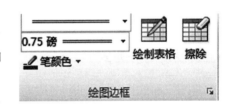

图 3-56 设置边框

3)单击"表格工具 - 设计"选项卡→"表格样式"选择组→"边框"命令→在下拉列表中选择"外侧框线"样式即可。

注意:在边框列表中执行两次相同的命令,将使表格恢复到原来的状态。

"内框线为 0.5 磅蓝色单线"的设置与上述步骤类同,只是在第 2)步设置时线条样式是单实线,大小为 0.5 磅,在第 3)步中选择"内部框线"样式即可。

(2)添加底纹:选定需要添加底纹的表格→单击"表格工具 - 设计"选项卡→"表格样式"选择组→"底纹"命令→在其下拉列表中选择一种底纹颜色即可。

其中,选择"底纹"下拉列表中的"无颜色"命令,可以取消表格中的底纹颜色;而选择"其他颜色"命令,可以在弹出的对话框中设置具体的底纹颜色。

2. 对话框添加

(1)添加边框:选定需要添加边框和底纹的表格→单击"表格工具 - 设计"选项卡→"表格样式"选择组→"边框"→"边框和底纹"命令→在弹出的"边框和底纹"对话框中详细设置表格的边框样式与底纹颜色。

或者单击选项卡"表格工具 - 设计"→"绘图边框"选择组→"对话框启动器"→在弹出的"边框和底纹"对话框中详细设置表格的边框样式与底纹颜色,如图 3-57 所示。

(2)添加底纹:在"边框和底纹"对话框中选择的"底纹"选项卡,可以设置边框的填充与图案的参数。各选项的功能与设置如下所述:

填充:主要用来填充表格的背景颜色,包括"无颜色"与"其他颜色"两种选项。

图案:主要用来设置表格背景的图案类型与图案颜色。

预览:主要用来预览边框底纹的整体效果。

图 3-57 "边框和底纹"对话框

应用于:主要用来限制底纹的应用范围,包括表格、文字、段落与单元格等范围。

横线:单击该按钮,可以为表格边框设置美观的图案线条。

七、设置对齐方式

默认情况下,单元格中的文本的对齐方式为底端左对齐,我们可以单击"表格工具 - 布局"选项卡→"对齐方式"选择组中的各个命令,来设置文本的对齐方式、表格的单元格间距等。

(一)设置单元格文本对齐方式

选定要设置对齐方式的单元格→单击"表格工具 - 布局"选项卡→"对齐方式"选择组→"对齐"命令,在 9 种对齐方式中选择所需的对齐方式。

如现要求"所有单元格对齐方式为中部居中"的操作步骤是:选定要设置对齐方式的单元格→单击"表格工具 - 布局"选项卡→"对齐方式"选择组→"对齐"命令→选择"水平居中"即可实现文字在单元格内水平与垂直居中。

图 3-58 "表格属性"对话框

(二)设置表格对齐

我们可以通过表格属性来设置表格的对齐方式。选定需要对齐的表格→单击鼠标右键→选择"表格属性"→在弹出的"表格属性"对话框中选择对"表格"选项卡→"对齐方式"选项组中选择所需的对齐方式即可,如图 3-58 所示。

(三)设置单元格边距

边距是指单元格中文本与单元格边框之间的距离,间距是指单元格之间的距离。单击"表格工具 - 布局"选项卡→"对齐方式"选项组→"单元格边距"命令→在弹出的"表格选项"对话框中设置"默认单元格边距"选项组与"默认单元格间距"选项组的参数即可。

3.3.3　处理表格数据

在 Word 2010 中不仅可以插入与绘制表格,而且还可以运用公式、函数对表格中的数据进行运算;可以根据一定的规律对表格中的数据进行排序。

一、数据计算

在 Word 文档的表格中,我们可以运用"求和"按钮与"公式"对话框对数据进行加、减、乘、除、求总和等运算。

(一) 使用"求和"按钮

(1) 添加"求和"按钮:利用"快速访问工具栏"中添加"求和"按钮的方法是:单击"文件"选项卡→"选项"命令→在弹出的"Word 选项"对话框中,单击"快速访问工具栏"→在"从下列位置选择命令"下拉列表中选择"所有命令"→在其列表框中选择"求和"选项→单击"添加"按钮即可,如图 3-59 所示。

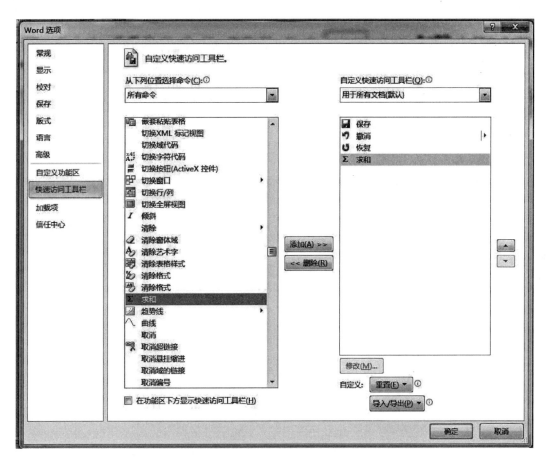

图 3-59　添加"求和"按钮

(2) 使用"求和"按钮求和:在表格中选定需要插入求和结果的单元格,单击"快速访问工具栏"中的"求和"按钮即可显示求和数据。

"求和"按钮计算表格数据的规则是:

当先标定位在表格中某一列的底端时,计算单元格上方的数据。

当光标定位在表格中某一行的右侧时,计算单元格左侧的数据。

上方与左侧都有数据时计算单元格上方的数据。

(二) 使用"公式"对话框

选定需要计算数据的单元格,单击"表格工具 - 布局"选项卡→"数据"选项组→"公式"命令→在弹出的"公式"对话框中设置各项选项即可。

在"公式"对话框中主要包含以下 3 个选项。

(1) 公式:在"公式"文本框中,不仅可以输入计算数据的公式,而且还可以输入表示单元格名称的标识。例如,可以通过输入 left(左边数据)、right(右边数据)、above(上边数据)和 below(下边数据)来指定数据的计算方向。如求左边数据的和可输入公式"=SUM(left)",还可以输入含有单元格标识的公式来计算求和数据。例如,输入公式为"=SUM(B2:B4)"。

例如:计算"999 感冒灵胶囊"的"一季度销售总量"时的操作步骤如下:

将光标定位至单元格 F3→单击"表格工具 - 布局"选项卡→"数据"选项组→"公式"命令→在弹出的"公式"对话框中输入"=SUM(B3:E3)"→单击"确定"按钮即可。而要计算"999 感冒灵胶囊"的"一季度销售总金额"时,将光标定位至单元格 G3,单击"表格工具-布局"选项卡→"数据"选项组→"公式"命令→在弹出的"公式"对话框中输入"=B3*F3"→单击"确定"按钮。

其他药品的"一季度销售总量""一季度销售总金额"的计算方法与上述相同,只是单元格行的名称不同而已。

(2) 编号格式:在"编号格式"下拉列表中可以设置计算结果内容中的格式。下拉列表中包含的格式以符号表示。

(3) 粘贴函数:在"粘贴函数"的下拉列表中可以选择不同的函数来计算表格中的数据,其详细内容如表 3-5 所示。

表 3-5 函数功能

函数	说明
ABS	数值或算式的绝对值
AND	逻辑的"和"运算,若所有参数值为"真"则返回逻辑值"1",否则为"0"
AVERAGE	求相应数值的平均值
COUNT	统计指定数据的个数
DEFINED	判断指定单元格是否存在。存在返回"1",否则为"0"
FALSE	返回"0"
IF	IF(条件,条件真时返回的结果,条件假时返回的结果)
INT	对数值或算式结果取整
MAX	取一组数中的最大值
MIN	取一组数中的最小值
OR	逻辑的"和"运算,若所有参数值为至少有一个为"真"则返回逻辑值"1",全是"假"则为"0"
PRODUCT	一组数值的乘积
ROUND	ROUND(X,Y)将数值 X 舍入到由 Y 指定的小数位数。X 可以是数值或算式的结果
SIGN	符号函数,SING(X),若 X 是正数,则结果是 1,若 X 是负正数,则结果是 0
SUM	一组数值或算式的总和
TRUE	返回 1

二、数据排序

在 Word 2010 中,用户可以按照一定的规律对表格中的数据进行排序。选定需要排序的表格,单击"表格工具 - 布局"选项卡→"数据"选项组→"排序"命令→在弹出的"排序"对话框中设置各项选项即可。

在"排序"对话框中设置各选项的详细参数功能是:

(1) 关键字:主要包含有"主要关键字""次要关键字"和"第三关键字" 3 种类型。在排序过程中,首先需要按照"主要关键字"进行排序,当出现相同内容时需要按照"次要关键字"进行排序,同样则按照"第三关键字"进行排序。

(2) 类型:选择该选项,可以选择笔画、数字、拼音或者日期 4 种排序类型。

(3) 使用:选择该选项,可以将排序应用到每个段落上。

(4) 排序方式:主要包括"升序"与"降序"两种方式。

(5) 列表:选中"有标题行"单选按钮时,表示在关键字的列表中显示字段的名称。选中"无标题行"单选按钮时,表示在关键字的列表中以列 1、列 2、列 3……表示字段列。

(6) 选项:单击该按钮,在弹出的"排序选项"对话框中可以设置排序的分隔符、排序选项与排序语言。

三、创建图表

在 Word 2010 中,虽然表格可以更直观地显示出计算数据,但是却无法详细地分析数据的变化趋势。为了更好地分析数据,需要根据表格中的数据创建数据图表,以便可以将复杂的数据信息以图形的方式进行显示。

1. **插入图表** 将光标定位至需要插入图表的位置→单击"插入"选项卡→"插图"选项组→"图表"命令→在弹出的"插入图表"对话框中选择图表类型,如选择"簇状柱形图",如图 3-60 所示。

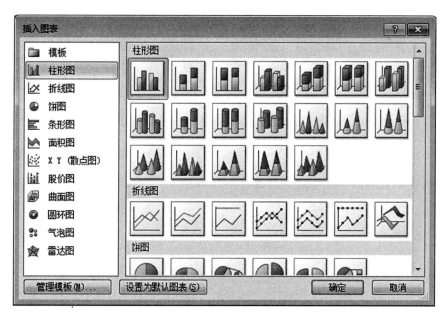

图 3-60 "插入图表"对话框

最后在弹出的 Excel 作表中编辑图表数据即可。

例如:在完成任务 3-3 中的 7:"制作各种药品在一月至三月的销售量的簇状柱形图,比较各种药品各月销售量的变化"的操作步骤如下：

(1) 将光标定位至需要插入图表的位置。

(2) 单击"插入"选项卡→"插图"选项组→"图表"命令→在弹出的"插入图表"对话框中,选择图表类型选择"簇状柱形图",单击"确定"按钮。

(3) 在弹出的 Excel 作表中编辑图表数据:将表格中的药品名称"999 感冒灵胶囊、康泰克、四季感冒片、羚翘解毒丸、感冒软胶囊"复制到类别 1、类别 2……,将表格中各种药品在三个月的销售量即排序后表格中 C2:E7 的数据复制到系列 1、系列 2……,如图 3-61 所示。

	A	B	C	D
1		一月销售量	二月销售量	三月销售量
2	999感冒灵胶囊	127	205	172
3	康泰克	95	102	87
4	四季感冒片	132	152	226
5	羚翘解毒丸	136	245	122
6	感冒软胶囊	115	136	213

图 3-61　编辑图表的数据

(4) 在 Word 文档即可有一图表,如图 3-62 所示。

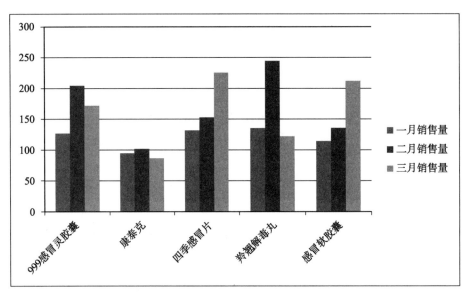

图 3-62　各种药品各月销售量图表

2. **编辑图表数据**　图表的创建完成以后,我们还可以单击"表格工具 - 设计"选项卡→"数据"选项组→"编辑数据"命令,在弹出的 Excel 窗口中将光标移动到数据区域的右下角,当光标变成双向箭头时,拖动鼠标即可增减数据区域。

若在 Excel 表格修改相应的数据,马上在图表中有相应的变化,即此时 Excel 表格中的数据与图表是联动的。

3. **更改图表类型**　更改图表类型的操作方法与插入图表的操作方法大体一致,单击"表格工具 - 设计"选项卡→"类型"选项组→"更改图表类型"命令→在弹出的"更改图表类型"对话框中,选择需要更改的图表类型即可。也可以在图表上单击鼠标右键→选择"更改图表类型"→在弹出的"更改图表类型"对话框中选择需要更改的图表类型即可。

任务 3-4　制作一份健康宣教资料

在文档中添加一些图片、形状、艺术字和文本框等,可使文档图文并茂,增加文档的可读性和感染力。

【任务描述】

本次任务学习的是将通过制作一份图文并茂的"认识糖尿病"的健康宣教资料,从而学会图片、图形、艺术字和文本框的插入与编辑等。如现要制作的健康宣教资料,如图 3-63 所示。

制作要求:

1. 启动 Word 2010,将页面设置为:纸张大小 A4,纸张方向是纵向,上下、左右页边距为 2 厘米。

2. 输入中文"什么是糖尿病?"并设置字体为深蓝色加粗的方正姚体二号字。

3. 插入图片

(1) 插入来自文件的图片:本章素材文件夹中"红十字会标志 .jpg""糖尿病并发症 .jpg"(或可在网上搜索下载),并设置为"紧密型环绕"方式"。

(2) 将图片"糖尿病主要并发症 .jpg"按需裁掉,并设置图片的高度为 6 厘米、宽度为 10 厘米,取消锁定纵横比。把该图片的边框设置为红色、2.25 磅的虚线类型 2。

4. 插入一剪切画　在"医生"中搜索,搜索的图形见图 3-63 中的"医生"、设置为"紧密型环绕"方式"、该图片的对齐方式设置在"对齐边距"的"底端对齐"。

5. 插入自选图形

(1) 插入"流程图"中的库存数据,在其添加文字为"健康宣教资料",设置字体为黑色加粗的华文

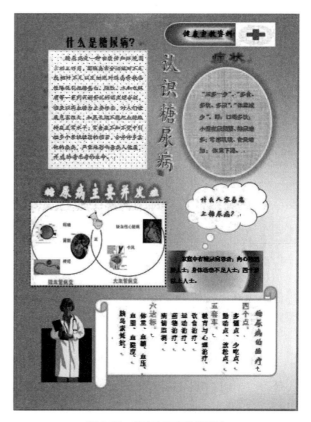

图 3-63　健康宣传资料效果图

新魏小二号字;形状轮廓为 2 磅白色实线;形状填充设置"渐变填充"、预设颜色是"彩虹出岫 II"、类型是"路径"、渐变光圈中的颜色设置为"红色"。

(2) 插入"基本形状"中的椭圆,在其添加文字为素材文件夹中"糖尿病的症状 .txt"内容,设置字体为绿色加粗的宋体小四号字,1.5 倍行距;形状填充为"纹理"的"纸莎草纸";形状轮廓为 3 磅黄色实线;形状效果为"发光"是第 4 行第 1 列的样式。

(3) 插入"标注"中的云形标注,在其添加文字为"什么人容易患上糖尿病?"设置字体为红色加粗的华文行楷小三号字,1.5 倍行距;形状轮廓为 2 磅实线;线条颜色采用渐变线、预设颜色是"碧海青天"、类型是"线性"、方向是"线性对角"中的"左下到右上"、角度是 270°。

(4) 插入"星与旗帜"中的横卷形,在其添加文字为素材文件夹中"糖尿病的治疗 .txt"内容,设置文字方向为竖向,"糖尿病的治疗"为粉红色加粗的宋体小一号字,"四个点""五套车""六达标"设置为橙色加粗的宋体小三号字,其余文字为蓝色加粗的宋体四号字,单倍行距;形状轮廓为 3 磅橙色实线。

6. 文本框操作　插入两横排文本框,将"什么是糖尿病?　.txt"内容复制在一框内,设置黑色加粗的宋体小四号字、1.3 倍行距;该文本框的图案填充是前景色为红色、背景色是白色的 5% 的图案,线条是 2 磅的

黄色实线。将"什么人容易患上糖尿病？.txt"内容复制在另一框内，设置黑色的加粗宋体小四号字、1.5 倍行距，文本框填充为"渐变填充"、预设颜色为"漫漫黄沙"、类型是"射线"、方向是"中心辐射"。

7. 插入艺术字

(1) 选择艺术字库第 6 行 3 列样式，并输入文字"认识糖尿病"，设置 48 磅加粗的华文行楷、竖排文字，文本效果采用"角度"棱台、三维旋转中的"极左极大透视"。

(2) 选择艺术字库第 3 行 4 列样式，并输入文字"症状"，设置 36 磅加粗的隶书。

(3) 选择艺术字库第 3 行 1 列样式，并输入文字"糖尿病主要并发症"，设置 24 磅加粗的华文新魏、文本填充颜色为"黄色"、文本效果中的发光变体设置为第 3 行 2 列样式、转换中的"停止"弯曲。

8. 将用鼠标拖动上述的各种图形至合适的位置、大小。

9. 将上述的各种图形组合为一整体图形。

10. 将文档的背景设置为"填充效果"是"蓝色与白色"双色的"中心辐射 1"。

【知识点分析】

3.4.1 插 入 图 片

利用 Word 2010 中强大的图像功能，在文档中插入剪贴画、照片或图片，并通过 Word 2010 中的"格式"命令设置图片的尺寸、样式、排列等效果。在一定程度上增加了文档的美观性，使文档变得更加丰富多彩。

一、插入图片

Word 2010 中使用的图形，不仅可以来自剪贴画库、扫描仪或数码相机，而且还可以来自本地计算机的图片文件。

(一) 插入来自文件的图片

来自文件的图片是用户根据需要在别的图片库(如扫描仪、数码相机或网上下载)中获取的，如现要完成任务 3-4 中的 3(1)："插入来自文件的图片：本章素材文件夹中的"红十字会标志.jpg"及"糖尿病主要并发症.jpg"的操作步骤如下：

(1) 将光标定位至要插入图片的位置，如第一行。

(2) 单击"插入"选项卡→"插图"选项组→"图片"命令，插入来自文件的图片，弹出"插入图片"对话框。

(3) 在地址栏中输入要插入的图片文件的路径，如 D:\ 第三章素材，选定图片红十字会标志.jpg，如图 3-64 所示。

(4) 单击"插入"按钮，即在文档的当前光标处插入所选的图片。

插入来自文件的图片"糖尿病主要并发症.jpg"的方法与上述相同。

(二) 插入剪贴画

剪贴画是指 Word 2010 提供的图片库中的图片，可通过单击"插入"选项卡→"插图"选项组→"剪贴画"命令，弹出"剪贴画"任务窗格→在"搜索"文本框中输入搜索内容→单击"搜索"按钮→选择搜索结果中的图片即可

例如：要完成任务 3-4 中的 4："插入一剪贴画：在"医生"中搜索，搜索的图形见图 3-65 中的"医生"的操作步骤如下：

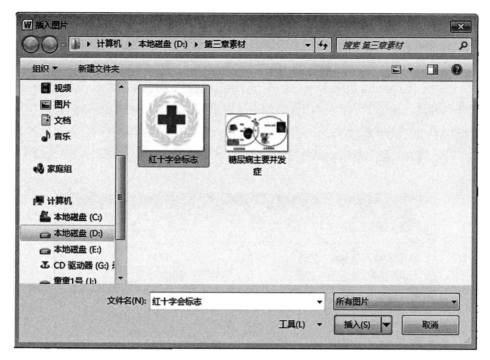

图 3-64 "插入图片"对话框

（1）将光标定位至第二段段首。

（2）单击"插入"选项卡→"插图"选项组→"剪贴画"命令，窗口右侧弹出"剪贴画"任务窗格。

（3）在"搜索文字"的文本框中输入"医生"。

（4）单击"搜索"按钮，即可搜索出相关医生的剪贴画，如图 3-65 所示。

（5）单击搜索结果中的想要的图片，如第一行第一列的图片，即在文档的当前插入点处插入了所选的剪贴画。

（6）关闭"剪贴画"任务窗格。

二、设置图片格式

设置图片格式即调整图片的大小、排列方式、亮度、对比度与样式等图片效果。例如，为图片重新着色、设置图片的文字环绕效果等操作。通过设置图片格式，可以增加文档的美观性与合理性。

（一）调整图片尺寸

插入的图片其大小要满足版面要求，我们可通过拖动鼠标与输入数值来调整图片的大小，同时还可以根据尺寸剪裁图片。

1. 使用鼠标拖曳调整 选定要调整的图片，例如选定"医生"的图片，拖动图片四角的控制点可以按纵横比例缩放，若按住 Shift 键，拖动对角控制点时可以等比例缩放图片；若按住 Ctrl 键，拖动对角控制点时可以双向缩放图片；而拖动图片某一边的控制点时，只能在其方向上缩放。

2. 使用选项组命令精确调整 利用鼠标拖动控制点可以改变图片大小，但不能精确控制比例缩放。要精确缩放，可用选项组命令实现。

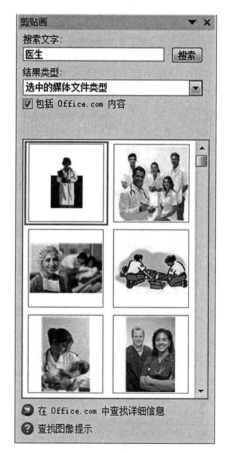

图 3-65 "剪贴画"对话框

例如,要完成任务 3-4 中的 3(2):"将"糖尿病主要并发症 .jpg"按需裁掉,并设置图片的高度为 6 厘米、宽度为 10 厘米,取消锁定纵横比"的操作步骤如下:

(1) 选定图片糖尿病主要并发症 .jpg。

(2) 单击"图片工具 - 格式"选项卡→"大小"选项组中,输入高度为 6 厘米,宽度为 10 厘米。也可以单击"图片工具 - 格式"选项卡→"大小"选项组→"对话框启动器"→在弹出的"布局"对话框的"大小"选项卡中输入高度为 6 厘米,宽度为 10 厘米,取消锁定纵横比,如图 3-66 所示。

(3) 单击"确定"按钮,就可精确地调整图片的大小。

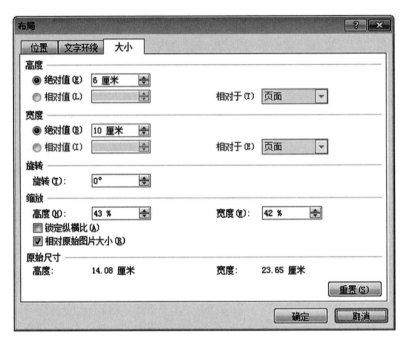

图 3-66 "布局"对话框"大小"选项卡

(二) 裁剪图片

裁剪图片删除图片的某些部分,使其合乎文档设计的需要。裁剪图片的方法有以下两种。

1. 使用鼠标在屏幕上裁剪 选定要裁剪的图片,如来自剪切画的"医生",单击"图片工具 - 格式"选项卡→"大小"选项组→"裁剪"→"裁剪"命令,光标会变成"裁剪"形状 ╄,而图片周围会出现黑色的断续边框。将鼠标放置于尺寸控制点上,拖动鼠标即可裁剪。

2. 使用菜单精确裁剪 与图片的大小可以调整一样,图片的裁剪也可用菜单命令作精确裁剪。其操作步骤如下:

(1) 将选定要裁剪的图片,单击鼠标右键→在弹出的快捷菜单中选择"设置图片格式"→在弹出"设置图片格式"对话框中,单击"裁剪"命令。

(2) 在"图片位置""裁剪位置"选项组中调整自己所需的大小及裁剪大小的厘米数即可,如图 3-67 所示。

另外,在裁剪图片时,我们还可以通过单击选项卡"图片工具 - 格式"→"大小"选项组→"裁剪"命令→在下拉菜单中选择"裁剪为形状"命令,在其列表中选择一种形状样式,即可将图片裁剪为所选形状。

(三) 排列图片

插入图片之后,我们可以根据不同的文档内容与工作需求进行图片排列的操作,即更改图片的位置、设置图片的层次、设置文字环绕、设置对齐方式等。从而使图文混排更具有条理性与美观性。

图 3-67 "设置图片格式"对话框"裁剪"命令

1. **设置图片的位置**　选定该图片→单击"图片工具 - 格式"选项卡→"排列"选项组→"位置"命令→在下拉列表中选择不同的图片位置排列方式。

在 Word 2010 中,图片的位置排列方式主要有嵌入文本行中和文字环绕两类,其中文字环绕分为"顶端居左""顶端居中""顶端居右""中间居左""中间居中""中间居右""底端居左""底端居中""底端居右"等 9 种位置排列方式。

2. **设置环绕效果**　选定该图片→单击"图片工具 - 格式"选项卡→"排列"选项组→"自动换行"命令→在下拉列表中选择环绕方式即可。

Word 2010 提供了"嵌入型""四周型环绕""紧密型环绕""穿越型环绕""上下型环绕""衬于文字下方"及"浮于文字上方"等 7 种设置图片环绕文字的方式。

另外,当图片设定了图片环绕文字的方式后,在"文字环绕"下拉列表中,可通过执行"自动换行"的下拉列表中"编辑环绕顶点"命令来编辑环绕顶点。选择该命令后,在图片四周显示红色虚线(环绕线)与图片四角出现的黑色实心正方形(环绕控制点),单击环绕线上的某位置并拖动鼠标或单击并拖动环绕控制点即可改变环绕形状,此时将在改变形状的位置中自动添加环绕控制点,如图 3-68 所示。

3. **设置图片的层次**　当文档中存在多幅图片时,可单击"图片工具 - 格式"选项卡→"排列"选项组→"上移一层"命令,可选择"上移一层""置于顶层"或"浮于文字上方"等或单击"图片工具 - 格式"选项卡→"排列"选项组→"下移一层"命令,可选择"下移一层""置于底层"或"衬于文字下方"。

例如,原两张图片,将其中一张设置为"置于底层"的效果如图 3-69 所示。

图 3-68　编辑环绕顶点的效果

图 3-69 设置图片的层次效果

4. 设置对齐方式 图形的对齐是指在页面中精确地设置图形位置,主要作用是使多个图形在水平或者垂直方向上精确定位。可单击"图片工具 - 格式"选项卡→"排列"选项组→"对齐"命令,在"对齐"命令中选择按页面或边距对齐两种方式其中的一种方式。如执行"对齐页面"命令,则所有的对齐方式相对于页面行对齐;若执行"对齐边距"命令,则所有的对齐方式相对于页边距对齐。每种类型中主要包含"左对齐""左右对齐""右对齐""顶端对齐""上下居中"及"底端对齐"这几种对齐方式。

例如,要完成任务 3-4 中的 4:"将"医生"的图片设置在"对齐边距"的"底端对齐""的操作步骤如下:
(1) 选定该图片。
(2) 单击"图片工具 - 格式"选项卡→"排列"选项组→"对齐"命令→在下拉列表中选择"对齐边距"。
(3) 单击"对齐"命令→在下拉列表中选择"底端对齐"。

5. 旋转图片 旋转图片是根据度数将图形任意向左或者向右旋转,或者在水平方向或者在垂直方向翻转图形。我们可通过单击"图片工具 - 格式"选项卡→"排列"选项组→"旋转"命令来改变图片的方向。其主要包含"向右旋转 90°""向左旋转 90°""垂直翻转""水平翻转"等 4 种旋转方式。

但要将图片旋转某一精确角度时,如 210°,则可单击"图片工具 - 格式"选项卡→"排列"选项组→"旋转"→"其他旋转选项"命令→在弹出"布局"对话框中选择"大小"选项卡→在"旋转"选项组的"旋转"微调框中输入图片旋转度数,如 210°,即可对选定的图片进行 210° 旋转,如图 3-70 所示。

6. 设置图片样式 可单击"图片工具 - 格式"选项卡→"图片样式"选项组的各项命令,来设置图片的外观样式、图片的边框与效果。

(1) 设置外观样式:选定需要设置的图片→单击"图片工具 - 格式"选项卡→"图片样式"选项组→"其他"命令→在其下拉列表中 Word 2010 为用户提供了 28 种内置样式,选择其中一种图片的外观样式即可。

例如,要将"医生"的图片设置为"棱台矩形"样式的操作步骤是:选定"医生"这一图片→单击"图片工具 - 格式"选项卡→"图片样式"选项组→"其他"命令→在其下拉列表中选择第五行第一列的"棱台矩形"样式即可。

(2) 设置图片边框:选定设置的图片→单击"图片工具 - 格式"选项卡→"图片样式"选项组→"图片边框"→在其下拉列表中选择"颜色"选项,设置图片的边框颜色;选择"粗细"选项,设置图片边框线条的粗细程度;选择"虚线"选项,设置图片边框线条的虚线类型。

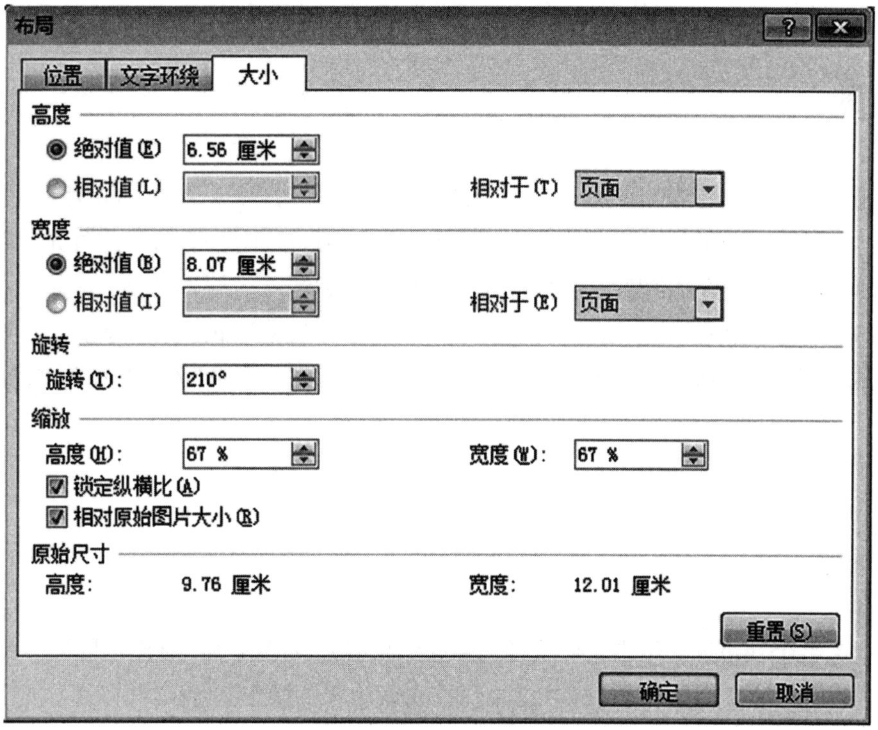

图 3-70　图片旋转 210° 设置

　　例如,要完成任务 3-4 中的的 3(2):"将 "糖尿病并发症 ." 的图片的边框设置为红色、2.25 磅的虚线类型 2 "的操作步骤是:选定 "糖尿病并发症 ." 的图片→单击 "图片绘图工具 - 格式" 选项卡→ "图片样式" 选项组→ "图片边框" 命令→在选择 "主题颜色" 选项中的 "红色";选择 "粗细" 选项的 "2.25 磅";选择 "虚线" 选项中的虚线类型 2 即可。

　　(3) 设置图片效果:设置图片效果是为图片添加阴影、棱台、发光等效果。单击 "图片工具 - 格式" 选项卡→ "图片样式" 选项组→ "图片效果" 命令→在其下拉列表中选择相应的效果即可。

　　在 "图片效果" 下拉列表为 Word 2010 为用户提供了 7 种类型的效果,其具体功能如下:

　　预设:主要包含无预设与预设类别中的 12 种内置的预设效果。

　　阴影:主要包含无阴影、外部、内部和透视 4 类共 22 种效果。

　　映像:主要包含无映像与映像变体中的 9 种内置的映像效果。

　　发光:主要包含无发光与发光变体类型中的 24 种内置的发光效果。

　　柔化边缘:主要包含无柔化边缘、1 磅、2.5 磅、5 磅、10 磅、25 磅与 50 磅这 7 种效果。

　　棱台:主要包含无棱台项和棱台项类型中的 12 种内置的棱台效果。

　　三维旋转:主要包含无旋转、平行、透视和倾斜 4 种类型共 25 种旋转样式。

　　注意:上述设置图片的效果还可以有以下两种方式:①选定图片后→单击鼠标的右键→选择 "设置图片格式" →在弹出的 "设置图片格式" 对话框中按需逐一选项进行设置;②选定图片后→单击 "图片工具 - 格式" 选项卡→ "图片样式" 选项组→ "对话框启动器" →在弹出的 "设置图片格式" 对话框中按需逐一选项进行设置。

3.4.2　使 用 形 状

　　在 Word 2010 中,不仅可以通过使用图片来改变文档的美观程度,同时也可以通过使用形状来适应文档内容的需求。形状是指几组加工好的图形,包括线条、矩形、基本形状、箭头总汇、公式形状、流程图、星与旗帜、标注等。绘制一些个性化的形状，会使文档更生动、更具有条理性。

一、插入形状

Word 2010 提供了线条、基本形状、箭头总汇、流程图、标注、星与旗帜 6 种类型的形状。可通过单击"插入"选项卡→"插图"选项组→"形状"命令→在下拉列表中选择相符的形状，此时光标将会变成"十"字形，拖动鼠标即可开始绘制相符的形状，释放鼠标即可停止绘制。

例如，完成任务 3-4 中的 5(1)："插入'流程图'中的'库存数据'"的操作步骤是：单击"插入"选项卡→"插图"选项组→"形状"命令→在下拉列表中选择"流程图"中的"库存数据"，拖动鼠标即可开始绘制相符的形状，然后释放鼠标即可停止绘制。

椭圆、云形标注、横卷形插入方式与上述类同。

二、设置形状格式

插入形状后，我们便可以通过设置形状样式中的形状填充、形状轮廓、形状效果等格式，其中形状轮廓、形状效果的操作方法与设置图片样式中图片边框、图片效果的操作大体相同，在此不再赘述。同时，我们还可在形状中添加文字等。

1. 设置形状填充 在 Word 2010 中，可以将形状填充设置为：无填充颜色、其他填充颜色、图片、渐变及纹理等。可通过单击"绘图工具 - 格式"选项卡→"形状样式"选项组→"形状填充"命令→在其下拉列表中选择相应的填充效果即可。

例如，要完成任务 3-4 中的 5(1)："将'库存数据'形状的填充颜色设置为'渐变填充'，预设的颜色为'彩虹出岫Ⅱ'，类型是'路径'和渐变光圈中的颜色设置为'红色'"的操作步骤如下：

(1) 选定"库存数据"形状。

(2) 单击"绘图工具 - 格式"选项卡→"形状样式"选项组→"形状填充"命令。

(3) 在其下拉列表中选择"渐变"→"其他渐变"→弹出"设置形状格式"对话框。

(4) 选择"填充"中的"渐变填充"。

(5) 在"预设的颜色"的下拉列表中选择"彩虹出岫Ⅱ"，类型是"路径"，渐变光圈中的颜色设置为"红色"，如图 3-71 所示。

2. 添加文字 在文档中添加形状后，可以向形状中添加文字。首先选定需要添加文字的形状，然后单击鼠标右键→在弹出的快捷菜单中选择"添加文字"命令即可。

例如，选定"库存数据"形状，单击鼠标右键→在弹出的快捷菜单中选择"添加文字"命令→输入文字"健康宣教资料"。同样地分别选定文档中其他的形状"椭圆""云形标注""横卷形"，单击鼠标右键→在弹出的快捷菜单中选择"添加文字"命令→将相应的内容输入或打开相应的文档

图 3-71 在形状格式对话框中设置渐变填充

复制即可。

形状中的文字与段落格式的设置与文档的格式设置相同。

<h2 align="center">3.4.3　使用文本框</h2>

文本框是一种存放文本或者图形的对象，不仅可以放置在页面的任何位置，而且还可以进行更改文字方向、设置文字环绕、创建文本框链接等一些特殊的处理。

一、添加文本框

在 Word 文档中不仅可以添加系统自带的 36 种内置文本框，并且还可以绘制"横排"或"竖排"的文本框。

1. 插入文本框　单击"插入"选项卡→"文本"选项组→"文本框"命令→在下拉列表中选择所需的文本框样式即可。

2. 绘制文本框　在 Word 2010 中，我们可以根据文本框中文本的排列方向，绘制"横排"文本框和"竖排"文本框。单击"插入"选项卡→"文本"选项组→"文本框"命令→在下拉列表中选择"绘制文本框"或者"绘制竖排文本框"，此时光标变为"十"形状→拖动鼠标从插入点到要创建文本框的右下角位置，即创建出一个空白的"横排"或"竖排"的文本框。

二、编辑文本框

文本框及其上的对象是独立于其他文本的可编辑整体，可以放置在页面上任何位置，所以需要根据文本框的用途设置文本框中的文字格式、设置文本框的外观等，并且还需要根据文本框之间的关系，创建文本框之间的链接。

(一) 设置文本框的格式
文本框的外观包括其形状、形状样式等。

1. 编辑形状的操作步骤　首先选定要编辑的文本框→单击"绘图工具 - 格式"选项卡→"插入形状"选项组→"编辑形状"命令→在下拉列表中选择"更改形状"或"编辑顶点"。"更改形状"中给出了"矩形""基本形状""箭头汇总"等七类形状。"编辑顶点"是通过拖动控制点改变文本框的形状。

2. 设置文本框的格式与前述的设置图形格式的操作是相同的。例如，要完成任务 3-4 中的 6 "文本框操作(插入横排文本框，将".什么是糖尿病？.txt"内容复制在框内，设置黑色加粗的宋体小四号字、1.3 倍行距；该文本框的图案填充是前景色为红色、背景色是白色的 5% 的图案，线条是 2 磅的黄色实线"的操作步骤如下：

(1) 单击"插入"选项卡→"文本"选项组→"文本框"→"绘制文本框"命令。

(2) 拖动鼠标从插入点到要创建文本框的右下角位置，即创建出一个空白的"横排"文本框。

(3) 将"什么是糖尿病？.txt"内容复制在框内，设置绿色加粗的楷体小四号字、1.3 倍行距，并调整文本框的大小使其能全部显示所有的文字。

(4) 选定该文本框，单击鼠标右键→在弹出的快捷菜单中选择"设置形状格式"，弹出"设置形状格式"对话框。

(5) 选择"填充"选项中的"图案填充"。

(6) 分别设置前景色为"红色"、背景色是"白色"的 5% 的图案，如图 3-72 所示，单击"关闭"按钮。

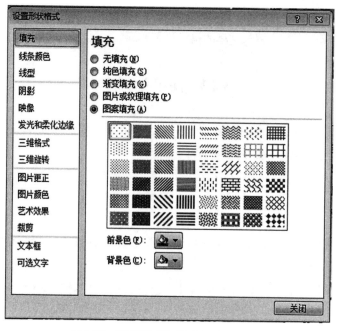

图 3-72 "形状格式"对话框设置图案填充

(7) 选定该文本框→单击"绘图工具 - 格式"选项卡→"形状样式"选项组→"形状轮廓"命令。

(8) 在"主题颜色"中选择"黄色"。

(9) 再次单击"形状轮廓"命令,在"粗细"中选择"2.25 磅实线"即可。

"什么人容易患上糖尿病?"的文本框格式设置可参考形状格式设置相关操作,在此不再赘述。

(二) 链接文本框

为了充分利用版面空间,需要将文字安排在不同版面的文本框中,此时可以运用文本框的链接功能来实现上述要求。

1. 建立链接 文本框链接的作用是在第一个文本框中输入内容,若第一个文本框中的内容无法完整显示,则内容会自动显示在链接的第二个文本框中,若第二个文本框中的内容还是无法完整显示,则内容会自动显示在链接的第三个文本框中,如此类推。在 Word 2010 中最多可以建立 32 个文本框链接。

在建立文本框之间的链接关系时,需要保证要链接的文本框是空的,并且所链接的文本框必须在同一个文档中,以及它没与其他文本框建立链接关系。

例如,两个文本框创建链接的操作步骤是:在文档中绘制或插入两个文本框→选定第一个文本框→单击"绘图工具 - 格式"选项卡→"文本"选项组→"创建链接"命令,单击第二个文本框即可。

2. 断开链接 要断开一个文本框和其他文本框的链接,选择这个文本框→单击"绘图工具 - 格式"选项卡→"文本"选项组→"断开链接"命令即可。

3.4.4 使用艺术字

艺术字是一个文字样式库,不仅可以将艺术字添加到文档中以制作出装饰性效果,而且还可以将艺术字设置成各种各样的形状,以及将艺术字设置为阴影与三维效果的样式。

一、插入艺术字

单击"插入"选项卡→"文本"选项组→"艺术字"命令→在下拉列表中选择相符的艺术字样式→

在艺术字文本框中输入文字内容,并设置艺术字的"字体"与"字号"。

二、设置艺术字格式

为了使艺术字更具有美观性,可以像设置图片格式那样设置艺术字格式,即设置艺术字的样式、设置文字方向、间距等艺术字格式。

设置艺术字样式与设置图片样式的内容与操作大体一致,主要包括设置艺术字的快速样式、设置填充颜色以及更改形状。由于设置填充颜色与前面的设置图片的填充颜色大体一致,在此主要讲解设置艺术字的快速样式与更改形状两部分的内容。

1. 设置快速样式 Word 2010 一共为用户提供了 30 种艺术字样式。选定需要设置快速样式的艺术字→单击"绘图工具 - 格式"选项卡→"艺术字样式"选项组→"快速样式"命令→在其下拉列表中选择相符的艺术字样式即可。

2. 设置转换效果 更改艺术字的转换效果,即将艺术字的整体形状更改为"跟随路径"或"弯曲"形状。其中,"跟随路径"形状主要包括上弯弧、下弯弧、圆与按钮 4 种形状,而"弯曲"形状主要包括左停止、倒 V 形等 36 种形状。其操作步骤是:单击"绘图工具 - 格式"选项卡→"艺术字样式"选项组→"文字效果"→"转换"命令→在其下拉列表中选择一种形状即可。

例如,在完成任务 3-4 中的 7(3):"选择艺术字库第 3 行 1 列样式,并输入文字"糖尿病主要并发症",设置 24 磅加粗的华文新魏、文本填充颜色为"橙色"、文本效果中的发光变体设置为第 3 行 2 列样式、转换中的"停止"弯曲。"的操作步骤如下:

(1) 单击"插入"选项卡→"文本"选项组→"艺术字"命令→在下拉列表中选择第 3 行 1 列样式艺术字样式。

(2) 在艺术字文本框中输入"糖尿病主要并发症",并选定这些文字将字体设置 24 磅加粗的华文新魏。

(3) 单击"绘图工具 - 格式"选项卡→"艺术字样式"选项组→"文字效果"→"发光"命令→在下拉列表中选择"发光变体"设置为第 3 行 2 列样式;

(4) 单击"绘图工具 - 格式"选项卡→"艺术字样式"选项组→"文字效果"→"转换"命令→在其下拉列表中选择"弯曲"中的"停止"。

3. 设置文字格式 设置文字格式即是设置艺术字的文字方向与对齐方式等格式,单击"绘图工具 - 格式"选项卡→"文本"选项组中的各级命令即可。

文字方向:可以将文字方向更改为横向或堆积排列,或将其旋转到所需的方向。

对齐文本:可以更改文本框中文字的对齐方式。其中,主要包括"顶部对齐""中部对齐""底部对齐"等方式。

3.4.5　使用 SmartArt 图形

SmartArt 图形是信息和观点的视觉表示形式,可以通过从多种不同布局中进行选择来创建 SmartArt 图形,从而快速、轻松、有效地传达信息。在使用 SmartArt 图形时,用户不必拘泥于一种图形样式,可以自由切换布局,图形中的样式、颜色、效果等格式将会自动带入到新布局中,直至用户寻找到满意的图形为止。

一、插入 SmartArt 图形

单击"插入"选项卡→"插图"选项组→"SmartArt"命令→在弹出的"选择 SmartArt 图形"对话框中

选择符合的图形类型即可。

例如，现要插入"射线循环"的 SmartArt 图形的操作是：将光标定位至要插入 SmartArt 图形的位置→单击"插入"选项卡→"插图"选项组→"SmartArt"命令→在弹出的"选择 SmartArt 图形"对话框中，选择"循环"类型中的"射线循环"，如图 3-73 所示→单击"确定"按钮即可。

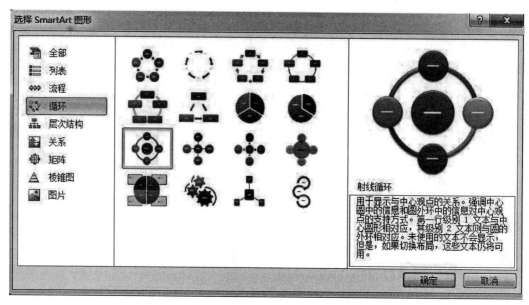

图 3-73 "选择 SmartArt 图形"对话框

二、设置 SmartArt 图形的格式

SmartArt 图形与图片一样，也可以为其设置样式、布局、艺术字样式等格式。同时，还可以进行更改 SmartArt 图形的方向、添加形状与文字等操作。通过设置 SmartArt 图形的格式可以使 SmaltArt 更符合所需及更美观。

1. **设置 SmartArt 样式**　SmartArt 样式是不同格式选项的组合，主要包括文档的最佳匹配对象与三维两种类型共 14 种样式。

例如，将上述的 SmartArt 图形设置为"三维"类型的"优雅"样式的操作是：选定上述的 SmartArt 图形→单击"SmartArt 工具 - 设计"选项卡→"SmartArt 样式"选项组→"其他"命令→在其下拉列表中选择"三维类型的"优雅"样式即可。

另外，在"SmartArt 样式"选项组中还可以设置 SmartArt 图形的颜色。其中，颜色类型主要包括主题颜色（主色）、彩色、强调颜色 1~ 强调颜色 6 等 8 种颜色类型。

图 3-74　设置 SmartArt 图形的
样式和颜色

如将上述的 SmartArt 图形的颜色设置为"彩色范围 - 强调文字颜色 5 至 6"的操作是：选定上述的 SmartArt 图形→单击"SmartArt 工具 - 设计"选项卡→"更改颜色"命令→在下拉列表中选择"彩色"中的"彩色范围 - 强调文字颜色 5 至 6"即可，如图 3-74 所示。

注意：单击"SmartArt 工具 - 设计"选项卡→"重置"选项组→"重设图形"命令，可将图形恢复到最初状态。

2. **设置布局**　设置布局即是更换 SmatrArt 图形。例如，要将所述的 SmartArt 图形更改为"循环"类型的"基本射线图"时，选定要更改的 SmartArt 图形→单击"SmartArt 工具 - 设计"选项卡→"布局"选项组→

"其他"命令→选择"其他布局"→在弹出"选择 SmartArt 图形"对话框的左边窗格选择"循环"类型→在中间窗格显示的所有"循环"类型图形中选择"基本射线图"→单击"确定"按钮即可。更改后图形如图 3-75 所示。

3. **创建图形**　创建图形主要是更改 SmartArt 图形的方向、添加或减少 SmartArt 图形的个数,以及为其添加文字等操作。

(1) 添加文字:插入 SmartArt 图形之后,若需要为其添加文字则单击 "SmartArt 工具 - 设计"选项卡→"创建图形"选项组→"文本窗格"命令,在弹出的"在此处键入文字"任务窗格中根据形状输入的内容即可。

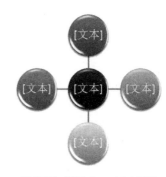

图 3-75　更换 SmartArt 图形

如在上述的 SmartArt 图形,添加文字"五大发展理念""创新""协调""绿色""开放"的操作步骤是:单击"SmartArt 工具 - 设计"选项卡→"创建图形"选项组→"文本窗格"命令→在弹出的"在此处键入文字"任务窗格中输入"五大发展理念""创新""协调""绿色""开放",如图 3-76 所示。

图 3-76　在 SmartArt 图形添加文字

注意:图形中的文字的格式的设置与文档中文字格式的设置相同。

(2) 更改方向:更改方向即是更改 SmartArt 图形的连接线方向。

例如,将上述 SmartArt 图形更改"从右向左"的操作步骤是:选定需要更改方向的 SmartArt 图形→单击 "SmartArt 工具 - 设计"选项卡→"创建图形"选项组→"从右向左"命令即可更改 SmartArt 图形方向。

(3) 添加形状:在使用 SmartArt 图形时,我们还可根据需要从上方、下方、前面、后面添加形状。

例如,在上述 SmartArt 图形中的"开放"的后面添加形状的操作步骤是:选定要添加形状的位置"开放"→单击"SmartArt 工具 - 设计"选项卡→"创建图形"选项组→"添加形状"命令→在其下拉列表中选择在"在后面添加图形"即可,如图 3-77 所示。

注意:删除 SmartArt 图形中的形状,只需选定要删除的形状,按 Delete 键即可。

4. **设置艺术字样式**　为了使 SmartArt 图形更加美观,可以设置图形文字的字体效果。选定需要设置艺术字样式的图形,单击"SmartArt 工具 - 设计"选项卡→"艺术字样式"选项组→"其他"命令→在下拉列表中选择相符的样式即可。

图 3-77　在 SmartArt 图形中添加形状

3.4.6　关于图文混排的补充说明

一、图形对象的选择

我们将图片、文本框、艺术字和 SmartArt 图形等称为图形。在图文混排操作中，要进行图形对象的对齐、组合前，应先选定对象。选择图形的方法如下：

1. **选定一个图形对象**　当鼠标移过对象时，指针会变成十字形，单击即可选定这一对象。
2. **选定多个对象**　按住 Shift 键，依次单击各个对象。

二、组合 / 取消组合图形

一个整体图形往往由多个基本图形（如图片、文本框、艺术字和 SmartArt 图形等）组成，利用 Word 2010 提供的组合功能，可以将分散的图形组合为一个整体图形，成为具有整体编辑属性的图形。操作方法如下：

1. 把单个的图形按组合的要求制作好并调整到位。
2. 按住 Shift 键，逐个单击选定基本图形对象。
3. 单击"图片工具 - 格式"选项卡→"排列"选项组→"组合"命令即可。

若要取消其组合，则可选中组合成的整体图形，单击"图片工具 - 格式"选项卡→"排列"选项组→"取消"命令即可，图形即可分解还原成原来的多个基本图形。

三、旋转和翻转图形

图形可以进行向左旋转 90°、向右旋转 90°、水平或垂直翻转，操作步骤是：首先选定需要旋转或翻转的图形，然后单击"图片工具"的"格式"选项卡→"排列"选项组→"旋转"命令，在下拉的列表中选择旋转的方式即可。

若选定需要旋转的图形后，按住 Alt 键和"←"键可逆时针旋转图形，按住 Alt 键和"→"键可顺时针旋转图形。

若选定需要旋转的图形后，按住图片中的旋转按钮可任意翻转图形。

四、微调图形的位置

在进行图形操作时，经常需要精确地调整图形的位置。首先选定需要调整的对象，按住 Alt 键不放，再按"↑""↓""←""→"键可微调图形的位置。

任务 3-5　批量制作健康知识讲座邀请函并打印

【任务描述】

健康医院内分泌科为每一位就诊的糖尿病患者建立健康档案并定期邀请这些患者参加医院举行的健

康知识讲座。11 月 11 日，健康医院将举行"糖尿病心血管疾病防治"的健康知识讲座，要向患者们寄发内容相同的邀请函，如图 3-78 所示。但每份邀请函上要注明患者的姓名。

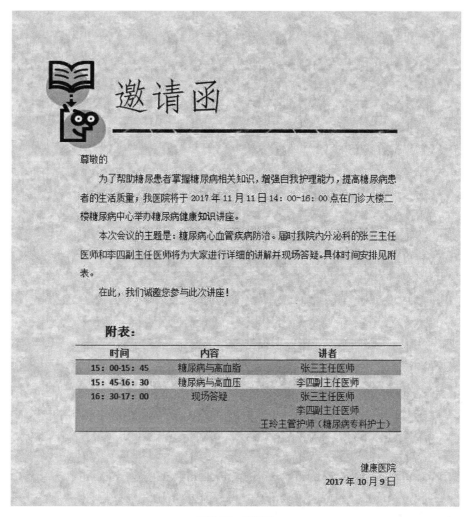

图 3-78　邀请函

1. 制作邀请函的主文档"邀请函 .docx"，类型为"信函"，具体格式要求如下：

(1) 页面纸张大小 16 开，上、下页边距 3 厘米，左、右页边距 2.8 厘米。

(2) 页面背景填充效果为纹理中的羊皮纸。

(3) 邀请函左上角的图片是剪贴画中的图片"books"。设置图片的大小为：高 3.45 厘米，宽 2.40 厘米。环绕方式为四周型。

(4) 标题"邀请函"的字体格式为仿宋，初号。

(5) 在标题下插入横线，样式选择第三行第一列。

(6) 正文格式为宋体、五号，首行缩进 2 字符。

(7) 正文第五段（"附表"）的字体格式为宋体、四号、加粗。

(8) 邀请函中的表格使用样式"浅色底纹—强调文字颜色 2"。

(9) 最后两段文本右对齐。

2. 建立数据源"患者姓名 .mdb"，患者的姓名包括：钱小明、孙玲、牛君、钟芬芬、潘杰、胡小军。

3. 利用邮件合并批量制作邀请函，完成后以文件名"糖尿病心血管疾病防治讲座邀请函 .docx"保存。

3.5.1　邮 件 合 并

　　邮件合并用于创建套用信函、邮件地址标签、打印信封、批量电子邮件和传真分发。它是通过合并一个主文档和一个数据源来实现的。主文档包含文档中固定不变的内容(如健康知识讲座的具体安排),数据源包含文档中要变化的内容(如患者的姓名)。使用邮件合并功能在主文档中插入变化的信息,合成后的文件可以保存为 Word 文档,可以打印出来,也可以以邮件形式发出去。

一、主文档与数据源

　　1. 主文档　主文档是在 Word 的邮件合并操作中,包含着每个分类文档所共有的标准文字和图形,也就是指邮件合并内容的固定不变的部分,如信函中的通用部分、信封的版式等。建立主文档的过程就和平时新建一个 Word 文档一模一样,在进行邮件合并之前它只是一个普通的文档。

　　例如,在任务 3-5 的邀请函中,除具体姓名以外的文字内容、表格等,都是固定不变的,都属于主文档。

　　2. 数据源　数据源是包含着合并到文档中需要变化的信息的文件,也就是数据记录表。当主文件和数据源合并时,Word 2010 能够用数据源中相应的信息代替主文件中的对应域,生成合并文档。一般情况下,我们考虑使用邮件合并来提高效率正是因为我们手上已经有了相关的数据源,如 Word 表格、Excel 表格、Outlook 联系人或 Access 数据库。如果没有现成的,我们也可以新建一个数据源。

二、邮件合并过程

　　下面用邮件合并功能批量制作健康知识讲座邀请函。邮件合并的基本过程包括以下几个步骤,只要理解了这些过程,就可以得心应手地利用邮件合并来完成批量作业。

　　1. 创建主文档　新建一个 Word 文档,录入邀请函中固定部分的内容,保存文件并命名为"邀请函 .docx"。操作过程中可能遇到困难可参考以下操作提示:

　　(1) 剪贴画图片"books"的插入:单击"插入"选项卡→"插图"选项组→"剪贴画"命令,弹出"剪贴画"任务窗格→在"搜索文字"输入框中输入"books",→单击"搜索"按钮,即可找到所需的图片。

　　(2) 标题下横线的插入:选定标题→单击"开始"选项卡→"段落"选项组→右下角的"边框"按钮的下拉箭头→"边框和底纹"命令→在弹出的"边框和底纹"对话框中,单击对话框下方的"横线"按钮→在弹出的"横线"对话框中选择第三行第一列的横线→单击"确定"按钮,完成横线的插入。

　　(3) 表格自动套用格式:选中表格→选择"表格工具 - 设计"→"表格样式"选项组→"其他"命令→在下拉样式中选择"浅色底纹—强调文字颜色 2"

　　2. 单击"邮件"选项卡→"开始邮件合并"选项组→"开始邮件合并"命令,在下拉菜单中选择要设置的文档类型,在该任务中我们选择"信函",如图 3-79 所示。

图 3-79　选择主文档类型

3. 选择数据源

(1) 没有现成的数据源：在"开始邮件合并"选项组→"选择收件人"→在下拉列表中选择"键入新建列表"命令→在弹出"新建地址列表"对话框中单击"自定义列"按钮，如图 3-80 所示。

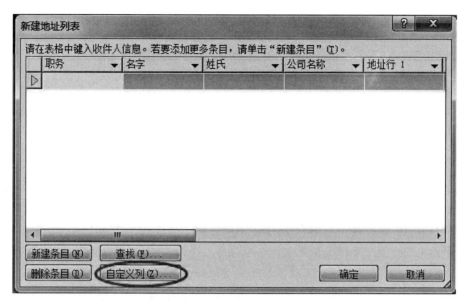

图 3-80　新建地址列表

在弹出的"自定义地址列表"对话框中利用"删除"按钮，将域名框中不需要的列表项目逐一删除，留下"名字"。选择"名字"，单击"重命名"按钮，在弹出的"重命名域"对话框键入新域名"姓名"，单击"确定"按钮返回到"新建地址列表"对话框。在"新建地址列表"对话框中逐个输入"姓名"信息，分别为："钱小明、孙玲、牛君、钟芬芬、潘杰、胡小军"，每完成 1 个姓名信息的录入，单击"新建条目"按钮，如图 3-81 所示，直至姓名信息全部录完，共 6 个条目。

图 3-81　新建条目

在完成条目数据输入后，单击"确定"按钮。在弹出的"保存通讯录"对话框的"文件名"文本框内输入文件名"患者姓名"，单击"保存"按钮，完成数据源文件的建立。

(2) 已经有了相关的数据源：例如，原来已经建立了一个名为"患者通讯录 .docx"的文件，文件内容是以下表格，如表 3-6 所示。

表3-6 患者通讯录

姓名	住址
钱小明	广州市东风南路 600 号
孙玲	广州市人民东路 45 号
牛君	佛山市东沙南路 65 号
钟芬芬	广州市中山九路 70 号
潘杰	茂名市人民路 7 号
胡小军	广州市云城南路 32 号

在"开始邮件合并"选项组→"选择收件人"→在下拉列表中选择"使用现有列表"→在弹出的"选取数据源"对话框中选择要连接的数据源，如图 3-82 所示。单击"打开"按钮，完成数据源的连接。

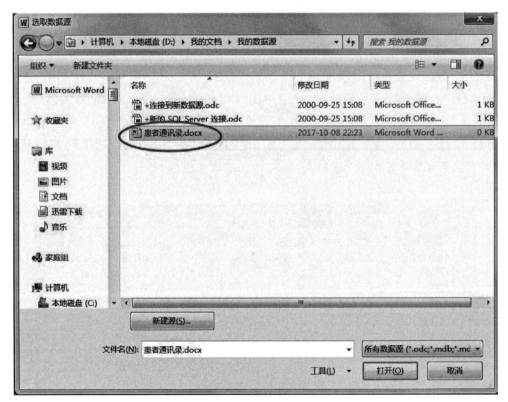

图 3-82 选取数据源

4. 插入合并域 将光标定位到邀请函文档的第一行文本"尊敬的"后面→在"编写和插入域"选项组中→单击"插入合并域"，在下拉列表中选择"姓名"，完成后效果如图 3-83 所示。

5. 预览邮件合并结果 完成上述步骤后，单击"预览结果"选项组→"预览结果"命令进行预览。

6. 完成邮件合并 单击"完成"选项组中→"完成并合并"命令→在弹出的菜单中，选择"编辑单个文档"→弹出的"合并到新文档"对话框中，设置合并的范围为"全部"，如图 3-84 所示，完成后保存为"糖尿病心血管疾病防治讲座邀请函 .docx"。

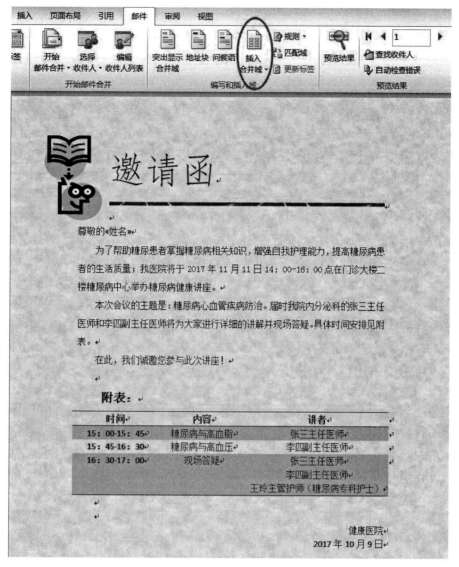

图 3-83　插入合并域及文档效果图

图 3-84　合并到新文档

3.5.2　文件打印

一、打印预览

　　"打印预览"能提供文档在纸上的打印的效果,若效果不理想,可在打印前作相应的调整而不必打印在纸上,从而节约了纸和时间,在 Word 2010 中,即使尚未安装打印机也可以进行打印预览。进入打印预览的方法有以下三种。

1. 单击"文件"选项卡→"打印"功能选项,则在"预览窗口"显示将打印的效果,如图 3-85 所示。

图 3-85 打印功能选项界面

在"文件"选项中的"打印"功能选项界面分三栏,左栏显示了"文件"选项的所有功能选项,中间栏是"打印及设置",右栏为"打印预览窗口"。在"打印预览"窗口中的左下方显示当前窗口位于文档的第几页共多少页,在这可直接修改预览文档的位置(页数);右下方是显示比例,调整范围从 10%~500%。也可用快捷键按下 Ctrl 键同时滚动鼠标滚轮即可放大缩小,或调整"打印预览"窗口下方的"显示比例",在实际大小 100% 处有一刻度,当向小的范围调整时,显示的页数就增多,通过显示比例调整到合适的"多页"显示。

2. 在快速访问工具栏单击"打印预览和打印"按钮,即可看到文档预览,默认显示当前页的打印效果。

3. 按下组合键 Ctrl+P 或 Ctrl+F2,弹出打印功能选项界面。

单击窗口的任何一个选项卡,即可关闭打印预览,返回文档编辑。

二、打印输出

当通过打印预览确认编排效果符合要求时，就可进行打印了。以下三种方法均可实现打印功能：

1. 单击"文件"选项卡→"打印"功能选项→单击"打印"按钮。在"打印"功能选项界面中选择打印机（当装有多台打印机时选择当前打印的打印机）、设置打印机属性、设置打印份数、打印方式如单面还是双面等、打印输出的缩放如每版打印多少页、纸的方向等，设置完成后按"打印"按钮。

2. 在快速访问工具栏单击"快速打印"按钮。

3. 按下组合键 Ctrl+P 或 Ctrl+F2，弹出打印功能选项界面。

【任务扩展】

健康知识讲座邀请函打印好后，要寄给患者，请利用邮件合并功能，使用表 3-3 的内容作为数据源，生成寄给各位患者的信封。信封的格式图 3-86 所示。

图 3-86　信封

操作提示：

操作过程按邮件合并的 6 个步骤。在选择文档类型时要选择"信封"。在选择收件人时，可以新建一个文档，录入表 3-3 的内容，并以该文档作为数据源；也可以选择任务 3-5 中建立的"患者通讯录 .mdb"作为数据源，然后在"开始邮件合并"选项组中点击"编辑收件人列表"，在弹出的"邮件合并收件人"对话框中选择"患者通讯录 .mdb"后单击"编辑"按钮，在弹出的"编辑数据源"对话框中点击"自定义列"按钮，增加"地址"域，并输入地址信息，完成数据源的修改。

（孙　玮　胡志敏）

学习小结

1. Word 2010 是美国微软公司所推出的文字处理软件,它是办公软件之一,一般用于文字的格式化和排版。文字处理软件的发展和文字处理的电子化是信息社会发展的标志之一。Word 的功能不只是制作一些报告或公文,它的应用十分广泛。例如:可以直接利用 Word 制作大量文件、宣传单或邀请函等。

2. Word 2010 中的基本文本编辑功能包括文本的输入、编辑、选定、剪切、复制、粘贴、撤销和重复操作,查找和替换操作等。这些操作都是编辑 Word 2010 文档的基础,学习者应该熟练掌握。

3. 熟练掌握格式化文档操作可以使文档增强可读性和艺术性。其中应用字符格式使文字效果突出,而段落格式则使文档更加美观。Word 2010 的项目和编号功能可以自动将列表项编号。其他如添加边框和底纹、首字下沉、改变文字方向等,在排版的时候也经常用到。

4. 在文档中使用表格可以使纷乱的数据更具有可读性。

5. 为了使文档更加美观,可以在其中插入各种图片、图形、艺术字等对象,图文混排功能使对象和文档融为一体。

6. 使用邮件合并的方法批量制作格式内容相似的文档,可以提高工作效率。

复习参考题

1. 新建一个名为 H7N9.docx 的文档,在该文档中录入下面的文字:

什么是禽流感?

禽流感是由甲型流感病毒引起的禽类传染性疾病,容易在鸟类(尤其是鸡)之间引起流行,过去时民间称作鸡瘟。禽类感染后死亡率很高。

什么是人感染高致病性禽流感?

禽流感病毒可分为高致病性、低致病性和非致病性三大类。其中高致病性禽流感是由 H5 和 H7 亚毒株(以 H5N1 和 H7N7 为代表)引起的疾病。高致病性禽流感因其在禽类中传播快、危害大、病死率高,被世界动物卫生组织列为 A 类动物疫病,我国将其列为一类动物疫病。高致病性禽流感 H5N1 是不断进化的,其寄生的动物(又叫宿主)范围会不断扩大,可感染虎、家猫等哺乳动物,正常家鸭携带并排出病毒的比例增加,尤其是在猪体内更常被检出

对文档 H7N9.DOC 进行如下操作:

(1) 把本文中的"禽流感"全部替换为"禽流行性感冒"。

(2) 将第一段和第二段交换位置。

(3) 在文档最前面插入空行,并在该行中输入"禽流感常识"作为标题行,标题行水平居中,黑体三号字,倾斜,字体颜色为红色。

(4) 将正文文字设置为楷体 GB1323、小四号;段落设置如下:首行缩进 2 字符;行距设为固定值、16 磅;对齐方式为左对齐;左缩进 1.5 字符;段前距 0.5 行。

(5) 设置页面为:A4 纸,页边距上、下各为 2.5 厘米,左、右各为 2 厘米。

(6) 为文档插入页眉,页眉内容为"禽流行性感冒"。页眉居中,小五号宋体。

(7) 存盘,退出 WORD。

2. 新建一个文档,录入你所在科室的规章制度,要求标题居中;设置正文的项目符号与编号,并把正文分为等宽的两栏,加分隔线;在标题与正文之间为正文建立一级目录。

3. 搜集关于"肺炎病因、病征""肺炎患者的护理""肺炎患者饮食注意的问题"和"肺炎的预防"等资料,用 A4 纸制作一份关于"肺炎健康宣传"的资料。要求:使用艺术字、文本框、自选图形、图片、表格等多种文档的修饰手法增强文档的可读性和感染力。

第四章　Excel 2010 电子表格软件

4

学习目标

掌握　Excel 2010 建立工作簿、工作表的基本方法以及建立数据文件的方法；工作表的格式化、公式函数、单元格引用、数据排序、分类汇总、图表制作方法。

熟悉　数据透视表的使用。

了解　工作表打印方法。

能力目标

能熟练使用 Excel 2010 进行数据录入与数据处理与分析。

Excel 是由 Microsoft 公司开发的，是 Microsoft Office 办公系列软件的重要组成部分，其主要功能是能够方便地制作出各种电子表格。可使用公式对数据进行复杂的运算，把数据用各种统计图表的形式表现得直观明了，甚至可以进行一些数据分析工作，因此被广泛用于财务、金融、经济、审计和统计和医学数据分析等众多领域。

Excel 2010 与早期版本相比较，新增的功能有：在 Excel 2010 中，可以创建自己的选项卡和组，还可以重命名或更改内置选项卡和组的顺序；"文件"选项卡取代了"Office 按钮"及更早期版本中的"文件"菜单，用最新创新技术的 Backstage 视图管理文件及其相关数据：创建、保存、检查隐藏的元数据或个人信息以及设置选项；使用迷你图、切片器，可以快速、有效地比较数据列表等。同时，在数据透视表、条件格式设置、函数的准确性和一致性、图表等方面进行了功能的改进，使 Excel 的功能更加强大。

任务 4-1　创建及修饰一份住院患者清单

【任务描述】

1. 在 Excel 2010 中制作下面的住院患者基本信息表，如表 4-1 所示。
2. 建立的工作表导出成 CSV 格式文件。
3. 设置性别列的有效性，使只能输入 1（男）和 2（女）。
4. 将标题字体设置为宋体 14 号字，表格内容设置为宋体 10 号字，并按上表格式设置框线。
5. 将此文件保存为 data. xlsx。

表 4-1　住院信息表

住院号	姓名	性别	出生日期	入院日期	出院日期	疾病名称	ICD	药品费	其他费用
0101	李莉娟	2	1973-1-12	2013-1-1	2013-1-10	胃炎	K29.700	1200.00	3620.50
0102	王万宏	1	1970-12-23	2013-1-2	2013-2-9	尺骨骨折	S52.201	800.00	2300.00
0103	张华卫	1	1960-7-2	2013-1-3	2013-1-12	高血压病	I10.x00	600.00	1200.00
0104	赵斌	1	1974-11-5	2013-1-4	2013-1-8	口腔炎	K12.112	230.00	800.00
0105	梁萍	2	1975-3-12	2013-1-5	2013-1-20	期前收缩	I49.400	320.00	1230.00
0201	王兰香	2	1988-11-23	2013-1-6	2013-1-11	慢性咽炎	J31.200	230.00	1100.00
0202	黄丽丽	2	1963-5-12	2013-1-7	2013-2-10	肺炎	J18.900	2300.00	4320.00
0203	王永歌	1	1982-6-29	2013-1-8	2013-1-25	高脂血症	E78.500	1700.00	3600.00
0204	许艳艳	2	1984-2-28	2013-1-9	2013-1-28	糖尿病	E14.900	1800.00	2390.00
0205	李建辉	1	1962-4-12	2013-1-10	2013-2-25	脑卒中	I64.x00	1800.00	4510.00

【知识点分析】

4.1.1　Excel 2010 基本操作

一、基本知识

（一）基本概念

1. **工作簿**　一个 Excel 文件就是一个工作簿，工作簿是计算和储存数据的文件，其扩展名为"XLSX"（2003 年以前版本为 XLS）。在一个工作簿中可以包含若干个工作表。

2. 工作表　一个工作簿可以包含多个工作表,最多可在一个工作簿中创建 255 个工作表。可将若干相关工作表组成一个工作簿,操作时不必打开多个文件,而直接在同一文件的不同工作表中方便地切换。默认情况下,Excel 一个工作簿中有 3 个工作表。工作表由按行、列组织的单元格构成,每个工作表下面都会有一个选项卡,为工作表名,第一张工作表默认的名称为 Sheet1,第二张为 Sheet2,依此类推。

3. 单元格　单元格是指工作表中行和列交叉所形成的小格子,单元格是组成工作表的最小单位。对单元格数据的编辑和运算是建立工作表的基础,Excel 的工作表由 $2^{20}=1,048,576$ 行(Excel 2003 为 $2^{16}=65\ 536$)、$2^{14}=16,384$(Excel 2003 为 $2^8=256$)列组成。每个单元格用它所在的列标和行号来引用,一般通过指定工作表左边的行号加上位于工作表上端的列标号来实现。行序号为 1,2,3,4,……。列序号为 A,B,…,Z,AA,AB,…,AZ,BA,BB,…,BZ,…,IA,…,IV 等,单击"文件"选项卡→"选项"→"公式"中勾选"使用公式组"的"R1C1 引用样式"复选框,可将列标号的字母显示转换为数字显示。可以分别按 Ctrl+↑、↓、←、→键快速定位得到最后(前)一行或一列。单个单元格用单个地址标识,地址由列号和行号构成,如 A3,B5。多个单元格用地址范围标识,地址范围由左上角单元格坐标和右下角的单元格坐标给出,中间用冒号作分隔符。例如,单元格地址范围 A1:B3 表示 A1,A2,A3,B1,B2,B3。拖动单元格行号和列标号之间的分隔线,可增大和缩小行宽和列高,以控制单元格中显示宽度。拖动列标边线可改变左侧列的宽度,拖动行序号边线可改变上侧行的高度。

4. 活动单元格　活动单元格是指目前正在操作的单元格。要在单元格中输入数据,首先要将该单元格变成活动单元格。工作表中有且仅有一个单元格是活动的,鼠标单击某单元格,就可将它变为活动单元格,如图 4-1 所示 A1 单元格是活动单元格,此时它的边框线变成粗线,行、列号变为突出显示,此时可以在单元格中进行输入新内容、修改或删除旧内容等操作。

(二) Excel 窗口组成

Excel 启动成功后,出现如图 4-1 所示的界面,这个窗口实际上由两个窗口组成:Excel 应用程序窗口和打开的工作簿文档窗口。Excel 窗口包括标题栏、功能区、编辑栏及状态栏。工作簿窗口由标题栏、工作表选项卡、行号、列标以及滚动条等。与 Word 不同的是有编辑栏。

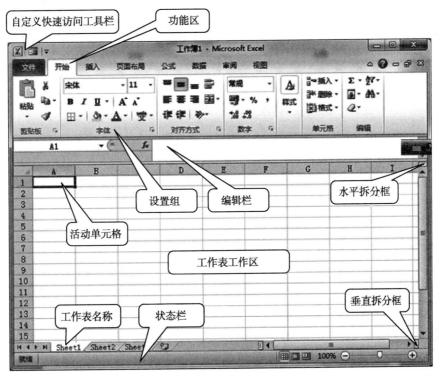

图 4-1　Excel 2010 窗口组成

1. **标题栏**　窗口的最上端是标题栏,默认显示的标题是"Microsoft Excel-Book1",其中"Microsoft Excel"是 Excel 应用程序窗口的标题,"Book1"是工作簿文档窗口的标题。如果 Excel 应用程序窗口和工作簿文档窗口都被最大化,工作簿窗口的标题栏将被合并到 Excel 窗口的标题栏中。标题栏最左侧是"快速访问工具栏",单击鼠标右键,在弹出的快捷菜单中,可将"快速访问工具栏"移动到功能区下面或单击"快速访问工具栏"右边的小按钮,在出现的"自定义快速访问工具栏"中可选择相应功能在快速访问工具栏显示。在 Excel 2010 中,当打开在 Excel 97-2003 中创建的工作簿时,会自动在兼容模式下打开它,并且会在 Excel 标题栏中文件名旁边的方括号内看到"兼容模式"字样。

2. **功能区**　Excel 2010 的标题栏下方即为功能区。功能区由"选项卡"(或称"标签")和下面的"组"组成。默认选项卡有文件、开始、插入、页面布局、公式、数据、审阅、视图等 8 个,单击各选项卡实现在不同选项卡之间切换。

(1)"文件"选项卡:主要是一组针对文件操作(保存、打印等)的命令及设置(选项)命令。

(2)"开始"选项卡:为默认选项卡,包含一组最常用的最基本的命令。如单元格数据的剪贴板操作(复制、粘贴等),字体(字体、字号)设置、对齐方式设置、数字显示格式设置、单元格样式设置、单元格操作(插入、删除等)及对单元格的编辑(求和、排序和筛选、查找与替换等)等。

(3)"插入"选项卡:可以插入表格、插图(图形)和图表(根据数据制作统计图)、链接,页眉和页脚设置、插入文本(如文本框、日期、其他对象如公式)和特殊符号(含编号)等。

(4)"页面布局"选项卡:可以进行页面设置(纸张大小和方向等)。

(5)"公式"选项卡:主要用于插入函数和公式的审核等。

(6)"数据"选项卡:可用于对数据的排序和筛选等操作。

(7)"审阅"选项卡:可以在单元格加入批注等操作。

(8)"视图"选项卡:可以实现不同视图之间切换和对窗口的拆分等操作。

单击"选项卡"会出现对应的"设置组",简称"组"。如"开始"选项卡下面由"剪切板"组、"字体"组、"对齐方式"等组组成。每个组中又有多个"命令"(按钮)组成,如"剪切板"组由"粘贴""剪切""复制""格式刷"等命令,单击对应的命令可完成相应的操作,可以在命令上单击鼠标右键,在弹出的快捷菜单中选择"添加到快速访问工具栏"将某个命令添加到快速访问工具栏中。可通过"文件"选项卡下面的"选项"命令新建或重命名功能区中的"选项卡"及"组"内容。单击鼠标右键在弹出的快捷菜单中选择"功能区最小化"命令(或双击选项卡)可以将功能区最小化以免占据太多屏幕空间。

3. **编辑栏**　在"设置组"的下方为编辑栏,显示当前单元格名称和相关的内容。如果单元格中含有公式,则公式的结果会显示在单元格中,在编辑栏中显示公式本身。

4. **状态栏**　位于应用程序窗口的底部,Excel 用它来显示不同的状态信息。默认"就绪"状态,当输入内容时显示"输入"状态,对有内容单元格双击时显示"编辑"状态。选中几个单元格时可以对显示单元格的平均值(数字)、计数(数字或字符)、求和(数字)等信息。单击鼠标右键可以自定义状态栏显示内容。右边是三个"视图切换"按钮,单击可以切换到不同视图。最右边是"视图缩放"按钮,类似放大镜,按中间的滚动条拖动鼠标,或按"-""+"按钮或直接按 Ctrl 键同时按下鼠标中间的滚动按钮前后滚动。可以把屏幕显示内容放大或缩小。但单元格中字体的大小并没有改变。

二、工作表与工作簿

(一)工作表

工作表为 Excel 窗口的主体,由单元格组成,每个单元格由行号、列标号来定位。

1. **建立工作表**　建立工作表是 Excel 的重要操作之一,一个工作簿文件由多个工作表组成,而一个工作表由若干个单元格组成,打开或新建工作簿后可打开或建立工作表,单击"开始"选项卡→"单元格"选项组→"插入"命令→在弹出的下拉菜单中选择"插入工作表"命令,则可在当前工作表前插入一个新"工作表"。

2. **工作表选项卡** 位于工作簿文档窗口的左下底部,初始为 Sheetl、Sheet2、Sheet3,代表工作表的名称,用鼠标单击"工作表选项卡"可切换到相应的工作表中。如果想使用键盘切换工作表选项卡,可按 Ctrl+PageUP 和 Ctrl+PageDown 键。当用户创建了多个工作表时,可以利用工作表选项卡左侧的四个滚动按钮来显示当前不可见的工作表选项卡。

3. **滚动条** 滚动条分为水平滚动条和垂直滚动条,分别位于工作表的右下方和右侧。当工作表在屏幕上不能完整显示时,可通过滚动条使工作表水平或垂直滚动。

4. **选项卡拆分框** 位于选项卡栏和水平滚动条之间的小竖块,鼠标指向小竖块向左右拖曳可增加水平滚动条或选项卡栏的长度。鼠标双击小竖块可恢复其默认的设置。

5. **拆分框** 拆分框分为水平拆分框和垂直拆分框,在垂直滚动条的上方以及水平滚动条的右边,各有一个小竖块,称为拆分框。拖曳拆分框可以将一个窗口分成两个窗格或多个窗格(最多四个)。有助于同时查看同一工作表的不同部分。鼠标双击小竖块可取消工作表的拆分。

（二）工作簿

1. **创建工作簿** 当启动 Excel 时,Excel 自动创建了一个名为 Book1 的工作簿文件。如果要创建一个新的工作簿,也可按照下述步骤进行:

（1）单击"文件"选项卡→"新建"命令,在"可用模板"下双击选择相应模板如图 4-2 所示。

图 4-2 新建模板

（2）如果建立一个空的工作簿,单击"空工作簿"。创建空工作簿时,Excel 将自动以 Book1,Book2,Book3,……顺序对新工作簿命名。

单击"样本模板",可选择本机上的模板,如单击"血压监测",可以打开血压监测模板,可以在现有的模板里面输入血压值,如图 4-3 所示,并由此可产生血压图表,如图 4-4 所示。

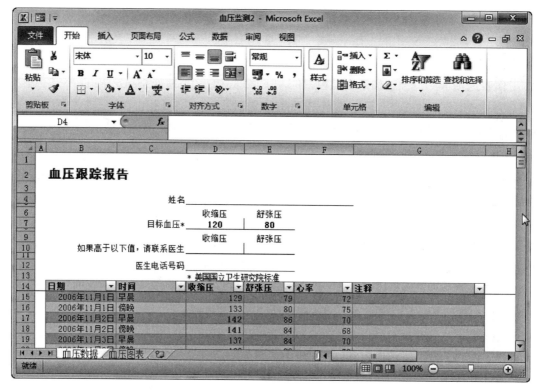

图 4-3 血压数据工作表

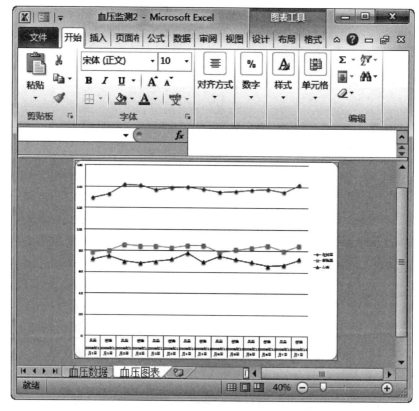

图 4-4 血压图表工作表

    2. 保存工作簿　在保存工作簿之前,文件存储在内存中。如果关闭计算机,保存在内存中的信息将丢失。为了以后使用该工作簿,必须把它保存到外存中,保存方法与 Word 相同。如按表 4-1 所示在 EXCEL 工作表中输入数据,如果要保存该工作簿,步骤如下:

（1）单击"文件"选项卡→"保存"命令，或在自定义快速访问工具栏中单击"保存"按钮，第一次保存时，会打开"另存为"对话框。如图 4-5 所示。

（2）文件默认保存位置为"库\文档"（C:\Users\Administrator\Documents）文件夹，可通过单击"文件"选项卡→"选项"→"保存"命令进行修改默认文件位置，如果要把工作簿文件保存到该文件夹以外的位置，可通过单击窗口左侧的磁盘选择保存磁盘，再在右侧选择保存文件夹。

（3）在"文件名"框中输入工作簿名称。

（4）单击"保存"命令，即可将工作簿保存起来。工作簿文件的扩展名默认为 XLSX（Excel 2007 以前为 XLS）。

通过单击"审阅"选项卡→"更改"→"保护工作簿"命令，将当前工作表加密保护起来。也可以将该文件保存在其他用户可以访问到的网络上，通过"共享工作簿"实现多用户同步共享。

如果要保存已存在的工作簿，执行"保存"命令，Excel 将不再出现如图 4-5 所示的"另存为"对话框，而是直接将工作簿保存起来。也可以通过单击"文件"选项卡→"另存为"命令，打开该对话框。通过"另存为"对话框也可将生成的 Excel 格式文件保存为其他格式文件，如文本文件（TXT、CSV 格式）和低版本的 XLS 文件等。

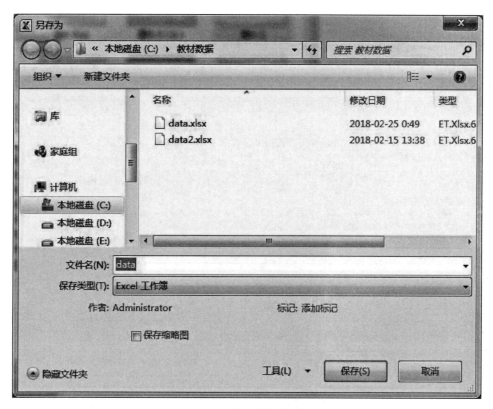

图 4-5 "另存为"对话框

3. 打开工作簿 单击"文件"选项卡→"打开"命令，或自定义快速访问工具栏中的"打开"命令，出现类似如图 4-5 所示的"打开"（将"另存为"换为"打开"）对话框。找到所要打开的文件双击即可。若单击"文件"选项卡→"最近所用文件"，可选择打开最近使用过的文件。

4. 关闭工作簿 与 Word 类似。可单击"文件"选项卡→"关闭"命令，或快捷键是 Alt+F4 键。

5. 退出 Excel 单击"文件"选项卡→"退出"命令即可。

（三）导入文本文件

Excel 与外部数据之间有着友好接口，可方便获取外部数据。可通过 Windows 提供的复制和粘贴命令；

对一些类型的数据文件,还可以利用 Excel 提供的"获取外部数据"命令导入多种类型的文件,如 ACCESS 文件、SQL 文件、XML 类型文件等。

现有一文本的数据文件"data.csv",该文件是"患者住院信息"工作表,单击"文件"选项组→"另存为"→"CSV(逗号分隔)(*.csv)"命令得到,内容如图 4-6 所示,现将其导入到 Excel 工作表中。

图 4-6　rsda.csv 文本文件数据

(1) 导入数据:在 DATA.XLSX 工作簿中,新建一工作表,如 Sheet2 并打开它,单击"数据"选项卡→"获取外部数据"选项组→"自文本"命令,打开"导入文本文件"对话框,在左侧的文件夹树中选择所在的文件位置;右侧窗口选择"文本文件"处选择一种需要导入的文件,单击"导入"按钮。打开"文本导入向导 - 第 1 步,共 3 步"对话框,如图 4-7 所示。

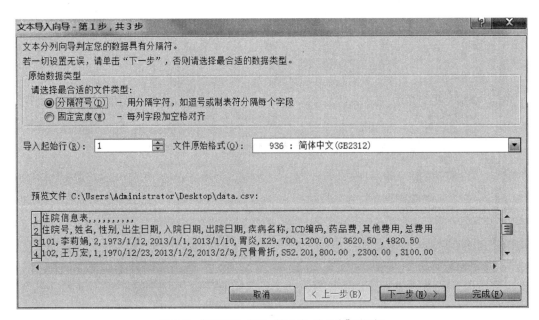

图 4-7　"文本导入向导 - 第 1 步,共 3 步"对话框

(2) 根据所选文本文件格式选取"分隔符号"或"固定宽度"复选框,本例选用"分隔符号"。如果要更改导入起始行,可更改导入起始行框中数字,单击"下一步"按钮。打开"文本导入向导 - 第 2 步,共 3 步"对话框,如图 4-8 所示。

(3) 分隔符号勾选"逗号"选项,单击"下一步",打开"文本导入向导 - 第 3 步,共 3 步"对话框,如图 4-9 所示。

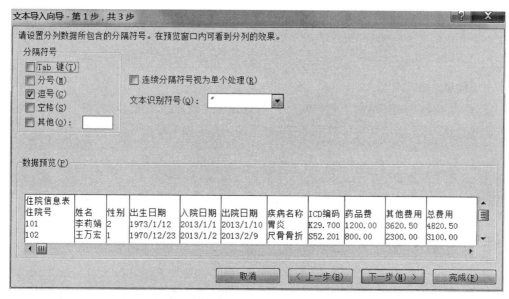

图 4-8 "文本导入向导 - 第 2 步, 共 3 步"对话框

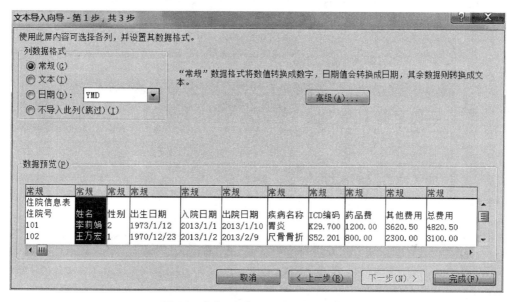

图 4-9 文本导入向导 -3 步骤之 3 对话框

（4）根据需要选择列数据格式，包括常规、文本、日期等类型；单击"完成"按钮，打开"导入数据"对话框，选择用来设置导入数据的单元格格式，在不清楚的情况下可设置成"文本"格式，单击"完成"按钮，在插入点位置右下处将文本文件导入到工作表中。

（5）更新数据：当导入文件后，工作表与该文本文件建立了连接关系。当文本文件中保存的数据发生变化后，单击"数据"选项卡→"连接"选项组→"刷新数据"命令就能够使工作表中数据自动更新。

本例数据也可以直接打开后，可以看到一条记录都在一个单元格显示，再单击"数据"选项卡→"数据工具"选项组→"分列"命令，根据提示按"逗号"分列，可将一个单元格的数据按逗号分列到多个单元格中。

三、单元格的选取

单元格的选取是单元格操作中的常用操作之一，它包括单个单元格选定、多个连续单元格选定和多个不连续单元格选定,如图4-10所示。

1. **单个单元格的选定** 即单元格的激活。可用鼠标单击某个单元格,也可用键盘上的方向键移向单元格。或编辑栏左侧的名称框中输入单元格地址,如B3等,可快速定位到制定单元格。

2. **多个连续单元格的选定**

(1) 大范围的区域:单击区域左上角的单元格,按住鼠标左键并拖动到区域的右下角,松开鼠标左键,选定的区域将反白显示。或者用鼠标单击将要选择区域的左上角单元格,按住Shift键再用鼠标单击右下角单元格。

(2) 整行:单击工作表的行号。

(3) 整列:单击工作表的列标。

(4) 整个工作表:单击工作表左上角行号和列标号交叉的全选按钮。

(5) 相邻的行或列:鼠标拖动行号或列标。

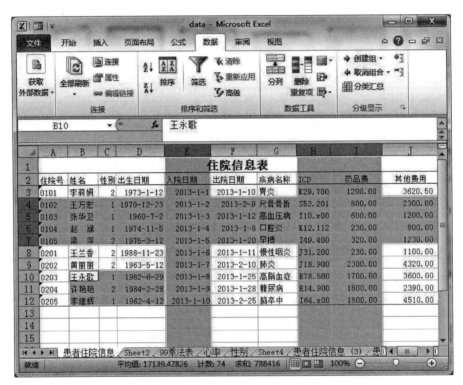

图4-10 选定单元格

3. **选定多个不连续单元格** 单击并拖动鼠标选择第一个(些)单元格区域,按住Ctrl键,再选择另一个(些)单元格区域。如选择不相邻的行或列,可选定一个(些)连续的行号或列标号,按Ctrl键,再选择其他行号或列标号。选定的区域将反白显示。其中,只有第一个单元格正确显示,表明它为当前活动的单元格。如果想取消选择,则单击工作表中任一单元格,或者按任一箭头键,即可清除单元区域的选定。

4.1.2 数据的录入及有效性审核

一、数据输入

(一) 向单元格输入数据

Excel允许用户向单元格中输入文本、数字、日期、时间、公式,并且自行判断所键入的数据是哪一种类型,然后进行适当的处理。用户可以使用下列几种方法向单元格中输入数据。

1. 单击要输入数据的单元格,然后输入数据,原单元格数据被删除。

2. 双击需要输入数据的单元格,插入点出现在单元格中,移动插入点到适当位置后,开始输入。此种方法常用于对单元格的内容进行修改。

3. 单击要输入数据的单元格,然后单击编辑栏,在编辑栏中编辑或添加单元格中的数据。

（二）手动输入数据方法

1. **文本型数据输入**　文本包含汉字、英文字母、数字、空格以及其他键盘能键入的符号。

把插入点定位于需输入文本的单元格,输入文本。输入文本时,文本出现在活动单元格和编辑栏中,按 Backspace 键可以随时删除插入点左边的字符。

输入完毕,单击编辑栏中的"√"(输入)按钮或者按 Enter 键、Tab 键以及箭头键,输入的内容出现在活动单元格中。如果在输入内容后,想取消此次操作,可以单击编辑栏中的"×"(取消)按钮或者按 Esc 键。文本默认左对齐单元格。

汉字及字母类文本可直接输入,如要输入身份证号一类的数字型文本(例如邮政编码、电话号码、产品代号、住院号等),可在输入的数字前加一个单引号(如 '0101),Excel 就会把该数字作为文本处理;或选定要输入数字文本的区域,单击"开始"选项卡→"单元格"选项组→格式"→"设置单元格格式"命令→在打开的"设置单元格格式"对话框中的"数字"选项卡中选择"文本"→单击"确定"按钮。其他格式也可利用该功能实现。

数字型文本也可转换为数值,方法是:选定需要转换的单元格→单击选定单元格左上角的感叹号(！)按钮→在弹出的下拉菜单中选择转换为数字。

2. **数值型数据输入**　可输入 0~9 数字及 +、−、E、e、¥、%(如 50%)以及小数点(.)和千分位符号(，)等特殊字符。数值型数据在单元格中默认靠右对齐。Excel 数值输入与数值显示未必相同,如输入数据长度超出 10 位或单元格宽度,Excel 自动以科学计数法表示(如 4.3E+05),如单元格宽度小于科学计数法表示的宽度,则以"####"显示。如单元格数字格式设置为两位小数,此时输入三位小数,则末位将进行四舍五入。需要注意的是,Excel 计算时将以输入数值而不是显示数值为准。

通常情况下,用户输入的数字为正数,Excel 将忽略数字前面的正号。如要输入分数如"5/8",应先输入"0"及"一个空格",即"0　5/8",如果不输入"0",Excel 会把该数据作日期处理,认为输入的是"5 月 8 日"。

3. **日期和时间型数据输入**　在 Excel 中,日期和时间均按数字处理,工作表中日期或时间的显示取决于单元格中所用的数字格式。如果 Excel 能够识别出所键入的是日期和时间,则单元格的格式将由"常规"数字格式变为内部的日期或时间格式。如果 Excel 不能识别当前输入的日期或时间,则作为文本处理。Excel 内置了一些日期时间的格式,当输入数据与这些格式相匹配时,Excel 将识别它们。Excel 常见日期时间格式为"yyyy-mm-dd"(年月日)和"hh:mm(am/pm)"(时分),其中 am/pm 与分钟之间应有空格,如 7:20pm,缺少空格将当作字符数据处理。当天日期的输入按组合键"Ctrl+;"(按住"Ctrl"再按";"),当天时间的输入则按"Ctrl+Shift+;"。如果要在单元格中同时输入日期和时间,先输入时间或先输入日期均可,中间用空格隔开。如本任务中的"出生日期""入院日期""出院日期"可采用日期格式输入。

日期和数值是可以互相转换的。其方法是:选定输入的日期列,单击"开始"选项卡→"单元格组"选项组→格式"→"设置单元格格式"命令→在打开的"设置单元格格式"对话框中的"数字"选项卡中选择"数值"→单击"确定"按钮,则可将日期型格式转换为数字,该数字是该日期距 1900-1-1 之间的天数。

4. **给单元格添加批注**　对单元格内容给出注释,方法是:选定要添加批注的单元格,单击"审阅"选项卡→"批注"选项组→"新建批注"命令→在该单元格的旁边出现的批注框中输入批注文本。输入批注后,该按钮变为"编辑批注",可以编辑该批注。在该单元格单击鼠标右键也可以编辑批注或删除批注。

要删除工作表上的所有批注,可以过单击"开始"选项卡→"编辑"选项组→"查找和选择"命令→在下拉菜单中选择"批注"命令或选择"定位条件"→在打开的"定位条件"对话框中选择"批注"按钮→单击在"审阅"选项卡→"批注"选项组→"删除"按钮。

单击"审阅组"选项卡→"批注"选项组→"显示/隐藏批注"命令可以显示或隐藏批注。

(三)自动输入数据

如果输入有规律的数据,可以使用数据自动输入功能,方便、快捷地输入等差、等比甚至自定义的数据系列。

自动填充是根据初始值决定以后的填充项,用鼠标指向初始值所在单元的右下角的填充柄,当鼠标指针变为"十"字形时,(左键)拖曳至需要填充的最后一个单元格,即可完成自动填充。填充分以下几种情况:

1. 初始值为纯字符或数字,填充相当于数据复制。

2. 初始值为数值型文本或文字数字混合体,填充时文字不变,最右边的数字递增。如初始值为A1,填充为A2,A3……。本任务的编号可用此方法填充。

3. 日期型数据的填充为日期自动加1。

4. 初始值为Excel预设的自动填充序列中项目,按预设序列填充。如初始值为二月,自动填充三月、四月……

5. 如需自己定义一个序列并储存起来供以后填充时用,如建立一个值班信息序列,操作方法如下:

单击"文件"选项卡→"帮助"→"选项"命令→在"选项"对话框,选择"高级"→"常规"组中的"编辑自定义列表"命令,打开"自定义序列"对话框,如图4-11所示。

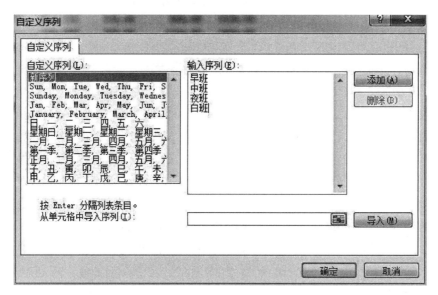

图4-11 "选项"对话框

在"输入序列"文本框中每输入一个序列之后按一次"回车"键,如"早班""中班""夜班""白班"。输入完毕单击"添加"按钮。也可以通过"导入"按钮,导入已建好的序列。

序列定义成功以后就可以使用它来进行自动填充了。只要是经常出现的有序数据都可以定义为序列,如值班人员姓名等。输入初始值后使用自动填充,节省输入工作量。

如果只需一次填充,可不使用自定义序列命令,只需选定需要已经输入的单元格模板,如已经在相邻的三个单元格录入了的值班人员姓名:"张三""李四""王五",如需按此顺序填充,只需选定三姓名单元格,鼠标拖动填充柄即可完成填充。

对该任务中,要求输入编号可先选定 A 列,把该列单元格格式变为"文本"类型,在 A4 和 A9 单元格中输入 0101、0201,然后使用填充柄,自动完成其他单元格数据录入。

(四)建立序列

序列是一列有规律的数据,建立一个序列有两种方法:一是使用鼠标建立序列;二是使用"序列"对话框建立序列。下面以产生 1,3,5…数据序列为例说明这两种操作方法。

1. 使用鼠标建立序列 ①对数值型文本或日期型数据建立序列,可在需要填充数据的第一个单元格输入数据序列中的初始值并选定该单元格。如果数据序列的步长值不是 1,再选择区域中的下一单元格并输入数据序列中的第二个数值,两个数值之间的差决定数据序列的步长值。如建立数值数据序列(如 1,3,5….),也需在下一个单元格输入数据序列中的第二个数值,并选定这两个单元格。如在 A1,A2 两个相邻单元格中分别输入 1、3。②选定包含初始值的单元格(如 1、3),然后将鼠标指向填充柄,沿选定方向拖动填充柄到要填充序列的区域。③松开鼠标左键时,Excel 将在这个区域完成填充工作,结果则自动产生"1,3,5,7,9,…"数据序列。又如,在本任务中完成入院日期的输入也可使用该方法填充。在 E3 单元格中输入"2013-1-1",选定"E3"单元格,拖动"E3"单元格的填充柄到"E12"单元格即可。如按其他方式进行填充,如起始值为"2013-01-01",需要按月份和年份填充则可选定该单元格,按住鼠标右键拖动填充柄,松开鼠标时,在出现快捷菜单中选择相应的填充方式,如选择"以天数填充""以工作日填充""以月填充"或"以年填充"等。

使用填充柄填充数据时,拖动填充柄至最后一个单元格后松开鼠标后,会在最后一个单元格右下角出现一个智能按钮,单击此按钮会弹出一个选项列表:复制单元格、以序列方式填充、仅填充格式、不带格式填充等选项,可供填充数据时使用。

2. 使用"序列"对话框建立序列 ①首先在需建立序列的第一个单元格中输入初始值,如在 A1 单元格中输入 1;②选定包含初始单元格在内并与初始单元格同行或同列的要填充序列的单元格区域,如到 A10 单元格;③单击"开始"选项卡→"编辑"选项组→"填充"命令→打开下拉菜单。如需复制单元格内容到选定区域可单击菜单"向下"(右、上、左)命令。如需产生序列,可单击"系列"菜单,打开"序列"对话框。如图 4-12 所示。其中:"序列产生在"指示按行或列方向填充;"类

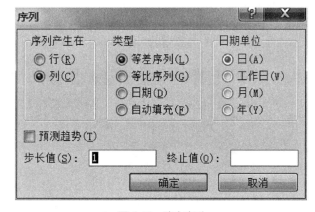

图 4-12　建立序列

型"选择序列类型,等差、等比,如果选"日期",还须选择"日期单位";"步长值"可输入等差、等比序列公差、公比,"终止值"可输入一个序列终止数值。如没有输入终止值,则按步长值给定的规律填充整个选定区域。

(五)输入有效数据

在进行数据录入时,如没有限定数据范围可任意输入数据,经常会出现录入错误。Excel 提供了数据有效性审核功能,可预先设置某些单元格允许输入数据的类型、范围,并可设置数据输入提示信息和输入错误提示信息。

在完成任务 4-1 中的 3:"设置性别列的有效性,使只能输入 1(男)和 2(女)"的操作步骤如下:

(1) 选取要定义有效数据的单元格:性别 C 列或 C3:C12 单元格。

(2) 单击"开始"选项卡→"数据工具"选项组→"数据有效性"命令→在打开的下拉菜单中选择"数据有效性"→在打开"数据有效性"对话框中单击"设置"选项卡。如图 4-13 所示。

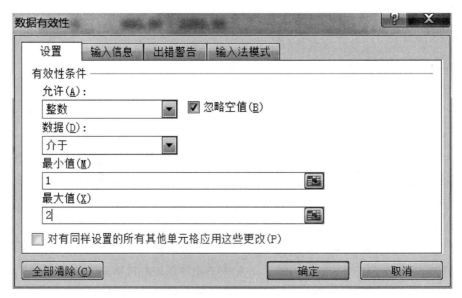

图 4-13 "数据有效性"对话框

（3）在"有效性条件中"的"允许"下拉列表框中选择允许输入的数据类型，如小数、整数、日期、文本长度等，这里选择"整数"。

（4）在"数据"下拉列表框中选择所需操作符，如"介于""不等于"等，然后在数值栏中根据需要填入上下限即可。如介于1（最小值）~2（最大值）之间。

（5）如果在有效数据单元格中允许出现空值，应选中"忽略空值"复选框。

（6）数据输入提示信息。在用户向单元格输入数据时，要出现提示信息。其方法是在"输入信息"选项卡中输入有关提示信息，如图 4-14 所示。

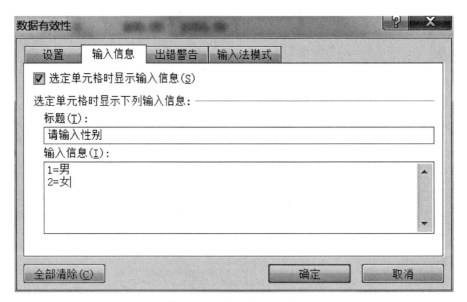

图 4-14 "输入信息"选项卡

错误提示信息则选择"错误警告"选项卡后输入，如图 4-15 所示。样式有："停止""警告""信息"，警告级别由高到低。如性别输入时只能输入"1"或"2"，其他均为错误，则可选择"停止"；如身高定义为150~200cm，但有可能有人身高超过此范围，则可以选择"警告"，数据输入不在该范围时给出提示，则弹出"是否继续录入"对话框，如确实如此则单击"是"即可录入该数据。

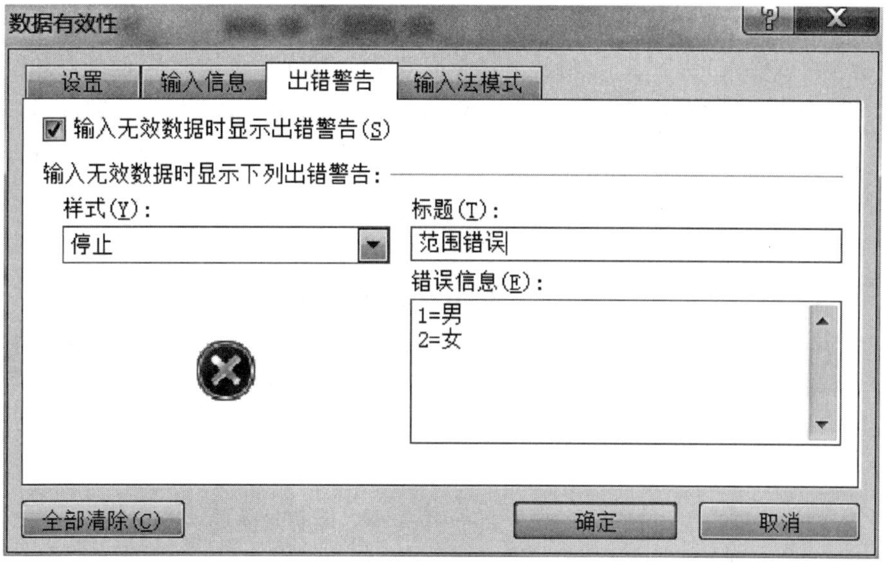

图 4-15 "出错警告"选项卡

对已输入的数据,可审核数据的有效性,有效性设置方法同上,如设置药品费用有效范围是 300~2000。即选定审核的数据区域,单击"数据"选项卡→"数据工具"选项组→"数据有效性"命令→在打开的下拉菜单中选择"圈释无效数据"命令,可审核工作表中的错误输入并标记出来。无效数据处用红圈圈上,如图 4-16 所示。如确认错误可修改,当数据修改到设定的有效范围时则红圈消失。单击"清除无效数据标识圈"按钮取消圈识。

图 4-16 圈释无效数据

输入"1"(男)和"2"(女),也可以采用下拉菜单的方式输入。如在 AA3 和 AA4 单元格输入"1""2"。如不做统计分析也可以输入"男""女"。在上述数据有效性的"设置"选项卡中,有效性条件"允许"列表框中选择"序列",单击来源中的折叠按钮,选择 AA3、AA4 单元格,再次单击折叠按钮返回"设置"选项卡中,然后单击"确定",这时若在相应单元格中输入数据则会显示下拉菜单"1"和"2",用户可以根据需要进行选择。如图 4-16 所示。

4.1.3　工作表的格式化

工作表建立和编辑后,就可对工作表中各单元格的数据进行格式化操作,使工作表的外观更漂亮、排列更整齐、重点更突出。单元格数据格式主要有六个方面的内容:数字格式、对齐格式、字体、边框线、图案和列宽与行高的设置等。向工作表中单元格输入数据时系统会自动识别数据格式,如数字会按默认"数值"型、字母及汉字按"文本"型、日期格式按"日期"型处理。但有时需要转变它们默认的格式,或对单元格进行修饰时需对单元格进行格式化操作。

单元格格式化一般通过使用单击"开始"选项卡→"字体"选项组→对话启动框或"数字"选项组的对话启动框或"单元格"选项组→"设置单元格格式"命令,在弹出的"设置单元格格式"对话框中选择"数字""对齐""字体""边框""填充""保护"等选项卡进行设置,如图 4-17 所示。

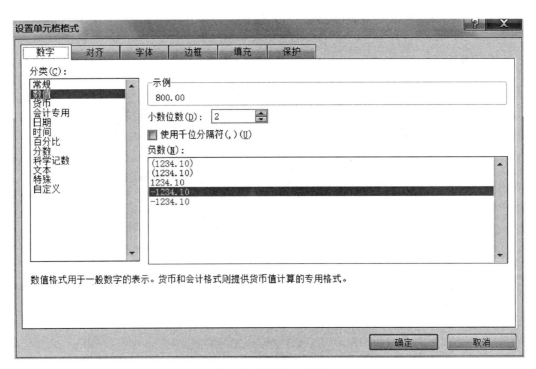

图 4-17　"数字"卡选项

也可通过相应组中的按钮实现常见操作。或通过单击"开始"选项卡→"样式"选项组设置单元格样式或套用的表格样式。Excel 提供多种样式供选择,既节省时间,并且有较好的效果。

一、自定义格式化

选定要格式化的区域,单击"开始"选项卡→"字体"选项组→对话启动按钮→在弹出"设置单元格格式"对话框中选择相应的选项卡完成格式化设置

(一) 使用"数字"选项卡

如要将"药品费""其他费用"字段保留 2 位小数,其操作步骤如下:①选定要格式化数字的单元格或区域 I:J 列。②单击"开始"选项卡→"字体"选项组→对话启动按钮→在弹出的"设置单元格格式"对话框中,选择"数字"选项卡。③在"分类"列表框中选择要使用的数字格式类别,示例框显示该分类的默认格式。数字格式中设置了各种用于显示数字的格式,其中,"常规"指不包含特定的数字格式;"数值"指用于数字的显示,包括小数位、千分位和负数的显示格式;"货币"指用于货币的显示,除包括数值的格式外,还增加"¥"等货币符号;"会计专用"格式与"货币"格式相似,增加小数点对齐;"日期"格式把日期、时间序列的数字以日期形式显示;"百分比"格式将数字乘以 100 再加"%"号,也可指定小数位;"分数"以分数显示数字;"科学计数"以科学计数法表示,可指定小数位数;"文本"将数字作为文本处理;"特殊"格式以中文大小写、邮政编码、电话号码等显示。如本例中,设定数值型,小数位数为"2",如图 4-17 所示。④单击"确定"按钮。

(二) 设置对齐格式

默认情况下,Excel 根据输入的数据自动调节数据的对齐格式,比如文本内容左对齐、数值内容右对齐等。为了产生更好的效果,可以通过"对齐"选项组或"设置单元格格式"对话框中的"对齐"选项卡设置单元格的对齐格式。如图 4-18 所示。

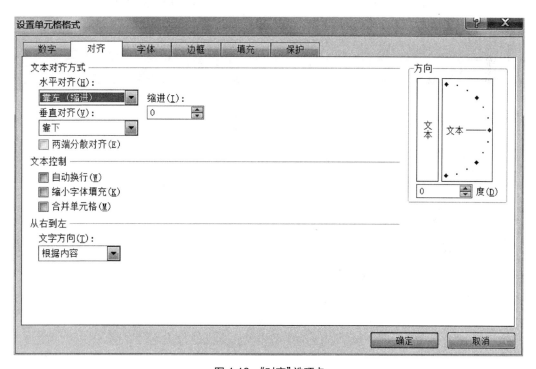

图 4-18 "对齐"选项卡

"文本对齐方式"栏的"水平对齐"列表框包括:常规、左缩进、居中、靠左、填充、两端对齐、跨列居中、分散对齐。"垂直对齐"列表框包括:靠上、居中、靠下、两端对齐、分散对齐。

"文本控制"栏下面的复选框选中时,用来解决有时单元格中文字较长、被"截断"的情况。如"自动换行"对输入的文本根据单元格列宽自动换行;"缩小字体填充"减小单元格中的字符大小,使数据的宽度与列宽相同;"合并单元格"将多个单元格合并为一个单元格或取消合并,和"水平对齐"列表框的"居中"按钮结合,一般用于标题的对齐显示,"对齐方式"选项组"合并后居中"命令直接提供了该功能。

从"右到左"栏可在选择"文字方向",用来改变单元格中文本旋转的角度,角度范围为 −90° 到 90°。

如在本任务中,在 A1 单元格输入标题,选定"A1:J1"单元格,"对齐方式"选项组"合并后居中"命令,则可将标题居中。

(三) 设置字体

在 Excel 中的字体设置中,包括字体类型、字体形状、字体尺寸这三个最主要的方面。可通过"字体"选项组对常用字体格式进行设置,也可以通过"设置单元格格式"对话框的"字体"选项卡设置,各项意义与 Word 的"字体"对话框相似。

(四) 设置边框线

默认情况下,工作表中的每个单元格由围绕单元格的网格线所标识。这些网格线通常不打印出来。为了打印出更好的网格线,可以为选定的单元格或区域添加边框。边框线可以放置在所选区域各单元格的上、下、左、右或外框(即四周),也可以是斜线;边框线的线条样式可在"样式"框中进行选择"有点虚线""粗实线""双线"等;在颜色列表框中可以选择边框线的颜色。

例如:要对单元格添加边框,其操作步骤如下:①选定要添加边框的单元格或区域。如 A2:K2 单元格。②单击"开始"选项卡→"单元格"选项组→"格式"下拉箭头→选择"设置单元格格式"命令→在弹出"设置单元格格式"对话框"中选择"边框"选项卡,如图 4-19 所示。③在"线条"的"样式"框中,选择一种线型样式。如果要为边框指定颜色,则从"颜色"下拉列表中选择所需的颜色。④在"边框"框中,指定添加边框线的位置。⑤重复步骤③、④,可以设置另一条边的边框线。⑥单击"确定"按钮。

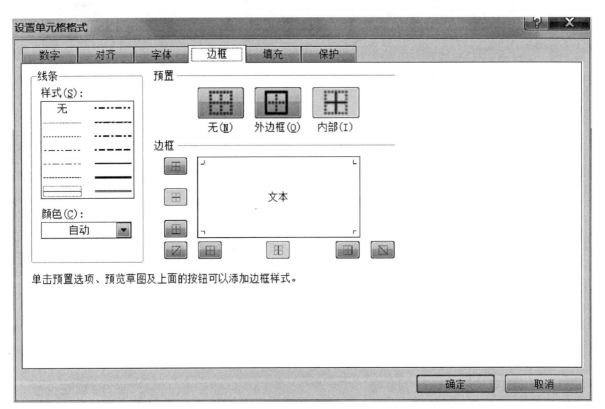

图 4-19 设置边框

要快速添加边框,也可以选定单元格,然后单击"开始"选项卡→"字体"选项组→"边框"右边的向下箭头,从下拉列表中选择合适的边框。如果直接单击"边框"按钮,Excel 自动把上次选择的边框线加到选定的单元格。

默认情况下,Excel 不打印网格线。如果想带网格线打印工作表,可以单击"页面布局"选项卡→"工作表选项"选项组→勾选"网格线"下面的"打印"复选框。如要把网格线隐藏起来,以便更好地显示添加的边框效果,可去掉"工作表选项"组中的"网格线"下面的"查看"复选框。

如在本任务中,将标题字体设置为宋体 14 号字,表格内容设置为宋体 10 号字,并按图 4-20 格式设置边框线。

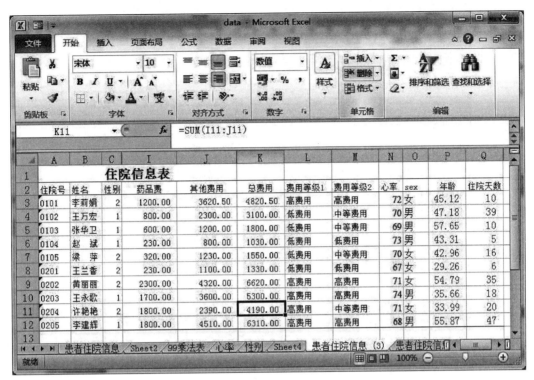

图 4-20　设置边框实例

(五) 设置图案

图案就是指区域的颜色和阴影。设置合适的图案可以使工作表显得更为生动活泼、错落有致。

在"设置单元格格式"对话框中的"填充"选项卡,可设置背景颜色及图案样色和样式。

(六) 设置列宽、行高

当建立工作表时,所有单元格具有相同的宽度和高度。默认情况下,当单元格中输入的字符串超过列宽时,超长的文字被截去,数字则用"######"表示。但完整的数据还在单元格中。可采用下列方法调整列宽和行高。

(1) 调整列宽(或行高)的列标(或行标)的分隔线,这时鼠标指针会变成一个双向箭头的形状,可拖曳分隔线至适当的位置。

(2) 单击"开始"选项卡→"单元格"选项组→"格式"下拉按钮→在弹出的下拉列表中对行高、列宽进行精确设置。

二、自动套用格式

为了应用 Excel 已经设置好的格式,如边框、颜色、字体等信息,可采用自动套用格式功能。步骤:

(1) 选定要格式化的区域,单击"开始"选项卡→"样式"选项组→"套用表格格式"下拉按钮,会出现各种表格格式样式,并根据颜色深浅排列,如图 4-21 所示。

(2) 单击选择某种的格式,即可将样式用于选定的单元格区域。

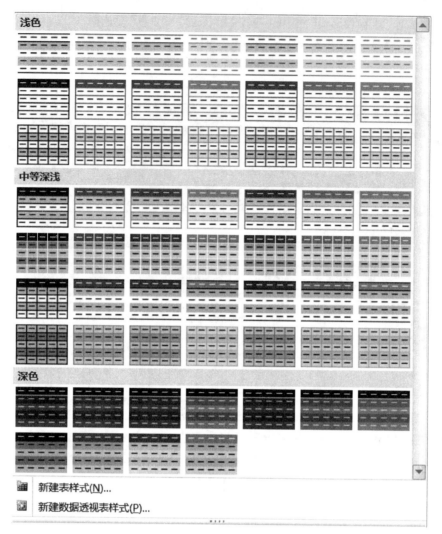

图 4-21 套用表格样式

三、格式的复制和删除

对已格式化的数据区域,如果其他区域也要使用该格式,可以不必重复设置格式,通过格式复制来快速完成,也可以把不满意的格式删除。

(一) 格式复制

有两种方法:

方法一:利用"格式刷"命令

Excel 格式复制与 Word 的格式复制类似,一般单击"开始"选项卡→"剪贴板"选项组→"格式刷"命令。操作步骤如下:

(1) 首先选定所需格式的单元格或区域,然后单击"格式刷"按钮,这时鼠标指针变成刷子状,只可实现一次复制。如果双击"格式刷"按钮可实现多次复制。

(2) 用鼠标指向目标区域拖曳鼠标完成格式复制。

方法二:利用"选择性粘贴"命令

(1) 鼠标定位到原格式上,单击"开始"选项卡→"剪贴板"选项组→"复制"命令。

(2) 选定目标区域后,单击"粘贴"下拉按钮→"其他粘贴选项"→"格式"命令。也可以单击"选择性粘贴"命令,在打开的"选择性粘贴"对话框中,选择"粘贴"中的"格式"复选框。

(二) 格式删除

单击"开始"选项卡→"编辑"选项组→"清除"下拉按钮→选择"清除格式"命令。格式清除后单元格中的数据以通用格式表示。

四、条件格式

前面讲的格式都是固定格式设置,有时要对符合某些条件的数据设置为另一种格式,如在住院药品费用小于 500 元时自动显示成绿色(条件 1);500~1499.99 元时显示为黄色(条件 2)。大于 1499.99 元时显示为红色(条件 3),可通过下列操作实现:

(1) 选中需要定义格式的第一个单元格 I3(或选定需设置条件格式的单元格 I3:I12)。

(2) 单击"开始"选项卡→"样式"选项组→"条件格式"命令②在下拉菜单中选择相应的条件规则,如图 4-22 所示。

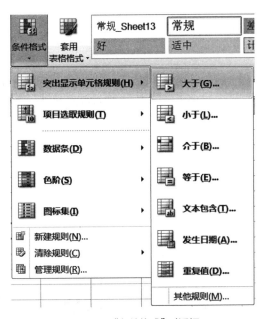

图 4-22 "条件格式"对话框

(3) 本例先选择"小于",在左侧的数值框中输入"500",在右侧的设置为下拉列表中选择"绿填充色深绿色文本",单击"确定"。

(4) 同理可对住院药品费用中"500~1499.99",格式为绿色;"大于 1499.99"格式设置为红色。

(5) 若要删除已设置好的条件,选定条件区域,单击"条件格式"中的"清除规则"命令。

(6) 查看及管理规则可单击"条件格式"中的"管理规则"命令。

再如:如果 K3 到 K12 单元格中存放的是通过公式(K3 单元格中输入 =I3+J3,拖动 K3 单元格填充柄到 K12 单元格得到,详见公式一节)得到的每个人的总费用。我们在 L2 单元格中输入文本"总费用 2",每人的总费用由"口算"手工输入,当输入数据不是前面我们计算的药品费和其他费用的和时显示成红色,操作步骤如下:

(1) 单击 L3 单元格,单击"开始"选项卡→"样式"选项组→"条件格式"→"突出显示单元格规则"→"其他规则"命令→在"新建格式规则"对话框的"选择规则类型"中选择"使用公式确定要设置格式的单元格",如图 4-23 所示,在"为符合此公式的值设置格式"的文本框中输入"=K3<>L3",这里的 K3 是合计,格式设置为"红色",单击"确定"按钮。

图 4-23 "新建格式规则"对话框

（2）选定 L3 单元格，在"剪贴板"组中单击"复制"按钮，选定 L4~L12 单元格，在"剪贴板"组中选择"粘贴"命令，在"其他粘贴选项"中选择"格式"，或使用格式刷，将格式复制到其他 L4:L12 单元格。

当在 L3:L12 单元格中口算输入总费用时，如果输入的与公式计算的有误，则显示为红色。

"条件格式"命令还可以设置突出显示单元格规则、项目选取规则、数据条、色阶和图标集等。

任务 4-2　统计患者清单数据

【任务描述】

1. 求每个患者的住院总费用，并对费用分级，如图 4-24 所示。

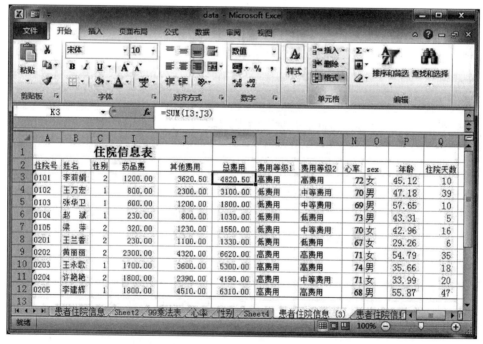

图 4-24　任务 4-2 的部分结果

2. 将每个患者心率表、性别代码字典含义表数据插入到患者信息表中。

3. 求每个患者的年龄及住院天数。

4. 制作一个九九乘法表。

5. 对工作表命名。

【知识点分析】

4.2.1 公 式

一、公式概述

如果电子表格中只是输入一些数字和文本,那么字处理软件完全可以取代它。Excel 通过公式和函数,实现对数据的计算和统计功能。如对表中数据进行总计、平均、汇总以及其他更为复杂的运算,从而避免用户手工计算的繁杂和易出差错。数据修改后,公式的计算结果可自动更新,这是手工计算无法完成的。

公式可以用来执行各种运算,如加法、减法、乘法以及除法等。输入公式的操作类似于输入文本,不同之处在于我们在输入公式时是以一个等号“=”作为开头。在一个公式中可以包含有各种运算符号、常量、变量、函数以及单元格引用等。需要说明的是公式或函数中用的所有符号(如引号等)均需在英文状态下输入。

二、创建和编辑公式

如要求 data.xlsx 中每人住院总费用,操作步骤如下:

(1) 在 K2 单元格中输入字段名“总费用”。

(2) 选定要输入公式的单元格 K3。

(3) 由于总费用 = 药品费 + 其他费用,因此在 K3 输入公式的内容“=I3+J3”。输入完毕后,按回车键或者单击编辑栏中的“输入”(“√”)按钮,则求出第 1 个患者的住院总费用。

(4) 选定 K3,单击“开始”选项卡→“剪贴板”选项组→“复制”命令,选定 K4:K12 单元格,单击“开始”选项卡→“剪贴板”选项组→“粘贴”命令复制该公式。也可以将鼠标指向 K3 单元格右下角的填充柄,向下拖动鼠标,复制该公式,计算其他患者住院总费用,如图 4-25 所示。

当更改与公式有关的单元格(如 I3)中的数值时,Excel 会自动重算与该单元格有关的所有公式。此时,K3 的值也会发生更改。在单元格中不显示实际的公式,而是显示计算的结果。选定含有公式的单元格时,在编辑栏中显示公式。如果要在单元格显示公式,单击“公式”选项卡→“格式审核”选项组→“显示公式”命令,则可显示公式,再次单击“显示公式”命令则恢复原样。

编辑公式同编辑文本的方法一样,选定该单元格,在编辑栏中进行修改,或双击鼠标在单元格中直接修改公式。在编辑公式时,被该公式所引用的所有单元格及单元格区域都将显示在公式单元格中,并在相应单元格及单元格区域的周围显示具有相同颜色的边框。

三、运算符

公式中可使用的运算符包括数学运算符、比较运算符、文本运算符和引用运算符。

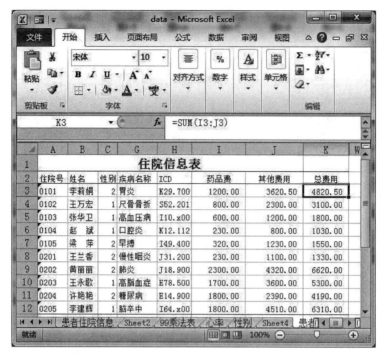

图 4-25　使用公式计算总费用

（一）数学运算符

包括加号（+）、减号（-）、乘号（*）、除号（/）、百分号（%）和乘方（^）等，算术运算符可以完成基本的数学运算。用运算符将两个或以上的操作数连接起来构成一个式子称为算数表达式，表达式计算结果为一数值。例如：在 data.xls 工作簿 sheet2 工作表 A1 单元格中输入"=3*4"，结果为"12"。

（二）文本运算符

"&（连接）"可以将两个文本连接起来，其操作数可以是带引号的文字，也可以是单元格地址（单元格引用如 A3）。在公式中使用文本运算时，以"="开头，输入文本的第一段（文本或单元格引用），加入文本运算符（&），输入下一段（文本或单元格引用）。如果要在公式中直接加入文本，用引号将文本括起来。例如：B3 单元内容为"李丽娟"，K3 单元格内容为"4820.50"，要使 L3 单元格中得到"李丽娟的住院总费用为 4820.50"，则在 L3 单元格中输入公式：=B3&"的住院总费用为"&K3。拖动 L3 单元格填充柄到 L12 单元格则可显示相应的名字及总费用信息。如要把引号""""作为文本的一部分，则每一个引号需输入四个引号""""""。

（三）比较运算符

又称关系运算符，包括：=、>、<、>=（大于等于，即不小于）、<=（小于等于，即不大于）、<>（不等于）。比较运算符公式返回的计算结果为 True（真）或 False（假）。

如在 Sheet1 工作表 M3 单元格中输入"=2>1"，则结果为 TRUE，输入"=K3>4000"结果为 FALSE。

用关系运算符将两个或以上的操作数连接起来构成一个式子称为关系表达式。表达式计算结果为一逻辑值，只有两种结果：TRUE（真）或 FALSE（假）。

两个关系运算也可用逻辑函数连接起来，常用的逻辑函数有逻辑与函数（AND），逻辑或函数（OR）和逻辑非函数（NOT）。如在 N3 单元格中输入"=AND（2>1,3>7）"，结果为 FALSE。输入"=AND（I3>1000，C3=2）"（药品费大于 1000 同时性别为女）结果为 TRUE。

（四）引用运算符

可将单元格区域合并计算，如通过引用求引用区域的单元格和等。对单元格位置的引用中，有三个引用运算符：

1. **冒号** 区域运算符,对两个引用之间,包括两个引用在内的所有单元格进行引用。如对 I3 到 J7 之间的矩形区域内的单元格进行引用(如求和)可表示为 I3:J7。

2. **逗号** 联合运算符,将多个引用合并为一个引用,相当于集合的并集。如仅对 I3 和 J7 单元格进行引用(如求和)可用 I3,J7。联合引用也可以是两个或多个单元格区域,如"I3:J7,I3:J12"。

也可以将引用的单元格区域设置一个名称,以后对该区域进行操作时(如求和计算),可用该名称代替引用区域。方法是:单击"公式"选项卡→"定义的名称"选项组→"定义名称"命令→在弹出的"新建名称"对话框中的"名称"框中输入需要将该单元格区域定义的名称;在"范围"中输入要引用单元格的工作表;在"引用位置"选定需要引用为单元格区域(可以多个区域)→单击"确定"按钮即可。

通过"定义的名称"选项组中的"名称管理器"删除已经定义的名称。

3. **空格** 交叉运算符,产生同时属于两个引用的单元格区域的引用,相当于集合的交集。如引用为"I3:J7 J6:K12"则只有 J6 和 J7 两个单元格被引用。

(五)运算顺序

如果公式中同时用到了多个运算符,运算符的优先级依次如下:引用运算符[(区域(冒号)、联合(逗号)、交叉(空格)]、负号(−)、百分号(%)、乘幂(^)、乘和除(* 和 /)、+ 和 -(加和减)、文本运算符(&)、比较运算符(=、<、>、>=、<=、<>)。如果公式中包含多个相同优先级的运算符,则按照从左到右的原则进行计算。如果要修改计算的顺序,则把公式中要先计算的部分括在圆括号内。

例如,给定公式"=A1+B3*2+C4",Excel 先计算 B3*2 的值,然后与 A1 相加,再加 C4。如果要计算单元格 A1、B1 和 C1 的平均值,输入公式"=A1+B1+C1/3",会得到错误的答案。必须用圆括号把 A1、B1 和 C1 先括起来,即输入公式"=(A1+B1+C1)/3"。

4.2.2 单元格的引用

单元格的引用指单元格在表中的坐标位置的标识。分相对引用、绝对引用和混合引用。

一、相对引用

默认情况下,Excel 使用相对引用样式。这种引用样式用字母标识列,用数字标识行。要引用单元格,可按顺序输入列字母和行数字。例如,G6 引用了列 G 和行 6 交叉处的单元格。也可对单元格区域进行引用,方法如上。

在相对引用中,当公式在复制或移动时会根据移动的位置自动调节公式中引用单元格的地址。例如,图 4-20 中的求每人总费用,在 K3 单元格中输入公式"=I3+J3",然后选定 K3 单元格,执行"复制"命令(或按 Ctrl+C 键),复制该公式,单击 K4 单元格,然后执行"粘贴"命令(或按 Ctrl+V 键),将公式粘贴到 K4 单元格中。可以发现 K4 单元格的公式为"=I4+J4",复制后的公式列未变(I 和 J 列),行加 1(由 3 变为 4)。因为当公式从 K3 复制到 K4 时,列相对于原来位置(K 列)并没有改变,但行相对于原来位置下移了一个单位(3 变为 4),因此公式列不变,行加 1。如果在复制 K3 后,选定"K4:K12"单元格,然后"粘贴"则可求出其他患者的总费用。求每个患者的总费用,也可以通过拖动 K3 单元格的填充柄到 K12 单元格实现。

如将 K3 单元格中的公式复制到 N6 则公式变为"=L6+M6"列变了(向右移了三列)、行也变了(向下移了 3 行)。

二、绝对引用

指公式复制时，单元格中的公式不随位置变化而改变。方法是：在列号和行号前面均加上 $ 号。例如，把 K3 单元格中的公式的改为"=$I$3+$J$3"，则不管将该公式复制到哪个单元格，公式仍然为"=$I$3+$J$3"。适合用于求出公式的值不随单元格地址的改变而改变的情况。如在 K13 已求出总费用之和，现要在 L 列中求出每人占总费用和的百分比（构成比），则可在 L3 单元格中输入"=K3/$K$13*100"然后拖动 L3 单元格填充柄到 L12 单元格即可。

三、混合引用

上述的绝对引用是行和列都不改变，但有时我们需要行变列不变，或列变行不变，则可以使用混合引用。混合引用是指公式中参数的行采用相对引用，列采用绝对引用，或列采用绝对引用，行采用相对引用，如 $A1、A$1。当含有公式的单元格因插入、复制等原因引起行、列引用的变化时，公式中相对引用部分随公式位置的变化而变化，绝对引用部分不随公式位置的变化而变化。

如要做一个九九乘法表，可在 A2~A10 输入数字 1~9，B1~J1 输入数字 1~9，在 B2 单元格中输入"=$A2*B$1"，向下拖动鼠标，可得九九乘法表。如图 4-26 所示。

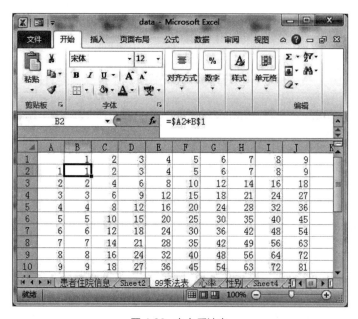

图 4-26　九九乘法表

三种引用输入时可以互相转换：用鼠标或键盘选定引用单元格的部分，把插入点定位在编辑栏要更改引用的单元格名称前，反复按 F4 键可进行引用间的转换。转换时，单元格中公式的引用会按下列顺序变化：如"A1"到"$A$1""$A$1"到"$A1""$A1"到"A$1""A$1"再到"A1"。

四、不同工作表单元格的引用

（一）同一个工作簿中多个工作表的引用

如果公式中要引用同一个工作簿中不同工作表的单元格，就需要在公式中同时输入工作表引用和单元格引用。如将 Sheet2 工作表中的 A1 单元格内容与 Sheet1 工作表中的 B2 单元格内容相加,其结果放入 Sheet3 工作表中的 C3 单元格,则在 Sheet3 工作表中的 C3 单元格中应输入公式:"=Sheet2! A1+Sheet1! B2",或在 C3 单元格中输入 "=",然后依次单击 Sheet2 中的 A1 单元格,再键盘输入 "+" 号,再单击 Sheet1 工作表中的 B2 单元格即可。注意工作表名与单元格引用之间用感叹号 "!" 分开。

(二)不同工作簿上单元格的引用

可以在公式中引用其他工作簿中的单元格,例如,当前工作簿为 "data. xlsx",现在要引用文件夹 "C:\ABC" 下的工作簿 test. xlsx 中工件表 Sheet2 上的 D3 单元格,则引用式为 "C:\ABC\［test. xlsx］sheet2! $D$3"。如果被引用工作簿已打开,则可以省略路径。

4.2.3　函　数

Excel 提供丰富已经定义好的公式以便进行一些比较复杂的运算,我们把这些公式称之为 "函数"。这些函数包括常用、财务、时间与日期、数学与三角函数、统计、查找与引用、数据库、文本、逻辑、信息、工程等。

一个函数包括三个部分:等号、函数名称和函数的参数。函数的名称表明了函数的功能,例如 AVERAGE 是求平均值的函数,MAX 是求最大值的函数。参数是函数运算的对象,可以是数字、文字、逻辑值、引用或者错误值等,有些函数可以没有参数。函数的语法形式为 "函数名称(参数1,参数2,…)",其中的参数可以是常量、单元格、区域、区域名称或其他函数。区域可以是连续或不连续的单元格。

函数输入有两种方法:一为粘贴函数法,一为直接输入法。初学者可用粘贴函数法。

由于 Excel 有几百个函数,记住函数的所有参数难度很大,为此,Excel 提供了粘贴函数的方法,引导用户正确输入函数。除前面的逻辑函数外,本节介绍几个常用函数。

一、求和函数

格式:SUM(number1,number2,…)。

功能:返回某一单元格区域中所有数字之和。Number1,number2,… 为 1 到 30 个需要求和的参数。

下面以 SUM 函数求每人总费用为例,说明函数使用的两种方法

(一)粘贴函数法

(1) 单击要输入函数的单元格 K3(即计算结果存放位置)。

(2) 单击 "公式" 选项卡 → "函数库" 选项组 → "fx 插入函数" 命令,弹出如图 4-27 所示的 "插入函数" 对话框。

(3) 在 "选择类别" 列表中选择函数类型(如 "常用函数"),在 "选择函数" 列表框中选择函数名称(如 SUM)。

(4) 单击 "确定" 按钮,弹出 "函数参数" 对话框,如图 4-28 所示。

(5) 在参数框中输入常量、单元格或区域(I3:J3),默认为两个单元格区域(Number1,Number2),最多可选择 30 个单元格区域。默认为左侧数值型数据的和,如果不是,可在参数区域直接输入需要求和的单元格,也可单击右侧的 "折叠对话框" 按钮,以暂时折叠起对话框,显露出工作表,选择单元格区域(如 I3 到 J3 两个单元格),最后单击折叠后的输入框右侧按钮,恢复函数参数对话框。

(6) 输入函数所需的所有参数后,单击 "确定" 按钮。则在单元格中显示计算结果,编辑栏中显示公式。计算结果 4820.5 显示在 K3 单元格中,可选定 I 列,单击 "开始" 选项卡 → "数字" 选项组 → "增加小数位" 或 "减少小数位" 命令设置保留 2 位小数。

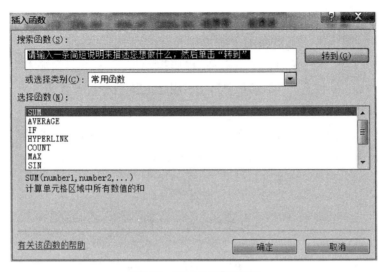

图 4-27 "插入函数"对话框

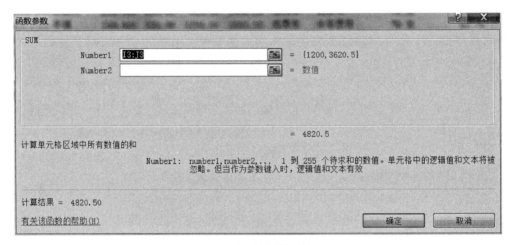

图 4-28 "函数参数"对话框

(二) 直接输入法

如果对函数使用方法比较了解可在单元格中直接输入公式。如可直接在 K3 单元格中输入 "=SUM(I3:J3)",对相应的单元格进行求和。

拖动 K3 单元格的填充柄到 K12 单元格,可求其他病人的总费用。

二、平均值函数

格式:AVERAGE(number1,number2,…)

功能:返回参数的平均值(算术平均值),Number1,number2,… 为需要计算平均值的 1 到 30 个参数。

本例如求 10 名患者的平均药品费和平均其他费用及平均住院总费用,可在 I13 单元格中输入 "=AVERAGE(I3:I12)",拖动 I13 单元格的填充柄到 K13 单元格。结果分别为:1098.00、2507.05、3605.05。如果参数区域中包含非数值单元格和空单元格,则不参加求平均值运算。

三、最大值及最小值函数

格式 1:MAX(number1,number2,…)

格式2：MIN（number1，number2，…）

功能：返回一组值中的最大（小）值。

如求10名患者药品费的最大值，可在I14单元格中输入"=MAX（I3:I12）"，结果为2300.00。求最小值只需将函数名改为MIN（ ）即可。

四、标准差函数

格式：STDEV（number1，number2，…）

功能：计算样本标准差。标准差反映数值相对于平均值的离散程度，在统计分析时经常使用。

求10名患者药品费的标准差，可在I15单元格中输入"=STDEV（I3:I12）"，结果为763.92。

五、条件函数

（一）IF 函数

格式：IF（logical-test，value-if-true，value-if-false）

功能：IF函数的作用是根据logical-test（逻辑测试）计算的真假值，返回不同结果。可以使用函数IF对数值和公式进行条件检测。Value_if_true是logical_test为TRUE时返回的值。Value_if_false为logical_test为FALSE时返回的值。IF可以嵌套7层，从而可用value-if-false及value-if-true参数构造复杂检测条件。

例如，本例中，在K列求出每位患者的总费用后，若要在L列计算两个费用等级："低费用"（<3500），和高费用（>=3500），则在L3单元格中输入公式：=IF（K3<3500,"低费用","高费用"），则可计算出第一个患者的费用等级。

如需分成"低费用"（小于1500）和"中等费用"（1500到不超过4500）及"高费用"（4500及以上）三个等级。则在M3单元格中输入：=IF（K3<1500,"低费用",IF（K3<4500,"中等费用","高费用"）），则可计算出第一个患者的费用等级。若要计算其他患者费用等级，可用填充方式就可以完成，结果如图4-29所示。

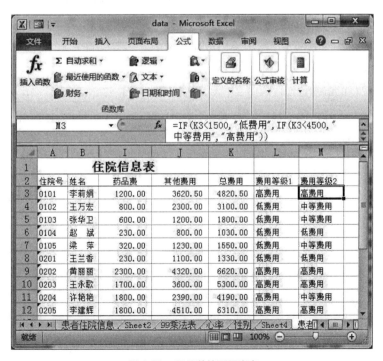

图4-29 IF函数的两层嵌套

(二) COUNTIF 函数

格式：COUNTIF（range，criteria）

功能：计算区域中满足给定条件的单元格的个数。Range 为需要计算其中满足条件的单元格数目的单元格区域。Criteria 为确定哪些单元格将被计算在内的条件，其形式可以为数字、表达式或文本。例如，条件可以表示为 32、"32"、">32" 或 "李丽娟"。

如求总费用大于 4000 的患者人数，可在计算结果的单元格输入：=COUNTIF（K3：K12，">4000"）

若要计算基于一个文本字符串或某范围内的一个数值的总和，可使用 SUMIF 函数。

六、取字串函数

常用有取左字串、取右字串和取指定位置开始的字符串函数。

(一) 取左 / 右字串函数

格式 1：LEFT（text，num_chars）

格式 2：LEFTB（text，num_bytes）

功能：取 Text 字符串的左串，Text 是包含要提取字符的文本字符串或单元格，Num_chars 指定要由 LEFT 所提取的字符数。Num_chars 必须大于或等于 0。如果 num_chars 大于文本长度，则 LEFT 返回所有文本。省略 num_chars，则假定其为 1。Num_bytes 按字节指定要由 LEFTB 所提取的字符数。

如求每个患者的"姓"，则可在 R3 单元格中输入"=LEFT（B3，1）"或"=LEFTB（B3，2）"，拖动填充柄到 R12 即可。

取右字串与取左字串类似，只把 LEFT 或 LEFTB 换为 RIGHT 或 RIGHTB 即可。如果求每位患者的"名"可在 S3 单元格中输入"=RIGHT（B3，2）"或"=RIGHTB（B3，4）"。

(二) 取指定位置开始字符串

格式 1：MID（text，start_num，num_chars）

格式 2：MIDB（text，start_num，num_bytes）

功能：返回文本字符串 text 中从指定位置 start_num 开始的特定数目 num_chars 的字符串。text 是包含要提取字符的文本字符串。start_num 是文本中要提取的第一个字符的位置。num_chars 指定希望 MID 从文本中返回字符的个数。num_bytes 指定希望 MIDB 从文本中返回字符的个数（按字节）。

如要得到每位患者"名"，也可使用公式："=MID（B3，2，3）"（如果姓名中没有空格可用 2 代替 3，空格将作为字符进行计数）或"MIDB（B3，3，4）"。这里的姓名长度都是 3 个汉字，如果姓名中的姓是一个汉字而名是多个汉字（字数不一），要得到名，可以使用公式："=MID（B3，2，LEN（B3）-1）"，这里的 LEN 是计算字符串长度函数。双字节字符也可用 LENB。

七、随机数函数

格式：RAND（ ）

功能：返回大于等于 0 及小于 1 的均匀分布随机数，每次计算工作表（或按 F9）时都将返回一个新的数值。若要生成 a 与 b 之间的随机实数，可使用 RAND（ ）*(b-a)+a。如果要使用函数 RAND 生成一随机数，并且使之不随单元格计算而改变，可以在编辑栏中输入 "=RAND（ ）"，保持编辑状态，然后按 F9，将公式永久性地改为随机数。

八、查找与引用函数

分行查找(HLOOKUP)和列查找(VLOOKUP)函数。

(一) 行查找

格式：HLOOKUP(lookup_value,table_array,row_index_num,range_lookup)

功能：在查询表 table-array 区域的首行查找与指定的 lookup-value 值相匹配的列，返回与查询表第 row-index-num 行对应列的结果。

1. lookup_value 为需要在数据表第一行中进行查找的数值。Lookup_value 可以为数值、引用或文本字符串。

2. table_array 为需要在其中查找数据的数据表。可以使用对区域或区域名称的引用。

3. range-lookup 为一逻辑值，指查找时是精确匹配还是近似匹配。如果为 "TRUE" 或 "省略"，则返回近似匹配值，即如果找不到精确匹配值，则返回小于 lookup-value 的最大数值；如果 range-value 为 "FALSE"，函数将返回精确匹配值，如果找不到，则返回错误值 "#N/A"。

(二) 列查找

格式：VLOOKUP(lookup-value,table-array,col-index-num,range-lookup)

功能：在查询表的 table-array 区域的首列查找与指定的 lookup-value 值相匹配的行，返回查询表第 col-index-num 列对应行的结果。默认情况下，表是已升序排列的。

例如，在 data.xlsx 工作簿中，除 "患者住院信息" 表外，另建 "心率" 表和 "性别" 表。其中 "心率" 表中仅有 "住院号" "心率" 二列内容，如图 4-30 所示；"性别" 表有 "性别编号" "性别" 两行，如图 4-31 所示。要将 "心率" 表中 "心率" 列的内容合并到 "患者住院信息" 表心率列；"性别" 表中 "性别" 字段内容，添加到 "患者住院信息" 表 sex 列中，其操作步骤如下：

(1) 在 "患者住院信息" 表的 N2 和 O2 单元格分别添加两个字段名 "心率" 和 sex 字段(为了和原有的性别字段区别)。

(2) 在 N3 单元格中输入公式：=VLOOKUP(A3,心率! $A$2:$B$11,2)，O3 单元格中输入公式。=HLOOKUP(C3,性别! $A$1:$C$2,2)。

选定 N3 和 O3 单元格，拖动填充柄到 N12 和 O12 单元格。结果如图 4-32 所示。

如果 "心率" 工作表和 "患者住院信息" 表排列顺序一致，则可以通过数据选项卡 "数据工具" 组中的 "合并计算" 命令将 "心率" 表中的心率数据合并到 "患者住院信息" 表中。

如果两个工作表的排列顺序一致，可以进行合并计算。如某单位 1 月工资在 "工作表 1" 中，2 月的在 "工作表 2" 中，可以新建一个工作表 "汇总表"，通过 "合并计算" 命令将数值型数据合并在一起，得到 1、2 两月的工资合计。

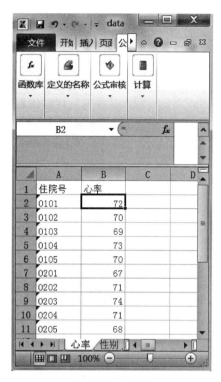

图 4-30 心率表

图 4-31 性别字典表

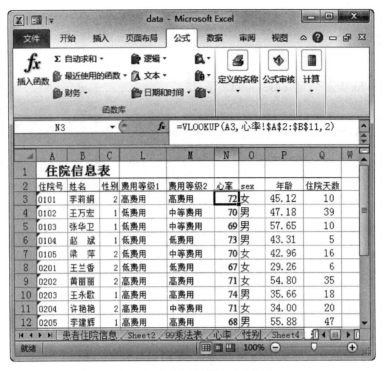

图 4-32　心率与性别数据合并结果

九、当前日期函数

格式：TODAY（ ）

功能：返回计算机系统的当前日期，如果系统日期设置正确，则返回当天日期。函数没有参数，但括号不能省略。

例如"=TODAY（ ）"的返回值为系统的当前日期，如"2017-10-1"。在患者基本信息表中，D 列为出生日期，要在 P 列中计算每人到今天的年龄操作步骤为：

（1）在 P2 单元格中输入字段名"年龄"，在 P3 单元格中输入公式"=（TODAY（ ）-D3)/365.25"。如计算到某个日期的年龄可输入公式：=（"2017-10-1"-D3)/365.25。

（2）选定 P3 单元格，鼠标指向填充柄向下拖动。

如计算每位患者的住院天数则在 Q3 单元格中输入公式：=F3-E3+1。拖动 Q3 填充柄到 Q12 单元格即可，结果如图 4-33 所示。

Excel 也提供了其他类型的日期函数，如求年份函数 YEAR（serial_number)（返回某日期的年份）、求月份函数 MONTH（serial_number)（返回某日期的月份）、求日子函数 DAY（serial_number)（返回某日期的日子）。参数 serial-number 是一个日期型的量。DATE（year,month,day)，返回由 year,month,day 参数给定的日期等。

日期型数据内部存储的是一个序列号，该序列号以"1900-1-1"为 1，其他日期也是该日期向前或前后推若干天后的序列号，如"2017-10-1"的序列号为 43009，表示 1900 年 1 月 1 日向后推（包括该天）41 320 天后的日期。默认日期设置为"日期型"时当输入日期型数据时显示日期，当把日期类型改变成"常规"或"数值"型（单击菜单"格式 -> 单元格"命令）则显示其序列号。同理当一个"数值型"数据改变为"日期型"时显示为日期格式。

两个日期相减后得到两个日期之间的天数。设某人出生日期是 2013-1-1，应用公式"=（"2013-2-15"-"2013-1-1"）"计算结果为 45，将其转换为日期型得到，1900 年 1 月 1 日向后推 45 天的天数，1900-2-14，说明其年龄为 0 岁 1 月 14 天。

图 4-33　年龄及住院天数计算结果

另外 NOW( )函数可得到当前日期和时间。

十、排序函数

格式:RANK(number,ref,order)

功能:返回一个数字在数字列表中的顺序。Number 为需要找到排序的数字,Ref 为数字列表数组或对数字列表的引用。Ref 中的非数值型参数将被忽略。Order 为一数字,指明排位的方式,order 为 0(零)或省略,按降序排列,不为零按照升序排列的列表。

对重复数的排位相同,但重复数的存在将影响后续数值的排位。例如,在一列按升序排列的整数中,如果整数 10 出现两次,其排序为 5,则 11 的排序为 7(没有 6)。如要把 10 的排序改为 5.5。可用公式 "=［COUNT(ref)+1-RANK(number,ref,0)-RANK(number,ref,1)］/2" 实现。

例如要求每个患者总费用在所有患者中的位置(由大到小排序),可在 V3 单元格中输入公式:=RANK(K3,$K$3:$K$12,0),拖动填充柄到 V12 单元格即可。

十一、自动求和与自动计算

(一) 自动求和

求和是 Excel 中常用函数之一,Excel 提供了一种自动求和功能,可以快捷地输入 SUM 函数。如果要对一个区域中各行(各列)数据分别求和,可选定这个区域以及它右侧一列(下方一行)单元格,再单击 "公式" 选项卡→ "函数库" 组→ "Σ自动求和" 命令。各行(各列)数据之和分别显示在右侧一列(下方一行)单元格中。求每位患者的总费用及所有患者的各项费用总和的结果如图 4-34 所示。

图 4-34　自动求和命令

(二) 自动计算

Excel 提供自动计算功能,利用它可以自动计算选定单元格的总和、均值、最大值等,在状态栏显示出来,其默认计算为求总和。在状态栏单击鼠标右键,弹出"自定义状态栏",可设置自动计算功能,如计数、平均值、最大值、最小值、求和等。选择了这些自动计算功能后,当选定单元格区域,其计算结果就可在状态栏显示出来了。如图 4-30 所示状态栏中显示的选定区域数值平均值为"4369.76",计数"33"等。

EXCEL 中还有其他函数,如 ROUND( ) 可见数字四舍五入到指定位数,ROUND(1.25,1) 结果为 1.3。INT( ) 为将数字向下取整为最接近的函数,如 INT(−3.14) 结果为 −4。

4.2.4　工作表的编辑

一、数据的编辑

单元格中数据输入后可以修改、删除、复制和移动。

(一) 数据修改

在 Excel 中修改数据有两种方法:

方法一:在编辑栏修改,只需先选中要修改的单元格,然后在编辑栏中进行相应修改,按"√"按钮确认修改,按"✕"取消修改。

方法二:双击单元格,然后进入单元格修改。

(二) 数据清除

数据清除针对的对象是数据及其格式,单元格本身并不受影响。在选取单元格或一个区域后,单击"开始"选项卡→"编辑"选项组→"清除"命令,可选择全部清除、清除格式、清除内容、清除批注和清除超级链接等选项。

1. 当选择"全部清除"选项时,将清除该区域中的内容、格式和批注。

2. 当选择"清除格式"选项时,只清除该区域中的数据格式,而保留数据内容和批注。注意:当数据类型是日期型时,清除格式后则计算出该日期到 1900 年 1 月 1 日之间的天数。

3. 当选择"清除内容"选项时,只清除该区域的数据,而保留区域中的数据格式。

4. 当选择"批注"选项时,只清除该区域的批注信息。

(三) 查找和替换

单击"开始"选项卡→"编辑"选项组中的"查找"或"替换"命令或按组合键 Ctrl+F →在打开"查找和替换"对话框中输入要查找或替换的内容,即可快速查找或替换数据,这一操作与 Word 类似。在"查找内容"文本框中输入要查找的数据时,可使用通配符"*"和"?",其中"*"可代替任意多个字符,而"?"可代替一个任意字符。如在姓名列查找"王? 香"者。

二、数据复制和移动

当我们建立好一个工作表之后,常需要将某些单元格区域复制或移动到其他的位置,而不需重新输入它们,这样可提高工作效率。与 Word 类似,复制或移动单元格的方法很多,可以使用开始"剪贴板"组的"复制"(Ctrl+C) 和 "粘贴"(Ctrl+V)、"剪切"(Ctrl+X) 命令按钮;单击鼠标右键的快捷菜单;左键拖动、右键拖动等方法。

复制或移动单元格区域内容的方式有两种:

一是覆盖式:顾名思义,覆盖式复制或移动会将目标位置单元格区域中的内容替换为新的内容;二是插入式:复制或移动会将目标位置单元格区域中的内容向下或者向右移动,然后将新的内容插入到目标位置的单元格区域。但与 Word 不同的是 Word 默认是插入式的复制或移动,而 Excel 是覆盖式的复制或移动。

(一) 覆盖式复制或移动单元格

这里只以鼠标拖动法说明将单元格内容移动到目标区域的操作步骤:

(1) 选定要移动的单元格区域。

(2) 将鼠标指针移到单元格的边框上 (与 Word 不同),当鼠标指针由空心十字形变为四个方向箭头时,按住鼠标左键开始拖动,拖动过程中有一与原区域同样大小的虚线框随着移动到需要移动的位置后,松开鼠标左键,如移动到的目标区域有内容,则提示"是否替换目标单元格内容?",单击"确定"按钮则可将选定的区域内容移到新位置。如果要复制单元格,则只需要在拖动时按 Ctrl 键,到达目标位置时,先松开鼠标左键,再松开 Ctrl 键,即可完成复制单元格的操作。

(二) 仅复制可见单元格

有时单元格某些列或行隐藏后(后述),如只想复制看到的单元格,则可通过选择要复制单元格区域后,单击"开始"选项卡→"编辑"选项组→"查找和选择"的下拉菜单中选择"定位条件"→勾选"可见单元格"命令,单击"复制"按钮,然后到目标区域执行"粘贴"命令。

(三) 插入式复制或移动单元格

插入式复制或移动单元格的操作与覆盖式复制或移动单元格的操作十分类似,只是在拖动鼠标时同时按住 Shift 键,将鼠标拖动选定区域到目标位置中单元格垂直或水平边框上时,其边框上会出现"I"形虚框,同时鼠标指针右侧会出现提示,指示被选定的区域将被插入的位置。如果在拖动时按住 Ctrl+Shift 键,则被选定的单元格将复制到插入点。

插入式复制或移动单元格也可在选定复制或移动单元格后,单击"开始"选项卡→"剪贴板"选项组→"复制"或"剪切"命令,到目标区域单击鼠标右键在弹出的快捷菜单中选择相应的操作。也可以采用鼠标右键拖动到目标区域,松开鼠标,在弹出的快捷菜单中选择相应的操作。

(四) 利用剪贴板复制或移动单元格

复制或移动单元格的最常用方法是利用"复制""剪切"和"粘贴"命令。利用这种方法可以作远距离的复制或移动,甚至可以移到另一个工作表或工作簿中,操作步骤为:

(1) 选定要复制或移动的单元格区域。

(2) 如果要移动单元格中的内容,则单击"开始"选项卡→"剪贴板"选项组→"复制"或"剪切"命令。或通过单击鼠标右键,在弹出的快捷菜单中选择"复制"或"剪切"命令。

(3) 选定目标单元格区域(该区域可以位于另一个工作表,甚至是另一个工作簿中的某个工作表),或者是目标区域的第一个单元格。

(4) 单击"开始"选项卡→"剪贴板"组→"粘贴"命令,或者单击鼠标右键,在弹出的快捷菜单中选择"粘贴"命令。则选中的单元格复制或移动到目标区域。原目标区域单元格内容被覆盖(清除)。

同样,也可以将剪贴板的内容插入到已有的单元格之间,而不覆盖已有的单元格。其方法是:在将要复制或移动的单元格区域复制或剪切到剪贴板之后,选定好目标单元格区域,然后单击"开始"选项卡→"单元格"选项组→"插入"命令中的"插入复制的单元格"命令或单击鼠标右键在弹出的快捷菜单中选择"插入复制的单元格"命令,在弹出的"插入粘贴"对话框中选择"活动单元格右移"或"活动单元格下移"选项。

剪贴板复制数据与以前 Word 中操作相似,稍有不同的是在源区域执行复制命令后,区域周围会出现闪烁的虚线。只要闪烁虚线不消失,粘贴可以进行多次,一旦虚线消失,粘贴命令就无法进行,但可单击"开始"选项卡→"剪贴板"选项组右下角的小按钮,打开"Office 剪贴板"执行所需要的操作。如果只需粘贴一次,有一种简单的粘贴方法,即在目标区域直接按回车键。选择目标区域时,要么选择该区域的第一个单元格,要么选择与源区域一样大小的区域。与源区域大小不一致时,除非选择目标区域是源区域大小的多倍,依此倍数进行多次复制,否则将粘贴原选定区域。

需要注意的是:如果复制或移动的单元格是公式或函数,则默认情况下复制或移动的是公式而不是公式计算的结果。如只需要复制结果,可使用"选择性粘贴"命令。

三、选择性粘贴

一个单元格含有多种特性,如内容、格式、批注等,另外它还可能是一个公式、含有有效规则等,数据复制时除了复制整个单元格外,还可以有选择地复制单元格中的特定内容。例如,只复制公式的结果而不复制公式本身。此外复制数据的同时还可以进行自行运算、行列转置等。这些都可以通过选择性粘贴来实现。

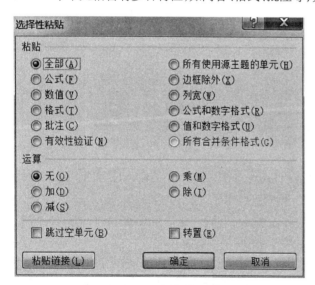

图 4-35 "选择性粘贴"对话框

如将公式或函数计算的"总费用"结果(含字段名)复制到 T2 开始的单元格。操作步骤为:

(1) 选定要复制的单元格 K2:K12。单击"开始"选项卡→"剪贴板"选项组→"复制"命令。

(2) 选定目标区域的左上角单元格 T2。

(3) 单击"剪贴板"选项组→"粘贴"下拉箭头→"选择性粘贴"命令

(4) 在弹出如图 4-35 所示的"选择性粘贴"对

话框中选择要粘贴的选项,如"公式""数值""格式""批注"或"有效数据"等。本例选择"数值"。

(5) 单击"确定"按钮完成选择性粘贴。我们可看到 T2:T12 区域复制的结果只有数值(在编辑栏看到结果为数值本身,而不是公式)。如果采用常规的"复制""粘贴"方法粘贴的是公式,结果为 0(前两个单元格的和)。

选择性粘贴用途非常广泛,比如想给"患者住院信息"中所有患者的"其他费用"减 30 元,操作步骤如下:

(1) 在该表的某一空白单元格输入 30,单击"开始"选项卡→"剪贴板"选项组→"复制"命令,将该单元格数据复制到剪贴板。

(2) 选择 J3:J12 其他费用区域;单击"开始"选项卡→"剪贴板"选项组→"粘贴"→"选择性粘贴"命令。

(3) 在图 4-35 对话框中选中"减"选项。

(4) 单击"确定"按钮,即可发现所有患者其他费用减少了 30 元。

如将每人"其他费用"减少不同值,可以在某单元格区域(如 U3:U12)输入不同减少值。选定 U3:U12 区域,单击"复制"命令;选择 J3:J12 单元格,单击"选择性粘贴"命令;选择"数值"和"减"选项;单击"确定"按钮,则可看到每人的"其他费用"都减少了一个不同的值。

此外选择性粘贴对话框选中"转置"复选框将复制的内容行列互换。

四、单元格、行、列的编辑

(一) 插入行、列和单元格

对于一个已建立好的表格,可能需要在表格中插入一行、一列或一个单元格来容纳新的数据。

如果要插入整行(列),可以按照下述操作步骤:

(1) 把插入点定位到需要插入行(列)的任一单元格;

(2) 单击"开始"选项卡→"单元格"选项组→"插入"→"插入单元格"命令,默认为单击一次向下插入一行,下面的单元格自动下移。

如要插入列或单元格则单击"插入"下拉箭头,从插入下拉菜单中选择插入行或列或单元格。需要插入多行(列),可选定多行(列),再执行"插入"命令。选定整行或整列后,按 Ctrl+Shift+ "+"组合键可插入整行或整列。

如果要插入单元格或区域,可以按照下述操作步骤:

(1) 选定要插入单元格或区域。

(2) 单击"开始"选项卡→"单元格"选项组→"插入"→"插入单元格"命令。

(3) 在弹出的图 4-36 所示的"插入单元格"对话框中,根据需要选择"活动单元格右移""活动单元格下移""整行"或"整列"选项。

(4) 单击"确定"按钮。

(二) 删除行、列或单元格

"删除"与上面讲的"清除"概念不同。删除是删除单元格,而清除是清除单元格里的内容,格式、批注等信息。删除行、列或单元格的操作与插入类似。如果要删除整行或整列或整个工作表中的内容时,操作步骤如下:

(1) 选定需要删除的行或列(可多行或多列)。

(2) 单击"开始"选项卡→"单元格"选项组→"删除"命令,则选定的行或列被删除。

图 4-36 "插入"对话框

如要删除行（列）或单元格，则单击"删除"下拉箭头，从删除下拉菜单中选择删除行或列或单元格。如要删除单元格区域，可单击"删除单元格"，此时会出现与如图4-36类似的"删除"对话框（"插入"换为"删除"），用户可以根据需要选择"右侧单元格左移""下方单元格上移""整行"或"整列"选项。

选定整行或整列后，按Ctrl+"－"组合键可删除整行或整列。

五、隐藏和取消隐藏行或列及工作表

（一）隐藏行和列及工作表

有时一些行或列不需显示或打印出来，这时可以将这些行或列隐藏起来。操作步骤如下：

(1) 选定需要隐藏的行或列或工作表。

(2) 单击"开始"选项卡→"单元格"选项组→"格式"→"可见性"→"隐藏或取消隐藏"→选择"隐藏行"或"隐藏列"或"隐藏工作表"命令，则选定的行或列或工作表被隐藏。

如要隐藏当前工作簿文件，可以执行单击"视图"选项卡→"窗口"选项组→"隐藏"命令。也可通过单击鼠标右键完成。

（二）取消隐藏

(1) 选定被隐藏的行/列两侧的行/列或工作表。

(2) 单击"开始"选项卡→"单元格"选项组→"格式"→"可见性"→"隐藏或取消隐藏"→选择"取消隐藏行"或"取消隐藏列"或"取消隐藏工作表"命令，则选定的行或列被取消隐藏。也可通过单击鼠标右键完成。

4.2.5　工作表的操作

工作表的操作包括工作表的选定、删除、插入、重命名、复制或移动等操作。

一、选定工作表

工作簿通常由多个工作表组成。对单个或多个工作表操作也必须遵循"先选定，后操作"的原则。选定工作表操作与文件选定操作类似。

（一）选定单个工作表

在建立工作簿文件时，默认当前工作表为"Sheet1"，单击相应的工作表选项卡可实现工作表之间切换。例如，单击"Sheet2"选项卡，即可进入第二个工作表，也就选定了这一工作表。

（二）选定两个或多个相邻的工作表

单击该组中第一个工作表选项卡，然后按住Shift键，再单击最后一个工作表选项卡，则可选定相邻的多个工作表。

（三）选定两个或多个不相邻的工作表

单击第一个工作表选项卡，然后按住Ctrl键，并单击另外的工作表选项卡，则可选定不相邻的多个工作表。

（四）选定工作簿中所有工作表

将鼠标指向当前工作簿的任一工作表，单击右键，在弹出的快捷菜单中选择"选定全部工作表"命令。

要选定当前工作表和下一张工作表可按组合键Shift+Ctrl+Page Down。

要选定当前工作表和上一张工作表可按组合键Shift+Ctrl+Page Up。

将鼠标定位到工作簿左下角的工作表移动轴(Sheet Tab),单击右键,在弹出的快捷菜单中选择需要选择的工作表。

工作表太多时,为防止不必要的更改,在选定工作表(可多个)后,单击鼠标右键,在弹出的快捷菜单中选择隐藏或取消隐藏工作表。

单击"开始"选项卡→"单元格"选项组→"格式"按钮→在弹出的下拉菜单中选择"保护工作表"命令,保护工作表,防止更改、移动或删除某些重要数据。

工作表选定后,选项卡栏中相应选项卡变为白色,名称下出现下划线。当工作表选项卡过多而在选项卡栏无法显示时,可通过选项卡栏滚动按钮前后翻阅选项卡名,也可通过标签拆分框,增大选项卡区域。

二、工作组操作

多个工作表选定后,在标题栏中出现"工作组"字样。在一个工作表的任意单元格中输入数据或设置格式,工作组中其他工作表的相同单元格中将出现相同数据或相同格式。采用该方法,可在工作簿的多个工作表中输入相同数据或设置相同格式。

取消工作组是通过单击工作组处任意一个工作表选项卡,或在工作表处单击鼠标右键,然后单击"取消成组工作表"即可。

三、删除工作表

(1) 选定要删除的工作表。

(2) 单击"开始"选项卡→"单元格"选项组→"删除"→"删除工作表"命令或在"工作表标签"处单击鼠标右键,在弹出的快捷菜单中选择"删除"命令。如果是非空工作表,将出现一个消息框提示:"要删除的工作表中可能存在数据,如果要永久删除这些数据,请按"删除"。

(3) 单击"删除"按钮,即可删除选定的工作表,相应选项卡也从选项卡栏中消失,同时在被删除的工作表右边的工作表变为活动工作表。注意工作表被删除后不可再用"撤销"按钮恢复。

四、插入工作表

默认情况下,新建的工作簿中含有 3 张工作表,而 Excel 允许用户在一个工作簿中创建 255 个工作表。如果要插入新工作表,其操作步骤如下:

选定(单击)要插入位置右边的工作表变为活动工作表(插入新工作表的位置),然后单击"开始"选项卡→"单元格"选项组→"插入"→"插入工作表"命令,工作簿当前工作表之前会出现一个新的工作表。

将鼠标指向工作表标签需要插入工作表的位置,单击右键,在弹出的快捷菜单中选择"插入"命令,也可插入工作表。

插入"工作表"也可以使用快捷键"Shift+F11",在当前活动单元格之前插入一个工作表,新工作表自动成为活动工作表。要插入多个工作表,可以通过按Shift键,选定数目相同的工作表标签,然后执行上面的操作。

修改默认打开的工作表数的操作步骤如下:

单击"文件"选项卡→"选项"→"常规"→在"新建工作簿时"的"包含的工作表数"中,输入默认打开的工作表数(1~255)。

五、重命名工作表

Excel 在建立一个新的工作簿时,所有的工作表以"Sheet1、Sheet2"等命名,不便记忆,可以将工作表名重命名为与实际工作表内容有联系的名字。重命名工作表有两种方法。

方法一:

(1) 双击要重新命名的工作表选项卡,当前名字被反白显示。

(2) 输入一个新名字并按回车键,输入的名字就取代原来的名字。

方法二:

鼠标指向工作表选项卡单击右键,在弹出的快捷菜单选择"重命名"命令。

六、工作表的移动

实际应用中,为了更好地共享和组织数据,常常需要复制或移动工作表。移动既可在工作簿之间又可在工作簿内部进行。移动工作表有以下两种方法:一是利用鼠标移动工作表,二是利用"开始"选项卡中的"单元格"组中的"移动或复制工作表"命令移动工作表。

方法一:利用鼠标移动工作表

如果要在当前工作簿中移动工作表(即重新安排工作簿中的工作表顺序),如要把 data.xlsx 中的"患者住院信息"表移动到"心率"表后的操作步骤如下:

(1) 选定要移动的工作表选项卡(data.xlsx 中的"患者住院信息")。

(2) 沿着工作表选项卡拖动鼠标,此时鼠标指针将变成"纸型"白色方块与箭头的组合,同时在选项卡上方出现一个小黑三角形,指示当前工作表所要插入的位置。

(3) 移到"心率"表后,松开鼠标左键,工作表即被移到新位置。

方法二:利用选项卡命令移动工作表

实现同一工作簿或者不同工作簿之间工作表的移动。具体操作步骤如下:

(1) 如果要将工作表移动到已建立的其他工作簿中,需先打开用于接收工作表的工作簿。

(2) 切换到需要移动工作表的工作簿,并选定要移动的工作表选项卡。

(3) 单击"开始"选项卡→"单元格"选项组→"格式"→"组织工作表"→"移动或复制工作表"命令,弹出如图 4-37 所示的"移动或复制工作表"对话框。

(4) 在"工作簿"列表框中选择用来接收工作表的目标工作簿。如果要把工作簿移动到一个新工作簿中,从下拉列表中选择"新工作簿"。

(5) 在"下列选定工作表之前"列表框中选定要在其前面插入工作表的工作表。

(6) 单击"确定"按钮,即可将选定的工作表移到一新位置。

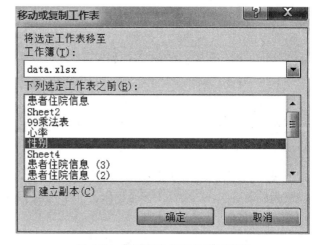

图 4-37 "移动或复制工作表"对话框

七、复制工作表

可以实现工作簿内或工作簿间复制工作表。有两种复制工作表的方法:一是利用鼠标复制工作表,其操作步骤与利用鼠标移动工作表的步骤相似,只需在拖动鼠标时按住 Ctrl 键即可。二是利用"开始"选项卡中的"移动或复制工作表"命令复制工作表,只需要在上面的"移动或复制工作表"对话框中选择"建立副本"复选框即可。

八、工作表窗口的拆分与冻结

工作表窗口的拆分是指将工作表窗口分为几个窗口,每个窗口均可显示工作表。工作表的冻结是指将工作表窗口冻结合并成一个窗口。

(一)工作表窗口的拆分

由于屏幕大小有限,工作表很大时,往往出现只能看到工作表部分数据的情况。如当 data.xlsx "患者住院信息"患者人数增多或字段数增多,录入数据时看不到标题及字段名和患者姓名等信息,或有时希望比较对照工作表中相距甚远的数据,可将窗口分为几个部分,在不同窗口均可移动滚动条显示工作表的不同部分,Excel 中通过工作表窗口的拆分来实现。

图 4-38　水平、垂直拆分

窗口拆分分为三种:水平拆分、垂直拆分、水平垂直同时拆分,其操作步骤如下:

(1) 单击需要拆分的位置的单元格。

(2) 单击"视图"选项卡→"窗口"选项组→"拆分"命令,在所选单元格的左侧和上侧出现水平和垂直拆分线。鼠标拖动拆分线可移动拆分位置,将插入点定位于某一窗口,使用水平和垂直滚动条移动该窗口,可看到整个工作表窗口分别显示工作表中列号相距较远的数据,如图 4-38 所示。

另一种拆分的方法是使用鼠标拖动水平滚动条右边和垂直滚动条上边的窗口拆分按钮。

撤销拆分:可在拆分状态下,再次单击"视图"选项卡→"窗口"选项组→"拆分"命令,或者直接双击窗口拆分线。

(二)工作表窗口的冻结

窗口拆分后,如行标题(含字段名)和列标题(如住院号、姓名)不希望随着鼠标的操作而移动。可通过工作表窗口的冻结来实现。

窗口拆分后,单击"视图"选项卡→"窗口"选项组→"冻结窗格"命令→在弹出的下拉菜单中选择"冻结拆分窗格""冻结首行""冻结首列"命令,窗口分隔线冻结为一黑色细线,此时"冻结拆分窗格"命令变为"取消冻结窗格"命令。水平或垂直滚动条移动后部分行和列消失了,冻结的部分,如前三行和 A、B 两列却固定在上部和左部。

图 4-39　水平、垂直冻结窗格

撤销窗口冻结：单击"视图"选项卡→"窗口"选项组→"取消冻结窗格"命令。水平、垂直冻结窗格如图 4-39 所示。

（三）拆分与冻结的区别和联系

窗口被拆分后每个窗口都可浏览整个工作表，均有两个水平或垂直滚动条。而窗口被冻结后冻结线上方或左侧的若干行列被"冻结"住，冻结线两侧组成整个工作表，水平、垂直滚动条只能控制下方或右侧的行列，而且水平、垂直滚动条都只有一个。窗口冻结可以先拆分再冻结，也可以不拆分直接冻结。前者冻结撤销时可以先撤销冻结再撤销拆分，也可以直接撤销拆分，冻结也自然被撤销。后者只能撤销冻结，不存在拆分撤销。

通过单击"视图"选项卡→"窗口"选项组→"新建窗口"命令新建一个窗口，可以将一个工作簿在多个窗口显示出来。

可通过改变窗口大小或重排窗口看到其他窗口。单击"窗口"选项组→"并排查看"命令，可同时浏览两个工作簿，当鼠标或插入点在某个窗口移动时，另一窗口也随之移动。用此方法，可比较两工作簿的异同点。

任务 4-3　分析管理患者列表

【任务描述】

1. 利用数据清单查找药品费大于 1500 的男性患者。
2. 按性别（升序）对总费用（降序）进行排序。
3. 利用数据自动筛选功能筛选药品费大于 1500 的男性患者。
4. 利用数据高级筛选功能筛选 1980 年 1 月 1 日后出生的女患者或总费用大于 4000 元的患者。
5. 对男女患者的药品费、其他费用及总费用进行分类求和。
6. 利用数据透视表，分性别、科室（住院号前两位，01 表示内科，02 表示外科）对药品费、其他费用、总费用进行分类汇总。
7. 利用数据分析功能对各项费用进行描述统计。

【知识点分析】

4.3.1　数　据　列　表

数据列表又称数据清单，也有称之为工作表数据库。它与一张二维数据表非常相似，数据由若干行和列组成,每列有一个列标题,相当于数据库表中的字段名称,列也就相当于字段,数据列表中每一行相当于数据库表中的一条记录,因此它与前面介绍的工作表中的数据有所不同,是一种特殊的工作表。建立数据列表的具体要求:

1. 最好不要在一个工作表上建立多个数据列表。若同一张工作表中还有其他数据,则与其他数据间至少要一个空行或空列,使它们与数据列表分开,以便在执行排序、筛选等操作时选定数据列表。

2. 列表中不允许有空白行和空白列,单元格内数据不要以空格开头或结尾。

3. 数据列表必须有列标题,位于第一行,列标题一般应不相同,且每列必须是性质相同、类型相同的数据;一行称为一条记录,表示一条信息,不能有完全相同的两行内容。

4. 避免将关键数据放到数据列表的左右两侧,以免这些数据在筛选数据列表时被隐藏。

另外,对数据列表中的分类变量数据的输入尽量采用代码录入,可方便数据处理分析,文本型数据一般应放在列表的左边。图 4-40 符合数据列表的条件(注意为了以后分析方便去除了标题及 M 列后面的列)。

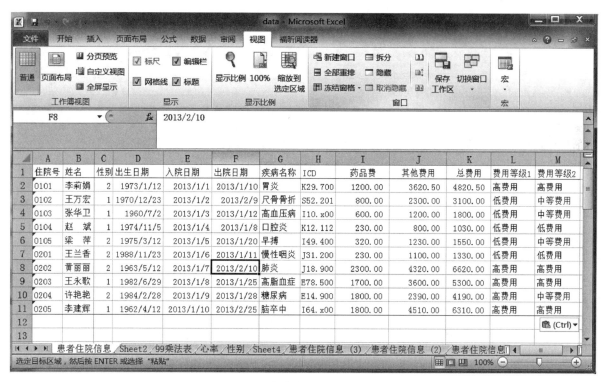

图 4-40　患者住院信息数据列表

上面数据列表性别(1=“男”,2=“女”)等分类变量数据采用代码化录入的方法。

Excel 提供了记录单命令实现对数据列表的查看、更改、添加以及删除记录,或者根据指定的条件查找指定的记录等功能。一个记录单一次只显示一条完整的记录。在记录单上输入或编辑数据,Excel 将在数据列表中更改相应单元格的数据。要用记录单来管理数据列表,可以按照下述步骤进行:

(1) 单击“文件”选项卡→“选项”命令,打开选项对话框→在“自定义功能区”的“从下列位置选择命令”列表框中选择“不在功能区中的命令”→选择“记录单”命令到右边的“自定义功能区”中(需要事先建立一个“选项卡”和“组”或在当前选项卡中建立一个“组”)。也可以把该命令放到“快速访问工具栏”中,这里选择该方法。

(2) 管理的数据列表中的任一单元格。

（3）单击"记录单"命令，打开"记录单"对话框，如图 4-41 所示。在记录单右上角显示的分母为总记录数，分子表示当前显示记录内容为第几条记录。对话框最左列显示记录的各字段名(列名)，其后显示各字段内容。

记录单中提供的几个按钮可以让用户新建、查看、删除以及设置查找条件等：

（1）"新建"按钮：可向数据列表中添加记录。单击"新建"按钮，出现一个空白记录单，输入新数据后单击"关闭"按钮则在数据列表的下面出现一行新记录。

（2）"上一条"或者"下一条"按钮：可查看各记录内容。显示到某条记录后也可以修改该记录内容。

（3）"删除"按钮：单击"删除"按钮，可删除数据列表中当前显示的记录。也可通过对话框中的垂直滚动条查看并修改数据列表中的数据(除公式或函数单元格数据外)，显示要修改的记录，然后对记录内容进行修改。

（4）"条件"按钮：可查找特定的记录，在适当的文本框中输入查询条件，如性别框输入"1"、药品费输入">1500"，如图 4-42 所示。然后单击"上一条"按钮或者"下一条"按钮逐条显示药品费大于 1500 的男患者记录。

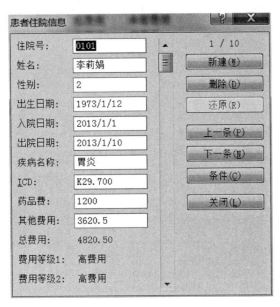

图 4-41　记录单管理数据列表

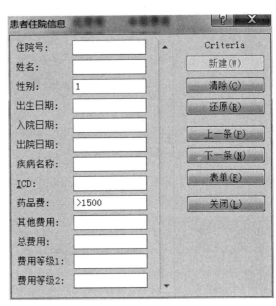

图 4-42　条件查询对话框

4.3.2　数 据 排 序

用户可以根据一列或数列数值对数据列表进行排序。排序时，Excel 将根据指定的排序顺序重新排列单元格顺序，因此要保留原数据顺序最好把原数据另存。对英文字母，按字母次序(默认不区分大小写)排序，汉字可按拼音或笔画排序。默认按列方式排序，但也可以按行方式排序。

一、根据一列数据对数据排序

如果要快速根据一列数据排序，比如用户按从高到低的顺序排列总费用，具体操作步骤如下：

（1）数据列表中单击要排序的字段列(如"总费用"列)任一单元格。

（2）单击"数据"选项卡→"排序和筛选"选项组中的 ▲↓ "降序"按钮，即可将"总费用"从高到低的顺序排列同。另外，↓▲ "升序"按钮。

二、根据多列数据对数据排序

如要完成任务4-3中的2："按性别(升序)对总费用(降序)进行排序"，可单击"数据"选项卡→"排序和筛选"选项组→"排序"命令完成，其操作步骤如下：

(1) 选定需要排序的数据列表中的任一单元格。

(2) 单击"数据"选项卡→"排序和筛选"选项组→"排序"命令，打开如图4-43示的"排序"对话框。

图4-43 数据"排序"对话框

(3) 单击"主要关键字"列表框右边的向下箭头，从下拉列表中选择需要排序的字段名"性别"。

(4) 在"排序依据"中选择"数值"，

(5) 在"次序"中选择"升序"(1在前2在后，即先男后女)。

(6) 单击"添加条件"按钮，在"次要关键字"列表框中选择"总费用"，"排序依据"中选择"数值"，"次序"中选择"降序"。

(7) 单击"确定"按钮，即可看到数据列表排序结果，如图4-44所示。如果有多个排序字段时，先按"主要关键字"排序，当"主要关键字"相同时再按"次要关键字"排序，"次要关键字"相同时再按"第三关键字"排序。

图4-44 排序结果

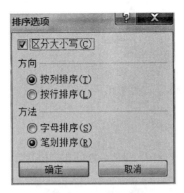

图 4-45　排序选项对话框

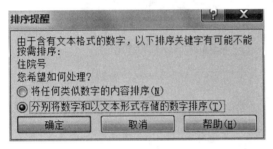

图 4-46　"排序提醒"对话框

本例可看到先按"性别"升序排列(先男后女),"性别"相同时按"总费用"由大到小排列。

注意以下几个问题:

1. 为了防止数据列表的标题也参加排序,可勾选在"排序"对话框右上角的"数据包含标题"复选框。

2. 对于汉字默认为按拼音排列,如要按笔画排列或按自定义次序(参见自定义序列)排序,或排列字母数据时想区分大小写,可在"排序"对话框中单击"选项"按钮,弹出"排序选项"对话框,如图 4-45 所示,在"方法"栏中选择按"笔画顺序";在"自定义排序次序"下拉列表框中可选择自定义次序,例如,以"甲、乙、丙、……"等作为排序的依据;如想区分大小写,可选中"区分大小写"复选框,大写字母将位于小写字母前面。如要改变排序方向可在方向栏中选择"按行排序",默认为按列排序。

3. 如将数字型文本(如本例中的住院号列)作为排序关键字排序时会打开"排序提醒"对话框,如图 4-46 所示,提示"将任何类似数字的内容排序"或"分别将数字和以文本形式存储的数字排序"。如比较数字文本 3 和 11 时,如按数字排序(前者)则 3 小 11 大;但如将数字和数字文本分别排序(后者),则数字型数据按其大小排序,数字型文本按文本形式大小排序(按位大小排序),结果为 11 小 3 大(3 前面没有空格)。

4. 可使用文本链接运算符 & 将文本、数值及日期型数据连接起来后再进行排序,如要将性别,出生日期、药品费、总费用连接起来,如可在 N1 单元格中输入一个字段名字如"合并字段",在 N2 单元格中输入公式"=C2&D2&I2&K2"。再拖动 N2 单元格右下角的填充柄将公式复制 N3 到 N11 的单元格,然后用"合并字段"为主要关键字进行排序。

排序后数据列表顺序可能与原顺序不同,如果要恢复,可单击工具栏上的"撤销"按钮,或按能返回原顺序的关键字(如这里的编号,或流水号)重新排序,也可以将原数据列表复制到其他工作表中保存。

5. 不论按一列或多列排序,不需要只选定需要排序的列(如选定则需要选定数据列表全部),如选定则排序后数据排列顺序只会在选定的区域发生改变。

排序时也可以可按单元格颜色或字体颜色排序,方法是选中需按某种颜色排序的单元格(如字体红色)后,单击鼠标右键,在弹出的快捷菜单中选择"排序",然后选择"将所选字体颜色放在最前面(F)"。

4.3.3　数　据　筛　选

当数据列表中记录非常多时,用户如果只想显示那些符合条件的记录,而将其他记录隐藏起来,可以使用 Excel 的数据筛选功能,即将不感兴趣的记录暂时隐藏起来,只显示感兴趣的数据。

一、自动筛选

(1) 单击数据列表中的任一单元格。

(2) 单击"数据"选项卡→"排序和筛选"选项组→"筛选"命令。此时,在每个字段(列标题)的右侧出现一个向下三角按钮▼。

（3）单击想查找列的向下三角按钮，其中列出了该列中的所有项目，从下拉列表框选择设置筛选条件的选项，其含义如下：

升序（S）:按数据升序排序；

降序（O）:按数据降序排序；

按颜色排序（T）:按某种给定颜色排序。

全选:显示数据列表中的所有记录。

如数值型数据，则出现"数字筛选（F）"列表，可选择条件，如"等于""小于""大于"等；如是文本，则给出"文本筛选（F）"条件列表，如"等于""开头是""包含"等条件。

例如:要查看"药品费大于 1500 的男性患者"可单击"性别"列的筛选三角按钮▼，选择下拉列表框中的"1"；在单击"药品费"列的筛选三角按钮，单击"数字筛选"下拉菜单按钮，选择条件"大于"，在弹出的"自定义自动筛选方式"对话框中输入"1500"，最后单击"确定"按钮即可，结果如图 4-47 所示。

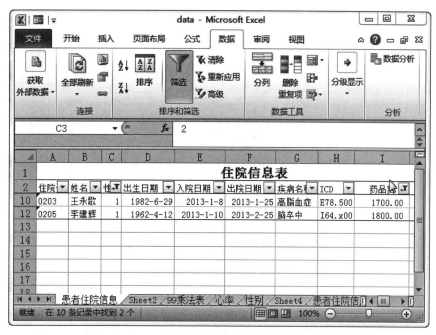

图 4-47　数据筛选

（4）筛选后所显示的数据记录行的行号变为蓝色。设置筛选条件的字段名右侧的下三角按钮变为🔽，行号变为蓝色。

筛选并不意味着删除不满足条件的记录，而只是暂时隐藏。如果想恢复被隐藏的记录即取消对某一列的筛选即可，可单击该列的自动筛选下按钮🔽，从筛选列的下拉列表框中选择"全选"选项，或再单击"筛选"按钮，则数据恢复显示，但筛选箭头随之消失。数据筛选后，选定（按 ESC 取消选定）筛选后的单元格及行号、列标使用"复制""粘贴"等命令，可将筛选后的数据列表复制到其他工作表或单元格中。

若筛选条件比较复杂，利用自动筛选无法完成，可使用高级筛选。如要筛选"男患者或药品费大于1500 元患者"，可使用高级筛选方法。

二、高级筛选

高级筛选后能够将满足条件的记录复制到另一个工作表中或当前工作表的空白单元格区域中。

在使用高级筛选之前，须先设定一个条件区域，该区域应在工作表中与数据列表相分隔的空白单元格区域上。条件区域至少为两行,第一行为字段名,以下各行为相应的条件值。条件值只要与字段名一列即可,可以设置多个条件,各条件可以不在一行上。同行不同列的条件作"与"的条件组合运算;不同行的条件作"或"的条件组合运算。

例如,在本任务中,要完成"4. 利用数据高级筛选功能筛选 1980 年 1 月 1 日后出生的女患者或总费用大于 4000 元的患者"的操作步骤如下:

1. 在 B13:D15 区域设置筛选条件,如图 4-48 所示。

	A	B	C	D	E	F	G	H	I	J	K	L	M	N
1	住院号	姓名	性别	出生日期	入院日期	出院日期	疾病名称	ICD	药品费	其他费用	总费用	费用等级1	费用等级2	
2	0205	李建辉	1	1962-04-12	2013-01-10	2013-02-25	脑卒中	I64.x00	1800.00	4510.00	6310.00	高费用	高费用	
3	0203	王永歌	1	1982-06-29	2013-01-08	2013-01-25	高脂血症	E78.500	1700.00	3600.00	5300.00	高费用	高费用	
4	0102	王万宏	1	1970-12-23	2013-01-02	2013-02-09	尺骨骨折	S52.201	800.00	2300.00	3100.00	低费用	中等费用	
5	0103	张华卫	1	1960-07-02	2013-01-03	2013-01-12	高血压病	I10.x00	600.00	1200.00	1800.00	低费用	中等费用	
6	0104	赵斌	1	1974-11-05	2013-01-04	2013-01-08	口腔炎	K12.112	230.00	800.00	1030.00	低费用	低费用	
7	0202	黄丽丽	2	1963-05-12	2013-01-07	2013-02-10	肺炎	J18.900	2300.00	4320.00	6620.00	高费用	高费用	
8	0101	李莉娟	2	1973-01-12	2013-01-01	2013-01-10	胃炎	K29.700	1200.00	3620.50	4820.50	高费用	高费用	
9	0204	许艳艳	2	1984-02-28	2013-01-09	2013-01-28	糖尿病	E14.900	1800.00	2390.00	4190.00	高费用	中等费用	
10	0105	梁萍	2	1975-03-11	2013-01-05	2013-01-28	早搏	I49.400	320.00	1230.00	1550.00	低费用	中等费用	
11	0201	王兰香	2	1988-11-23	2013-01-06	2013-01-11	慢性咽炎	J31.200	230.00	1100.00	1330.00	低费用	低费用	
12														
13		性别	出生日期	总费用										
14		2	>1980-1-1											
15				>4000										
16														
17														
18	住院号	姓名	性别	出生日期	入院日期	出院日期	疾病名称	ICD	药品费	其他费用	总费用	费用等级1	费用等级2	
19	0205	李建辉	1	1962-04-12	2013-01-10	2013-02-25	脑卒中	I64.x00	1800.00	4510.00	6310.00	高费用	高费用	
20	0203	王永歌	1	1982-06-29	2013-01-08	2013-01-25	高脂血症	E78.500	1700.00	3600.00	5300.00	高费用	高费用	
21	0202	黄丽丽	2	1963-05-12	2013-01-07	2013-02-10	肺炎	J18.900	2300.00	4320.00	6620.00	高费用	高费用	
22	0101	李莉娟	2	1973-01-12	2013-01-01	2013-01-10	胃炎	K29.700	1200.00	3620.50	4820.50	高费用	高费用	
23	0204	许艳艳	2	1984-02-28	2013-01-09	2013-01-28	糖尿病	E14.900	1800.00	2390.00	4190.00	高费用	中等费用	
24	0201	王兰香	2	1988-11-23	2013-01-06	2013-01-11	慢性咽炎	J31.200	230.00	1100.00	1330.00	低费用	低费用	

图 4-48 "高级筛选"条件设置及结果

图 4-49 "高级筛选"对话框

2. 将插入点定位到数据列表中,单击"数据"选项卡→"排序和筛选"选项组→"高级"命令,打开如图 4-49 所示的"高级筛选"对话框。该对话框中有以下几个选项。

(1) 方式:该选项栏中有两个选项,"在原有区域显示筛选结果":筛选结果显示在原数据列表位置,不符合条件的记录将被隐藏。"将筛选结果复制到其他位置":选中该单选按钮后"复制到"文本框处于编辑状态,指定复制到的目标区域(可以是一个工作表或当前工作表的其他区域)中的第一个单元格地址,筛选后的结果如复制到 A18:M18。

(2) 列表区域:该文本框中用于输入要筛选的数据区域,也可单击该框右侧的折叠按钮,然后在工作表中选择数据区域,选择后再单击折叠按钮,所选区域地址即显示在该文本框中。这里显示 $A$1:$M$11 单元格区域。

(3) 条件区域:在该文本框中指定包含筛选条件的条件区域,选择方法与上面类似,这里选择 $B$13:$D$15 区域。

(4) 复制到:当在上面"方式"选项栏中选中"将筛选结果复制到其他位置"单选按钮时,需要在该文本框中指定复制到的目标单元格的起始位置或区域,这里选择当前工作表的 A18 单元格。

(5) 选择不重复的记录:选中该复选框,则筛选结果中不包含符合筛选条件的相同记录。若两行内容相同的记录则只取第一个。

在"筛选"下拉菜单中可以将符合某一颜色的数据筛选出来。

数据输入时,可能出现重复录入现象,可以通过"数据工具"组中的"删除重复项"按钮,删除重复数据。如可以删除"编号""姓名"相同的行。

4.3.4 分类汇总

分类汇总就是对数据列表按某字段值进行分类,将字段值相同的记录作为一类并放在一起,进行求和、平均值、计数等汇总运算。分类汇总之前首先进行的操作是按分类关键字段进行排序,将同类别数据放在一起。

一、建立分类汇总

例如完成任务 4-3 中的 5:"对男女患者的药品费、其他费用及总费用进行分类求和"的操作步骤如下:

(1) 首先对需要进行分类汇总的字段("性别")进行排序,同性别的患者放在一起。

(2) 单击要分类汇总的数据列表中的任一单元格。

(3) 单击"数据"选项卡→"分级显示"选项组→"分类汇总"命令,弹出"分类汇总"对话框,如图 4-50 所示。

◆ 分类字段:表示按该字段进行分类,如本例选择"性别"。

◆ 汇总方式:表示要进行汇总的函数,如求和、计数、平均值、最大值、最小值、乘积、标准差、变异值等,本例选择"求和"。

◆ 选定汇总项:表示用选定的汇总函数进行汇总的对象,本例中选定"药品费""其他费用""总费用",并清除其余默认汇总对象。

◆ 替换当前分类汇总:表示汇总方式只保留一种,如除对"药品费""其他费用""总费用"进行求和外,

图 4-50 "分类汇总"对话框

还要求"平均值",可取消该复选框,再次进行分类汇总后将保留原来的求和结果。可叠加多种分类汇总方式。

◆ 每组数据分页:表示在每组分类汇总之后自动插入分页符。

◆ 汇总结果显示在数据下方:表示将汇总结果显示在每类数据下方,否则显示在上方,最后给出类别总计。

(4) 单击"确定"按钮,得到分类汇总后的结果如图 4-51 所示。

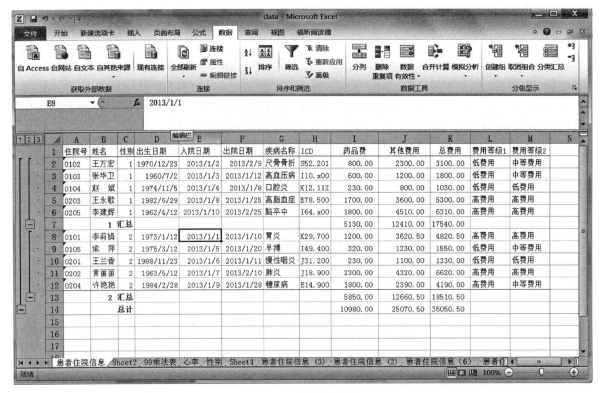

图 4-51　分类汇总结果

二、删除分类汇总

如要取消分类汇总的显示结果,可将插入点定位到数据列表中的任意单元格(单击鼠标左键),可单击如图4-50所示对话框中的"全部删除"按钮,则可恢复到分类汇总之前的状态。

三、分级显示分类汇总表

分类汇总后,在行号的左侧出现分级显示区,列出分级显示符号,默认数据分三级显示。其中"+"按钮用于显示分级明细数据,"−"按钮用于隐藏分级明细数据信息。

1. 按钮显示级别1,即显示总汇总结果;
2. 按钮显示级别2,即分类结果及总汇总结果;
3. 按钮显示级别3,显示全部数据,分类结果及总汇总结果。

四、复制分类汇总结果

如只需要将分类结果复制到其他工作表或其他单元格区域,而不要原始数据,其操作步骤如下:

(1) 在显示某个级别时选定需要复制的单元格区域,如单击级别2只显示分类结果和总汇总结果。

(2) 通过"定位条件"中的"可见单元格"命令复制汇总结果。具体详见相关章节。

由于分类字段只能是一个,当需要按多个字段进行分类汇总时可以按前面排序中所述的方法,将字段内容按文本格式连接生成一个新的字段,按新关键字段进行排序后再进行分类汇总,另一种方法是使用下面的数据透视表来解决。

4.3.5　数据透视表

一、建立数据透视表

上面介绍的分类汇总适合于按一个字段进行分类,如要求按多个字段进行分类并汇总,可以通过 Excel 提供的数据透视表来解决。数据透视表是一种汇总数据的交互式表格,将汇总数据放在表格中。

在任务 4-3 中,完成 "6. 利用数据透视表,分性别、科室(住院号前两位,01 表示内科,02 表示外科)对药品费、其他费用、总费用进行分类汇总" 的操作步骤如下:

(1) 首先根据住院号求出科室。在 data.xlsx 工作簿的 L1 单元格输入 "科室",在 L2 单元格中输入公式: "=LEFT(A2,2)",拖动 L2 单元格填充柄到 L11,求出每一位患者所在科室。

(2) 将插入点定位于数据列表中任一单元格,单击 "插入" 选项卡→ "表格" 组选项→ "数据透视表" 命令,弹出 "创建数据透视表" 对话框,如图 4-52 所示。

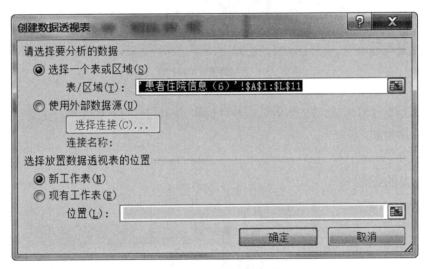

图 4-52　"创建透视表"对话框

(3) 选择需要创建透视表的工作表,这里默认选择了 "患者住院信息"。

(4) 选择放置数据透视表的位置,是 "新建工作表" 或 "现有工作表",默认为 "新建工作表"。

(5) 单击 "确定" 按钮,打开如图 4-53 所示对话框,数据透视表由 4 个区域构成,分别是报表筛选字段区域、行字段区域、列字段区域和数据项区域。上侧提供了字段名列表,可以根据需要将字段按钮拖放到相应的区域。其中的行、列、报表筛选为分类的字段,数值区为汇总的字段。通过改变对话框中字段的位置,达到改变分类和汇总字段的目的,在默认情况下,数据区的汇总字段如果是数值型字段则对其求和,否则为计数。如改变字段的汇总方式,可单击数值区相应的汇总字段按钮,选择 "值字段设置",在打开的值字段设置对话框进行设置,改变汇总方式:求和、计数、平均值、最大值、最小值、乘积、数值计数、标准偏差、总体标准偏差、方差、总体方差等。

(6) 将 "性别" 字段拖动到 "行标签","科室" 拖动到 "列标签"。单击药品费、其他费用、总费用,则这三个字段自动显示在 "数值" 区域,分性别分析不同科室患者的各项医药费用,拖动列标签下面的 "数值" 到 "行标签"。也可将 ICD 字段拖动到 "报表筛选" 框里,对不同疾病费用分析。这里的 "页" "行" "列" "数据" 中的字段都可以不止一个。

(7) 输出透视表结果如图 4-53 所示。

图 4-53 "数据透视表字段列表"设置

提示:在对数据进行分析前,首先要对数据进行整理,使其符合分析的要求。这里首先需要根据住院号求出科室,然后按要求分析。

二、数据透视表的编辑

当透视表源数据内容更新后,要更新透视表内容,可以单击"选项"选项卡→"数据"选项组→"刷新"命令,即可刷新透视表数据。如要在打开文件时自动刷新数据,可单击"选项"选项卡→"数据"组→"选项"命令,弹出"数据透视表选项"对话框,如图 4-54 所示。在"数据"标签中选择"打开文件时刷新数据"。

单击"数据透视表工具"中的"设计"选项卡,可更改数据透视表样式、布局等。

三、清除数据透视表

单击"数据透视表工具"中的"选项"选项卡→"操作"选项组→"清除"→选择"全部清除"命令,即可清除数据透视表。

图 4-54 "数据透视表选项"对话框

透视表生成后要在透视表中筛选符合某一条件的数据,可将插入点定位到透视表任意位置,单击"选项"选项卡→"排序和筛选"选项组→"插入切片器"命令→选定需要按条件筛选的字段(如所有字段)→单击"确定"按钮后,可看到按给定字段分别打开多个对话框,可按某字段的内容筛选出符合该条件的透视表。

4.3.6　数据统计与分析

Excel 的另一强大功能就是对数据进行统计分析,系统提供了丰富的统计函数及数据分析工具库,可以方便快捷地对数据列表中的数据进行处理。

一、使用数据分析功能

(1) 单击"文件"选项卡→"选项"命令→在弹出的"选项"对话框,选择"加载项"→单击下面"转到",打开"加载宏"对话框,如图 4-55 所示。

(2) 勾选"分析工具库"。

(3) 单击"确定"按钮。

(4) 此时选项卡"数据"上会出现"分析"选项组,单击选项组中的"数据分析"命令,弹出如图 4-56 所示的"数据分析"对话框,,可选择需要分析的方法,根据提示操作即可得出数据分析结果。如可进行描述统计、t 检验、方差分析、相关回归分析等。

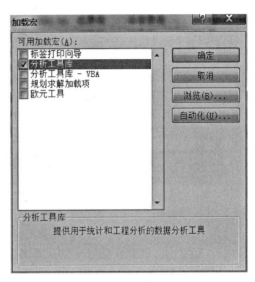

图 4-55　加载宏对话框

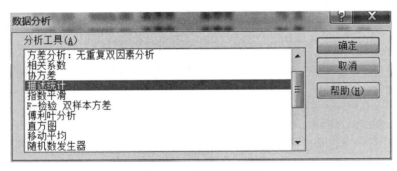

图 4-56　数据分析对话框

二、描述统计

描述统计可以分析数据的集中趋势和离散趋势,如在任务 4-3 中,完成"7. 利用数据分析功能对药品费、其他费用、总费用作描述统计分析"的操作步骤如下:

(1) 单击图 4-56 中的"描述统计"命令,打开"描述统计"对话框,如图 4-57 所示。

(2) 在输入区域选择分析数据区域,这里选择 $I$1:$K$11。分组方式为逐列,因选择了字段名,因此需勾选"标志位于第一行"复选框。在输出区域中选择结果输出的区域,这里选择 $N$1,也可以将结果输出到其他工作表或工作簿文件中。统计指标中选择汇总统计(计算均数、中位数、众数、全距、样本方差、标准差、偏度系数、峰度系数)、平均数置信度、最大值、最小值等。

(3) 单击"确定",给出统计结果,如图4-58所示。

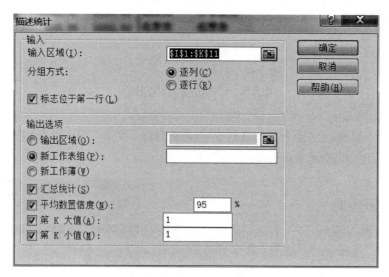

图 4-57　描述统计对话框

图 4-58　描述统计算结果

三、宏

宏是指一系列组合在一起的EXCEL命令,该命令可以重复使用。宏可以自动执行比较复杂任务。VBA是一种面向对象的宏语言。

1. **启用宏**　单击"文件"选项卡→"选项"→"信任中心",单击"信任中心设置"按钮,弹出"信任中心"对话框,单击宏设置,选择"启用所有宏",和"信任对VBA工程对象模型的访问"。

2. **录制宏**　如要求每人总费用,结果放到 L 列,操作步骤如下:

(1) 将插入点定位到 L3 单元格。

(2) 单击"视图"选项卡,"宏"组中的"宏"下面的小箭头,在弹出的下拉菜单中单击"使用相对引用(U)",再选择"录制宏"命令。打开录制宏对话框,如图 4-59 所示。

图 4-59　录制宏

(3) 设置"宏名称"(如"宏 1")和快捷键(如 Ctrl+Shift+R)及说明(如"计算总费用");

(4) 单击"确定"按钮后,可输入计算总费用过程,这里在 L3 单元格中输入公式"=I3+J3"按回车键。

(5) 然后再在下拉菜单中选择"停止录制",结束录制。

3. **运行宏**　将插入点定位到需要计算结果的单元格,如 L4,在"视图"选项卡的"宏"选项组中单击"宏"按钮,在弹出的下拉菜单中选择"查看宏"命令,或按 Alt+F8 组合键,打开"宏"对话框,单击"执行"按钮可执行宏。也可以按定义的快捷键 Ctrl+Shift+R,执行宏命令。

4. **编辑宏**　在"视图"选项卡的"宏"选项组中单击"宏"按钮,在弹出的下拉菜单中选择"查看宏"命令,或按 Alt+F8 组合键,打开"宏"对话框。单击"编辑"按钮,可看到宏代码,如图 4-60 所示。

在宏编辑窗口将宏代码修改为如图 4-61 所示内容。

图 4-60　宏代码

图 4-61　修改后的宏代码

执行该宏代码后可得出计算结果。

任务 4-4　制作各科室住院患者费用图表

【任务描述】

制作各科室住院患者"药品费用"和"其他费用"的图表

【知识点分析】

一、创建图表

图表是借助图形方式来表达数据的,使我们分析观察工作表中的数据时更加直观、明确。Excel 图表是在工作表的基础上建立起来的,将单元格中的数据以各种统计图表的形式显示,使得数据更加直观、易懂。当工作表中的数据源发生变化时,图表中对应项的数据也自动更新。

(一)基本知识

1. 图表的类型　系统中共有柱形图、折线图、饼图、条形图、面积图、XY 散点图、股价图、曲面图、圆环图、气泡图、雷达图等 11 种图表类型,其中柱形图为默认图形。各种图表类型之间可以相互转换,但一般情况下需要根据数据的性质绘制相应的图形。

2. 图表的结构　在数学中经常使用坐标来表示数据点,再通过点来绘出各种图形。Excel 中的图表与此类似,它分别用垂直方向的数轴(Y 轴)和水平方向的数轴(X 轴)来确定数据点,X 轴相当于工作表中的行,Y 轴相当于工作表中的列。在图表中,X 轴是分类坐标轴(主语),Y 轴是数轴(谓语)。

(二)创建图表

可以选定需要作图的数据列表,使用"插入"选项卡中的"图表"选项组制作各种类型的图表。现给出解答任务的具体过程。例如:在本任务中,完成"制作各科室住院患者"药品费用"和"其他费用"的图表"的操作步骤如下:

1. 数据整理　先"求出各科室药品费用和其他费用之和"的操作步骤如下:

(1) 打开 data.xlsx 工作簿文件中的"患者住院信息"工作表,L 列已经求出科室编码。

(2) 按"科室"对数据排序,并按科室进行分类汇总,汇总项选择"药品费""其他费用"和"总费用"。

(3) 单击"确定"按钮,求出不同"科室"各项费用之和。

(4) 根据前述方法(查看分类汇总一节)将汇总结果复制到 I17:L19 区域,整理后如图 4-62 所示。

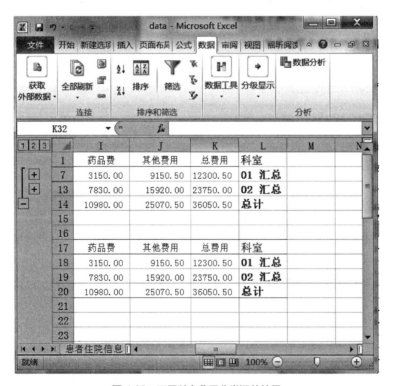

图 4-62　不同科室费用分类汇总结果

2. 将不同科室医药费用做堆积图

（1）打开 data.xlsx 工作簿中的"患者住院信息"工作表，选定 H17:J19 区域。

（2）单击"插入"选项卡→"图表"选项组→"柱形图"命令→选择"堆积柱形图"，可看到初步作图效果，同时切换到"图表工具"-"设计"选项卡。

（3）单击"数据"选项组中的"切换行／列"，可得到如图 4-63 所示的图形。

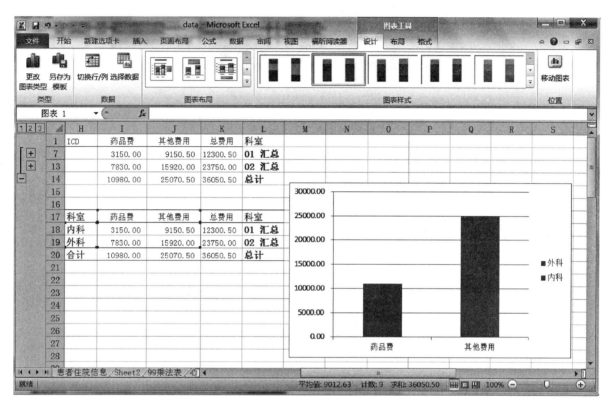

图 4-63　图形初步结果

二、图表的编辑

对图形编辑主要可通过"图表工具"-"设计"选项卡和"布局"选项卡进行编辑。

在"设计"选项卡中，有以下选项组：

（1）类型选项组：可改变图表类型。

（2）数据选项组：可选择图形的坐标轴行列呼唤或重新选择数据区域。

（3）图表布局选项组：选择图表标题、坐标轴标题、网格线、图例的格式。

（4）图表样式选项组：选择图表的样式。

（5）位置选项组：用于设置显示图标的位置。

在"布局"选项卡中，有以下选项组：

（1）标签：设置图表标题，坐标轴标题、图例位置、数据标签等信息。

（2）坐标轴：用于对坐标轴及网格线进行设置。

选定图形中的某个部分后，单击鼠标右键，在弹出的快捷菜单中也可选择相应的命令进行图形的编辑。编辑后的图形见图 4-64 所示。

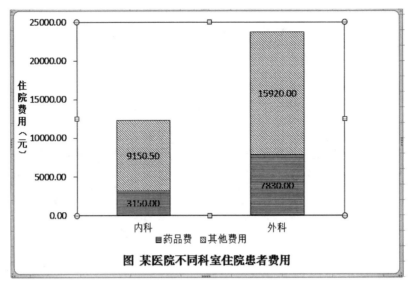

图 4-64　编辑后的图形

任务 4-5　打印工作表内容

【任务描述】

在 data.xlsx 工作簿中的"患者住院信息"工作表中：
1. 设置打印区域 A1:K12 和分页
2. 页面设置与打印

【知识点分析】

一、设置打印区域和分页

（一）设置打印区域

默认为打印页面所有单元格信息,如要打印工作表中部分内容而不是整个工作表,可以通过设置打印区域来解决。

（1）选中要打印的单元格区域:根据任务要求在第一行重新设置标题,并合并居中,选择 A1:K12 为打印区域。

（2）单击"页面布局"选项卡→"页面设置"选项组→"打印区域"→"设置打印区域",选定区域的边框上出现虚线,表示打印区域已设置好。打印时只有被选定区域中的内容被打印。而且工作表被保存后,将来再打开时设置的打印区域仍然有效。

（3）要取消打印区域,则单击"页面布局"选项卡→"页面设置"选项组→"打印区域"→"取消打印区域"命令。

要打印部分行或列,也可将不需打印的行或列隐藏起来。

（二）分页与分页预览

当工作表的内容多于一页时,Excel 会根据设置的纸张大小、页边距等自动为工作表分页。如不希望按这种固定的尺寸分页,例如希望工作表中的某些行或列出现在新的一页中,可采用人工分页的方法强行分页。

（三）插入和删除分页符

（1）单击要另起一页的起始行行号（或选择该行最左边单元格）或列标（或选择该列最上端单元格）。

（2）单击"页面布局"选项卡→"页面设置"选项组→"分隔符"→"插入分页符"命令，在起始行上端或列左边出现一条水平或垂直虚线表示分页成功。如果选择的不是最左或最上的单元格，如 F6 单元格，插入分页符将在该单元格上方和左侧各产生一条分页虚线，则会将工作表分为四部分。

（3）删除分页符：将插入点定位到分页虚线的下一行或右一列的任一单元格，或插入分页符处（如 F6 单元格），单击"页面布局"选项卡→"页面设置"选项组→"分隔符"→"删除分页符"命令。要删除所有分页符可选中整个工作表，然后单击"页面布局"选项卡→"页面设置"选项组→"分隔符"→"重设所有分页符"命令。

二、分页预览

直接查看工作表分页的情况，可通过分页预览命令。分页预览时，还可以编辑工作表，直接改变设置的打印区域大小，调整分页符位置等。

（1）单击"视图"选项卡→"工作簿视图"选项组→"分页预览"命令，显示如图 4-65 所示分页预览视图（这里在 F6 单元格处插入一个分页符）。视图中蓝色实线表示了分页情况，每页区域中都有暗淡页码显示，如果事先设置了打印区域，可以看到最外层蓝色粗边框没有框住所有数据，非打印区域为深色背景，打印区域为浅色背景。分页预览时同样可以设置或取消打印区域，插入或删除分页符。

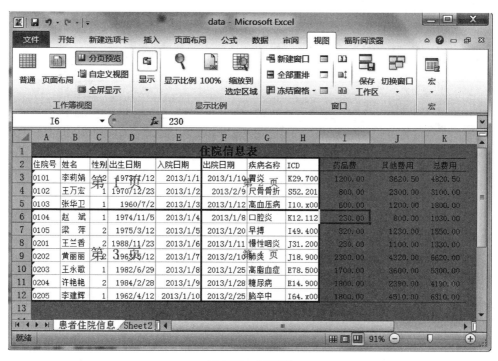

图 4-65　分页预览

（2）要改变打印区域大小，可鼠标移到打印区域的边界上，指针变为双箭头，拖曳鼠标即可改变打印区域。将鼠标指针移到分页实线上，指针变为双箭头时，拖曳鼠标可调整分页符的位置。单击"工作簿组"中的"普通"按钮可结束分页预览回到普通视图中。

三、页面设置与打印

当建立、编辑好工作表之后,需要将其打印出来。可先通过格式工具栏或格式菜单中的单元格命令将打印单元格内容的字体、字号等进行设置,需要注意的是单元格的边框默认打印时不显示,可以通过单击"开始"选项卡→"格式"选项卡→"设置单元格格式"→在"设置单元格格式"对话框中选择"边框"选项卡或单击"开始"选项卡→"字体"选项组→"边框"命令在需要位置加上边框。为了使打印的格式清晰、美观,并且增加如页眉、页脚之类的附加信息,可在打印之前进行页面设置,再进行打印预览,最后打印输出。

(一)页面设置

与 Word 一样,Excel 具有默认页面设置,因此可直接打印工作表。如有特殊需要,使用"页面布局"选项卡可以设置工作表的打印方向、缩放比例、纸张大小、页边距、页眉、页脚等。

(1)单击"页面布局"选项卡右下角的对话启动按钮,弹出"页面设置"对话框,如图4-66所示。"页面"选项卡各项设置方法的功能如下。

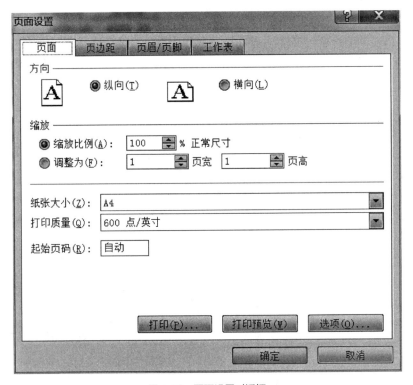

图4-66 页面设置对话框

1)方向:有纵向和横向打印可以选择。

2)缩放:用于放大或缩小打印工作表,其中"缩放比例"允许在 10~400 之间。100% 为正常大小。

3)调整为:表示把工作表拆分为几部分打印,如调整为 2 页宽、3 页高表示水平方向截为 2 部分,垂直方向截为 3 部分,共分 6 页打印输出。

4)纸张大小:选择纸张规格大小。

5)打印质量:表示每英寸打印多少点,打印机不同数字会不一样,打印质量越高,数字越大。

6)起始页码:可输入打印的首页页码,后续页的页码自动递增。默认为"自动"方式。

(2)"页边距"选项卡:用于设置打印数据在所选纸张的上、下、左、右留出的空白尺寸,如图 4-67 所示。

设置页眉和页脚距上下两边的距离,注意该距离应小于上下空白尺寸,否则将与正文重合;设置打印数据在纸张上水平居中或垂直居中,默认为靠左对齐。

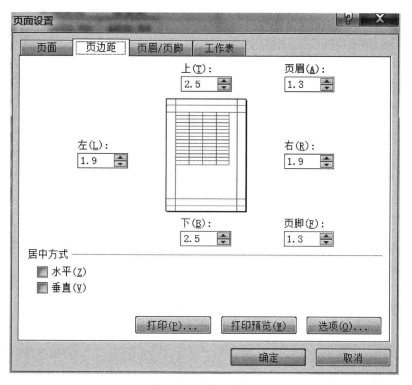

图 4-67　页边距对话框

(3) 页眉 / 页脚选项卡:"页眉 / 页脚"选项卡中提供了预定义的页眉页脚格式,如"第 1 页,共? 页"。如不满意,可单击"自定义页眉 / 页脚"按钮自行定义,如图 4-68 所示。自定义"页眉"对话框中,可输入

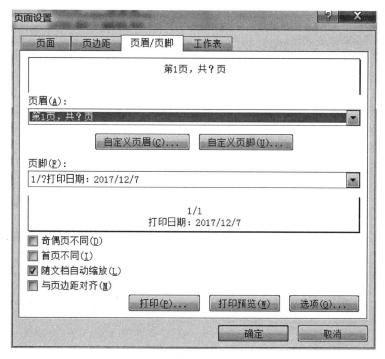

图 4-68　"页眉 / 页脚"选项卡

位置为左对齐、居中、右对齐的三种页眉。七个小按钮自左至右分别用于定义字体、插入页码、总页码、当前日期、当前时间、工作簿名和工作表名(本例设置页眉为"第1页,共?页")如图4-69。

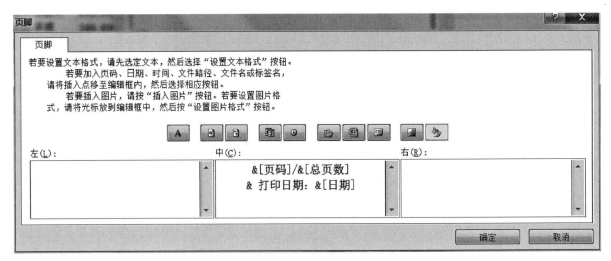

图4-69 自定义"页眉/页脚"

(4)"工作表"选项卡:用于对设置打印的区域、标题、打印顺序等信息。如图4-70所示。

图4-70 页面设置"工作表"选项卡

1) 打印区域:允许用户输入打印区域或单击右侧对话框折叠按钮选择打印区域,从而打印部分内容。

2) 打印标题:选定或输入在每页需要打印的顶端标题或左侧标题所在的单元格区域。当工作表内容较多或较宽,需要分成多页打印时,会出现除第一页外其余页要么看不见列标题,要么看不见行标题的情况,可通过此种方法解决。如这里已在第一行插入行标题"住院患者信息表",并采用合并单元格将其居中,第二行为列标题。将前两行作为每页的顶端标题行,可通过鼠标选定前两行或直接输入 $1:$2。或将前两列作为每页的左端标题列,可设置为 $A:$B。这样当打印区域超过一页时,则将在每页的顶端或左侧都打印(显示)相同的顶端标题行或左端相同的标题列。(本任务均按默认设置)

3) 打印:可以控制是否打印网格线(默认没有网格线)、批注、单元格单色打印、草稿方式(加快打印速度但会降低打印质量)、行号列标等(默认为不输出)以及错误单元格内容打印方式等。

4) 打印顺序:如果工作表较大超出一页宽和一页长时,采用何种打印方式。"先列后行"规定垂直方向先分页打印完,再打印水平方向分页,此为默认打印顺序,如数据在 A-J,共 2 页,但页面宽度只能打印到 A-H 列,则先把 2 页的 A-H 列(左侧)内容打印完后,再打印 2 页的 I-J 两列内容。"先行后列"规定水平方向先分页打印。即先把第 1 页 A-J 列内容打完(共 2 页),再打印下一页(共 2 页)。

四、打印预览

在打印输出之前,通过打印预览命令来查看工作表的打印效果。如果对工作表的排版不满意,可以及时修改,节省纸张和时间。

1. 在页面设置对话框中单击"打印预览"按钮或者单击"文件"选项卡中的"打印"菜单,如图 4-71 所示。注意事先对数据列表加了边框。

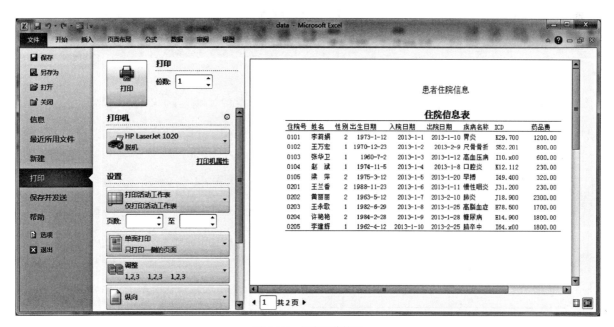

图 4-71　打印预览效果

2. 在打印预览窗口左侧和下方有一些设置,用于查看版面效果或调整版面的编排:

(1) 下方的右向和左向小箭头可以翻页。

(2) 分数:可设置打印分数。

(3) 页面设置,可重新设置页面、页边距、页眉 / 页脚以及控制是否打印某些选项。

(4) 打印机属性:可设置打印机属性,如纸张尺寸,打印质量(深浅)等。如图 4-72 所示。

3. 单击"打印"按钮则可以打印工作表。

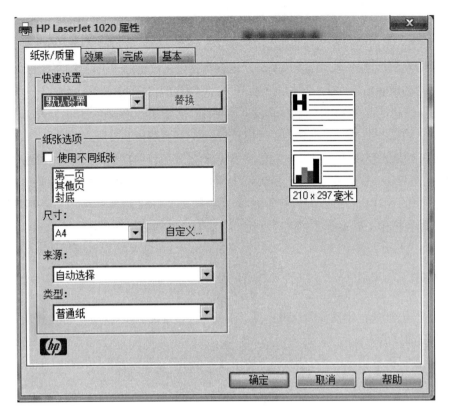

图 4-72 设置打印质量

（时松和）

本章通过五个任务主要介绍 Excel 软件的基本使用方法,包括工作簿及工作表的建立方法;利用公式及函数对工作表中数据进行处理与分析;利用数据列表对数据进行筛选、排序、分类汇总及数据透视表的使用方法;图表制作方法及工作表页面设置的打印方法等。方便的数据管理及作图功能是该软件的特点,系统提供的大量的公式函数可以选择,可以执行计算,分析信息并管理电子表格或网页中的数据信息列表与数据资料并制作图表,可以实现许多的功能。

复习参考题

1. 在 WORD 中设计一个居民健康知识问卷调查表,在 EXCEL 中输入 10 例调查数据。要求字符型、日期型、数值型数据,定性数据采用代码化录入方法。并对数据进行统计分析,对定性数据(如性别)求每类合计及构成,定量数据(如年龄)求和及平均数。

2. 试述分类汇总和数据透视表的区别。

3. 数据筛选中的高级筛选条件设置,同行不同列的条件以及不同行的条件都进行哪种运算?在住院患者信息表中要筛选药品费用大于 1500 的男患者(性别 =1)应如何设置筛选条件?

4. 分类汇总中的分类字段都可以是哪种类型,如何得到不同汇总方式结果(如通过性别对药品费汇总同时得到不同性别药品合计以及平均药品费用)?要将数据筛选后所得到的结果和分类汇总后得到分类的结果复制到其他单元格中,都可以直接用复制粘贴方法吗?

5. 使用随机数函数产生均数是 100,标准差是 10 的一列数据共 100 个,求出对数据进行描述统计。写出具体操作步骤。

6. 打印患者信息表时,如何在每页都显示相同的标题行?

7. 要将每位患者的总费用绘制成条图,应如何操作?做药品费用(X)和其他费用(Y)的散点图。

8. 工作表 A 列与 B 列分别输入 0~9 个位数字 C 列得到 A 列与 B 列对应行求和结果,C 列计算结果是口算得到。如果 C 列得到的结果不是 A 列与 B 列对应行之和则显示为红色加斜,口算正确的颜色不变。

9. 制作一个家庭消费支出流水账,A 列是从今天开始以后 10 天的一个日期序列(天数加 1),B 列是每天的消费摘要(如买鸡蛋、卖旧报纸等),C 列输入金额,D 列输入支出金额。E 列是余额。设今天第一天的余额为 500 元,求每天的余额。

第五章

PowerPoint 2010 演示文稿制作软件

学习目标

掌握 PowerPoint 2010 演示文稿制作软件的基本环境及启动和退出；创建演示文稿的方法、幻灯片的编辑方法。

熟悉 美化演示文稿的方法、幻灯片的动画设计方法；幻灯片的放映方法及演示文稿的打印。

了解 幻灯片的打包和发布。

能力目标

　　熟练使用 PowerPoint 2010 制作精美的演示文稿，从而提高逻辑思维能力与审美能力。

PowerPoint 2010 是微软公司 Office 2010 系列办公软件的一个重要组件,用于制作图文并茂、演示效果丰富生动的演示文稿。PowerPoint 2010 是一个功能强大的,集文字、图形、图像、声音及视频于一体的多媒体演示文稿软件,利用它可以轻松的将要表达的信息以文字 + 图像 + 声音 + 动画 / 视频等图文并茂的形式展现出来,搭配适当的幻灯片切换效果和动画效果,使演示文稿具有形象生动的视觉效果。PowerPoint 演示文稿软件广泛应用于演讲、报告、产品演示和课件制作等领域,借助演示文稿,可更有效地进行表达和交流。

任务 5-1　建立 "高血压病的健康教育" 演示文稿

【任务描述】

根据下列要求建立 "高血压病的健康教育" 演示文稿:

1. 使用 "主题" 为 "图钉" 的模板,创建演示文稿。

2. 第 1 张幻灯片版式采用 "标题幻灯片",标题为 "高血压病的健康教育",标题文字对齐方式为 "分散对齐",字体为 "华文彩云",字号为 44,加粗,字体颜色采用 "红色,强调文字颜色 2,淡色 40%"。副标题为 "附属医院　心内科"。设置结果如图 5-1 所示。

3. 第 2 张幻灯片版式采用 "标题和内容",在文本框中输入如图 5-2 所示内容,插入剪贴画 "doctor",适当调整剪贴画大小和位置。

4. 第 3 张幻灯片的版式为 "两栏内容",在两栏中分别输入相关内容,设置两栏的边框颜色为 "标准色 - 蓝色",如图 5-3 所示。

图 5-1　任务 5-1 幻灯片 -1

图 5-2　任务 5-1 幻灯片 -2

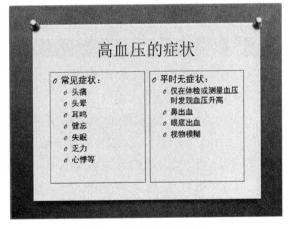

图 5-3　任务 5-1 幻灯片 -3

5. 第 4 张幻灯片版式采用 "标题和内容",输入如图 5-4 所示的内容,并插入 3×7 表格,设置表格样式为 "中度样式 2- 强度 1",输入内容并设置表格中文本居中。

6. 第 5 张幻灯片版式采用 "标题和内容",标题输入 "血压图表",建立 Excel 图表,"设置数据标签格式",舒张压中显示 "类别名称" 和 "值",并设置坐标轴格式,将纵轴最大值改为 "160"。如图 5-5 所示。

图 5-4　任务 5-1 幻灯片 -4

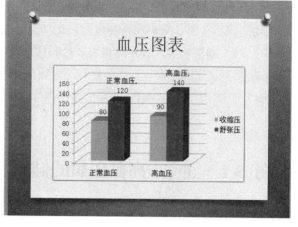

图 5-5　任务 5-1 幻灯片 -5

7. 第 6 张幻灯片版式为 "标题和内容"，标题文本为 "血压升高的损害"；插入 "SmartArt 图形" 中的 "射线群集"；输入相关内容文本，并设置中心形状字体大小为 "28"，四周形状字体大小为 "16"；设置图形 "更改颜色" 为 "彩色 - 强调文字颜色"，并适当调整各形状的大小和位置，如图 5-6 所示。

8. 第 7 张幻灯片版式为 "内容与标题"，标题文本为 "高血压的治疗"，将 "背景样式" 设置为 "渐变填充"，"预设颜色" 设置为 "碧海蓝天"，输入文本内容，如图 5-7 所示。

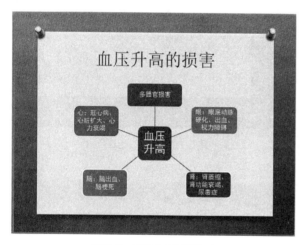

图 5-6　任务 5-1 幻灯片 -6

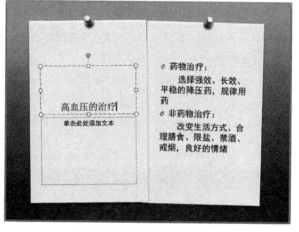

图 5-7　任务 5-1 幻灯片 -7

9. 第 8 张幻灯片版式为 "标题和内容" 将 "背景样式" 设置为 "图片或纹理填充"，"纹理" 设置为 "画布"，并 "隐藏背景图形"，输入文本内容。插入给出的两个 gif 文件，如图 5-8 所示。

10. 第 9 张幻灯片版式为 "仅标题"，标题文本输入 "用药误区"，背景颜色选择 "纯色填充"，颜色值为 RGB（204，221，234）、"隐藏背景图形"。插入形状，如图 5-9 所示。

11. 第 10 张幻灯片版式为 "空白"，插入图片作为背景，插入艺术字 "高血压的预防"，"文本效果" 设置为 "桥形"，"文字填充" 设置为 "标准色 - 绿色"，插入如图 5-10 所示的图片，设置图片透明色。

12. 在幻灯片母版右上角插入人民卫生出版社 "徽标"，在 "日期区" 中插入 "时间和日期"，并选择为 "自动更新"。在 "页脚区" 中插入 "人民卫生出版社"，在 "数字区" 中显示幻灯片编号，并勾选 "标题幻灯片中不显示" 复选框，如图 5-11 所示。

13. 为幻灯片添加备注，内容自定。

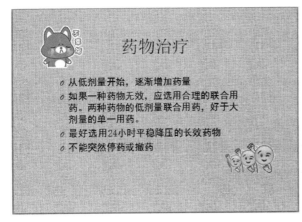

图 5-8　任务 5-1 幻灯片 -8

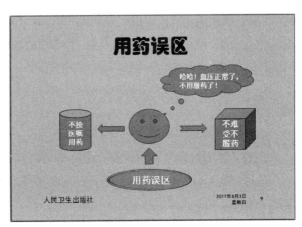

图 5-9　任务 5-1 幻灯片 -9

图 5-10　任务 5-1 幻灯片 -10

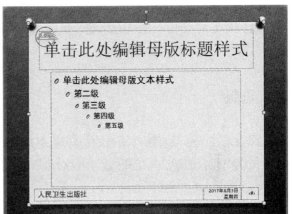

图 5-11　任务 5-1 幻灯片 -11

【知识点分析】

5.1.1　PowerPoint 2010 的基本概念

一、演示文稿

把所有为某一个演示而制作的幻灯片单独存放在一个 PowerPoint 文件中,这个文件就称为演示文稿。演示文稿由演示时用的幻灯片、发言者备注、概要、录音等组成,以文件形式存放在 PowerPoint 的文件中,该类文件的扩展名是 .pptx。

二、幻灯片

在 PowerPoint 演示文稿中创建和编辑的单页称为幻灯片。演示文稿由若干张幻灯片组成,制作演示文稿就是制作其中的每一张幻灯片。

三、对象

演示文稿中的每一张幻灯片是由若干对象组成的,对象是幻灯片重要的组成元素。幻灯片中的文字、图表、组织结构图及其他可插入元素，都是以对象的形式出现在幻灯片中。用户可以选择对象，修改对象的内容或大小，移动、复制或删除对象；还可以改变对象的属性，如颜色、阴影、边框等。所以制作一张幻灯片的过程，实际上是编辑其中每一个对象的过程。

四、布局

幻灯片的布局涉及其组成对象的种类与相互位置的问题。PowerPoint 提供了多种幻灯片设计方案供用户选择，其中包括标题、文本、剪贴画、图表、组织结构图等对象的占位符。

五、版式

幻灯片版式是 PowerPoint 中的一种常规排版的格式，通过幻灯片版式的应用可以对文字、图片等实现更加合理简洁完成布局，版式有标题幻灯片、标题和内容、节标题、两栏内容、比较等多种版式，利用这些版式可以轻松完成幻灯片制作和运用。

六、母版

母版是指一张具有特殊用途的幻灯片，其中已经设置了幻灯片的标题和文本的格式与位置，其作用是统一文稿中包含的幻灯片的版式。因此对母版的修改会影响到所有基于该母版的幻灯片。

七、模板

模板是指一个演示文稿整体上的外观设计方案，它包含预定义的文字格式、颜色以及幻灯片背景图案等。PowerPoint 所提供的模板都表达了某种风格和寓意，适用于某方面的讲演内容。PowerPoint 的模板以文件的形式被保存在指定的文件夹中，该类文件的扩展名是 .potx。

八、占位符

顾名思义，占位符就是预先占住一个固定的位置，等待用户输入内容。绝大部分幻灯片版式中具有这种占位符，它在幻灯片上表现为一种虚线框，框内往往有"单击此处添加标题"或"单击此处添加文本"之类的提示语，一旦用鼠标单击虚线框内部之后，这些提示语就会自动消失。占位符是由程序自动添加的，具有很多特殊的功能，例如在母版中设定的格式可以自动应用到占位符中；在对占位符进行缩放时，其中的文字大小会随占位符的大小进行自动调整等。

5.1.2 PowerPoint 2010 的启动与退出

一、PowerPoint 2010 的启动

PowerPoint 2010 的启动通常有以下三种方法：

1. 单击"开始"按钮→"所有程序"→"Microsoft Office"→"Microsoft Office PowerPoint 2010"子菜单，即可启动 PowerPoint 2010。

2. 如果桌面上或其他位置已经创建了 PowerPoint 2010 的快捷方式,双击该快捷方式图标即可启动 PowerPoint 2010。

3. 通过双击 PowerPoint 2010 制作的演示文稿,都可启动 PowerPoint 2010 并同时打开所选演示文稿。

二、PowerPoint 2010 的退出

当完成了演示文稿的编辑以后,需要存盘退出。编辑或修改后,如果未保存而直接退出时,PowerPoint 会提示编辑者进行保存。

PowerPoint 2010 的退出方法有如下几种:

1. 选择"文件"选项卡中的"退出"命令。

2. 单击 PowerPoint 窗口右上方的关闭按钮。

3. 按键盘上的"Alt+F4"组合键。

4. 单击标题栏左侧的窗口控制菜单图标,并在下拉菜单中选择"关闭"命令。

5.1.3　PowerPoint 2010 的窗口与视图

一、PowerPoint 2010 窗口

PowerPoint 2010 的窗口界面与其他 Office 2010 组件的窗口基本相同,相对于以前版本的 PowerPoint 来讲, PowerPoint 2010 的工作界面简洁、新颖,掌握后可以为用户节省许多操作时间。

PowerPoint 2010 的工作界面如图 5-12 所示。

图 5-12　PowerPoint 2010 窗口

1. **标题栏** 位于 PowerPoint 2010 工作界面顶端,左侧为控制菜单按钮,保存、撤销、恢复等常用工具按钮,中间显示当前演示文稿名称(默认为演示文稿 1、2……),右侧为最小化按钮、最大化(还原)按钮、关闭按钮。

2. **功能区** 相当于 PowerPoint 早期版本中的菜单项和工具栏上的命令按钮的组合。功能区旨在帮助用户快速找到完成某项任务所需的命令。

(1) 选项卡:位于标题栏的下方。通常 PowerPoint 2010 有"文件""开始""插入""设计""切换""动画""幻灯片放映""审阅""视图"9 个不同类别的默认选项卡。其中"文件""开始""插入""审阅""视图"等选项卡在使用中功能和 Word 相似,"设计""切换""动画""幻灯片放映"选项卡为 PowerPoint 特有项目。

可以通过单击"文件"选项卡→"选项"→"自定义功能区"命令,打开"自定义功能区"对话框,如图 5-13 所示,设置选项卡。

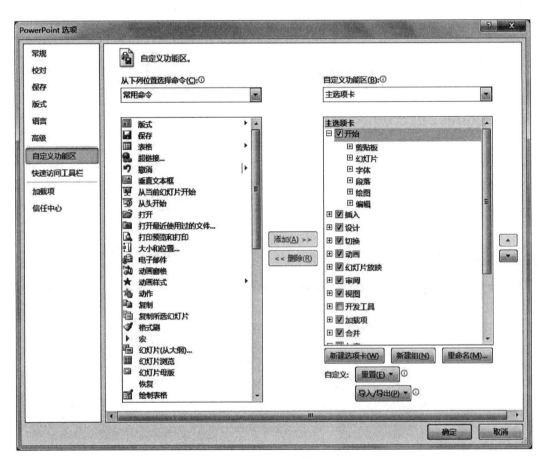

图 5-13 自定义功能区

需要注意的是,有的选项卡为"上下文选项卡",只有操作相应的对象时,其才会显示,例如:在幻灯片中插入剪贴画,并选中剪贴画,这时功能区上才会显示"图片工具 | 格式"选项卡。

(2) 选项组:各个主选项卡下均含有多个选项组,每个组中又有多个"命令"(按钮)组成,单击对应的命令可完成相应的操作。

3. **编辑区** 窗口的主体部分是演示文稿的编辑区,位于功能区的下方。编辑区左侧默认显示幻灯片缩略图,单击"大纲"选项卡,可以切换到幻灯片的大纲视图。编辑区中部是幻灯片窗格,用于编辑幻灯片内容和显示幻灯片效果。编辑区底部是备注窗格,用于添加或者编辑描述幻灯片的注释文本。拖动窗口之间的分界线可调整幻灯片缩略图的大小,调整显示比例按钮可以调整编辑区幻灯片的显示大小。

4. 状态栏 位于 PowerPoint 2010 工作界面的最下方。状态栏从左到右依次显示当前幻灯片的编号及幻灯片总数、演示文稿所采用的主题、输入法、视图按钮、幻灯片显示比例等。

二、PowerPoint 2010 的视图

为了使演示文稿便于浏览和编辑，PowerPoint 2010 为用户提供了两大类视图：演示文稿视图和母版视图。视图之间的切换，可单击"视图"选项卡下"演示文稿视图"组中的各项命令按钮，或者单击演示文稿状态栏中的视图按钮。

（一）演示文稿视图

演示文稿视图包括：普通视图、幻灯片浏览视图、备注页视图和阅读视图四种模式。

1. 普通视图 启动 PowerPoint 2010 之后，系统默认为普通视图方式。普通视图是 PowerPoint 2010 的主要的编辑视图，可用于撰写和设计演示文稿。普通视图左侧是"幻灯片 / 大纲"窗格，默认显示幻灯片的缩略图，如图 5-14 所示。使用幻灯片缩略图能方便地遍历演示文稿，还可以轻松地利用缩略图对幻灯片进行复制、移动、删除或隐藏等操作。

图 5-14 普通视图

单击"大纲"选项卡可以切换到大纲窗格，大纲窗格下呈现的是演示文稿的标题和主要文本，如图 5-15 所示。

2. 幻灯片浏览视图 单击"视图"选项卡→"演示文稿视图"选项组→"幻灯片浏览"命令，或单击状态栏中的"幻灯片浏览"按钮，即可切换到幻灯片浏览视图，该视图模式下整个编辑区均显示幻灯片的缩略图，如图 5-16 所示。该视图模式适用于查看幻灯片整体内容以及调整幻灯片的排列顺序。

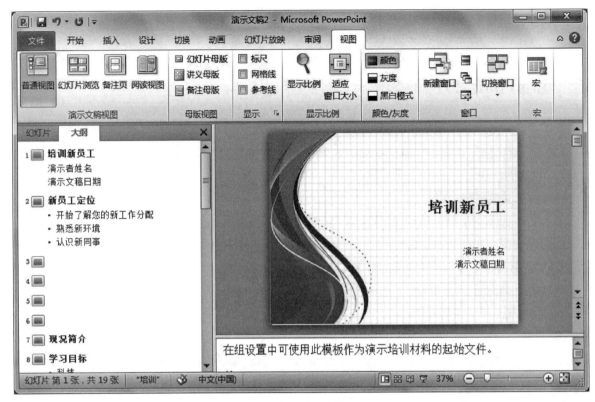

图 5-15　大纲窗格

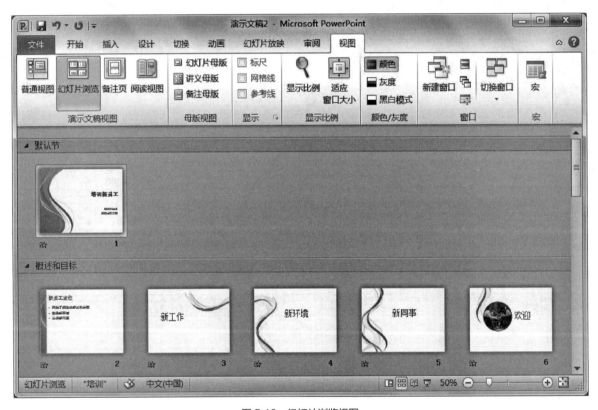

图 5-16　幻灯片浏览视图

3. **备注页视图**　单击"视图"选项卡→"演示文稿视图"选项组→"备注页"命令,即可打开备注页视图,如图 5-17 所示。该视图模式主要用于同时查看幻灯片及其备注,可在下方的备注窗格中输入或修改备注内容。

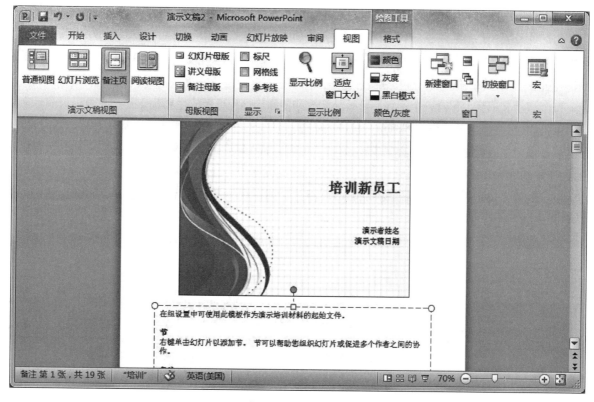

图 5-17　备注页视图

4. **阅读视图**　单击"视图"选项卡→"演示文稿视图"选项组→"阅读视图"命令，即可切换到阅读视图，如图 5-18 所示。该视图模式将演示文稿在 PowerPoint 的工作界面中进行幻灯片放映。阅读视图适合用户自己在窗口中而非全屏模式下观看幻灯片，可随时按"Esc"键退出阅读视图模式，或单击右下角状态栏中的视图按钮切换到其他视图模式进行编辑。

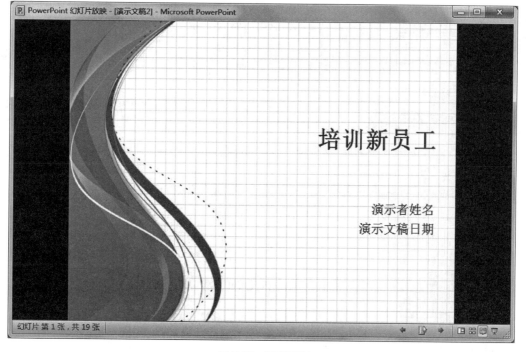

图 5-18　阅读视图

(二) 母版视图

幻灯片母版是幻灯片层次结构中的顶层幻灯片,用于存储有关演示文稿的主题和幻灯片版式(版式:幻灯片上标题和副标题文本、列表、图片、表格、图表、自选图形和视频等元素的排列方式。)的信息,包括背景、颜色、字体、效果、占位符大小和位置。

每个演示文稿至少包含一个幻灯片母版。修改和使用幻灯片母版的主要优点是用户可以对演示文稿中的每张幻灯片(包括以后添加到演示文稿中的幻灯片)进行统一的样式更改。使用幻灯片母版时,由于无需在多张幻灯片上键入相同的信息,因此节省了时间。如果用户的演示文稿非常长,其中包含大量幻灯片,则使用幻灯片母版特别方便。

由于幻灯片母版影响整个演示文稿的外观,因此在创建和编辑幻灯片母版或相应版式时,用户将在"幻灯片母版"视图下操作。

单击"视图"选项卡→"母版视图"选项组→"幻灯片母版"命令,打开幻灯片母版视图如图 5-19所示。

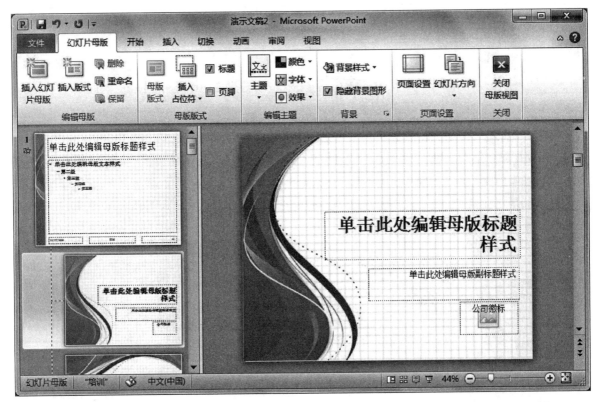

图 5-19　母版视图

打开幻灯片母版后,用户就可以像操作普通幻灯片一样操作幻灯片母版中的幻灯片,但是需要注意的是,因为操作的是母版,所以修改将影响到任何使用到该母版的幻灯片。操作完母版后,需要"关闭母版视图",返回正常幻灯片编辑状态。

5.1.4　演示文稿的建立

启动 PowerPoint 2010 后,系统会在窗口中新建一个名字为"演示文稿1"的空白文档,该演示文稿采用默认的设计模板,用户可以在该新建的演示文稿中输入内容。

一、创建空白演示文稿

（1）单击"文件"选项卡→"新建"命令，打开如图 5-20 所示窗口。

（2）在"可用的模板和主题"中选择"空白演示文稿"图标。

（3）单击"创建"按钮，即可创建一个空白演示文稿。

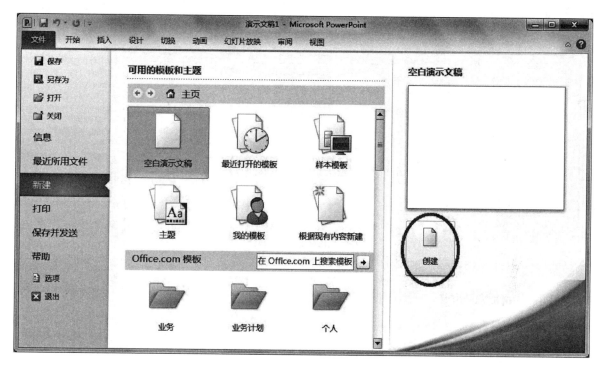

图 5-20　新建空白演示文稿

二、根据样本模板创建

（1）单击"文件"选项卡→"新建"命令，打开如图 5-21 所示窗口。

（2）在"可用的模板和主题"中选择"样本模板"图标，PowerPoint 2010 为用户提供了 9 种样本模板，在其中选择一种模板。

（3）单击"创建"按钮，即可直接生成特定主题内容的具有多张幻灯片的演示文稿。

三、根据主题创建

（1）单击"文件"选项卡→"新建"命令。

（2）在"可用的模板和主题"中选择"主题"图标，并在弹出的"主题"列表中选择相应的模板图标。

（3）单击"创建"按钮，即可根据内置的主题模板来创建演示文稿。

也可以在"设计"选项卡中"主题"选项组中选择相应的主题命令按钮来更改主题。

例如：完成任务 5-1 中的 1："使用'主题'为'图钉'的模板，创建演示文稿"操作步骤如下：①单击"文件"选项卡→"新建"命令；②在"可用的模板和主题"中选择"主题"图标，并在弹出的"主题"列表中选择相应的模板图标"图钉"，如图 5-21 所示；③单击"创建"按钮，即可创建"图钉"为主题模板的演示文稿。

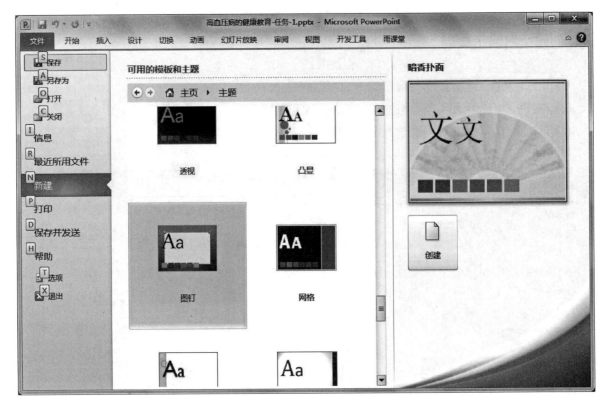

图 5-21　创建"图钉"为主题模板的演示文稿

四、根据我的模板创建

(1) 单击"文件"选项卡→"新建"命令。

(2) 在"可用的模板和主题"中选择"我的模板"图标。

(3) 在弹出的"新建演示文稿"对话框中选择预先自定义的模板文件。

(4) 单击"创建"按钮,创建新的演示文稿。

五、根据现有内容创建

(1) 单击"文件"选项卡→"新建"命令。

(2) 在"可用的模板和主题"中选择"根据现有内容新建"图标。

(3) 在弹出的"根据现有演示文稿新建"对话框中选择已有的演示文稿文件。

(4) 单击"新建"按钮,即打开所选择的演示文稿文件,可以在其基础上进行修改。

需要说明的是,该种方法在直接利用已有的演示文稿创建新的演示文稿过程中,只是创建了原有演示文稿的副本,不会改变原文件的内容。

六、根据 Office.com 模板新建

如果已有的 PowerPoint 2010 模板不能满足用户需求,用户也可以在 Office.com 上搜索所需模板。在"在 Office.com 上搜索模板"的文本框中输入所需模板的关键字,在搜索出的模板中选择所需模板,单击"下载"按钮,即可使用。用此种方法可以创建内容和种类更加丰富的演示文稿,但需要网络的支持。

5.1.5　幻灯片的基本操作

一、选择幻灯片

在对幻灯片编辑之前，都要遵循"先选定后操作"的原则，首先将要进行操作的幻灯片进行选择。

在"幻灯片浏览"视图下，如果是选择单张幻灯片，用鼠标单击它即可，此时被选中的幻灯片周围有一个色框，表示该幻灯片已经被选中。

如果希望选择连续的多张幻灯片，先选中第一张，再按住 Shift 键，单击要选中的最后一张，就可以完成多张连续幻灯片的选择。

如果希望选择不连续的多张幻灯片，先选中第一张，然后按住 Ctrl 键再单击要选择的幻灯片即可。

另外使用快捷键 Ctrl+A，可以选中全部幻灯片。

二、插入幻灯片

当建立了一个演示文稿后，常需要增加幻灯片。有多种方法插入新幻灯片：

1. 在"幻灯片"窗格中选择一张幻灯片，然后按 Enter 键，或者按 Ctrl+M 组合键，即可在演示文稿中快速插入默认版式的新幻灯片。

2. 单击"开始"选项卡→"幻灯片"选项组→"新建幻灯片"命令，插入默认版式幻灯片，或单击"新建幻灯片"右下角的下三角，或单击"版式"按钮，选择相应的幻灯片版式即插入相应版式的幻灯片。

例如：完成任务 5-1 中的 3："第 2 张幻灯片版式采用'标题和内容'"，可进行如下操作：

(1) 单击"开始"选项卡→"幻灯片"选项组→"版式"命令的下拉列表按钮。

(2) 选择"标题和内容"版式，即可插入新幻灯片。

3. 在要插入位置的前一张幻灯片上单击右键，执行"新建幻灯片"命令，即可在选择的幻灯片之后插入新幻灯片。

4. 在当前演示文稿中也可以插入其他演示文稿的幻灯片，操作步骤如下：

(1) 单击"开始"选项卡→"幻灯片"选项组→"新建幻灯片"命令的右下角的下三角按键→选择"重用幻灯片"命令，打开"重用幻灯片"窗格。

(2) 单击"浏览"按钮，选择"浏览文件……"，打开"浏览"对话框。

(3) 选中要重用幻灯片所在的演示文稿，单击"打开"按钮，则该演示文稿中的所有幻灯片全部显示在"重用幻灯片"窗格中，单击选择幻灯片，即可将其加入当前文档中，如果选中"重用幻灯片"窗格下面的"保留源格式"，如图 5-22 所示，则重用的幻灯片会保留其在原演示文稿中的格式，否则就匹配当前演示文稿的模式。

三、删除幻灯片

删除幻灯片可以通过以下方法来实现。

1. 选中待删除的幻灯片，直接按 Delete 键。

2. 在选择的幻灯片上单击鼠标右键，执行"删除幻灯片"命令即可。

3. 选中待删除的幻灯片，单击"开始"选项卡→"剪贴板"选项组→"剪切"命令。

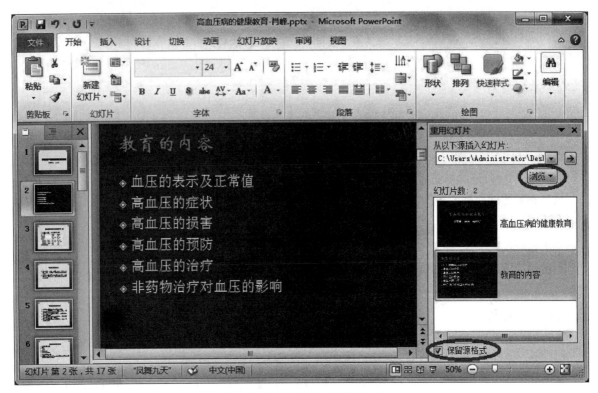

图 5-22 重用幻灯片 - 保留源格式

四、复制幻灯片

用户可以通过复制幻灯片的方法，来保持新建幻灯片与已建幻灯片版式与设计风格的一致性。复制可采用以下方法：

1. 单击"开始"选择卡→"剪贴板"选项组→"复制"/"粘贴"命令完成复制。

2. 在演示文稿内部复制幻灯片可以使用拖动的方法，选中需要复制的幻灯片，按下 Ctrl 键拖动鼠标到合适的位置即可。

3. 也可以从别的演示文稿复制幻灯片，首先选择需要复制的幻灯片，执行"复制"命令，再到需要的位置，执行"粘贴"命令即可。粘贴时可以选择"保留源格式""使用目标主题"或"图片"。

五、移动幻灯片

在幻灯片制作过程中，有时需要调整幻灯片的先后次序，这就需要将幻灯片从一个位置移动到另外一个位置。在普通视图或幻灯片浏览视图下都可以移动幻灯片。移动幻灯片可用以下的两种方法。

1. 选中需要移动的幻灯片，按下鼠标左键将其拖动到合适的位置即可。

2. 可以选择需要移动的幻灯片，执行"剪切"（Ctrl+X）命令，再到新的位置，执行"粘贴"（Ctrl+V）命令即可。

六、隐藏幻灯片

有时我们在使用演示文稿时，有些幻灯片并不想放映给观众看，这时就可以将这些幻灯片隐藏起来，操作很简单，右击要隐藏的幻灯片，选择"隐藏幻灯片"命令即可。已经隐藏的幻灯片，重复隐藏幻灯片的步骤即可取消隐藏。

5.1.6　幻灯片内容的输入和编辑

一、对象的编辑操作

各种对象都可以进行移动、复制、删除等操作。在操作前要先选择对象。

1. **移动对象**　在对象内按下鼠标并拖动；也可用 Ctrl+↑、Ctrl+↓、Ctrl+←、Ctrl+→组合键进行微调。

2. **缩放对象**　将鼠标放在对象边界的控点上，鼠标变成双向箭头时拖动鼠标。

3. **删除对象**　选中要删除的对象，按"Delete"键或右击对象在弹出的快捷菜单中选择"剪切"命令。

4. **旋转和翻转对象**　选定对象，单击"绘图工具 | 格式"选项卡→"排列"选项组→"旋转"命令，并在其级联菜单中选择旋转或翻转方式。

二、文本的编辑与格式设置

文本是演示文稿中的重要内容，几乎所有的幻灯片中都有文本内容，在幻灯片中添加文本是制作幻灯片的基础，同时对于输入的文本还要进行必要的格式设置。

（一）文本的输入

在幻灯片中创建文本对象有如下方法：

1. **在占位符中添加文本**　如果用户使用的是带有文本占位符的幻灯片版式，单击文本占位符位置，就可在其中输入文本，如图 5-23 所示。

图 5-23　文本占位符

例如：完成任务 5-1 中的 2："第 1 张幻灯片版式采用'标题幻灯片'，标题为'高血压病的健康教育'，副标题为'附属医院心内科'的操作步骤如下：

（1）单击"文件"选项卡→"新建"→创建"空白演示文稿"。

（2）在"单击此处添加标题"的文本占位符中输入"高血压病的健康教育"。

（3）在"单击此处添加副标题"的文本占位符中输入"附属医院心内科"。

2. **在文本框中添加文本** 如果用户在没有文本占位符的幻灯片版式中添加文本对象,单击"插入"选项卡→"文本"选项组→"文本框"命令,可以选择插入"横排文本框"或"竖排文本框"。

3. **在形状中添加文本** 单击"插入"选项卡→"插图"选项组→"形状"命令,选择适当形状,拖动鼠标在幻灯片中添加形状,然后选中相应形状后单击鼠标右键,选择"编辑文字"命令,即可在形状中添加文本了。

4. **在艺术字中添加文本** 可以使用艺术字为文档添加特殊文字效果。例如,可以拉伸标题、对文本进行变形、使文本适应预设形状,或应用渐变填充。相应的艺术字将成为用户可以在文档中移动或放置在文档中的对象,以此添加文字效果或进行强调。用户可以随时修改艺术字或将其添加到现有艺术字对象的文本中。

单击"插入"选项卡→"文本"选项组→"艺术字"命令,然后单击所需的艺术字样式。幻灯片上会出现"请在此放置您的文字"的文本框,修改文本框中的内容即可。

插入艺术字后,可以通过选项卡"绘图工具 - 格式",对艺术字进行设置。

在"绘图工具 - 格式"选项卡下有"插入形状""形状样式""艺术字样式""排列"和"大小"选项组,如图 5-24 所示。

图 5-24 绘图工具 - 格式

例如:完成任务 5-1 中的 11:"第 10 张幻灯片插入艺术字'高血压的预防','文本效果'设置为'桥形','文字填充'设置为'标准色 - 绿色'"的操作步骤如下:

(1) 单击"插入"选项卡→"文本"选项组→"艺术字"命令,然后单击任意的艺术字样式。

(2) 单击"绘图工具 - 格式"选项卡→"艺术字样式"选项组→"文本填充"命令按钮右侧的下拉按钮→在打开的"主题颜色"对话框中,选择"标准色"的"绿色"。

(3) 单击"绘图工具 - 格式"选项卡→"艺术字样式"选项组→"文本效果"命令按钮右侧的下拉按钮→在打开的下拉列表中,选择"转换"→"弯曲"→"桥形"。

(二) 文本的格式化

所谓文本的格式化是指对文本的字体、字号、样式及色彩进行必要的设定。通常文本的字体、字号、样式及色彩由当前设计模板设置和定义,设计模板作用于每个文本对象或占位符。

在格式化文本之前,必须先选择该文本。若格式化文本对象中的所有文本,先单击文本对象的边框选择文本对象本身及其所包含的全部文本。若格式化某些内容的格式,先拖动鼠标指针选择要修改的文字,然后执行所需的格式化命令。

选定文本对象后,在"开始"选项卡→"字体"选项组中可设置文本的字体、字号等,这与 WORD 相关操作类同,在此不再赘述。

例如:完成任务 5-1 中的 2:"对标题'高血压病的健康教育',字体为'华文彩云',字号为 44,加粗,字体颜色采用'红色,强调文字颜色 2,淡色 40%'"的操作步骤如下:

(1) 选定标题"高血压病的健康教育"。

(2) 单击"开始"选项卡→"字体"选项组→分别在"字体"和"字号"命令按钮右侧的下拉按钮→在

下拉列表中,选择字体为"华文彩云",字号为44。

(3) 单击"加粗"按钮。

(4) 单击"字体颜色"命令按钮右侧的下拉按钮→在打开的"主题颜色"对话框中,选择"红色,强调文字颜色2,淡色40%"。

(三) 段落的格式化

1. **段落设置** 首先选择文本框或文本框中的某段文字,单击"开始"选项卡→"段落"选项组右下角的对话框启动按钮→打开"段落"对话框,该对话框包括:对齐方式设置、缩进设置、段落间距和行距设置,如图5-25所示。

图5-25 "段落"对话框

也可以单击"开始"选项卡→"段落"选项组的"文本左对齐""居中""文本右对齐"或"分散对齐"按钮设置"对齐方式"。

2. **项目符号和编号的设置** 单击"开始"选项卡→"段落"选项组→"项目符号"命令按钮右侧的下拉按钮→选择"项目符号和编号",弹出"项目符号和编号"的对话框,如图5-26所示。

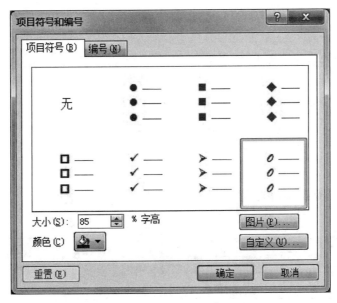

图5-26 "项目符号和编号"对话框

选择相应的项目符号,单击"确定"按钮,即可更改符号。通过"大小"和"颜色"更改项目符号的大小和颜色。也可以通过"图片"和"自定义"按钮来选择自己喜欢的图片作为项目符号或自定义新的项目符号。

三、插入对象及其操作

对象是幻灯片中的基本成分,幻灯片中的对象包括文本对象(标题、文字说明等)、可视化对象(图片、剪贴画、图表等)和多媒体对象(视频、声音剪辑等)三类,各种对象的操作一般都是在幻灯片视图下进行,操作方法基本相同。

为了使幻灯片的内容更加丰富多彩,可以在幻灯片上再增加一个或多个对象。这些对象可以是文本、图形和图片、声音和影片、艺术字、组织结构图、Word 表格、Excel 图表等。

图 5-27 插入表格

1. **插入文本框** 单击"插入"选项卡→"文本"选项组→"文本框"命令,选择插入"横排 / 竖排文本框",然后在合适位置上按鼠标左键拖出一个文本区域,即可插入文本框。或单击"开始"选项卡→"绘图"选项组中的"横排文本框"或"竖排文本框"命令,插入文本框。

2. **插入表格** 单击"插入"选项卡→"表格"选项组命令,如图 5-27 所示,可以有多种方法插入表格,与 word 插入表格操作相似。

(1) 在"表格"下拉列表中,拖动鼠标直接选择行数和列数,即可在幻灯片中插入相对应的表格。

(2) 在"表格"下拉列表中,单击"插入表格"命令,在打开的"插入表格"对话框中输入列数与行数后单击"确定"即可。

(3) 绘制表格:在"表格"下拉列表中,单击"绘制表格"命令,当光标变为"笔"形状时,拖动鼠标就可以在幻灯片中根据数据的具体要求,手动绘制表格的边框与内线了。

(4) Excel 电子表格:在"表格"下拉列表中,单击"Excel 电子表格"命令,则出现 Excel 编辑窗口,在其中可以输入数据,并利用公式功能计算表格数据,然后在幻灯片任意位置中单击鼠标,就可以将 Excel 电子表格插入幻灯片中。

在幻灯片中插入表格后,PowerPoint 功能区中自动添加"表格工具"功能区,包含"设计"和"布局"两个选项卡。

"表格工具 - 设计"选项卡,包含"表格样式选项""表格样式""艺术字样式""绘图边框"等命令组,如图 5-28 所示。通过"设计"选项卡下的命令组,可以快速为表格选择套用样式,设置表格底纹、边框、效果等。

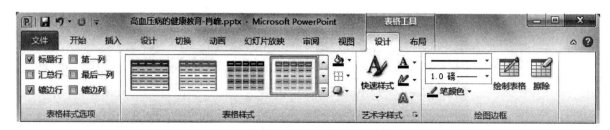

图 5-28 表格工具 - 设计

"表格工具 - 布局"功能区,包含"表""行和列""合并""单元格大小""对齐方式""表格尺寸""排列"等命令组,如图 5-29 所示。布局功能区主要的表格编辑功能有:选择表格、删除表格、行或列、插入行或列、合并单元格、拆分单元格、设置表格大小、设置单元格大小、设置单元格文本对齐方式等。

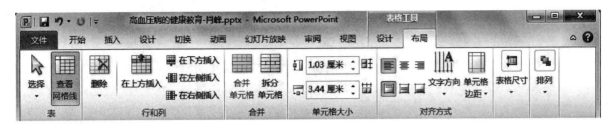

图 5-29　表格工具 - 布局

例如:完成任务 5-1 中的 5:"第 4 张幻灯片版式采用'标题和内容',输入如图 5-4 所示的内容,并插入 3×7 表格,设置表格样式为'中度样式 2',输入内容并设置表格中文本居中"操作步骤如下:

1) 插入新幻灯片,单击"插入"选项卡→"幻灯片"选项组→"版式"的下拉命令按钮→在列表中选择"标题和内容"版式。

2) 单击"插入"选项卡→"表格"选项组→"表格"的下拉命令按钮,选择插入 3×7 表格。

3) 单击"表格工具 - 设计"选项卡→"选择表格样式"选择组右下角的对话框启动按钮→在下拉列表中选择"中度样式 2- 强度 1"样式。

4) 输入内容并选定表中所有文本,单击"开始"选项卡→"段落"选项组→"居中"命令将表格中的文本居中,如图 5-4 所示。

3. 插入图表　在 Microsoft PowerPoint 2010 中,用户可以插入多种数据图表和图形,具体操作步骤如下:

(1) 单击"插入"选项卡→"插图"选项组→"图表"命令,弹出如图 5-30 所示的"插入图表"对话框。

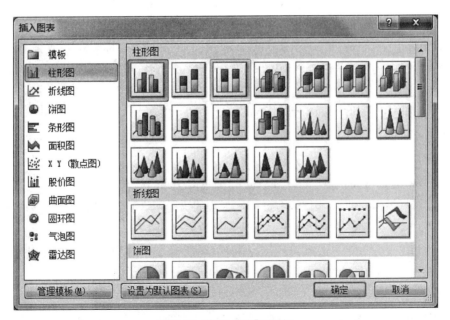

图 5-30　"插入图表"对话框

(2) 在"插入图表"对话框中,选择所需图表的类型,然后单击"确定"按钮。

(3) 在弹出如图 5-31 所示的 Excel 窗口,编辑 PowerPoint 图表数据,完成后,关闭 Excel 即完成 PowerPoint 图表建立。

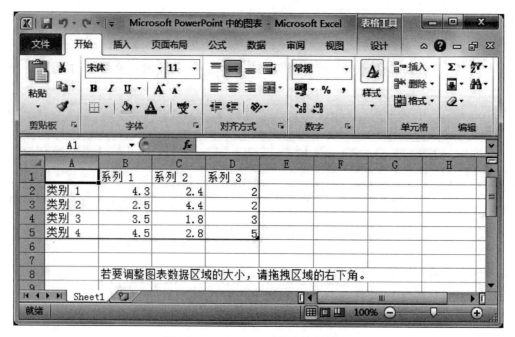

图 5-31　PowerPoint 中图表的数据编辑

在幻灯片中插入图表,并且图表处在选中状态时,PowerPoint 功能区中将自动添加"图表工具"功能区,包含"设计""布局"和"格式"三个选项卡。

"图表工具 - 设计"选项卡,包含"类型""数据""图表布局""图表样式"等命令组,通过"设计"选项卡下的命令组可以快速更改图表类型,编辑图表数据,更改图表样式等。

"图表工具 - 布局"选项卡,包含"插入""标签""坐标轴""背景"和"分析"等命令组。布局功能区主要用于设计图表标题、图例、标签、坐标轴、趋势线和误差线等图表选项。

"图表工具 - 格式"选项卡,包含"形状样式""艺术字样式""排列"和"大小"等命令组,功能与其他 office 组件相似。

例如:完成任务 5-1 中的 6:"第 5 张幻灯片版式采用'标题和内容',标题输入'血压图表',建立 Excel 图表,'设置数据标签格式',舒张压中显示'类别名称'和'值',并设置坐标轴格式,将纵轴最大值改为'160'"的操作步骤如下:

1)插入新幻灯片,版式采用"标题和内容",标题输入"血压图表"。

2)单击"插入"选项卡→"插图"选项组→"图表"命令→选择插入"柱形图"→"簇状柱形图"→单击"确定"按钮。

3)在弹出"PowerPoint 中的图表"的 excel 数据表中,修改相应的数据。

4)在图表中选择纵坐标轴,单击鼠标右键→在弹出的快捷菜单中选择"设置坐标轴格式"命令→在弹出"设置坐标轴格式"对话框中,将坐标轴的最大刻度改为"160"。

5)在图表中单击鼠标右键→选择"设置数据标签格式"命令→在弹出的"设置数据标签格式"对话框中,选择"标签选项"→"标签包括"→勾选"类别名称"和"值"复选框。

4. 插入图片 / 剪贴画

(1)插入图片:单击"插入"选项卡→"图像"选项组→"图片"命令→在弹出"插入图片"对话框,选择需要插入的图片→单击"打开"按钮,即可插入来自文件中的图片。

(2)插入剪贴画:单击选项卡"插入"→"图像"选项组→"剪贴画"命令,即在窗口右侧出现"剪贴画"任务窗格,如图 5-32 所示→在"结果类型"中选择要搜索的文件类型,单击"搜索"按钮,则出现剪贴画文件列表。单击所需剪贴画,或选择所需剪贴画并单击右侧的下拉箭头,在打开的菜单中单击"插入"

命令即可。

例如：完成任务 5-1 中的 3："第 2 张幻灯片版式采用'标题和内容'，在文本框中输入如图 5-2 所示内容，插入剪贴画'doctor'，适当调整剪贴画大小和位置。"操作步骤如下：

1）选中幻灯片，单击"插入"选项卡→"图像"选项组→"剪贴画"命。

2）在右侧弹出的"剪贴画"对话框搜索文字中输入"doctor"，然后单击"搜索"命令，找到"doctor"剪贴画双击，或单击剪贴画右侧的下拉菜单按钮，在弹出的菜单中选择"插入"命令，即可插入剪贴画。

3）通过图片四周的控制柄，调整图片的大小和位置。

5. 插入形状　单击"插入"选项卡→"插图"选项组→"形状"命令，弹出如图 5-33 所示的下拉列表，包括：线条、矩形、基本形状、箭头总汇、流程图、星与旗帜、标注等图形类型。选择一种形状，然后在幻灯片中拖动鼠标即可画出该形状。

图 5-32　剪贴画任务窗格

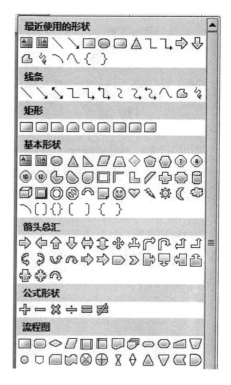

图 5-33　插入形状

6. 插入 SmartArt　SmartArt 图形是信息和观点的视觉表示形式，与文字相比，插图和图形更有助于读者理解和记住信息，但是大多数人还是创建只含文字的内容，创建具有设计师水准的插图很困难。使用 SmartArt 图形可创建具有设计师水准的插图。

单击"插入"选项卡→"插图"选项组→"SmartArt"命令，弹出"选择 SmartArt 图形"对话框，选择合适的图形，单击"确定"按钮，即可插入 SmartArt 图形。

例如：完成任务 5-1 中的 7："插入'SmartArt 图形'中的'射线群集'；输入相关内容文本，并设置中心形状字体大小为'28'，四周形状字体大小为'16'；设置图形'更改颜色'为'彩色 - 强调文字颜色'，并适当调整各形状的大小和位置。"的操作步骤如下：

（1）单击"插入"选项卡→"插图"选项组→"SmartArt"命令→在弹出"选择 SmartArt 图形"对话框中的左侧选择"循环"，在右侧选择"射线群集"的图形→单击"确定"按钮。

（2）选定此 SmartArt 图形，单击"SmartArt 工具 - 设计"选项卡→"创建图形"选项组→按两次"添加形状"命令，则可为 SmartArt 图形添加 2 个形状。

(3) 在每个图形中输入相关内容文本,并设置中心形状字体大小为"28",四周形状字体大小为"16"。

(4) 选定此 SmartArt 图形,单击 "SmartArt 工具 - 设计" 选项卡→"SmartArt 样式" 选项组→"更改颜色" 命令→在下位列表中,选择 "彩色 - 强调文字颜色" 样式。

(5) 适当调整各形状的大小和位置。

7. 插入屏幕截图　在 PowerPoint 2010 中,用户可以快速而轻松地将屏幕截图插入到幻灯片中,以增强可读性或捕获信息,而无需退出 PowerPoint。其操作步骤如下:

(1) 单击选项卡 "插入" → "图像" 选项组 → "屏幕截图" 命令,弹出如图 5-34 所示的下拉菜单。

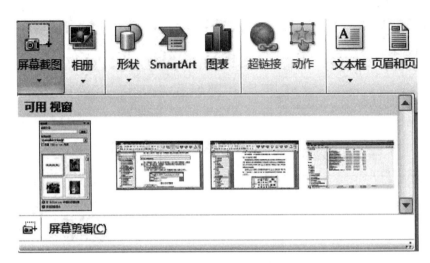

图 5-34　屏幕截图下拉菜单

(2) 在 "可用视窗" 中选择要插入幻灯片的视窗,即可将该视窗插入到幻灯片中。

(3) 若在 "可用视窗" 中选择 "屏幕剪辑" 命令,屏幕变成灰色为屏幕剪辑界面,鼠标指针变成十字时,按住鼠标左键以选择要捕获的屏幕区域,将捕获的图形插入到幻灯片中。

(4) 如果要捕获其他窗口的图像,请先最大化要剪辑的窗口,然后再切换到 PowerPoint 界面,单击 "屏幕剪辑" 命令。"屏幕截图" 只能捕获没有最小化到任务栏中的窗口。

使用 "图片工具" 选项卡上的工具来编辑和增强屏幕截图。

四、查找与替换文字

单击 "开始" 选项卡→"编辑" 选项组→"查找" 命令,弹出如图 5-35 所示的对话框。输入要查找的内容,并设置是否 "区分大小写" "全字匹配" 和 "区分全 / 半角",进行查找。如果单击 "替换" 按钮,弹出 "替换" 对话框,在 "替换为" 中输入替换的内容,完成替换。

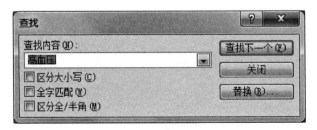

图 5-35　查找

5.1.7　幻灯片的格式设置

母版用于设置文稿中每张幻灯片的预设格式,这些格式包括每张幻灯片标题及正文文字的位置和大小、项目符号的样式、背景图案等,母版上的更改将改变每一个使用该母版的幻灯片。

PowerPoint 2010 母版可以分为:幻灯片母版、讲义母版和备注母版。

一、幻灯片母版

幻灯片母版是所有母版的基础,控制除标题幻灯片之外演示文稿中所有幻灯片的默认外观。

单击"视图"选项卡→"母版视图"选项组→"幻灯片母版"命令,就进入了"幻灯片母版"视图,如图 5-36 所示。

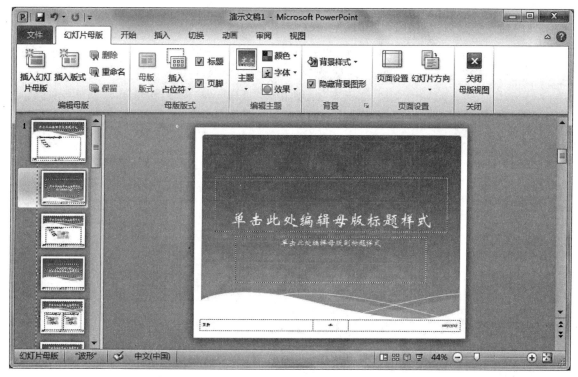

图 5-36　幻灯片母版

(一) 页面设置

在"幻灯片母版"选项卡→"页面设置"选项组中,包括"页面设置"和"幻灯片的方向"命令,单击"页面设置"命令,弹出如图 5-37 所示的对话框。

在"页面设置"对话框中,可进行幻灯片大小的修改,例如:将幻灯片大小修改为 16∶9。设置幻灯片编号的起始值,幻灯片、备注、讲义和大纲的方向等。

(二) 占位符的设置

默认的幻灯片母版中有三个占位符区:标题区、对象区和页脚区。

标题区和页脚区的占位符可以通过单击"幻灯片母版"选项卡→"母版版式"选项组→"标题"和"页脚"命令显示或隐藏。

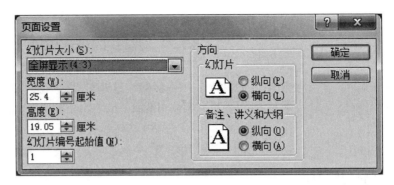

图 5-37　页面设置

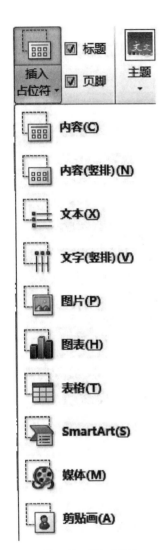

图 5-38　插入占位符

也可以通过选项卡"幻灯片母版"→"母版版式"选项组→"插入占位符"命令的下拉菜单，如图 5-38 所示，插入各种占位符。

在幻灯片母版中选择对应的文本占位符，例如标题样式或文本样式等，可以设置字符格式、段落格式等。修改母版中某一对象格式，就是同时修改使用该母版的所有幻灯片对应对象的格式。

（三）页眉、页脚和幻灯片编号的设置

如果希望对页脚占位符进行修改，可以在幻灯片母版状态单击"插入"选项卡→"文本"选项组→"页眉页脚"命令，这时打开"页眉和页脚"对话框，如图 5-39 所示。

图 5-39　页眉和页脚

在"幻灯片"选项卡中，选中"日期和时间"复选框，表示在幻灯片的"日期区"显示日期和时间；若选择了"自动更新"单选按钮，则时间域会随着系统的日期和时间的变化而改变。选中"幻灯片编号"复选框，则每张幻灯片上将加上编号。选中"页脚"复选框，可在页脚区输入要在幻灯片上显示的内容。

（四）向母版插入对象

要使每一张幻灯片都出现某个对象，可以向母版中插入该对象。例如，在某个演示文稿的幻灯片母版中插入一个单位的 Logo，则每一张幻灯片（除了标题幻灯片外）都会自动拥有该对象。

例如：完成任务 5-1 中的 12："在幻灯片母版右上角插入人民卫生出版社'徽标'，在'日期区'中插入

'时间和日期'，并选择为'自动更新'。在'页脚区'中插入'人民卫生出版社'，在'数字区'中显示幻灯片编号，并勾选'标题幻灯片中不显示'复选框"操作步骤如下：

（1）单击选项卡"视图"→"母版视图"选项组→"幻灯片母版"命令，就进入了"幻灯片母版"视图。

（2）在幻灯片母版右上角插入人民卫生出版社"徽标"。

（3）单击选项卡"插入"→"文本"选项组→"页眉页脚"命令，这时打开"页眉和页脚"对话框，选中"时间和日期"格式，并设置为"自动更新"。在"页脚"中插入"人民卫生出版社"，选中"幻灯片编号"，并勾选"标题幻灯片中不显示"复选框。

（4）单击"全部应用"按钮，则将上述设置母版应用在全部的幻灯片中。

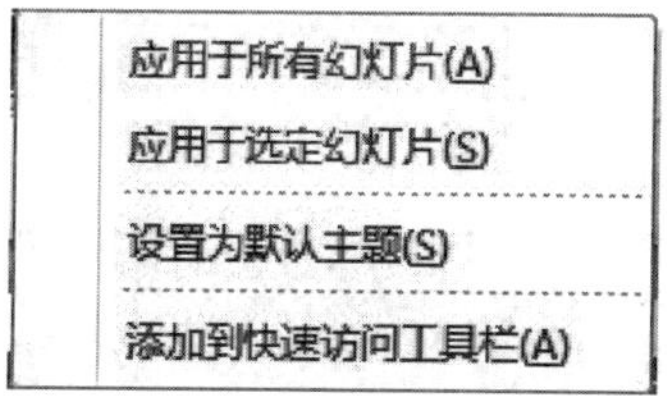

（五）主题设置

在"设计"选项卡→"主题"选项组中，将鼠标定位在主题库中的相应缩略图上，文档会相应的发生变化，出现该主题的预览结果，帮助用户选择合适的主题。单击某主题缩略图，默认情况下会将该主题应用到所有幻灯片。如果要将主题应用于选定的幻灯片，可在选定的主题缩略图单击鼠标右键，弹出快捷菜单如图 5-40 所示，有"应用于所有幻灯片""应用于选定幻灯片""设置为默认主题""添加到快速访问工具栏"4 种选项，用户可以根据需要选择相应命令。

（六）自定义主题

用户可以选择相应主题，然后更改其设置或定义自己的设置，然后将这些设置作为新主题保存在库中。新定义的主题缩略图，将出现在"设计"选项卡的"主题"组中。

1. 主题颜色　针对同一种主题，PowerPoint 2010 为用户准备了多种内置主题颜色，用户可以根据需要，在"设计"选项卡→"主题"选项组→"颜色"下拉列表中选择主题颜色。如图 5-41 所示。

用户还可以创建新的主题颜色。单击"设计"选项卡→"主题"选项组→"颜色"→"新建主题颜色"命令，打开如图 5-42 所示"新建主题颜色"对话框→在对话框中，选择新建主题颜色→在"名称"文本框中输入新建主题颜色的名称→单击"保存"按钮，保存新创建的主题颜色。

2. 主题字体　PowerPoint 2010 为用户提供了多种主题字体，用户可以在"字体"下拉列表中选择字体样式。除此之外，用户还可以创建自定义主题字体。单击"设计"选项卡→"主题"选项组→"字体"→"新建主题字体"命令，打开"新建主题字体"对话框→在对话框中，用户可以设置所需的西文和中文字体→在"名称"文本框中输入自定义主题字体的名称→单击"保存"按钮，保存自定义主题字体。

3. 主题效果　主题效果是指幻灯片中对象元素的视觉属性的集合，是指对象轮廓和填充的视觉效果。通过使用主题效果，可以快速更改幻灯片中不同对象的外观，使其看起来更加专业、美观。

单击"设计"选项卡→"主题"选项组→"效果"命令，弹出如图 5-43 所示的下拉菜单，选择合适的主题效果，应用到幻灯片中。

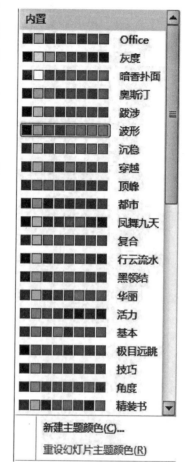

图 5-40　主题应用菜单

图 5-41　主题颜色

图 5-42　新建主题颜色

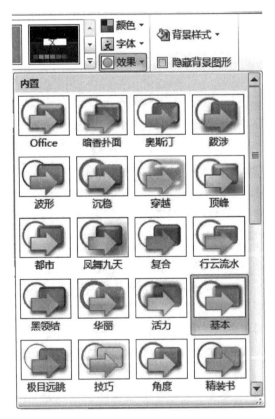

图 5-43　主题效果

（七）背景设置

单击"设计"选项卡→"背景"选项组→"背景样式"命令，可选择系统内置的背景样式。如果单击"设计背景格式"命令，则弹出"设置背景格式"选项卡，如图 5-44 所示。

"设置背景格式"选项卡包括：填充、图片更正、图片颜色和艺术效果四个选项卡。

图 5-44　设置背景格式

例如:完成任务 5-1 中的 8:"第 7 张幻灯片版式为'内容与标题',标题文本为'高血压的治疗',将'背景样式'设置为'渐变填充','预设颜色'设置为'碧海蓝天',输入文本内容。"的操作步骤如下:

(1) 单击"开始"选项卡→"幻灯片"选项组→"版式"命令右下角的下拉按钮,在弹出的版式中选择"内容与标题",输入标题文本为"高血压的治疗"。

(2) 单击"设计"选项卡→"背景"选项组→"背景样式"→"设置背景格式"命令→在弹出的"设置背景格式"对话框中,设置"渐变填充"→在"预设颜色"中选择"碧海青天"。

又例如:完成任务 5-1 中的 10:"第 9 张幻灯片版式为'仅标题',标题文本输入'用药误区',背景颜色选择'纯色填充',颜色值为 RGB(204,221,234)。"的操作步骤如下:

(1) 单击"开始"选项卡→"幻灯片"选项组→"版式"命令右下角的下拉按钮,在弹出的版式中选择"仅标题",输入标题文本为"用药误区"。

(2) 单击"设计"选项卡→"背景"选项组→"背景样式"→"设置背景格式"命令→在弹出的"设置背景格式"对话框中选择"纯色填充"→单击"填充颜色"中的"颜色"下拉按钮→在弹出的对话框中,单击"其他颜色"。

(3) 在弹出的"颜色"对话框中,选择"自定义"选项卡,并设置 RGB 的颜色值分别为"204,221,234"。

其他幻灯片的背景样式设置类似,这里不再赘述。

二、讲义母版

PowerPoint 2010 可以按讲义格式打印"演示文稿",讲义母版就是设置打印演示文稿格式的。

单击"视图"选项卡→"母版视图"选项组→"讲义母版"命令,就进入了"讲义母版"视图,如图 5-45 所示。

在"讲义母版"选项卡→"页面设置"选项组中,可设置"讲义方向"和"幻灯片方向"。

单击"讲义母版"选项卡→"页面设置"→"每页幻灯片数量"命令的下拉按钮,可设置每页讲义显示的幻灯片数量。

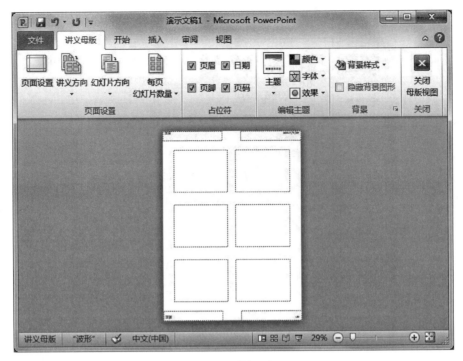

图 5-45　讲义母版

其余设置与幻灯片母版相同,这里就不再叙述。

三、备注母版

单击"视图"选项卡→"母版视图"选项组→"备注母版"命令,就进入了"备注母版"视图,如图 5-46 所示。

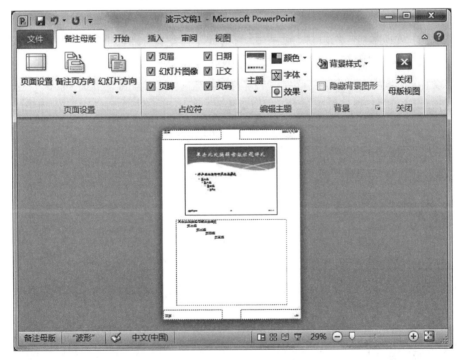

图 5-46　备注母版

注意:对幻灯片母版、讲义母版和备注母版编辑完成后,必须关闭"母版视图"才能回到"普通视图"状态。

四、幻灯片版式

PowerPoint 中包含多种内置幻灯片版式,用户可以直接使用,也可以创建满足您特定需求的自定义版式。

1. 使用标准版式 在创建新幻灯片时,可以使用 PowerPoint 2010 的幻灯片自动版式,在创建幻灯片后,如果发现版式不合适,还可以更改该版式。

如果想更改某一张幻灯片的版式,可先选中该幻灯片→单击"开始"选项卡→"幻灯片"选项组→"版式"命令按钮,显示 PowerPoint 中内置的幻灯片版式如图 5-47 所示→单击想要更换的版式则可将当前幻灯片的版式更换了。

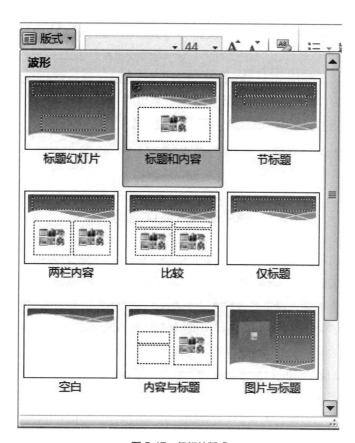

图 5-47　幻灯片版式

2. 自定义版式 如果找不到能够满足需求的标准版式,则可以创建自定义版式。自定义版式可重复使用,并且可指定占位符的数目、大小和位置、背景内容、主题颜色、字体及效果等。其操作步骤如下:

(1) 单击选项卡"视图"→"母版视图"选项组中→"幻灯片母版"命令。

(2) 选择"空白版式"。

(3) 重新设计版式,删除或添加占位符。

(4) 重命名版式:对自定义的版式单击鼠标右键,选择"重命名版式"命令,为自定义版式重命名。

(5) 将自定义版式保存在模板中:单击"文件"选项卡→"保存"→"另存为"命令。在"文件名"框中,键入文件名,在保存类型列表中选择 PowerPoint 模板(*.potx),然后单击"保存"按钮。

(6) 关闭母版视图。

任务 5-2　设置演示文稿的效果

【任务描述】

对已经建立好的"高血压病的健康教育"演示文稿进行如下效果的设置：

1. 将"高血压的症状"幻灯片上文本框中的文字设置效果："常见症状"设置为："进入"→"飞入"；开始：单击时；方向：从左侧；持续时间(期间)：快速(1 秒)；"平时无症状"设置为："进入"→"出现"，开始：单击时；声音：打字机；"动画文本"设置为"按字母"。

2. 为"用药误区"幻灯片插入自选图形，设置各种动画效果，且包括一个自定义路径。

3. 为不同幻灯片设置不同的切换效果。

4. 为"健康教育的内容"幻灯片的各项目设置相应的超链接，链接到相应的幻灯片上。

5. 在幻灯片母版中，为幻灯片加"前进"和"后退"动作按钮和自定义一个按钮，文字标题为"目录"，超链接到"健康教育内容"幻灯片，将动作按钮的"形状填充"颜色设置为"标准色 - 橙色"。

6. 为整个幻灯片设置背景音乐，从头开始自动播放，到最后一张幻灯片播放结束后停止。

7. 在最后添加一个新的幻灯片，在幻灯片中插入一段视频文件。

【知识点分析】

5.2.1　利用动画方案设置动画效果

动画效果就是为幻灯片上的文本、图片和其他内容赋予动作。当幻灯片中插入了图片、表格、艺术字等对象后，如果需要进行动画设置，就要使用 PowerPoint 2010 提供的自定义动画功能，该功能可以为幻灯片中的所有元素添加动画效果，还可以设置各元素动画效果的先后顺序以及为每个对象设置播放效果。

动画效果包含"进入""强调""退出"和"动作路径"四类，每类中又包含了不同的效果。

"进入"对象以某种效果进入幻灯片放映演示文稿。

"强调"为已出现在幻灯片上的对象添加某种效果进行强调。

"退出"为对象添加某种效果以使其在某一时刻以该种效果离开幻灯片。

"动作路径"将幻灯片上的对象从一个位置移动到另一个位置，使用动作路径。

一、为对象添加动画效果

具体操作步骤如下：①在幻灯片中选定要设置动画效果的对象。②单击"动画"选项卡→"预览"选项组→勾选"自动预览"命令。③在"动画"组中，将鼠标定位在某个动画样式上，在幻灯片编辑区即可预览其效果，单击某一动画样式，则为对象选定了该动画效果。

也可以单击"动画样式"的对话框启动器，或单击"高级动画"选项组→"添加动画"命令，则弹出如图 5-48 所示的下拉菜单，提供更多的动画样式供用户选择。

1. 单击"动画"选项卡→"高级动画"选项组→"动画窗格"命令，打开"动画窗格"，如图 5-49 所示。在动画窗格中可以很方便地对其他对象进行动画设置。

图 5-48　动画样式

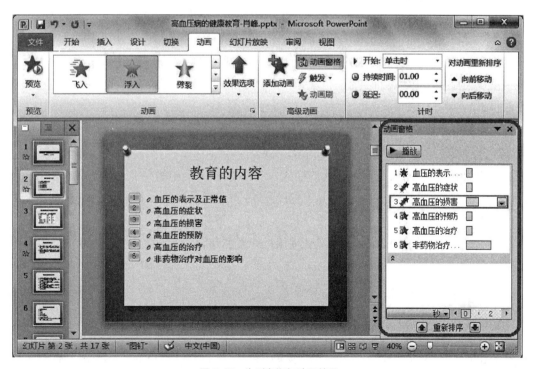

图 5-49　为对象添加动画效果

在"动画窗格"中单击"播放"按钮,则依次播放动画列表中的动画效果,其作用与"预览"按钮一样。选中某个动画对象,单击"重新排序"的向上箭头或向下箭头,可以调整动画播放顺序。也可以选择某个动画,按下鼠标左键拖动,来改变动画的播放顺序。

2. 在"动画窗格"中,右击对象或单击某一对象右侧下拉菜单按钮,弹出如图 5-50 所示的快捷菜单,可设置动画的开始时间、效果选项和计时等。

在动画"开始"时间有三种选择:"单击时":当鼠标单击时开始播放该动画效果。"从上一项开始":在上一项动画开始的同时自动播放该动画效果。"从上一项之后开始":在上一项动画结束后自动开始播放该动画效果。

3. 单击"效果选项"命令,则弹出一对话框,如图 5-51 所示。可对该动画进行更详细的设置,包括:方向、声音和动画文本发送方式等。

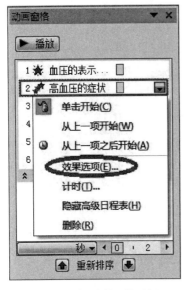

图 5-50 动画窗格 - 效果选项

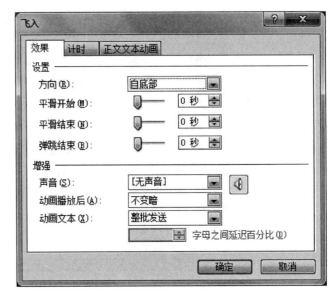

图 5-51 效果选项 - 飞入

注意,不同的动画样式其"效果选项"对话框中显示的内容是不同的。

4. "计时"选项卡中包含"开始""延迟""期间(持续时间)""重复"等,其作用分别如下:

开始:设置动画何时开始。

期间:指定动画的播放时间。

延迟:设置经过几秒后播放动画。

5. 单击"动画窗格"中的"播放"按钮观察动画效果。

例如:完成任务 5-2 中的 1:"将'高血压的症状'幻灯片上文本框中的文字设置效果:'常见症状'设置为:'进入' → '飞入';开始:单击时;方向:从左侧;持续时间(期间):快速(1 秒)。"操作步骤如下:

(1) 选择文本框中的文字"常见症状"。

(2) 单击"动画"选项卡→"高级动画"选项组→"添加动画"命令的下拉菜单→选择"飞入"动画效果。

(3) 单击"动画"选项卡→"高级动画"选项组→"动画窗格"命令,打开"动画窗格"。

(4) 在"动画窗格"中,右击对象或单击对象右侧的下拉菜单按钮,弹出快捷菜单,选择"效果选项"命令。

(5) 在弹出"飞入"对话框中,在"效果"选项卡中设置"方向"为"自左侧";"声音"为"打字机";"动画文本"为"按字母"。

(6) 在"计时"选项卡中设置"开始"为"单击时";"期间"为"快速(1秒)"。

二、动作路径

PowerPoint 2010 中为用户提供了直线、弧形,转弯、形状和循环等动作路径,如果这些路径不能满足需求,用户还可以自定义路径。

(一) 系统预定义动作路径

PowerPoint 2010 系统预定义了大量的动作路径。其设置的步骤如下:

(1) 选择要设置动作路径的对象。

(2) 单击"动画"选项卡→"高级动画"选项组→"添加动画"下拉菜单→"其他动作路径"命令,打开"添加动作路径"对话框,如图 5-52 所示。

(3) 单击路径名称则显示动作路径效果预览,双击路径名称则选择该动作路径。

(4) 设置好动作路径后,如果在幻灯片上选中动作路径,动作路径周围将出现调整柄,通过调整柄,可以对动作路径的大小、位置及旋转进行调整。如图 5-53 所示。

(5) 单击"动画窗格"中的"播放"按钮观察效果。

(二) 自定义动作路径

其操作步骤如下:

(1) 选择要设置动作路径的对象。

(2) 单击选项卡"动画"→"高级动画"选项组→"添加动画"下拉菜单→"动作路径"中的"自定义路径"命令。

(3) 用鼠标在幻灯片上画动作路径,在转折点处单击,双击完成动作路径的绘制。如图 5-54 所示自定义路径。

(4) 调整路径,设定"持续"时间等。

图 5-52　添加动作路径

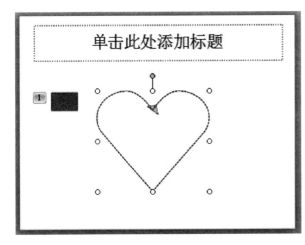

图 5-53　动作路径调整

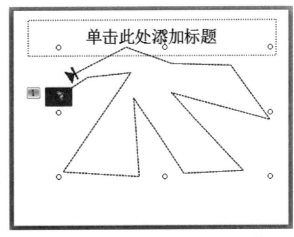

图 5-54　自定义路径

(5) 预览沿动作路径运行的动画效果。

(6) 完成自定义路径设置。

三、动作按钮

PowerPoint 2010 提供了一组代表一定含义的动作按钮。动作按钮为使演示文稿的交互界面更加友好，用户可以在幻灯片上插入各式各样的交互按钮，并为这些按钮设置超链接。这样，放映时可以通过这些按钮，实现在不同的幻灯片之间跳转，也可以播放图像、声音等文件。

设置动作按钮的步骤如下：

(1) 选中幻灯片→单击"插入"选项卡→"插图"选项组→"形状"命令下拉菜单按钮，打开 PowerPoint 2010 为用户提供的形状，最下面一排为动作按钮。如图 5-55 所示，单击所需要的动作按钮。

图 5-55　动作按钮

(2) 将鼠标移到幻灯片中要放置该动作按钮的位置，按下鼠标左键并拖动鼠标，直到动作按钮的大小符合要求为止。添加动作按钮完成后，系统自动打开"动作设置"对话框，如图 5-56 所示。

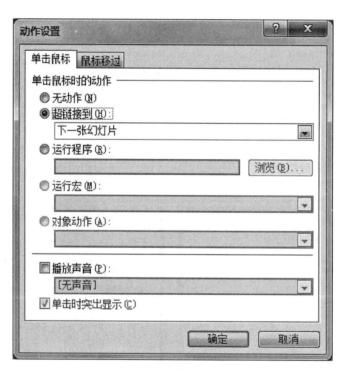

图 5-56　动作设置

(3) 为动作按钮设置"超链接"，超链接的目标可以是当前演示文稿中的幻灯片、也可以是其他文件、其他的演示文稿或者是 URL。

(4) 选择动作发生时播放的声音，单击"确定"按钮。

5.2.2　幻灯片的切换效果

幻灯片间的切换效果是指演示文稿播放过程中,幻灯片进入和离开屏幕时产生的视觉效果,也就是让幻灯片以动画方式放映的特殊效果。PowerPoint 提供了多种切换效果,包括"水平百叶窗""溶解""盒状展开""随机"等。在演示文稿制作过程中,可以为每一张幻灯片设计不同的切换效果,也可以为一组幻灯片设计相同的切换效果。具体操作步骤如下:

(1) 在演示文稿中选定要设置切换效果的幻灯片。

(2) 单击"切换"选项卡→"切换到此幻灯片"选项组→"切换方案"命令,打开"切换方案"下拉菜单,如图 5-57 所示。

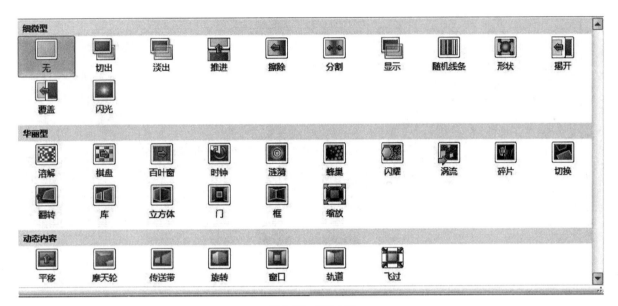

图 5-57　切换方案

(3) 选择一种切换效果,单击应用到选定的幻灯片中。

(4) 单击"效果选项"按钮,设置切换效果的属性。不同的切换效果的"效果选项"中显示的内容是不同的。

(5) 在"切换"选项卡的"计时"组中,设置"声音"和"持续时间"。

(6) 若要将演示文稿中所有幻灯片间的切换效果,设置为与当前幻灯片所设的切换效果相同,则在"切换"选项卡的"计时"组中,单击"全部应用"。否则,切换效果只应用于当前选定的幻灯片。

(7) 在"计时"选项组"换片方式"下设置幻灯片切换方式。选中"单击鼠标时"复选框,则在单击鼠标时出现下一张幻灯片;选中"每隔"复选框,则在一定时间后自动出现下一张幻灯片。

5.2.3　超　链　接

PowerPoint 2010 "超链接"功能,是为幻灯片对象创建超链接,并将链接目的地指向其他地方。超链接可以在同一演示文稿中的各幻灯片间进行跳转,还可以跳转到其他演示文稿、Word 文档、Excel 电子表格、某个 URL 地址等。利用超链接功能,可以使幻灯片的放映更加灵活,内容更加丰富。

一、为幻灯片中的对象设置超链接

设置超链接的操作步骤如下：

(1) 在"幻灯片"视图下选择要设置超链接的对象。

(2) 单击"插入"选项卡→"链接"选项组→"超链接"命令，弹出"插入超链接"对话框，如图 5-58 所示。

图 5-58　插入超链接

(3) 选择链接目标对象，可超链接到同一演示文稿中的幻灯片、不同演示文稿的幻灯片、Web 上的页面或文件、电子邮件地址、新文件。

(4) 在"插入超链接"中选择"本文档中的位置"，如图 5-59 所示，设置文本文档内的超链接。

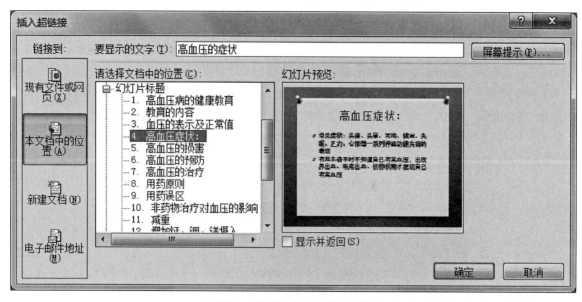

图 5-59　插入超链接 - 本文档中的位置

二、超链接的动作设置

(1) 单击"插入"选项卡→"链接"选项组→"动作"命令,可打开"动画设置"对话框。

(2) 设置"单击鼠标"还是"鼠标移过"时发生超链接。

(3) 修改超链接的目标对象。

(4) 设置超链接时的播放声音。

三、修改超链接的文本颜色

如果给文本对象设置了超链接,代表超链接的文本会自动添加下划线,并显示成系统配色方案所指定的颜色。如要修改超链接的文本颜色,其操作步骤如下:

(1) 单击"设计"选项卡→"主题"选项组→"颜色"命令,在下拉菜单中选择"新建主题颜色"。打开"新建主题颜色"对话框,如图 5-42 所示。

(2) 设置"超链接"和"已访问的超链接"的颜色。

四、编辑和删除超链接

PowerPoint 2010 中可以对已经建好的超链接进行编辑修改,改变超链接的目标,也可以将建好的超链接删除。编辑修改或删除超链接的操作方式同上。

如果需要修改超链接,只要重新选择超链接的对象即可。

如果需要删除,则只要在"动作设置"对话框中选中"无动作"单选按钮即可。

例如:完成任务 5-2 中的 5:"在幻灯片母版中,为幻灯片加'前进'和'后退'动作按钮和自定义一个按钮,文字标题为'目录',超链接到'健康教育内容'幻灯片,将动作按钮的'形状填充'颜色设置为'标准色 - 橙色'的操作步骤如下。

(1) 单击"视图"选项卡→"母版视图"选项组→"幻灯片母版"命令,打开母版视图。

(2) 选择第一张幻灯片母版,单击"插入"选项卡→"插图"选项组→"形状"→"动作按钮"命令,在幻灯片母版上画出"前进"和"后退"动作按钮和一个自定义按钮。

(3) "前进"和"后退"分别超链接到"上一张幻灯片"和"下一张幻灯片",自定义按钮的超链接设置为:"超链接到"→"幻灯片"→"2. 健康教育的内容"。

(4) 在自定义按钮上输入文本"目录",设置文字的大小及字体颜色。

(5) 选择动作按钮,单击"绘图工具 - 格式"选项卡→"形状样式"选项组→"形状填充"→"标准色 - 橙色"。

5.2.4　多媒体技术应用

PowerPoint 2010 不仅可以在幻灯片中插入图片、图像等,也可以用插入的方法将声音(声音和音乐)或动画(影片和动画)置于幻灯片中,在放映幻灯片时,这些多媒体元素会自动执行。

一、在幻灯片中插入音频

用户可以在演示文稿中添加音频,可插入的音频包括三种类型:文件中的音频、剪贴画音频和录制音频。

(一) 插入文件中的音频

(1) 选择要插入音频的幻灯片。

(2) 单击选项卡"插入"→"媒体"选项组→"音频"→"文件中的音频"命令。

(3) 在弹出的"插入音频"对话框中,选择相应的声音文件,单击"插入"按钮。

(4) 在当前幻灯片中出现一个声音图标,用户只需单击"播放"按钮,即可播放插入的声音。

(二) 插入剪贴画音频

(1) 选择要插入音频的幻灯片。

(2) 单击"插入"选项卡→"媒体"选项组→"音频"→"剪贴画音频"命令。

(3) 在窗口右侧弹出的"剪贴画"任务窗格中显示出剪辑库里的声音文件,单击选择某个声音文件。

(4) 此时,在当前幻灯片中出现一个声音图标,用户只需单击"播放"按钮,即可播放插入的声音,如图 5-60 所示。

图 5-60　插入剪贴画音频

(三) 插入录制音频

(1) 选择要插入音频的幻灯片。

(2) 单击"插入"选项卡→"媒体"选项组→"音频"→"录制音频"命令。

(3) 在弹出的如图 5-61 所示"录音"对话框中输入音频名称,单击●按钮,开始录制声音,录制完毕后单击■按钮。单击"确定"按钮。

图 5-61　插入录制音频

（4）录制的音频将被添加到当前幻灯片中，并在当前幻灯片中出现声音图标，单击"播放"按钮，会播放刚才录制的音频。

（四）音频属性设置

插入音频后，选择添加的音频图标，则系统自动出现"音频工具 - 格式 / 播放"选项卡，如图 5-62 所示。用户可以在音频工具 - 格式 / 播放功能区中对音频属性进行设置。

图 5-62　音频工具

单击"剪裁音频"，弹出如图 5-63 所示的对话框，对音频进行剪辑；单击"音量"按钮，可设置音量的低、中、高及静音；"开始"命令中，设置音频的开始时间，包括：自动、单击时和跨幻灯片播放。如果给幻灯片加背景音乐时，一定要选择跨幻灯片播放；设置播放音频时隐藏音频图标、是否循环播放该音频等。

图 5-63　剪裁音频

例如：完成任务 5-2 中的 6："为整个幻灯片设置背景音乐，从头开始自动播放，到最后一张幻灯片播放结束后停止。"的操作步骤如下：

（1）选择要插入音频的幻灯片（如第一幻灯片）。

（2）单击"插入"选项卡→"媒体"选项组→"音频"→"文件中的音频"命令。

（3）在弹出的"插入音频"对话框中，选择相应的声音文件，单击"插入"按钮。

（4）在当前幻灯片中选择声音图标，单击"音频工具 - 播放"选项卡→"音频选项"选项组→在"开始"旁的下拉按钮中选择"跨幻灯片播放"、勾选"循环播放，直到停止"。

二、在幻灯片中插入视频

PowerPoint 2010 演示文稿中可以嵌入视频或链接到视频。可插入的视频包括：文件中的视频、来自网站的视频和剪贴画视频。

（一）插入文件中的视频

(1) 选择要向其中插入视频的幻灯片。

(2) 单击"插入"选项卡→"媒体"选项组→"视频"命令的下拉菜单按钮，在下拉菜单中选择"文件中的视频"命令。

(3) 在"插入视频"对话框中，单击要嵌入的视频，然后单击"插入"。

用户也可以通过在新建幻灯片时，新建有视频占位符的新幻灯片，然后单击"插入媒体剪辑"，来插入视频。

有时视频太大，将视频嵌入到演示文稿会让演示文稿太大，这时可以选择将视频链接到而非嵌入到演示文稿。重复上述插入视频步骤，在找到视频文件，先在"插入"按钮右边的下拉菜单中选择"链接到文件"，然后单击"插入"命令按钮。

（二）插入剪贴画视频

(1) 选择要向其中插入视频的幻灯片。

(2) 单击"插入"选项卡→"媒体"选项组→"视频"→"剪贴画视频"命令。

(3) 在窗口右侧弹出的"剪贴画"任务窗格中显示出可用的视频文件，单击选择其中一种视频文件，则在当前幻灯片中插入了该视频文件，幻灯片放映时，即可观看到视频效果。

（三）视频属性设置

插入视频后，选择添加的视频，则 PowerPoint 2010 功能区中自动出现"视频工具 - 格式 / 播放"选项卡。用户可以在"视频工具 - 格式 / 播放"的各选项组中对视频属性进行设置，基本设置方式与音频设置方式雷同。

例如：完成任务 5-2 中的 7："在最后添加一个新的幻灯片，在幻灯片中插入一段视频文件"的操作步骤如下：

(1) 在最后添加一张新幻灯片

(2) 单击"文件"选项卡→"选项"→"自定义功能区"，在右边"自定义功能区"下拉列表中选择"主选项卡"，勾选"开发工具"复选框。

(3) 单击"开发工具"选项卡→"控件"选项组→"其他控件"命令→在弹出"其他控件"对话框中选择"Windows Media Player"控件→在幻灯片上拖动鼠标，画出控件大小，并调整大小和位置。

(4) 单击"开发工具"选项卡→"控件"选项组→"属性"命令→在弹出"属性"对话框中，单击"自定义"右侧的对话框按钮，

(5) 在弹出"Windows Media Player 属性"对话框中，单击"浏览(B)…"命令→在弹出"打开"对话框中，找到要插入的视频文件，单击"确定"按钮完成设置。

任务 5-3　演示文稿的放映与发布

【任务描述】

对已经建立好的"高血压病的健康教育"演示文稿进行如下操作：

1. 掌握多种演示文稿放映方式。

2. 为幻灯片排练计时。

3. 为幻灯片设置自定义放映。

4. 隐藏部分幻灯片,并对幻灯片进行放映。

5. 打印演示文稿及备注页。

6. 打包演示文稿。

7. 网页发布演示文稿。

【知识点分析】

5.3.1 放映方式的设置

一、从头开始放映演示文稿

在 PowerPoint 2010 中,打开演示文稿后,启动幻灯片放映常用以下三种方法:

1. 单击“幻灯片放映”选项卡→“开始放映幻灯片”选项组→“从头开始”命令,如图 5-64 所示,即可从演示文稿的第一张幻灯片开始放映。

图 5-64　幻灯片放映

2. PowerPoint 2010 窗口左下角的“幻灯片放映”按钮。

3. 按“F5”快捷键来从头开始放映幻灯片。

二、设置放映方式

幻灯片放映时可以根据环境和观众不同,设置不同的放映方式。

单击“幻灯片放映”选项卡→“设置”选项组→“设置放映方式”命令,就可以打开“设置放映方式”对话框,如图 5-65 所示。

(一)“放映类型”选项组中的三种放映类型

1. **演讲者放映(全屏幕)**　以全屏幕形式显示。也可以通过快捷菜单或 PageDown 键、PageUp 键显示上下页幻灯片。

2. **观众自行浏览(窗口)**　以窗口形式显示,可以利用右下角的工具栏里的“上一张”“菜单”“下一张”切换幻灯片或编辑幻灯片。

3. **在展台浏览(全屏幕)**　以全屏形式在展台上做演示,在放映过程中,除了保留鼠标指针用于选择屏幕对象外,其余功能全部失效,终止放映按 Esc 键。

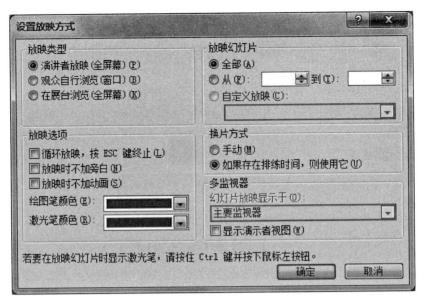

图 5-65　放映方式

（二）"放映选项"选项组中的三种放映选项

1. **循环放映，按 Esc 键终止**　在放映过程中，当最后一张幻灯片放映结束后，会自动跳转到第一张幻灯片继续播放，按 ESC 键则终止放映。

2. **放映时不加旁白**　在放映幻灯片的过程中不播放任何旁白。

3. **放映时不加动画**　在放映幻灯片的过程中，先前设定的动画效果将不起作用。

三、自定义放映

一个演示文稿中有很多幻灯片，但是有的时候我们不需要播放全部幻灯片，只需要播放部分幻灯片，此时我们不需要对演示文稿中的幻灯片进行删除，直接使用自定义放映，就可以轻松解决这个问题。

具体操作步骤如下：

（1）单击"幻灯片放映"选项卡→"开始放映幻灯片"选项组→"自定义幻灯片放映"命令，弹出"自定义放映"对话框，如图 5-66 所示。

图 5-66　自定义放映

（2）单击"新建"按钮，弹出"定义自定义放映"对话框，如图 5-67 所示。

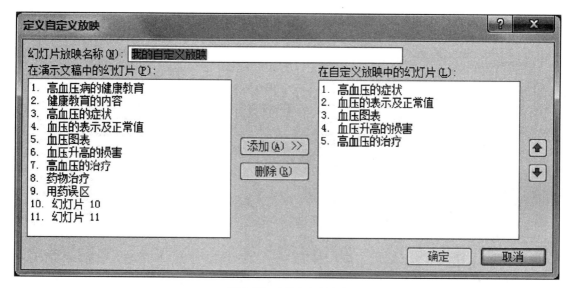

图 5-67　定义自定义放映

（3）命名自定义"幻灯片放映名称"，选择要添加到自定义播放中的幻灯片，单击"添加"命令按钮，添加到自定义播放中去，并可以对幻灯片进行顺序编辑。完成后，按"确定"按钮返回自定义放映对话框，完成自定义放映设置。

（4）在"自定义放映对话框"中选择自定义放映的名称，单击"放映"按钮进行播放。

四、隐藏幻灯片

播放演示文稿时，如果有些幻灯片不想播放，我们可以采用幻灯片隐藏的方式将这些不播放的幻灯片隐藏起来。如果下次需要播放的时候，取消隐藏即可。具体操作步骤如下：

（1）选中要隐藏的幻灯片。

（2）单击"幻灯片放映"选项卡→"设置"选项组→"隐藏幻灯片"命令，即可将幻灯片隐藏起来，隐藏起来的幻灯片会在幻灯片的编号上有一条斜线表示禁止播放。

再次重复上面的操作，可以取消幻灯片的隐藏。

5.3.2　放映时间的设置

幻灯片播放默认是人工切换幻灯片方式，如果想使用展台浏览的放映方式自动播放，可为幻灯片设置放映时间。也可以使用排练计时功能，自动记录放映时间，录制旁白，来完善幻灯片的功能。

一、设置幻灯片切换时间

（1）在幻灯片浏览视图下，选择要设定的幻灯片。

（2）选择"切换"选项卡→"计时"选项组→勾选"设置自动换片时间"复选框，并设置自动换片时间，则幻灯片会按着设定的换片时间自动切换。

（3）设置完成后，在浏览窗格视图中，每个幻灯片图标的左下角将给出该幻灯片的放映时间，如图 5-68 所示。以后再放映该演示文稿时，将按照设置的时间，自动放映。

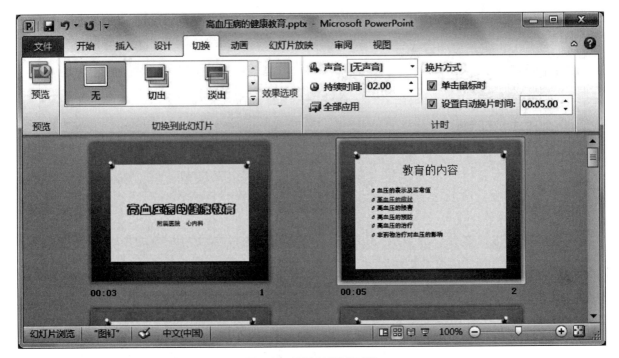

图 5-68 设置自动换片时间

二、排练计时

(1) 单击"幻灯片放映"选项卡→"设置"选项组→"排练计时"命令,则开始放映当前演示文稿,同时,系统自动弹出如图 5-69 所示的"录制"对话框(显示在屏幕左上角),自动记录幻灯片的放映时间。对话框中,左侧的时间为当前幻灯片的放映时间,右侧的时间为演示文稿的放映时间。

图 5-69 录制

(2) 通过人工切换幻灯片,当演示文稿播放结束后,系统自动弹出对话框,如图 5-70 所示,提醒用户保存"排练时间"。

图 5-70 保存排练时间

(3) 单击"幻灯片放映"选项卡→"设置"选项组→"设置幻灯片放映"命令,弹出"设置放映方式",选中"如果存在排练时间,则使用它",即在放映演示文稿时,使用排练时间了。

三、录制旁白

(1) 单击"幻灯片放映"选项卡→"设置"选项组→"录制幻灯片演示"命令。在下拉菜单中选择"从头开始录制"。

(2) 在弹出如图 5-71 所示的对话框中,提示选择要录制的内容。包括:幻灯片和动画计时、旁白和激光笔。单击"开始录制"按钮,进入录制状态。

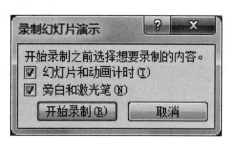

图 5-71　录制幻灯片演示

(3) 录制完成后,将在每个幻灯片的右下角出现一个声音的图标,如图 5-72 所示,再次播放演示文稿时,不仅有排练计时,也有旁白。

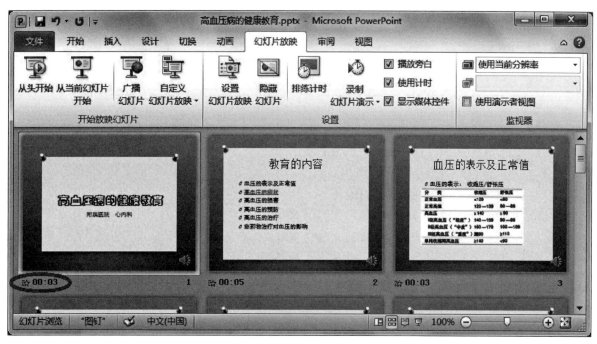

图 5-72　录制幻灯片演示 - 完成

(4) 如果对某一个幻灯片的录制内容不满意,可选定该幻灯片,然后单击"幻灯片放映"选项卡→"设置"选项组→"录制幻灯片演示",在下拉菜单中选择"从当前幻灯片开始录制",则可以对当前幻灯片的旁白和排练计时进行重新录制,直到满意为止。

(5) 如果单击"幻灯片放映"选项卡→"设置"选项组→"录制幻灯片演示"命令,在下拉菜单中选择"清除"命令,可分别对选定幻灯片的"排练计时"和"旁白"进行清除,如图 5-73 所示。

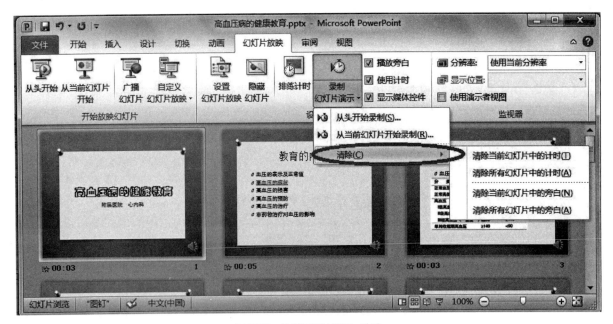

图 5-73　录制幻灯片演示 - 清除

5.3.3　使用画笔

在演示文稿放映与讲解的过程中,对于文稿中的一些重点内容,有时需要勾画一下,以突出重点,引起观看者的注意。PowerPoint 2010 提供了"画笔"的功能,可以在放映过程中随意在屏幕上勾画、标注重点内容。

在放映的幻灯片上单击鼠标右键,在弹出的快捷菜单上选择"指针选项"命令,弹出如图 5-74 所示的级联菜单。

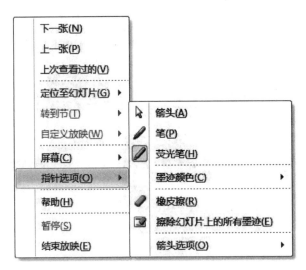

图 5-74　指针选项

1. 选择**"笔"**　画出较细的线形。
2. 选择**"荧光笔"**　为文字涂上荧光底色,加强和突出该段文字。
3. 选择**"墨迹颜色"**　为画笔设置一种新的颜色。
4. 选择**"橡皮擦"**　将画线擦除掉。
5. 选择**"擦除幻灯片上的所有墨迹"**　可清除当前幻灯片上的所有画线墨迹等,使幻灯片恢复清洁。

6. 选择"箭头选项" 可以隐藏箭头。

当结束幻灯片放映时,系统会弹出如图 5-75 所示的对话框,提示用户是否保留墨迹注释,以备下次放映时使用。

图 5-75　保留墨迹

5.3.4　演示文稿的打印

演示文稿的建立、修饰和完善的一系列工作完成之后,一般来说放映是最终的目的。但是将制作好的幻灯片打印出来,有时也很必要。

一、页面设置

在打印输出之前,只有进行正确的页面设置,才能打印出完美的效果。幻灯片页面的大小、方向可以根据显示、打印的需要改变。

页面设置的操作步骤如下:

(1) 单击"设计"选项卡→"页面设置"选项组→"页面设置"命令,在弹出的"页面设置"对话框中,即可对页面进行设置,如图 5-76 所示。

图 5-76　页面设置

(2) 在"页面设置"对话框中,设置幻灯片大小,如果设为"自定义",则需要在"宽度"和"高度"框中键入或选择所需大小。

(3) 为幻灯片和备注、讲义和大纲设置方向。

(4) 设置幻灯片编号的起始值。

(5) "页面设置"对话框页面设置好之后,单击"确定"按钮,即可将该设置应用到当前演示文稿中了。

二、打印

在完成演示文稿的页面设置后，可进行打印设置。

单击"文件"选项卡→"打印"命令，弹出打印对话框，如图 5-77 所示。

图 5-77　打印

1. 右侧为打印预览窗口。

2. 设置打印副本数。

3. 选择打印机。

4. 设置打印幻灯片的范围。

（1）若要打印所有幻灯片，则单击"打印全部幻灯片"。

（2）若要打印所选的一张或多张幻灯片，则单击"打印所选幻灯片"。注意：单击"打印"按钮前，应首先选择所需打印的幻灯片。

（3）若要仅打印当前显示的幻灯片，则单击"当前幻灯片"。

（4）若要按编号打印特定幻灯片，则单击"幻灯片的自定义范围"，然后输入各幻灯片的列表和（或）范围。数字或范围间需使用无空格的逗号将各个编号隔开。例如，1,3,5-12。

5. 设置打印版式和每页打印的幻灯片个数。

（1）打印版式包括：打印整张幻灯片、备注和大纲。

（2）讲义中设置每页打印的幻灯片个数。

（3）设置是否给幻灯片加边框和根据纸张大小调整幻灯片等。

6. 设置副本的打印顺序。

7. 设置幻灯片打印颜色。

(1) 颜色：使用此选项在彩色打印机上以彩色打印。

(2) 灰度：此选项打印的图像包含介于黑色和白色之间的各种灰色调。背景填充的打印颜色为白色，从而使文本更加清晰(有时灰度的显示效果与"纯黑白"一样)。

(3) 纯黑白：此选项打印不带灰填充色的讲义。

8. 单击"打印"按钮进行打印。

5.3.5　演示文稿的打包与网页发布

一、演示文稿的打包

制作好的演示文稿可以复制到需要演示的计算机中进行放映，但是要保证演示的计算机安装了 PowerPoint 2010。如果需要脱离 PowerPoint 2010 环境放映演示文稿，可以将演示文稿打包后再放映。

打包演示文稿的操作步骤如下：

1. 打开需要打包的演示文稿。

2. 单击"文件"选项卡→"保存并发送"→"将演示文稿打包成 CD"，然后在右窗格中单击"打包成 CD"，弹出"打包成 CD"对话框，如图 5-78 所示。

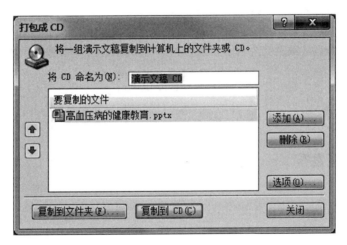

图 5-78　打包成 CD

3. 单击"选项"，弹出如图 5-79 所示的"选项"对话框。

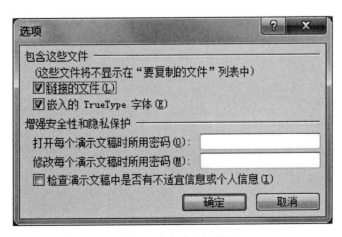

图 5-79　打包成 CD-选项

打包"选项"对话框在"包含这些文件"选项组中根据需要选中相应的复选框。

(1) 如果选中"链接的文件"复选框,则在打包的演示文稿中含有链接关系的文件。

(2) 如果选中"嵌入的 TrueType 字体"复选框,则在打包演示文稿时,可以确保在其他计算机上看到正确的字体。

(3) 如果需要对打包的演示文稿进行密码保护,可设置"打开每个演示文稿时所用密码"和"修改每个演示文稿时所用密码"的文本框中输入密码,用来保护文件。

(4) 若要检查演示文稿中是否存在隐藏数据和个人信息,请勾选"检查演示文稿中是否有不适宜信息或个人信息"复选框。

4. 完成上述设置后,单击"确定",返回到"打包成 CD…"对话框。

5. 单击"复制到文件夹"按钮,弹出"复制到文件夹"的对话框,如图 5-80 所示。选择保存文件的"位置",可以将打包文件保存到指定的文件夹中。单击"复制到 CD"按钮,则直接将演示文稿打包到光盘中。

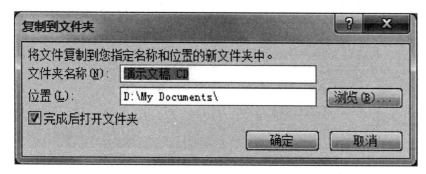

图 5-80　打包成 CD- 复制到文件夹

6. 要想运行打包文件,只要在光盘或打包所在的文件夹里面双击文件就可以了。

二、演示文稿的网页发布

虽然 PowerPoint 2010 不能将演示文稿存为网页形式,但却可以将演示文稿发布到网站上。其操作步骤如下:

1. 打开或创建要发表到 Web 上的演示文稿。

2. 单击"文件"选项卡→"保存并发送"→"Web 选项"。

如果想要人们访问你发布到网站的演示文稿,选择文件位置时必须指定 Web 服务器或其他可用的计算机。某些 Web 站点,例如 Windows Live,可能要求登录到服务器后才能保存演示文稿。

3. 单击"另存为"命令按钮。

4. 在文件名称框中,键入文件的名称,或接受建议默认的文件名。

（肖　峰）

PowerPoint 2010 是一个功能强大的演示文稿制作软件,本章的重点在于利用多种方式建立演示文稿;学会演示文稿的各种视图方式及相互间的切换;幻灯片的添加、删除、复制和移动;模板、母版的使用;幻灯片背景、切换效果、动画效果、动作按钮及超链接;多媒体技术应用;自定义放映的设置;文稿的打印及打包、发布。

1. 按以下要求创建演示文稿:

(1) 创建有 4 张幻灯片的演示文稿,对这门课程进行概括和介绍,并将文稿保存在 D 盘上的 "PowerPoint" 文件夹中,文件名为 "计算机基础 .pptx"。

(2) 第 1 张幻灯片采用 "标题幻灯片" 版式,标题为 "计算机基础";作者:填入你自己的名字。

(3) 使用 "开始" 选项卡→ "幻灯片" 选项组→ "新建幻灯片" 命令,建立第 2 张幻灯片,采用 "内容与标题" 版式,标题处填入 "本书内容介绍",在下面文本框中输入本书的内容介绍,在右侧建立 2 行 10 列的表格输入本书的各章题目,如图 5-81 所示。

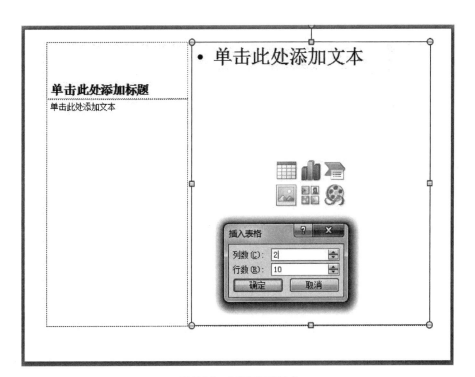

图 5-81　内容与标题版式

(4) 新建第 3 张幻灯片,并采用 "文本与剪贴画" 版式,选择与计算机相关的剪贴画并加文本说明。

(5) 第 4 张幻灯片采用 "水平层次结构" 版式,建立如图 5-82 所示的结构图。

2. 按以下要求创建演讲文稿:

(1) 使用 "内容提示向导" 制作 "我的母校 .pptx" 演讲文稿,包括 "母校的历史" "母校的文化传承" "母校的今天与未来" "母校与我" 等内容。篇幅为 8 页以上。

(2) 在该演讲文稿中加入文本、图表、图片及声音文件。

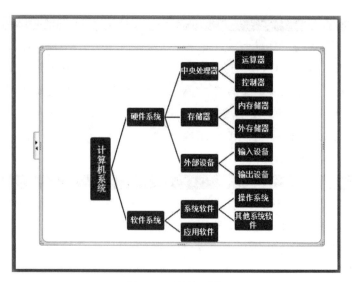

图 5-82　计算机系统

（3）进行幻灯片排练计时。

（4）将演讲文稿定义为"演讲者放映（全屏幕）"放映方式，"换片方式"使用"如果存在排练时间，则使用它"。

（5）将演讲文稿保存在 D 盘的"PowerPoint"文件夹中，文件名为"我的母校 .pptx"。

3. 自选演示文稿内容（介绍本专业的科普知识），内容要完整，有较好的可读性、知识性和趣味性；要有一定的文字量。演示文稿的幻灯片不得少于 10 张。

发挥各自的创造能力，充分利用软件中的各种工具。版面布局合理，整体效果美观，并做如下设置：

（1）美化幻灯片：设置字体、字号、颜色、行距等。

（2）设计幻灯片的外观：利用设计模板、母版设计幻灯片的框架。

（3）插入对象：剪贴画和图片、绘制图形、表格、图表、声音、动画、乐曲、视频剪辑等。

（4）创建链接：用文本、动作按钮等作为链接。

（5）放映幻灯片：创建动画幻灯片、创建动作按钮、设置放映时间、控制放映方式等。

第六章　互联网技术与应用

6

任务 6-1　认识计算机网络

【任务描述】

　　1. 看看身边人采用什么方式上网的？将你的电脑分别通过 FTTH 宽带方式和局域网方式连接上 Internet。

　　2. 熟悉组成计算机网络的各种设备。

　　3. 熟悉 TCP/IP 体系结构,通信协议的基本概念和域名机制的原理。

　　4. 描述你常用的 Internet 应用。

【知识点分析】

6.1.1　计算机网络基本概念

　　信息化社会的基础是计算机和计算机互连的信息网络,计算机网络已成为十分重要的基础设施,并对社会生活的很多方面产生了巨大的影响,人们在网络环境下使用计算机或智能手机,通过网络进行交流和分享信息。

一、计算机网络的定义与组成

　　所谓计算机网络,是指把分布在不同地理位置上的具有独立功能的多台计算机、终端及其附属设备通过通信链路连接起来,在网络操作系统、网络管理软件及网络通信协议的管理和协调下,实现资源共享和信息传递的计算机系统。

　　从定义可以看出,计算机网络主要由以下四部分组成。

　　（一）各种类型的主机

　　它们可以是大到巨型机,小到便携式微型机的各种计算机,也包括当前大量应用的智能终端(例如,手机)。它们负责整个网络的信息处理业务,向网络用户提供各种资源与服务。

　　（二）一个通信子网

　　由通信链路(包括电话线、双绞线、同轴电缆、光纤、无线通信信道、微波与卫星信道等)和通信处理机(包括调制解调器、交换机、路由器和网关等)组成,负责完成网络中的数据传输功能。

　　（三）一系列的通信协议

　　计算机之间的通信跟人与人之间信息交流一样必须具备一些条件。例如,给一位外国朋友写信,必须使用一种对方也能看懂的语言,同时也必须知道对方的通信地址。为了使计算机网络设备间能成功地通信,必须制定相互都能接受并遵守的规则和规范,这些规则和规范的集合就称为网络通信协议(Protocol)。网络协议主要由三个要素组成:

　　1. **语法**　即数据与控制信息的结构与格式。

　　2. **语义**　即需要发出何种控制信息,完成何种动作以及做出何种响应。

　　3. **时序**　即对事件实现顺序的详细说明。

　　（四）网络中存在的各种软件

　　1. **网络操作系统**　它负责管理和调度网络上的所有硬件和软件资源,使各个部分能够协调一致的工作,为用户提供各种基本网络服务,并提供网络系统的安全性保障。网络操作系统运行在称为服务器的计算机上,并由联网的计算机用户共享。常见的网络操作系统有 Windows Server 系列、Unix、Linux 等。

2. 网络管理软件　用来对网络资源进行管理以及对网络进行维护的软件,如性能管理、配置管理、故障管理、计费管理、安全管理、网络运行状态监视与统计等。

3. 网络工具软件　用来扩充网络操作系统功能的软件,如网络通信软件、网络浏览器、网络下载软件等。

4. 网络应用软件　基于计算机网络应用而开发并为网络用户解决实际问题的软件。如铁路联网售票系统、物流管理系统等。

二、计算机网络的分类

(一) 按照网络覆盖的地理范围分

1. 局域网(Local Area Network,LAN)　局域网是将较小地理区域内的计算机或数据终端设备连接在一起的通信网络。它常用于组建一个办公室、一栋楼、一个校园或一个企业的计算机网络。局域网的特点是分布距离近、传输速率高、数据传输可靠等。

2. 广域网(Wide Area Network,WAN)　广域网是在一个广阔的地理区域内进行数据、语音、图像信息传输的计算机网络。由于远距离数据传输的带宽有限,因此广域网的数据传输速率比局域网要慢。广域网可以覆盖一个城市、一个国家甚至于全球。例如,Internet 就是最大、最典型的广域网。

3. 城域网(Metropolitan Area Network,MAN)　城域网的覆盖范围介于局域网和广域网之间,一般为几公里至几十公里。例如,将位于一个城市内不同地点的多个计算机局域网连接起来。城域网使用的通信设备和网络设备的功能要求比局域网高,以便有效地覆盖整个区域。

4. 无线个域网(Wireless Personal Area Network,WPAN)　个域网就是把属于个人使用的电子设备(例如笔记本电脑、智能手机、传感器等)在身体周围很小的范围内(10m 左右)用无线技术连接起来的网络。WPAN 可以是一个人使用,也可以是多人共同使用,例如,一个外科手术小组的几位医生把几米范围内使用的一些电子设备进行组网。WPAN 是为了实现活动半径小、业务类型丰富、面向特定群体、无线无缝的连接而提出的新兴无线通信网络技术。支持无线个人局域网的技术包括:蓝牙、ZigBee 和超频波段等。

(二) 按不同使用者分

1. 公用网(Public Network)　由主管部门或经主管部门批准的电信运营机构为公众提供电信业务而建立并运行的网络。一般是国家的邮电部门建造的网络,"公用"的意思就是从所有愿意按邮电部门规定交纳费用的人都可以使用。

2. 专用网(Private Network)　某些企业、组织或部门为满足自身需要而组建、拥有、管理和使用的网络。这种网络不向企业、组织或部门以外的人提供服务。例如军队、铁路、医疗卫生、教育、银行和电力等系统均有本系统的专用网。

(三) 按网络中计算机所处地位的不同分

1. 客户机 / 服务器(Client/Server)模式网络　服务器负责保存网络的配置信息和为客户机提供各种各样的服务。客户机需要获得某种服务时,向服务器发送请求,服务器接到请求后,向客户机提供相应服务。服务器的种类很多,有邮件服务器、Web 服务器、目录服务器等,不同的服务器可以为客户提供不同的服务。

2. 对等网(Peer-to-Peer)　在对等网中,所有的计算机的角色是相同的,没有专用的服务器。每台计算机既作为服务器,又作为客户机,也就是说既为别人提供服务,也从别人那里获得服务。由于对等网没有专用的服务器,不能统一管理,所以管理对等网时很不方便。

三、计算机网络连接设备

常见的计算机网络连接设备有以下几种:

(一) 网卡(Network Interface Card,NIC)

网卡插在主机的扩展槽中,通过网络线与网络交换数据、共享资源,如图6-1所示。网卡的功能主要有两个,一是将计算机的数据进行封装,并通过网线将数据发送到网络上;二是接收网络上传过来的数据,并送到计算机中。

虽然网卡有很多种,但是每块网卡都拥有唯一的 ID 号,也叫作 MAC(Media Access Control) 地址,用48位二进制或12位十六进制表示,它是由网卡厂家在生产时写入网卡上的 ROM(Read-Only Memory,只读内存)中的,在全球范围都不会重复。

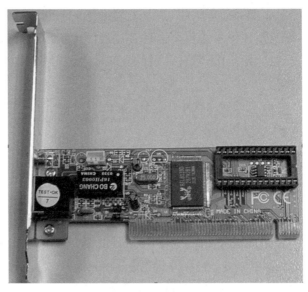

图6-1 网卡

(二) 集线器(Hub)

在网络中,集线器是一个集中点,通过众多的端口将网络中的计算机连接起来,使不同计算机能够相互通信,主要用来组建星型拓扑的网络,如图6-2所示。

集线器的基本功能是信息分发,它将一个端口收到的信号转发给其他所有端口。集线器的所有端口共享集线器的带宽,即用集线器组网时,连接的计算机越多,网络速度越慢。

图6-2 集线器

按通信特性,集线器分为无源集线器和有源集线器。无源集线器只能转发信号,不能对信号作任何处理。有源集线器会对所传输的信号进行整形、放大并转发,并可以扩展传输媒体的传输距离。按端口个数,集线器分为 5 口、8 口、16 口、24 口等。

集线器主要有 RJ-45 接口和级联口两种接口。RJ-45 接口主要用于连接网络中的计算机。级联口主要用于连接其他集线器或网络设备。比如我们在组网时,集线器的端口数量不够,可以通过级联口将两个或多个集线器级联起来,达到拓展端口的目的。级联口一般标有 "UPLINK" 或 "MDI" 等标志。在级联时,我们可以通过直连接线将集线器的级联口与另一台集线器的 RJ-45 接口连接起来,从而组建更大的网络。

(三) 交换机(Switch)

从外观上看,交换机与集线器几乎一样,如图 6-3 所示。其端口与连接方式和集线器几乎也是一样。

由于交换机采用交换技术,使其可以并行通信而不像集线器那样平均分配带宽。如一台 100Mb/s 交换机的每个端口都是 100Mb/s,互连的每台计算机均以 100Mb/s 的速率通信,而不像集线器那样平均分配带宽,这使交换机能够提供更佳的通信性能。交换机的主要功能还包括物理编址、网络拓扑结构、错误校验和流量控制等。

图6-3 交换机

按交换机所支持的速率和技术类型,可分为以太网交换机、千兆位以太网交换机、ATM 交换机、FDDI 交换机等。按交换机的应用场合,交换机可分为工作组级交换机、部门级交换机和企业级交换机三种类型。工作组级交换机主要用于小型局域网的组建。

企业级交换机用于大型网络,且一般作为网络的骨干交换机。企业级交换机一般具有高速交换能力,并且能实现一些特殊功能。

(四) 路由器(Router)

路由器主要用于不同类型的网络的互联以构建"网络的网络"。图6-4所示的是华为公司生产的AR3200企业路由器。

图6-4 路由器

路由器的接口主要有串口、以太口和 CONSOLE 口等,串口连接广域网,以太口连接局域网,而CONSOLE 口用于连接计算机或终端,配置路由器。

路由器的功能主要体现在以下几个方面。

1. 路由功能 所谓路由,即信息传输路径的选择。路由器收到分组后,根据路由表查找出下一跳路由器的地址,然后转发分组,如图6-5所示。路由器根据与其他路由器交换的路由信息构造出自己的路由表,可以在不同网络间选择最佳的信息传输路径,从而使信息更快地传输到目的地。

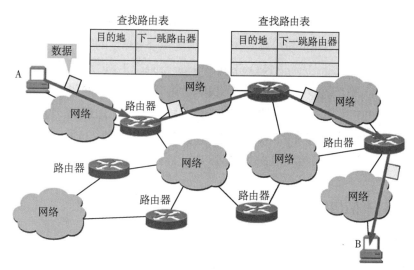

图6-5 数据的路由传输

事实上,我们访问的互联网就是通过众多的路由器将世界各地的不同网络互联起来的,路由器在互联网中选择路径并转发信息。

2. 隔离广播、划分子网 当网络规模较大时,同一网络中的主机台数过多,会产生过多的广播流量,从而使网络性能下降。为了提高性能,减少广播流量,可以通过路由器将网络分隔为不同的子网。路由器可以在网络间隔离广播,使一个子网的广播不会转发到另一子网,从而提高每个子网的性能,当一个网络因流量过大而性能下降时,可以考虑使用路由器来划分子网。

3. 广域网接入　当一个较大的网络要访问互联网并要求有较高带宽时,通常采用专线接入的方式,一些大型网吧、校园网、企业网等往往采用这种接入方法。当通过专线使局域网接入互联网时,则需要用路由器实现接入。

（五）调制解调器（Modem）

调制解调器(俗称"猫")是一种信号转换装置,其功能就是将电脑中表示数据的数字信号在模拟线路(电话线或有线电视线)上传输,从而达到数据通信的目的,如图 6-6 所示。

图 6-6　调制解调器

Modem 的主要功能有两部分:调制和解调。调制是将数字信号转换成适合于在模拟线路上传输的模拟信号进行传输。解调则是将模拟线路上的模拟信号转换成数字信号,由电脑接收并处理。

6.1.2　Internet 基本概念

Internet 是世界上最大的计算机网络,其前身是美国的 ARPANET,1983 年正式命名为 "Internet",我国将其翻译为 "因特网"。随着世界各国的纷纷接入,Internet 成为一个全球性的网络。

中国互联网络信息中心(China Internet Network Information Center,CNNIC)发布的第 39 次《中国互联网络发展状况统计报告》显示,截至 2017 年 6 月,中国网民规模达 7.51 亿,互联网普及率达到 54.3%。Internet 为什么这么受欢迎呢?因为它实现了在任何地点、任何时间进行全球个人通信,使计算机网络技术和信息资源不仅被科学家、工程师和计算机专业人员使用,也为广大群众提供服务。Internet 已经成为每个人生活的一部分,使社会的运作方式、人类的学习、生活、工作方式发生了巨大的变化。

一、Internet 的基本结构

Internet 从结构上可分为三个层次:园区网、区域网和主干网,如图 6-7 所示。

主干网:由代表国家或者行业的有限个中心结点通过专线连接形成,覆盖到国家一级,并连接各个国家的因特网互联中心。我国主要有四大主干网:中国科技网 CSTNet(China Science and Technology Network)、中国教育与科研网 CERNet(The China Education and Research Network)、金桥网 ChinaGBN(China Golden Bridge Network,中国国家公用经济信息通信网)和中国公用 Internet 骨干网 ChinaNet。

区域网:由若干个作为中心结点的代理的次中心结点组成,如教育网各地区网络中心,电信网各省互联网中心等。

园区网:直接面向用户的网络,例如校园网、企业网等。

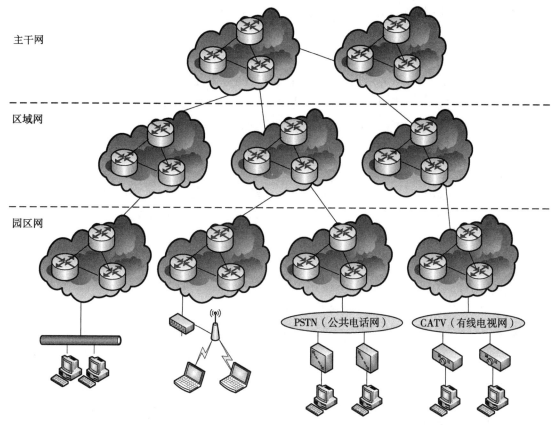

图 6-7　Internet 层次结构

二、TCP/IP 协议

Internet 把各个国家、部门、机构的各种网络连接起来构成了极为复杂的国际性大网络,它采用的协议是 TCP/IP。TCP/IP 是一组协议系列的代名词,包含了 100 多个协议。随着计算机网络技术的发展,还不断有新的协议加入,其中最基本、最重要的两个协议是 TCP(Transmission Control Protocol,传输控制协议)和 IP(Internet Protocol,网际协议)。

TCP/IP 协议标准将计算机网络中的通信划分为 4 个层次,每个层次都有对应的一些协议,如图 6-8 所示。

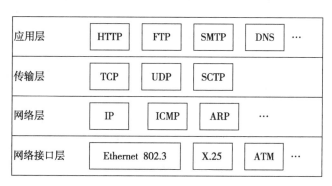

图 6-8　TCP/IP 的分层结构

(一) 应用层

规定了运行在不同主机上的网络应用程序(例如电子邮件、远程文件传输等)如何通过网络进行通信。不同的应用需要使用不同的应用层协议,例如电子邮件使用 SMTP(Simple Mail Transfer Protocol,简单邮件传输协议),远程文件传输使用 FTP(File transfer protocol,文件传输协议)。

(二) 传输层

规定了怎样进行端到端的数据传输。大部分应用程序采用 TCP 协议,它负责可靠地完成数据的传输;而使用 UDP(User Datagram Protocol,用户数据包协议)时网络尽力而为地进行快速数据传输,但不保证传输的可靠性,例如视频和音频数据的传输就采用 UDP 协议。SCTP(Stream Control Transmission Protocol,流控制传输协议)兼有 TCP 及 UDP 两者的特点,可以说是 TCP 的改进协议,但它们之间仍然存在着较大的差别。

(三) 网络层

网络层的主要功能是处理来自传输层的数据分组,将分组形成数据包(称为 IP 包),并为该数据包进行路径选择。网络层最主要的协议是 IP,规定了在整个互连的网络中所有计算机统一使用的编址和数据包格式。其他协议用来协助 IP 的操作。

(四) 网络接口层

是 TCP/IP 与各种物理网络(例如,以太网、X.25 网、ATM 网等)的接口,负责接收 IP 包并通过网络发送出去,或者从网络接收物理数据帧,抽出 IP 数据报,交给 IP 层。

TCP/IP 分层结构中的每一层都呼叫它的下一层所提供的服务来完成自己的需求。不同系统的应用程序在进行数据通信时,其信息流动过程如图 6-9 所示。

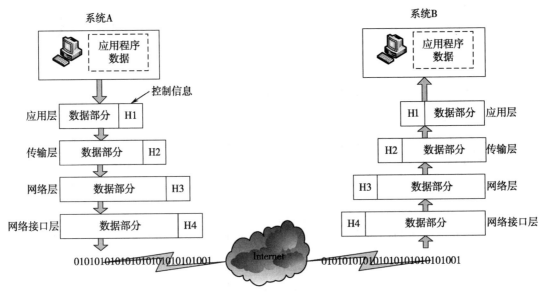

图 6-9　数据在 TCP/IP 各层间的传递

这里假设系统 A 要将数据传输给系统 B,系统 A 上的应用程序首先将用户数据送至应用层,该层在数据前加上控制信息,形成的数据单元再送至传输层,传输层在数据单元前也加上这层的控制信息。数据按这种方式逐层向下传递,直至物理传输线路,物理线路上传输的是二进制比特流。当比特流经过网络传输到达系统 B 后,再从下往上逐层传递,每一层都按照相应的控制信息完成指定的操作,再将本层的控制信息去掉后的数据单元向上一层传送,直到应用层把原始用户数据提交给系统 B 上的应用程序。

三、IP 地址

IP 地址是指互联网协议地址(Internet Protocol Address),是 IP 协议提供的一种统一的地址格式,它为互联网上的每一个网络和每一台主机分配一个逻辑地址,以此来屏蔽物理地址的差异。IP 地址被用来给

Internet 上的电脑一个编号。大家日常见到的情况是每台联网的电脑上都需要有 IP 地址,才能正常通信。可以把"个人电脑"比作"一台电话",那么"IP 地址"就相当于"电话号码",而 Internet 中的路由器,就相当于电信局的"程控式交换机"。

目前常用的 IPv4(IP 版本 4)中的 IP 地址是一个 32 位二进制数,为了表示方便,将 32 位地址分为 4 段,每段 8 位,段之间用"."隔开。这样我们常见的 IP 地址就是 4 个用"."隔开的十进制数字形式,每个数字的取值范围是 0~255。例如 202.195.176.92,这就是南京医科大学网站服务器的 IP 地址。

(一) IP 地址结构

IP 地址由两部分组成:网络号和主机号,如图 6-10 所示。

图 6-10　IP 地址结构

网络号用来标识计算机所在的网络,也可以说是网络的编号。主机号用来标识网络内的不同计算机,即计算机的编号。

(二) IP 地址分类

32 位的地址中网络号和主机号分别占多少位呢? 国际互联网络信息中心(InterNIC)将 IP 地址分为 5 类,如图 6-11 所示。

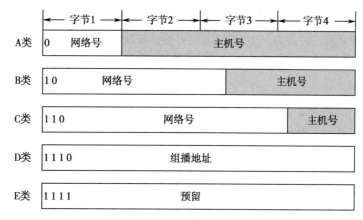

图 6-11　IP 地址的分类

A 类地址:网络号占一个字节,且最高位为 0,即只有 7 位可以表示网络号,能够表示的网络号有 2^7=128 个。后三个字节(24 位)表示主机号,每个网络包含的主机数为 2^{24}=16 777 216 个,所以 A 类地址只分配给超大型网络。A 类地址的范围是 0.0.0.0~127.255.255.255。

B 类地址:网络号和主机号各占两个字节,且第一个字节的最高两位为 10,能够表示的网络号为 2^{14}=16 384 个,每个网络所包含的有效主机数为 2^{16}=65 534 个。B 类 IP 地址通常用于中等规模的网络,地址范围是 128.0.0.0~191.255.255.255。

C 类地址:前三个字节表示网络号,且最高三位为 110,最大网络数为 2^{21}=2 097 152 个,每个网络可以容纳 2^8=256 台主机。C 类 IP 地址通常用于小型的网络,范围是 192.0.0.0~223.255.255.255。

D 类地址:最高位为 1110,是多播地址。多播就是同时把数据发送给一组主机。D 类地址的范围是 224.0.0.0~239.255.255.255。

E 类地址:最高位为 11110,预留在今后使用,也可以用于实验。

注意,有一些特殊的 IP 地址是不能分配给主机的:

1. 主机号全 0：表示网络号。如：192.168.4.0 为已经分配给一个 C 类网络号为 192.168.4 的网络。

2. 主机号全 1：是网络广播地址，当一个数据分组要发送到一个网络的广播地址时，该数据分组将会到达该网络中所有的主机。例如：192.168.1.255 表示向网络号 192.168.1.0 发广播。

3. 127. *.*.*：回送地址，用于测试网络应用程序，常用的是 127.0.0.1。

4. 255.255.255.255：本子网内广播地址，用于将 IP 包以广播形式发送给本地网络中所有主机。

(三) IP 地址的分配

如果需要将计算机直接连入 Internet，则必须向有关部门申请 IP 地址，而不能随便配置 IP 地址。这种申请的 IP 地址称为"公有 IP"。在互联网中的所有计算机都要配置公有 IP。

InterNIC 负责全球 IP 地址的规划和管理。通常每个国家成立一个组织，统一向国际组织申请 IP 地址，然后再分配给客户。

个人用户通常是向某个本地因特网服务提供商（它们已经向有关机构申请到了批量的 IP 地址）注册申请，并按月交付费用以获得 IP 地址。

(四) 子网掩码

我们在配置 ICP/IP 参数时，除了要配置 IP 地址之外，还要配置子网掩码。子网掩码也是一个 32 位的二进制地址，与 IP 地址相结合使用。

通过将 IP 地址的二进制与子网掩码的二进制进行与运算，能让计算机自动地确定 IP 地址的网络号和主机号，从而能判断两个 IP 地址是否属于同一个网络。对于 A 类地址，默认的子网掩码是 255.0.0.0；B 类地址默认的子网掩码是 255.255.0.0；C 类地址默认的子网掩码是 255.255.255.0。

子网掩码的另一个功能就是用于将一个大的 IP 网络划分为若干小的子网络。使用子网是为了减少 IP 的浪费。因为随着越来越多的网络产生，有的网络可能只有几台主机，就是分配一个 C 类网络号也会浪费很多 IP 地址。

(五) IPv6

32 位的 IP 地址的总数理论上有 $2^{32}=4\,294\,967\,296$ 个，接近 43 亿个，但是仍然不能满足不断增长的需求，在 2011 年 2 月 3 日 IPv4 地址已经分配完毕。

互联网工程任务组（Internet Engineering Task Force, IETF）设计了新一代的 IP 协议——IPv6。IPv6 使用长达 128 位的地址空间，使互联网中的 IP 地址达到 2^{128} 个，几乎是不可能用完的。除此之外，IPv6 具备更强的安全性和更容易配置等优点，以适应互联网的发展。

用点分十进制格式表示 128 位的地址很不方便，例如：

106.220.136.100.255.255.255.255.0.0.18.128.140.10.255.254

所以，IPv6 通常使用更为紧凑的冒号十六进制表示法，每 16 位为一组写成 16 进制数，用冒号分隔每个组。例如，将上面的地址表示为：

6ADC:8864:FFFF:FFFF:0:1280:8C0A:FFFE

另外，还可以采用零压缩法对地址的表示进一步优化，零压缩法用两个冒号代替连续的零。例如，地址：

AB0C:0:0:0:0:0:0:B1

可被写成：

AB0C::B1

为了便于从 IPv4 过渡到 IPv6，设计者将 IPv4 现有地址映射到 IPv6 的地址空间。任何以 80 个 0 位和 16 个 1 位开头的 IPv6 地址，它的低 32 位就含有一个 IPv4 地址。例如，IPv6 地址为 0:0:0:0:0:0:ffff:192.168.0.105/96（也可以表示为：:ffff:192.168.0.105/96），其对应的 IPv4 地址为 192.168.0.105。

四、域名系统

由于 IP 地址是数字型的,难以记忆,输入也不方便,因此,Internet 采用另一套字符型的地址方案,即域名地址。IP 地址与域名地址两者相互对应,而且保持全网唯一。例如:"南京医科大学" 网站主机的 IP 地址是 202.195.176.92,它所对应的域名是 "www. njmu. edu. cn"。注意:一台主机的 IP 地址是唯一的,但它的域名却可以有多个。

整个 Internet 的域名空间采用层次结构,即将名字空间划分为许多不同的域,每个域又划分为若干子域,子域再分成多个子子域。由于美国是 Internet 的发源地,因此美国的顶级域名是以组织模式来划分的。例如,com 表示商业组织、gov 表示政府部门等。其他国家或地区的顶级域名以地理模式划分,每个接入 Internet 的国家都作为一个顶级域出现。例如,cn 表示中国、fr 表示法国等。域名的划分如表 6-1、表 6-2 所示。

表 6-1 顶级域名分配

域名	意义	域名	意义
com	商业组织	mil	军事机构
gov	政府部门	net	网络机构
edu	教育机构	org	非盈利性组织
int	国际性机构	国家 / 地区代码	各个国家 / 地区

表 6-2 常见国家 / 地区代码

域名	国家 / 地区	英文释义	域名	国家 / 地区	英文释义
ar	阿根廷	Argentina	au	澳大利亚	Austria
br	巴西	Brazil	ca	加拿大	Canada
cn	中国	China	de	德国	Germany
es	西班牙	Spain	fr	法国	France
hk	中国香港特别行政区	Hong Kong	tw	中国台湾地区	Taiwan
kr	韩国	Korea-South	jp	日本	Japan
uk	英国	United Kingdom	us	美国	United States

域名地址由 InterNIC 集中管理,采用分级管理的方法。各级域名的管理权授予相应的机构,各管理机构可以将管辖内的各域进一步划分成若干个子域的管理权再授予相应的子机构,以完成所属主机名和主机 IP 地址的管理。CNNIC 是中国域名注册管理机构和域名根服务器运行机构,负责运行和管理国家顶级域名 .cn、中文域名系统及通用网址系统。

我国的二级域名有:edu(教育机构)、com(商业组织)、net(网络服务商)、gov(政府)、ac(科研机构)、org(团体)、mil(军队)和 34 个行政区域(如 js、bj、sh 等)。用户必须在二级域名下注册三级域名,CNNIC 将二级域的管理权授予指定的管理机构,各管理机构再为自己管理的二级域分配三级域,并将三级域的管理权授予下属的管理机构。例如 CNNIC 将 edu 域的管理权授予中国教育科研网(CERNET)网络中心,CERNET 再将 edu 域划分为多个三级域,将三级域名分配给各个大学与教育机构,各个机构再划分四级域。例如南京医科大学的域名 "www. njmu. edu. cn",其二级域名是 edu,三级域名为 njmu,www 表示提供 WWW 服务的机器名。

将域名转换为对应的 IP 地址的工作由 DNS（Domain Name System，域名系统）来完成。运行域名系统的主机叫作域名服务器（Domain Name Server），因特网中设有很多的域名服务器，一般每个网络均要设置一个域名服务器，域名服务器中都保存了它所负责的域内的主机域名和主机 IP 地址对照表。

6.1.3 Internet 接入

一、Internet 服务提供商

Internet 服务提供商（ISP）为用户提供 Internet 接入服务，它是用户接入 Internet 的入口点。用户必须通过某种通信线路连接到 ISP，再借助于 ISP 接入 Internet。

ISP 有两种类型，一种是主干网 ISP，它是拥有国际出口的主干网运营商，例如中国电信、中国移动、中国联通等；另一种 ISP 就是租用主干网运营商线路的 ISP。

二、Internet 接入方式概述

随着 Internet 的发展，用户接入 Internet 的方式也越多样，主要由以下类型：

（一）电话拨号上网

用户使用 Modem，通过普通电话线与 ISP 建立连接，如图 6-12 所示。

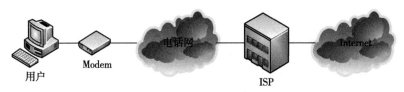

图 6-12　电话拨号上网连接图

这种上网方式所需硬件比较少，只需额外增加一台 Modem，然后向一个 ISP（比如中国电信）办理上网业务即可。但是这种连接方式的传输速率比较低，最快为 56kbps，而且在上网的同时无法拨打或接听电话，所以正被逐渐淘汰。

（二）宽带上网

宽带上网是指用户使用宽带连接设备，通过电话线或有线电视线与 ISP 建立连接。宽带上网与拨号上网方式使用的接入设备是不同的，宽带上网的数据传输速率更高。ADSL（Asymmetrical Digital Subscriber Loop，非对称数字用户环路）和 HFC（Hybrid Fiber Coaxial，光纤同轴电缆混合网）是使用最为广泛的两种宽带上网方式。

ADSL 技术是运行在原有普通电话线上的一种新的高速宽带技术，它利用现有的一对电话线，为用户提供上、下行非对称的传输速率（带宽）。非对称主要体现在上行（从用户到网络）速率（最高 640Kbps）和下行（从网络到用户）速率（最高 20Mbps）的非对称性上。ADSL 是由固定电话运营商（例如中国电信）提供的，使用的接入设备是 ADSL Modem。ADSL 方式安装简单，只需额外加装一个 ADSL Modem，上网速度较快，且上网的同时可以拨打电话，互不影响。

HFC 是在干线传输中使用光纤，在接入网部分使用同轴电缆分配到用户的一种传输方式，由有线电视运营商提供。HFC 上网使用的接入设备是 Cable Modem（线缆调制解调器），它用于有线电视网和用户计算

机之间数据格式的转换,一端与有线电视同轴电缆相连,一端通过 10BaseT 接口与用户计算机的网卡相连,就可以使用户接入 Internet。

(三) FTTH 宽带接入

光纤到户(Fiber To The Home,FTTH)是直接把光纤接到用户的家中,即将光网络单元(Optical Network Unit,ONU)安装在用户家中。通常,ONU 由网络运营商(例如中国电信)提供。FTTH 的显著技术特点是不但提供更大的带宽,而且增强了网络对数据格式、速率、波长和协议的透明性,放宽了对环境条件和供电等要求,简化了维护和安装。

(四) 局域网接入

目前许多的公司、学校和单位都已建立了局域网,这些局域网通过一个或多个边界路由器与 ISP 相连以接入 Internet。局域网用户只需用网线将自己计算机的网卡与局域网交换机相连,然后对计算机进行适当配置即可访问 Internet。

(五) 无线接入

无线上网是指使用无线电波作为数据传送媒介的 Internet 接入方式,主要有两种形式:一是直接通过移动通信网络(例如当前的 4G 网络)接入,二是通过 WLAN(Wireless LAN,无线局域网)接入。

WLAN 是以传统局域网为基础,利用射频(Radio Frequency,RF)技术取代不方便的网线所构成的局域网络。用户计算机通过无线网卡与附近的无线 AP(Access Point)建立连接,从而实现上网,如图 6-13 所示。

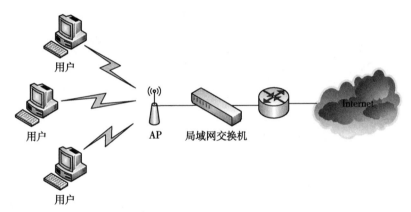

图 6-13　WLAN 上网

第四代移动通信技术(4th generation,4G),集 3G 与 WLAN 于一体,能够提供 100Mbps~150Mbps 的下行速率(比 3G 快 20~30 倍),20Mbps~40Mbps 的上传速度。这种速率能满足几乎所有用户对于无线服务的要求。但是,4G 网络对接收机的性能要求也要高得多。

国际电信联盟在 2012 年正式审议通过将 LTE-Advanced 和 Wireless MAN-Advanced(802.16m)技术规范确立为 4G 国际标准,中国主导制定的 TD-LTE-Advanced 和 FDD-LTE-Advance 同时并列成为 4G 国际标准,这标志着中国在移动通信标准制定领域再次走到了世界前列。

三、FTTH 接入

家庭用户使用 FTTH 上网前首先要向当地的电信部门咨询并提出申请,办理相关手续和缴纳相关费用。

(一) 硬件连接

FTTH 上网主要涉及的硬件通常包括一台光纤 Modem(以太网无源光纤接入用户端设备,EPON ONU),

一般由电信运营商提供。如果用户要构建自己的无线局域网,则还需要一台无线路由器。用户室内的连接方式如图 6-14 所示。

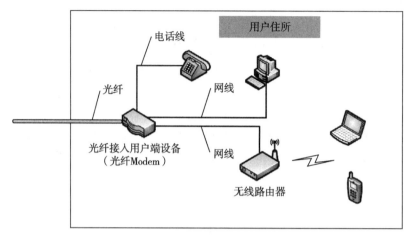

图 6-14　FTTH 接入连接示意图

将设备连接好后的样子可以参考图 6-15。

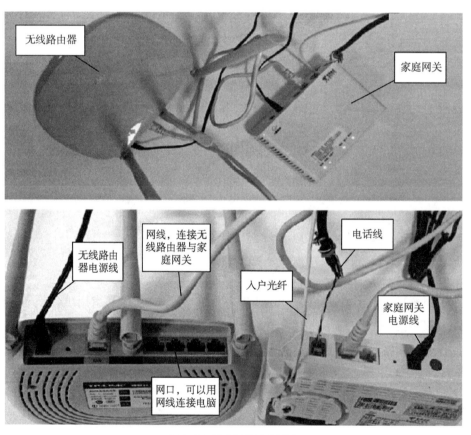

图 6-15　FTTH 连接实例图

(二) 创建连接

1. **光纤 Modem 的管理**　光纤 Modem 在安装的时候,技术人员会现场进行设备和用户注册,然后直接就能联网使用了。用户的上网账号系统自动设置在 Modem 里了。虽然一般用户不需要去进行光纤 Modem 的管理,但是如果你想看看光纤 Modem 管理里面有哪些功能或是进行账号管理,则打开浏览器,输入网址

192.168.1.1 就可以打开光纤 Modem 的管理网页。用户管理账号标注在 Modem 背面的铭牌上。

如果用户有路由器,以前设置的 PPPOE 方式被取消,改为自动获取 IP 方式了。所以,除了无线功能需要自己设置之外,其他的不用去管它。

2. 路由器管理　家庭用户通常会使用无线路由器,以构建家庭无线局域网。可以参照无线路由器设备的使用手册对它进行管理。这里以 TP-LINK 的无线路由器为例,对其进行设置。

(1) 打开浏览器,输入管理域名 toplogin. cn 或 http://192.168.0.1/,在弹出的设置管理密码界面中,设置 6~15 位的管理密码,单击 "确定" 按钮,登录路由器管理界面如图 6-16 所示。

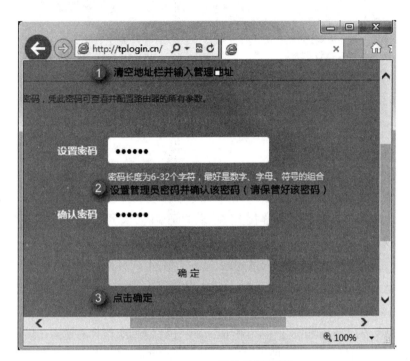

图 6-16　TP-Link 设置管理登录界面

(2) 输入宽带账号和密码:路由器会自动检测上网方式,如检测为 "宽带拨号上网",在对应设置框中输入运营商提供的宽带账号和密码,并确定该账号密码输入正确,如图 6-17 所示,单击 "下一步"。如果上网方式检测为自动获得 IP 地址或固定 IP 地址上网,请根据向导提示操作,填写对应参数即可。

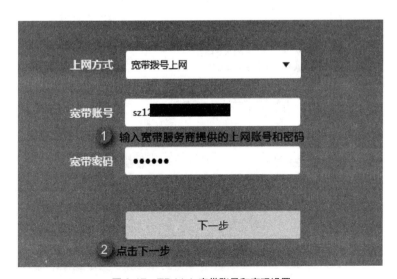

图 6-17　TP-Link 宽带账号和密码设置

（3）设置无线名称和密码：无线网络中设置对应的无线名称和无线密码。"无线名称"建议使用数字或字母组合，请勿使用中文；"无线密码"建议设置8~63位的数字与字母组合，如图6-18所示，单击"确定"按钮。

图6-18　TP-Link无线名称和密码设置

至此，路由器已经设置完成。电脑连接路由器后可以直接打开网页上网，不用再单击电脑上的"宽带连接"拨号了。如果还有其他电脑需要上网，用网线直接将电脑连接在路由器任意一个空闲的LAN口即可上网；如果是笔记本、手机等无线终端，连接上路由器的无线信号即可上网，不需要再配置路由器。

（三）局域网接入

局域网接入方式不需要经过拨号接入过程，只需安装好网卡，并通过网线与局域网交换机相连，再进行简单配置。当前大多数局域网都是以太网（Ethernet），使用最广泛的网卡是Ethernet网卡。

网卡的配置步骤如下：

打开"网络连接"窗口（控制面板→网络和Internet→网络连接），鼠标右键点击要设置属性的网卡（例如"本地连接"），选择"属性"，弹出"本地连接属性"窗口，如图6-19所示。

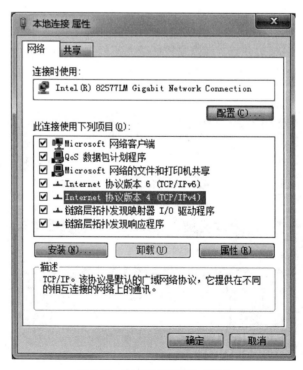

图6-19　"本地连接属性"对话框

在"常规"选项卡中,双击"Internet 协议(TCP/IP)",在"Internet 协议(TCP/IP)属性"对话框中选择"使用下面的 IP 地址"和"使用下面的 DNS 服务器地址",然后输入从网络管理员处获取的相应地址,如图 6-20 所示,单击"确定"按钮。

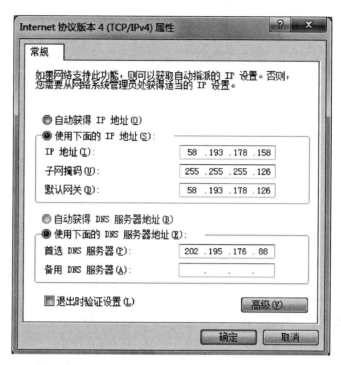

图 6-20 "Internet 协议(TCP/IP)属性"对话框

网关是一种连接内部网与 Internet 上其他网的中间设备,网关地址可以理解为内部网与 Internet 信息传输的通道地址。

四、Internet 应用概述

Internet 上有着丰富的信息资源,通过各式各样的应用满足人们阅读、信息搜索、交流、娱乐、购物、学习、办公、科学研究和远程医疗等的各种需求。随着越来越多的人参与到 Internet 中,新的应用还在不断涌现,成为人们了解世界、讨论问题、商贸活动与结识朋友的重要途径。

常见的应用类型有以下几种:

1. **基于网页的应用**　在 Internet 上浏览网页是使用最频繁也最吸引人的 Internet 功能之一。特别是一些著名的门户网站,其上的内容几乎是无所不包,通过浏览网页就能够足不出户尽知天下事。

基于网页的应用已扩展到信息搜索、电子商务、远程教育、远程医疗等领域。例如,有"天猫""淘宝网""京东"和"当当网"等众多的网购零售平台;以"腾讯视频""优酷""搜狐视频"等为代表的视频网站;以"百度""必应"为代表的信息搜索网站。截至 2017 年 6 月,中国网站总数达 506 万个。另外,通过论坛、个人空间、博客等形式,人们还可以发布各类信息,与他人进行交流。

2. **电子邮件**　电子邮件是最早也是使用最广泛的网络应用。通过电子邮件系统,用户可以用非常低廉的价格,以非常快速的方式,与世界上任何一个角落的网络用户联系,这些电子邮件可以是文字、程序、图像和声音等各种形式。

3. **文件传输**　文件传输是 Internet 上最早使用的应用之一。其主要作用就是让用户连接上一个远程运行 FTP(File Transfer Protocol,文件传输协议)的服务器,浏览该服务器上有哪些文件,然后把文件从远程服务器上拷到本地计算机,或把本地计算机的文件送到服务器去。

利用 FTP 可以免费下载许多的软件和资料。虽然通过电子邮件也能传输文件,但邮件更适合于小的文件传输。

4. 远程登录 远程登录(Telnet)就是通过 Internet 进入和使用远程的计算机系统,就像使用本地计算机一样做任何允许的事情,例如,读、写、删除文件和运行程序等。

5. 流媒体应用 流媒体是互联网发展起来的一种传输声音和视频的技术。以前要播放一个声音或者视频,都需要把文件完整地下载到计算机上后才行。流媒体技术可以一边下载一边播放,省去了等待的时间。

除了通过网页的形式观看视频外,还可以通过本机的客户端视频软件(例如,暴风影音等)、音乐播放器(例如,酷我音乐等)获取 Internet 上的视频和音乐。

6. 即时通信 即时通信(Instant Messaging,IM)是指能够即时发送和接收互联网消息等的业务。相对于传统的电话和 E-mail 等通信方式,即时通信不仅节省费用,而且效率更高,成为继电子邮件、WWW 之后又一个使用极为广泛的互联网应用。

随着即时通信技术的不断发展,其功能日益丰富,逐渐集成了电子邮件、博客、个人空间、音乐、视频、游戏和搜索等多种功能,已经发展成集交流、资讯、娱乐、搜索、电子商务、办公协作和企业客户服务等为一体的综合化信息平台。随着移动互联网的发展,即时通信也在向移动终端扩展,用户可以通过手机与其他安装了相应客户端软件的手机或电脑收发消息。

最早得到大规模使用的即时通信软件产品是 ICQ,当前国外用户最常使用的是微软公司的 MSN。国内用户量最大的即时通信软件是腾讯的 QQ 和微信,另外还有阿里巴巴的旺旺等。

7. 网上支付 网上支付是电子支付的一种形式,它是通过第三方提供的与银行之间的支付接口进行的即时支付方式,直接把资金从用户的银行卡中转账到网站账户中,这种方式具有方便、快捷、高效、经济的优势。截至 2017 年 6 月,我国使用网上支付的用户规模达到 5.11 亿。

网上支付的方式主要有两种:

(1) 网银支付:直接通过登录网上银行进行支付。这要求用户开通网上银行业务,可实现银联在线支付,信用卡网上支付等等,这种支付方式是直接从银行卡支付的。

(2) 第三方支付:第三方支付集成了多种支付方式,基本流程为:

1) 将网银中的钱充值到第三方。

2) 在用户支付的时候通过第三方中存款进行支付。

3) 花费手续费进行提现。

最常用的第三方支付有支付宝、易宝支付和快钱等。

8. 其他互联网应用 还有其他众多的互联网应用,可以参见 CNNIC 发布的第 40 次《中国互联网络发展状况统计报告》。按用户规模排序:即时通讯、网络新闻、搜索引擎、网络视频、网络音乐、网络购物、网上支付、网络游戏、网上银行、网络文学、旅行预订、电子邮件、论坛 /bbs、互联网理财、网上炒股或炒基金、微博、地图查询、网上订外卖、在线教育、网约出租车、网约专车或快车、网络直播和共享单车。

任务 6-2 使用浏览器浏览网页

【任务描述】

使用 IE 浏览器访问"国家医学考试网",完成以下任务:

1. 找到并保存"客观结构化临床考试（OSCE）简介"信息。
2. 下载"医师资格考试考生指导手册"。
3. 将该网站添加到收藏夹。
4. 熟悉 IE 浏览器的一些使用技巧和常用设置。

【知识点分析】

6.2.1 基 本 概 念

一、WWW 服务

WWW（World Wide Web，万维网）服务通常是指用户通过浏览器访问 Internet 中的网页，简称为 Web 服务。它是人们在网上查找、浏览信息和获取各种服务的主要手段之一。

WWW 以超文本形式为用户提供丰富的文本、图形、图形、音频和视频等多媒体信息，并通过超链接将分布在 Internet 空间上的无数个网站和网页链接起来，使得用户可以方便地从一个网页转换到另一个信息页进行浏览。

超链接（Hyperlink）是网页上允许与其他网页或站点进行连接的元素，用户通过单击超链接可以浏览其他的网页、网站或是相同网页上的不同位置。超链接的目的端还可以是图片、电子邮件地址和文件，甚至是运行一个应用程序。在一个网页中用来作为超链接的元素可以是一段文本或者是一个图片等。

所谓超文本（Hypertext）就是用超链接的方法，将各种不同空间的信息组织在一起的网状文档。随着信息技术的发展，出现了超媒体（UltraMedia，简称 U-Media）一词。超媒体由超文本衍生而来，是对超文本的扩展，除了具有超文本的全部功能以外，还能够处理多媒体和流媒体等信息，是超文本和多媒体在信息浏览环境下的结合。

WWW 服务是基于客户机 / 服务器（Client/Server，C/S）模式工作的，即用户利用客户端程序（Web 浏览器）访问 Internet 上的 WWW 服务器（通常是 Web 服务器）。一个客户机可以向许多不同的服务器请求，一个服务器也可以向多个不同的客户机提供服务。

Web 服务的流程如图 6-21 所示。

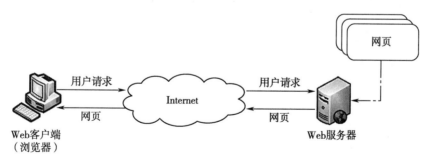

图 6-21 Web 服务流程

主要包括：

（1）Web 客户端生成一个用户访问请求（例如，用户点击某个超链接），并将请求发送给某个 Web 服务器。

（2）Web 服务器接受请求，并检查请求的合法性和有效性。

（3）Web 服务器针对用户请求获取或生成相应的响应信息（网页），然后发送给客户端。

(4) 客户端接收返回的响应信息，对其进行解释并展现给用户。

二、HTTP 协议

HTTP（HyperText Transfer Protocol，超文本传输协议）是 WWW 中 Web 浏览器与 Web 服务器之间采用的应用层通信协议。它定义了浏览器和服务器之间如何进行请求和应答的方法。

HTTP 协议会话过程包括 4 个步骤：

(1) 建立连接：客户端浏览器向服务器发出建立连接的请求，服务端返回响应以建立连接。

(2) 发送请求：客户端按照协议的要求通过连接向服务器发送自己的请求。

(3) 给出应答：服务端按照客户端的要求给出应答，把结果（网页）返回给客户端。

(4) 关闭连接：客户端接到应答后关闭连接。

HTTP 协议不仅能保证正确地传输超文本文档，还确定传输文档中的哪一部分，以及哪部分内容首先显示（如文本先于图形）等。

三、网页与 HTML

在 Web 环境中，信息以网页的形式来显示与组织，由若干主题相关的页面集合构成网站。网站中有一个特殊的网页称为主页（Homepage），它通常是我们进入某个网站首先看到的页面，通常也是这个网站所有功能和信息的导航，通过主页上的链接可以访问该网站上全部的信息。

网页通常由文字、图片、动画、声音和视频等多种媒体信息和程序、链接等元素组成，通过链接实现与其他网页或网站的关联和跳转。

为保证 Web 浏览器能正确地解释网页的内容，网页采用 HTML（HyperText Markup Language，超文本标记语言）说明网页内容的表现形式。在网页上单击鼠标右键，选择"查看源文件"，就可以通过记事本看到该网页的实际内容。例如，一个网页及其对应的 HTML 文档如图 6-22 所示。

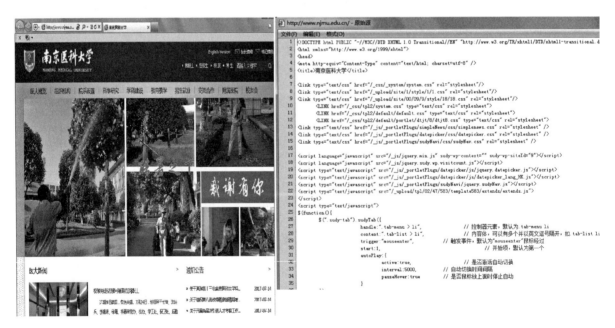

图 6-22　网页及其对应的 HTML 文档

可以看到，网页实际上是一个纯文本文件，它通过各种标记对页面上的文字、图片、表格等元素进行描述（例如字体、颜色和大小），而浏览器则对这些标记进行解释并生成页面。对于图片等非文本信息，网页文件中存放的只是它们的链接位置，不能直接插入在文档里，它们的源文件与网页文件是互相独立存放的，甚至可以不在同一台计算机上。当浏览器遇上这些链接时，要去指定位置取得相应信息的副本，然后将它们插入到所显示的网页中。

HTML 中的各种标记被封装在尖括号内，不区分字母大小写，一般成对使用，如 <html>…</html>。每个 HTML 文档分为头部（head）和主体（body）两个部分，分别用 <head>…</head> 和 <body>…</body> 表示。头部包含文档有关的信息（例如，文档的标题），主体则包含要显示的信息。

通常我们看到的网页，其文件扩展名是 ".html" 或 ".htm"，常见的网页制作工具有 FrontPage 和 Dreamweaver 等。随着基于网页的 Internet 应用的迅速发展，涌现了大量的功能更强大的动态网页。所谓动态网页，就是网页内容是 Web 服务器针对不同的用户或是基于与用户的互动而从数据库中抽取数据再动态生成的。而相对应的静态网页，其内容是预先确定好的。动态网页的工作原理如图 6-23 所示。

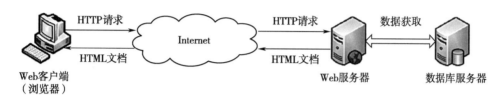

图 6-23　动态网页工作原理

常见的动态网页制作工具有 ASP（Active Server Page，动态服务器页面）、ASP. NET、PHP（Hypertext Preprocessor，超文本预处理语言）、JSP（Java Server Page）等，它们对应的网页文件的扩展名分别是 .asp、.aspx、.php 和 .jsp。

四、URL

在 Internet 中有数量庞大的 Web 服务器，而每台服务器中又包含很多 Web 页，要找到所需网页就必须有一种确定网页位置的方法，这种方法就是 URL（Uniform Resource Locator，统一资源定位符）。URL 是 Internet 上标准的资源地址表示方式，这里的资源可以是一个网页、文件、图片……。通常我们所说的网址（网页地址）就是一种 URL，前面所述的网页上的超链接都是和一个 URL 相对应的。

一个典型的 URL 通常包括访问协议类型、主机地址、路径和文件名，其一般格式为 "访问协议名:// 主机地址［:端口号］／［路径 /…/ 文件名］"。

（1）访问协议类型：表示采用什么协议访问哪类资源，以便浏览器决定用什么方法获得资源，常见的有：

1）"http://" 表示采用超文本传输协议 HTTP 访问 Web 服务器。

2）"https://" HTTPS（Hyper Text Transfer Protocol over Secure Socket Layer）是 HTTP 的安全版，用于安全的 HTTP 数据传输，提供了身份验证与加密通讯方法，现在它被广泛用于万维网上安全敏感的通讯，例如交易支付方面。

3）"ftp://" 表示通过文件传输协议 FTP 访问 FTP 服务器。

4）"telnet://" 表示通过远程登录协议 Telnet 进行远程登录。

（2）主机地址：表示要访问的主机的 IP 地址或域名地址。

（3）路径和文件名：表示信息在主机中的路径和文件名，如果缺省文件路径，则表示定位于 Web 服务器的主页。

例如"国家医学考试网"网站上的"关于颁布《医师资格考试大纲(中医、中西医结合类别实践技能考试部分)2016年版》的通知"的URL为"http://www.nmec.org.cn/Pages/ArticleInfo-13-11008.html"。该URL指明所用协议是"http",计算机域名是"www.nmec.org.cn",文件路径和名字是"Pages/ArticleInfo-13-11008.html"。

五、浏览器

WWW上最常见的客户端软件就是Web浏览器(Web Browser),简称浏览器。浏览器根据用户提供的URL在Internet上获取指定的HTML文档,并对其进行解释,生成用户看到的图文并茂的页面。另外,许多浏览器还支持其他的URL类型及其相应的协议,如FTP、Gopher和HTTPS等。

一个好的浏览器应该具有显示速度快、功能丰富、稳定、良好的兼容性以及易用、美观的操作界面等特点。

当前有很多不同的浏览器,其中最著名的就是微软公司的Internet Explorer(简称IE)。IE浏览器与Windows操作系统绑定安装,也可以从微软公司官方网站获取最新版本的IE浏览器(https://www.microsoft.com/zh-cn/)。

其他浏览器还有Mozilla Firefox(火狐)、Apple Safari, Google Chrome等。国产浏览器中常见的有360安全浏览器、搜狗高速浏览器和腾讯TT等。

6.2.2　IE浏览器的使用

本书以IE 9为例介绍浏览器的使用。

一、IE界面介绍

启动后的IE浏览器界面,如图6-24所示。

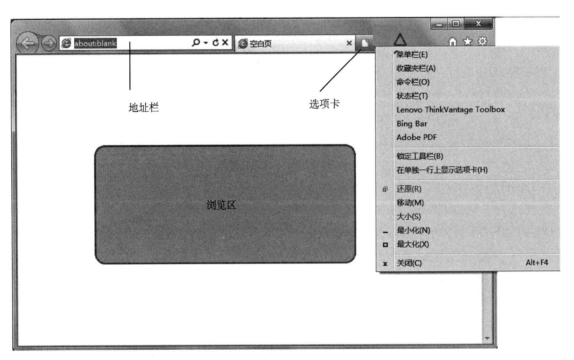

图6-24　IE浏览器界面

这是极简模式,在界面框的空白处点击右键,可以选择在界面上添加"菜单栏""收藏夹栏"和"状态栏"等。

1. **地址栏** 用户可以在此处输入网站的地址,打开该网站。还包括了最常用的"返回""前进""刷新"和"停止"等按钮,同时还提供了一个搜索栏。在搜索栏中输入关键词可以直接进行搜索。

单击"后退"按钮,可以返回到刚浏览过的网页。单击"前进"按钮,可以回到当前页之后访问的网页。

2. **选项卡** 在一个浏览器窗口中可以同时打开多个网页,点击不同的网页标签可以浏览不同的网页。单击"新选项卡"按钮,输入网址可以访问新的网页。

用鼠标右键点击页面中的链接,在弹出的快捷菜单中选择"在新选项卡中打开",也可以在新的选项卡中打开目标网页。

3. **菜单栏** 菜单栏由"文件""编辑""查看""收藏夹""工具""帮助"6个菜单项组成。通过执行菜单中的命令,可以完成网页保存、打印、收藏和浏览器设置等操作。

二、浏览网页

使用浏览器浏览网页的方法通常有以下几种:

(一) 通过 URL 访问网站

例如,要访问"国家医学考试网"网站,最直接的方法就是在浏览器的地址栏中输入网址"http://www.nmec.org.cn",然后按回车键,如图 6-25 所示。

图6-25 国家医学考试网

(二) 通过超链接浏览网页

许多网站的地址我们是无法都记住的,所以通常会通过搜索引擎进行查找。例如,在百度中搜索"国家医学考试网",然后在结果页中点击该网站的超链接就能访问该网站。另外,互联网上有很多的导航网页,如"360导航"等,它们通常汇集了许多常用的网站网址,点击导航页中的网站即可。

(三) 使用地址栏的历史记录浏览网页

在地址栏中输入的网址会被自动保存。点击地址栏右侧的下三角按钮,如图6-26所示。在下拉列表中点击所需的网址即可进入对应的网页。

图6-26　地址栏下拉列表

(四) 通过收藏夹浏览网页

对于经常访问的网页或者是喜欢的网页,可以利用收藏夹将其网址收藏起来。以后可以通过收藏夹方便地访问这些网页。

(五) 使用历史记录浏览网页

浏览器会自动将浏览过的网页记录下来。单机浏览器窗体右上角的图标☆(查看收藏夹、源和历史记录)可以查看浏览过的网页,如图6-27所示,点击这些网页即可浏览。

图6-27　历史记录列表

三、使用收藏夹

在浏览网页过程中,可以将网页保存到"收藏夹"中,便于以后的访问。单击菜单"收藏夹"→"添加到收藏夹",或是点击浏览器窗体右上角的图标,☆弹出"添加收藏"对话框,如图 6-28 所示。

图 6-28 "添加收藏"对话框

在"创建位置"可以选择收藏网页的文件夹,单击"添加",即可完成网页的收藏。如果想新建一个文件夹,用来收藏同一主题的网页,单击"新建文件夹",然后输入文件夹的名称,这样就会将要收藏的网页保存到该文件夹中。

完整的收藏夹管理功能可以通过单击菜单栏中的"收藏夹"菜单项,然后选择相应的命令以实现。

如果电脑系统要重装,或是想把收藏夹的内容复制到其他电脑上,可以将收藏夹保存到其他磁盘分区或是备份的其他移动存储设备(移动硬盘或 U 盘)里。收藏夹位于电脑的"C:\Users\abc\Favorites"下,此处的"abc"为电脑用户名,如图 6-29 所示。

图 6-29 收藏夹在电脑磁盘中的位置

四、网页保存和打印

如果要把浏览的网页保存到本地,可以选择"文件"菜单→"另存为"命令,然后指定要存放信息的位置,在"保存类型"下拉式列表中,可以选择文件类型。

单击命令栏上的"打印"按钮,能将网页打印出来。如果是要保存网页上的某个图像,可以右键点击该图片,选择"图片另存为"。然后在"保存图片"对话框中输入名称和选择保存位置,单击"保存"按钮。

五、浏览器设置

单击"工具"菜单→"Internet 选项",或是点击浏览器窗体右上角的图标⚙,打开 Internet 选项对话框,如图 6-30 所示。

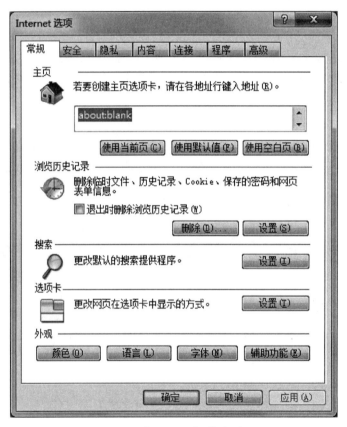

图 6-30 "Internet 选项"对话框

1. **常规设置** "主页"即运行浏览器时默认打开的网页。在"常规"选项卡中单击"使用当前页",就是将浏览器当前浏览的网页设为主页。也可以直接输入需要设置的网址。

在"常规"选项卡的"浏览历史记录"选项组中单击"设置",打开"Internet 临时文件和历史记录设置"对话框,如图 6-31 所示。

单击"移动文件夹",可以指定 Internet 临时文件夹的位置。

在"常规"选项卡下单击"删除"按钮,可以选择需要删除的内容。

2. **安全设置** 在"安全"选项卡中可以调整浏览器的安全级别,如图 6-32 所示。

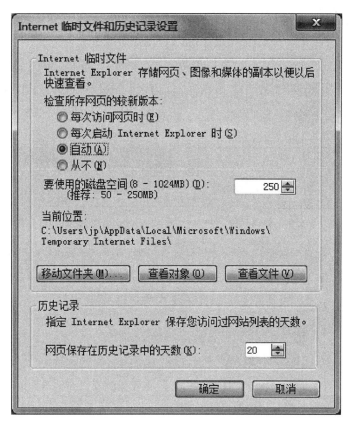

图 6-31 "Internet 临时文件和历史记录设置"对话框

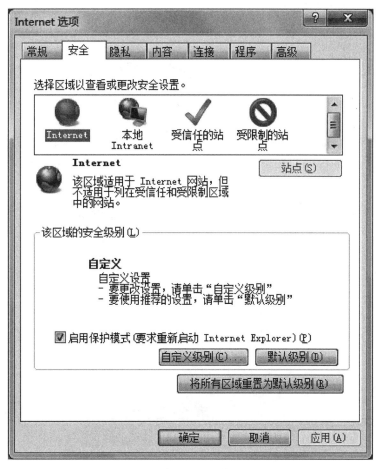

图 6-32 "Internet 选项"安全设置

例如，对于浏览器访问"Internet"，一般设置的安全级别为"中 - 高"，若设置的安全级别太高，可能许多网页将不能正常打开。

3. 隐私设置　在"隐私"选项卡中，勾选"打开弹出窗口阻止程序"复选框，就可以阻止大多数网页上的弹出窗口（通常这些弹出窗口都为广告）。点击"设置"按钮还可以设置允许弹出窗口的网址和网站。

4. 内容设置　通过内容设置可以屏蔽不良信息。选择"内容"选项卡，如图 6-33 所示。

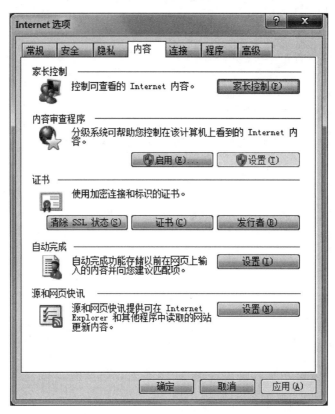

图 6-33　"Internet 选项"内容设置

单击"启用"按钮，全部设置好后单击"确定"按钮，弹出"创建监护人密码"对话框，输入密码即可。

单击"自动完成"选项组中的"设置"按钮，打开"自动完成设置"对话框，如图 6-34 所示。

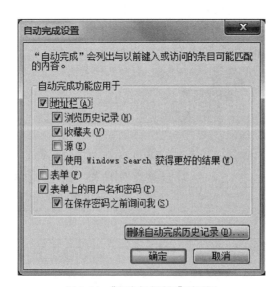

图 6-34　"自动完成设置"对话框

取消"表单"和"表单上的用户名和密码"复选框的选中状态,使 IE 以后不再记住用户名和密码。单击"删除自动完成历史记录"按钮,可以清除以前曾输入过的表单、表单上的用户和密码。

任务 6-3　使用搜索引擎收集信息

【任务描述】

1. 利用"百度"搜索"2016 年中国卫生统计年鉴"与老年糖尿病患者的饮食方面的注意事项。
2. 掌握搜索引擎的常用设置,提高搜索的准确性。

【知识点分析】

6.3.1　搜索引擎概述

Internet 为我们提供了无数的、包罗万象的信息资源,但这也给找到所需的信息带来了麻烦,因为大多数情况下我们不知道所需的信息在哪个网页或网站上。搜索引擎作为互联网海量信息的主要检索工具,成为人们获取信息的重要途径和入口。据统计,到 2016 年底,我国搜索引擎用户规模达到 6 亿多,在网民中的使用率为 82.4%。

一、搜索引擎的概念

搜索引擎(search engine)是指根据一定的策略、运用特定的计算机程序搜集互联网上的信息,在对信息进行组织和处理后,形成一个可供查询的大型数据库,为用户提供检索服务的系统。随着互联网应用的不断发展,传统搜索引擎正逐步将平台开放,引入新闻、博客、SNS 等服务,使其成为一种类似于传统门户网站的互联网入口。

二、搜索引擎的类型

按其工作方式,搜索引擎可分为三种:目录式搜索引擎、全文搜索引擎和元搜索引擎。

(一)目录式搜索引擎

目录式搜索引擎也称为网络目录(Web Directory),它由专业网络开发者不断收集网上信息并进行整理,以分类目录的形式链接起来供用户检索。用户可以按照分类目录层层点击找到所需要的相关的网站,但是不能找到具体内容。所以,它不能称为严格意义上真正的搜索引擎,只是按目录分类的网站链接列表。

从使用的角度来讲,网络目录的最大特点就是网络用户在查询信息时,事先可以没有特定的信息检索目标(关键词)。另外,它还具有以下优点:

● 网络目录中的网页是由人工精选得来,故网页分类明确、信息集中。
● 当用户检索目的不明确,检索词不确定时,分类浏览方式更为有效。
● 较高的查准率,因为在分类下搜索可以剔除很多不相关的无效信息。

代表性的目录索引有:Yahoo！ 和 Excite 等。Excite(http://www.excite.com/)的界面如图 6-35 所示。

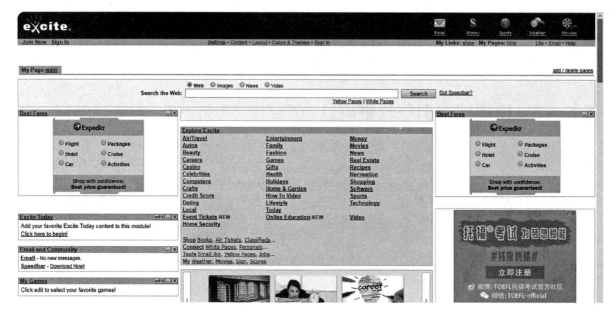

图 6-35　Excite 首页面

1993 年 2 月,Excite 由 6 个斯坦福的学生创建,他们想使用静态统计的方法来分析词之间的关系来使搜索引擎更具效率。用户可以利用关键词、词组和自然语言进行检索,如果使用的是 Chrome 浏览器,还可以选择将其翻译为中文。

(二) 全文搜索引擎

全文搜索引擎是名副其实的搜索引擎,它们从互联网上不断搜集网页,通过分析网页全文提取信息建立索引数据库。当用户查询时,检索程序就根据事先建立的索引进行查找,并将查找的与用户查询条件相匹配的结果反馈给用户。全文搜索引擎利用关键词进行查找。

一个搜索引擎由搜索器、索引器、检索器和用户接口四个部分组成,如图 6-36 所示。

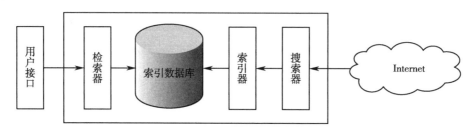

图 6-36　搜索引擎的组成

搜索器(例如 Spider、Crawler、Robot)的功能是在互联网中漫游,发现和搜集信息。

索引器的功能是理解搜索器所搜索的信息,从中抽取出索引项,用于表示文档以及生成文档库的索引表。

检索器的功能是根据用户的查询要求在索引库中快速检出文档,进行文档与查询的相关度评价,对将要输出的结果进行排序,并实现某种用户相关性反馈机制。

用户接口的作用是输入用户查询、显示查询结果、提供用户相关性反馈机制。

搜索引擎的工作主要包括以下几个步骤:

1. 网页信息收集　利用能够从互联网上自动收集网页的 Spider 等程序,自动访问互联网,并沿着任何网页中的所有 URL 爬到其他网页,重复这过程,并把爬过的所有网页收集回来。

2. 索引库的建立　由分析索引系统程序对收集回来的网页进行分析,提取相关网页信息,根据一定的相关度算法进行大量复杂计算,得到每一个网页针对页面内容中及超链接中每一个关键词的相关度(或重要性),然后用这些相关信息建立网页索引数据库。

3. 用户检索式的处理　当用户输入关键词搜索后,由搜索系统程序从网页索引数据库中找到符合该关键词的所有相关网页。按照相关度数值排序,相关度越高,排名越靠前。

4. 检索结果输出　将包含用户检索关键词信息的网页的网址和部分摘要信息展示给用户。

使用比较广泛的全文搜索引擎有:

● 百度,http://www.baidu.com;

● Google,http://www.google.com;

● 微软必应,http://www.bing.com/。

(三) 元搜索引擎

元搜索引擎(META Search Engine)是调用其他独立搜索引擎的引擎,如图 6-37,引擎负责转换处理后提交给多个预先选定的独立搜索引擎,并将所有查询结果集中起来处理后再返回给用户。

从用户的角度看,元搜索引擎能同时链接多个独立搜索引擎,在一定程度上提高了查询的广度,也使用户避免了在多个搜索引擎之间的切换及查询请求的重复输入,提高了检索效率。但是,因为有时候并不能对一个搜索引擎全部查完,从而漏掉一些重要信息。

著名的元搜索引擎有:Metacrawler(www.metacrawler.com)、InfoSpace(http://www.infospace.com/)、Dogpile(http://www.dogpile.com/)等。到目前为止,元搜索引擎的搜索效果始终不够理想,还没有哪个元搜索引擎处于绝对强势地位。

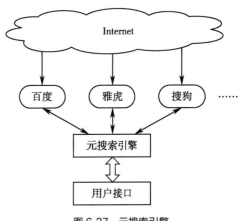

图 6-37　元搜索引擎

三、搜索引擎评价指标

面对 Internet,各搜索引擎的能力和偏好不同,所以抓取的网页各不相同,排序算法也各不相同。衡量一个搜索引擎性能的高低主要有以下两个指标

(一) 召回率

召回率(Recall)是指检索出的相关文档数和文档库中所有的相关文档数的比率,衡量的是搜索引擎的查全率。

(二) 精度

精度(Pricision)是指检索出的相关文档数与检索出的文档总数的比率,衡量的是搜索引擎的查准率。

6.3.2　搜索引擎的使用

百度(www.baidu.com)是目前世界上最大的中文搜索引擎,也是用户使用最频繁的搜索引擎之一,本书以它为例,介绍搜索引擎的使用。百度的首页如图 6-38 所示。

除网页搜索外,百度还提供 "贴吧" "游戏娱乐" "地图" 和 "导航" 等多样化的互联网应用。单击首页上的 "更多产品",可以看到百度提供的所有产品,如图 6-39 所示。

图 6-38 "百度"首页

图 6-39 "百度"产品大全

单击首页右上角的"搜索"→选择"搜索设置",则可以对搜索进行设置,如图 6-40 所示。

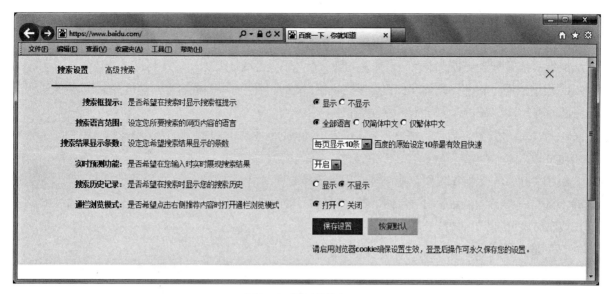

图 6-40 "百度"搜索设置

(一) 搜索入门

在搜索文本框中输入需要查询的内容（例如"糖尿病"），按回车键，或者鼠标单击搜索框右侧的"百度一下"，就可以得到大量有关糖尿病的网页，如图 6-41 所示。

图 6-41 "百度"搜索"糖尿病"的结果

搜索结果页上的内容主要包括：

A：搜索结果标题。点击标题，可以直接打开该结果网页。

B：搜索结果摘要。通过摘要，可以快速判断这个结果是否满足需要。

C：百度快照。"快照"是该网页在百度的备份，如果原网页打不开或者打开速度慢，可以查看快照浏览页面内容，当然，"快照"上的内容不是最新的。

D：搜索结果数量。表示与搜索内容相关的网页数量，例如百度找到的与［糖尿病］相关的结果约51 500 000 个。

E：相关搜索。搜索结果不佳，有时候是因为选择的查询词不是很妥当。可以通过参考别人是怎么搜索的，来获得一些启发。百度的"相关搜索"，就是和当前的搜索很相似的一系列查询词。百度相关搜索排布在搜索结果页的下方，按搜索热门度排序。

（二）基本搜索

1. 使用多个词语搜索　输入多个词语搜索，不同字词之间用一个空格隔开，可以获得更精确的搜索结果，因为搜索引擎是将空格当作"与"操作符的。例如：想了解老年慢性病的相关信息，在搜索框中输入"老年　糖尿病"获得的搜索结果要比只输入"糖尿病"少很多，效果更好。

2. 搜索结果中不含特定信息　如果发现搜索结果中，有某一类网页是不希望看见的，而且这些网页都包含特定的关键词，可以用减号"−"去除所有含有特定关键词的网页。

例如，搜"老年糖尿病"，会发现很多关于药品方面的网页。如果不希望看到这些网页，则可以查询"老年糖尿病 − 药"。

注意：这里的"−"号是英文字符；前一个关键词和减号之间必须有空格，否则减号会被当成连字符处理，而失去减号语法功能；操作符与作用的关键字之间，不能有空格。比如"糖尿病 - 老年"，搜索引擎将忽略中间的"−"。

3. 精确匹配　如果输入的查询词很长，百度在经过分析后，会自动进行分词。例如，搜索"老年糖尿病"，如果不加双引号，搜索结果是包含"老年"或"糖尿病"的网页。给查询词加上双引号，可以让百度不拆分查询词。

书名号是百度独有的一个特殊查询语法。在其他搜索引擎中，书名号会被忽略，而在百度，中文书名号是可被查询的。加上书名号的查询词，有两层特殊功能，一是书名号会出现在搜索结果中；二是被书名号括起来的内容，不会被拆分。书名号在某些情况下特别有效，例如，查名字很通俗和常用的那些电影、小说或者是书籍。比如，查电影《手机》，如果不加书名号，很多情况下结果是通讯工具——手机，而加上书名号后（"《手机》"），结果就都是关于电影的了。

（三）高级搜索

1. 把搜索范围限定在网页标题中——intitle　网页标题通常是对网页内容提纲挈领式的归纳。把查询内容范围限定在网页标题中，可以找到高相关率的专题页面。使用的方式是把查询内容用"intitle："连起来。例如："intitle：老年糖尿病"。

2. 把搜索范围限定在特定站点中——site　有时候，如果知道某个站点中有自己需要找的东西，就可以把搜索范围限定在这个站点中。使用的方式是在查询内容的后面，加上"site：站点或域名"。例如，"老年慢性病 site：www. chinacdc. cn"，就是限定在中国疾病防治控制中心网站内搜索"老年慢性病"的相关信息。

如果是要排除某网站或者域名范围内的页面，只需用"-site：网站 / 域名"（要在减号前留一个空格位）。

注意：网站域名不能有"http：//"前缀，也不能有带"/"的目录后缀。

3. 搜索所有链接了某个 URL 地址的网页——link　如果想知道有哪些网站对某个 URL 作了链接，可以使用"link："。用 Link 语法查一下与之做链接的网站，也许可以找到更多符合的内容，一般说来，做友情链接的网站都有相似的地方。

例如,"link:www.njmu.edu.cn"就是搜索所有包含指向"www.njmu.edu.cn"链接的网页。

4. 高级搜索与个性化定制　如果不熟悉语法,可以使用百度"高级搜索"功能,在搜索结果页面的最底端,点击"高级搜索",如图6-42所示。

图6-42　"百度"高级搜索超链接

高级搜索页面如图6-43所示,可以对搜索结果包含的关键词、时间、语言、文档格式、关键词位置等进行设置。

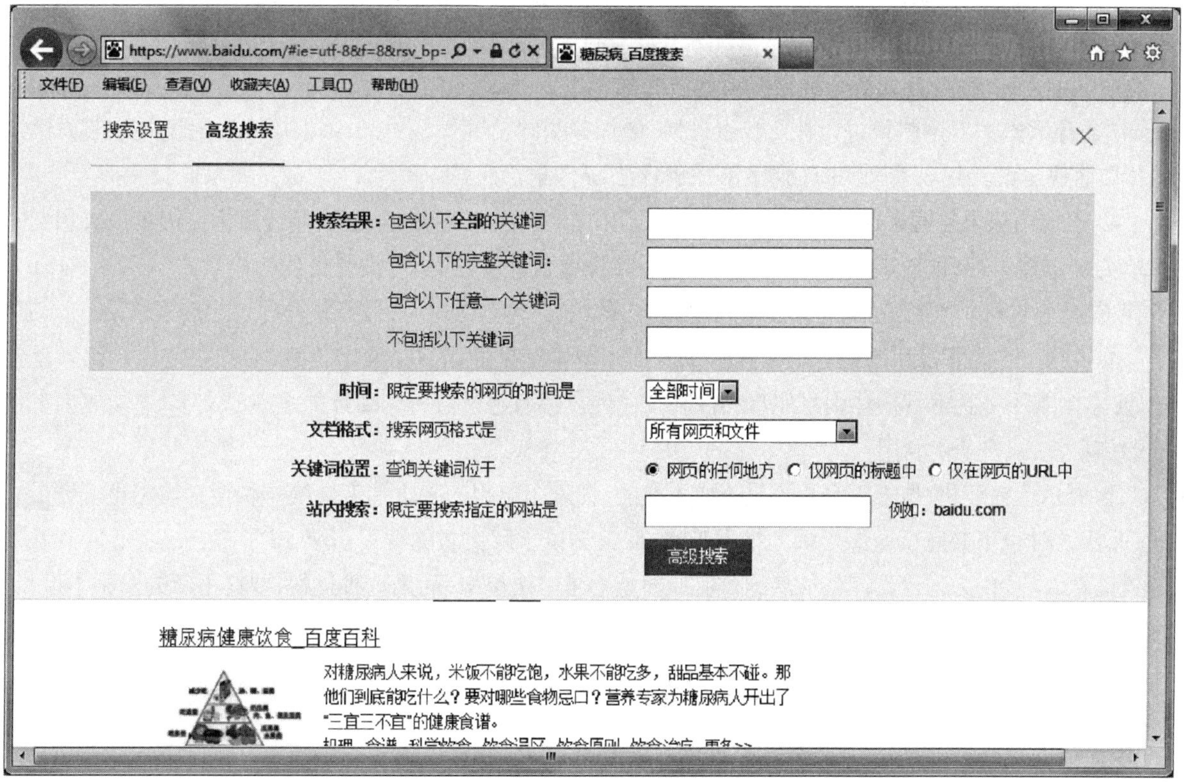

图6-43　"百度"高级搜索界面

6.3.3　搜索的策略

任何搜索过程首先要考虑搜索策略。搜索策略就是计划如何寻找自己所需要的信息,是指为实现搜索目标而制订的全盘计划或方案,是对整个搜索过程的谋划与指导。对搜索策略考虑得越周详,所做的搜索就会越成功。每次搜索前都要认真拟定搜索策略,考虑每一个搜索要点,养成良好的搜索习惯,这将节省搜索时间,发现信息的更多来源,找到更多相关信息,提高搜索效率。有效的搜索过程由以下几个步骤组成。

1. 明确搜索目标,确定搜索关键词 明确搜索目标,即要明确需要什么样的信息,例如:是以找到某个问题的精确答案为目标,还是希望通过搜索扩展自己在某个领域的知识? 是图片、文档还是一般的网页信息? 例如,要搜索 2016 年中国卫生统计年鉴的全文,可使用 "filetype" 语法限定文献格式,或直接在 "百度文库" 中试试。

关键词是用于表示信息特征并具有检索意义的词汇,在信息搜索前要先分析所需信息的最具代表性的关键词或词组。例如:"老年糖尿病患者的饮食方面的注意事项",可以提取关键字组合为 "老年 + 糖尿病 + 饮食"。选择关键词是应尽量使用多个关键词来缩小搜索范围,同时应用一些具体的词,提供的词越具体,搜索引擎返回无关 Web 站点的可能性就越小,另外要注意尽量避免使用口语化的语言。

2. 选择合适的搜索引擎 搜索引擎的特点泾渭分明,工作方式各不相同,如果没有为每次搜索分别选择不同的搜索引擎,将会浪费大量的时间。比如要寻找参考资料,可选用全文搜索引擎。按照全文搜索引擎的工作原理,它从网页中提取所有的文字信息,所以匹配搜索条件的范围就大得多,也就能满足哪怕是最不着边际的信息需求。相反,若要找某种产品或服务,那么目录索引就略占优势。因为网站在提交目录索引时都被要求提供站点标题和描述,且限制字数,所以网站所有者会用最精练的语言概括自己的业务范围,让人看来一目了然。

3. 制订搜索的检索式 检索式是搜索过程中用来表达搜索提问的一种逻辑运算式,由关键词和搜索引擎允许使用的各种运算符(布尔算符、优先处理算符、字段限制等)组合而成。比如要查找除放疗外的有关白血病治疗的文献,首先确定搜索必须包含的两个重要关键词:"白血病" 和 "治疗" 以及不能出现的关键词 "放疗",然后对这些词进行补充或者替换,增加一些同义词和相关词,再根据概念组配关系形成检索式:"白血病 and(治疗 or 疗效)not(放疗 or 放射疗法 or 放射治疗)"。

4. 根据结果重复搜索过程 搜索不是一蹴而就的,经常是一种过程,逐步接近目标。用第一次想到的简单关键词搜索,阅读搜索结果,激发灵感,然后寻找更合适的关键词,设计更佳的检索式,不断重复以上步骤,在搜索过程中不断观察、总结、调整、再观察、再总结、再调整……,最终获得理想的搜索结果。

5. 分析、评估所找到的信息 搜索引擎返回的搜索结果通常只是文字信息,而文字信息永远只是文字,文字本身不能担保其描述信息的真实性和准确性。只有经过分析判断评估之后的文字,才能成为有价值的信息,才能进一步利用。

世界永远在变化,搜索工具也不是一成不变的,搜索策略也应随之而变。换一种搜索策略也行会更有效,而搜索时也不必完全遵照上面的搜索策略,应该尝试了解更多的搜索引擎,多了解自己关心的问题的背景信息,同时也必须自己评估信息的价值。搜索不是一次单击,而是一种过程,要在不断的尝试中进步,搜索、要观察每次返回的搜索结果、总结搜索引擎特性、总结可能更有效的关键词、总结可能更有效的搜索需求、再搜索、再总结,从而不断积累搜索经验、提高搜索效率。

任务 6-4　文件上传与下载

【任务描述】

1. 在国家医学考试网上下载《脑电图学专业水平考试大纲》。
2. 在迅雷软件中心下载 "迅雷 9" 安装软件。
3. 利用迅雷下载 WinRAR 软件并安装。

4. 访问你们学校的 FTP,下载和上传学习资料。

【知识点分析】

6.4.1　网络文件下载

在 Internet 上有着很人一部分网络资源是以文件的形式存在的,人们可以将它们下载到自己的电脑上。

一、文件下载方式

常见的网络文件下载方式有 HTTP 方式、FTP 方式、P2P/P2SP 方式和 RTSP/MMS 方式。

(一) HTTP 方式

HTTP 方式可以通过浏览器或下载软件来下载。常见的 HTTP 下载软件有 FlashGet(网际快车)、NetAnts(网络蚂蚁)等。

(二) FTP 方式

FTP 是 TCP/IP 网络上两台计算机间传送文件的协议。这种方式既允许文件的下载,也允许用户将文件从自己的计算机中拷贝至远程主机上。

FTP 方式具有限制下载人数、屏蔽指定 IP 地址、控制用户下载速度等优点,比较适合于大文件的传输(如影片和软件等)。可以通过浏览器、Windows 系统的资源管理器或是下载软件来下载 FTP 站点上的文件。常见的 FTP 下载软件有 Cuteftp、FlashFXP、LeapFtp 等。

(三) P2P/P2SP 方式

P2P(Peer to Peer)也称为对等连接或对等网络,它是不同于 C/S、B/S 模式的一种新的通信模式,每个参与者具有同等的能力。一般的 HTTP/FTP 下载,发布文件仅在某个或某几个服务器,下载的人太多,服务器的带宽很易不胜负荷,变得很慢。而 P2P 方式是直接在用户机之间进行文件的传输,也就是说每台用户机都是服务器,讲究 "人人平等" 和 "我为人人,人人为我" 的下载理念。每台用户机在下载其他用户机上文件的同时,还提供被其他用户机下载的功能,所以使用此下载方式下载同一文件的用户数越多,其下载速度就会越快。常用的 P2P 下载软件有 BitComet、BitSpirit 等。

P2SP 下载方式是对 P2P 技术的进一步延伸和改进,P2SP 中的 S 代表 "Server"。这种方式不但支持 P2P 技术,同时还通过多媒体检索数据库这个桥梁把原本孤立的服务器资源和 P2P 资源整合到了一起,这样下载速度更快,同时下载资源更丰富,下载稳定性更强。

(四) RTSP/MMS 方式

RTSP(Real Time Streaming Protocol,实时流协议)和 MMS(Microsoft Media Server protocol,流媒体服务协议)是两种流媒体传输协议。用户通过使用特殊的流媒体下载软件在流媒体服务器上下载视频、音频文件。常用的流媒体下载软件有 Net Transport 等。

二、通过浏览器下载文件

网页中的超链接可以跳转到其他网页,也可以下载所链接的某个文件。例如,通过这种方式在 "国家医学教育" 网站上下载《脑电图学专业水平考试大纲》的步骤如下:

1. 在 IE 浏览器中打开 "国家医学考试网",然后单击 "考试公告",找到并单击 "国家医学考试中心关于 2017 年脑电图学专业水平考试的公告" 超链接,打开页面(http://www.nmec.org.cn/Pages/ArticleInfo-

4-11146.html)。

2. 单击该页面底部的超链接"脑电图学专业水平考试大纲 .doc",将弹出"文件下载"窗口,如图 6-44 所示。

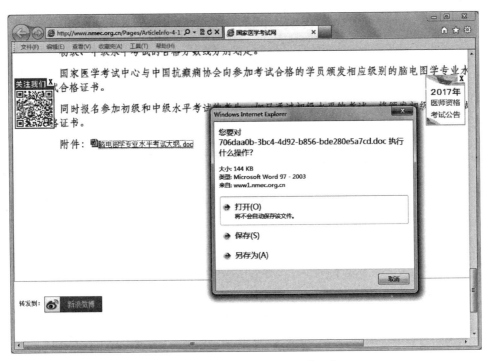

图 6-44 "脑电图学专业水平考试大纲"下载页面

3. 单击"保存"将会保存到系统默认的"下载"文件夹中。通常建议单击"另存为",选择下载文件保存的目的文件夹,这比较便于用户今后查找。另外一种方法就是右键点击该链接,在快捷菜单中选择"目标另存为",打开"另存为"窗口。

6.4.2　访问 FTP 站点

对 FTP 站点的访问可以通过浏览器、计算机资源管理器和专门的下载软件。

一、通过浏览器访问 FTP 站点

通过 IE 登录到 FTP 服务器并下载文件,可以按下列步骤进行操作:

1. 在浏览器的地址栏中输入 FTP 站点的 IP 地址或域名(例如:ftp：//ftp. linux. org. tr/ 或是 ftp：//193. 140.100.100/),可看到该 FTP 站点提供的可下载资源列表,如图 6-45 所示。

这里要注意的是,有些 FTP 站点在登录的时候首先需要用户输入用户名和密码。这就需要用户事先向 FTP 站点管理员获取账号。

对于站点上的目录,可以继续点击打开。若要在 Windows 资源管理器中查看此 FTP 站点,单击浏览器工具栏上的"页面"→"在 Windows 资源管理器中打开 FTP";或者直接在资源管理器的路径栏里输入 FTP 站点的地址,如图 6-46 所示。这时可以直接把需要的文件或文件夹复制到本地硬盘上即可完成下载工作。

图 6-45 用 IE 浏览器打开 FTP

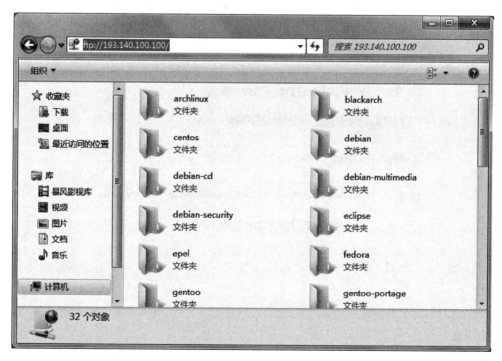

图 6-46 在资源管理器中打开 FTP

FTP 站点地址的获取方式主要有：

● 使用 FTP 搜索引擎搜索 FTP 站点，例如 http://www.filesearching.com、http://www.philes.com/ 等。

● 利用专用 FTP 下载软件。

三、使用迅雷下载文件

使用浏览器下载文件的最大优点就是不需要额外安装软件，这样就无需增加对系统资源的开销。但是下载软件具有断点续存、定时自动连接网络连续下载、速度快、丰富的管理功能和支持各种类型的下载方式等优点。

迅雷（Thunder）是使用较为广泛的一款国产下载软件，支持 HTTP、FTP、P2P/P2SP 和 RTSP/MMS 等方式的下载。

（一）迅雷的下载与安装

用户可以到迅雷的官方网站的产品中心（http://dl. xunlei. com）下载它的最新版本，本书以迅雷 9 为例。下载完毕后，执行迅雷安装程序，并按照安装向导的提示逐步进行安装，安装完毕后运行即可。

（二）迅雷的使用

可用右键单击浏览器中的下载链接，在弹出的快捷菜单中选择"使用迅雷下载"，弹出"建立新的下载任务"对话框，如图 6-47 所示。

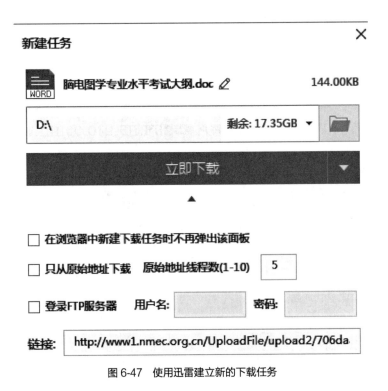

图 6-47　使用迅雷建立新的下载任务

选择好"存储路径"和对下载文件进行命名后，单击"立即下载"，可以从主界面和悬浮窗看到下载任务的状态信息。

安装了迅雷以后，用百度搜索信息的时候，如果该结果提供下载，可以直接单击下载链接，"迅雷"将自动启动，进行下载。

使用迅雷下载 FTP 资源的方法是：

（1）在"地址栏"输入你所知道的 FTP 服务器的地址，如果该站点支持"匿名登录"则不需要输入用户名和密码，如图 6-48 所示。

（2）打开站点后，右键单击需要下载的文件，选择"目标另存为"进行下载。

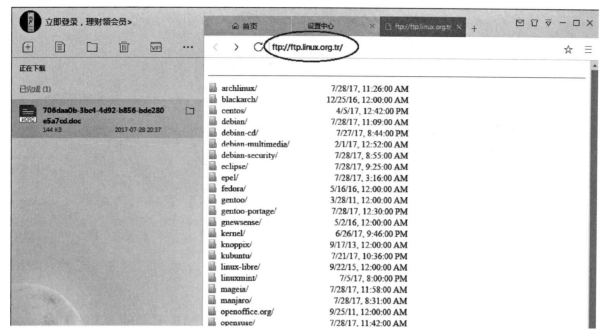

图 6-48　使用迅雷访问 FTP 站点

任务 6-5　网络交流与即时通信

【任务描述】

1. 掌握电子邮件的基本知识,熟悉申请免费电子邮箱的步骤,能够使用 Web 邮箱和客户端专用邮件管理软件进行邮件的发送、接收和管理。

2. 申请一个 QQ 账号,并使用 QQ 与好友进行交流和文件传输;创建一个 QQ 群或讨论组;构筑自己的 QQ 空间。

3. 安装计算机版微信,并通过微信与好友进行交流。

【知识点分析】

6.5.1　电 子 邮 件

一、电子邮件的基本概念

电子邮件(electronic mail,简称 E-mail)就是将发送方输入的文字、图片或声音等信息通过互联网传送到接收方的终端机上的现代化通信方式。它是 Internet 应用最广的服务之一,每天有超过数以千亿封电子邮件被发出。

电子邮件系统的结构如图 6-49 所示,其中,邮件服务器是整个系统的核心,它为用户发送、接收和保存邮件,每个用户在其上都有一个自己的电子邮箱。

当用户发送邮件时,通过客户端工具(浏览器或是专用的电子邮件管理软件)将编辑好的电子邮件发送给他的邮箱所在的邮件服务器,邮件服务器接收用户发出的邮件,并根据收信人的邮箱地址将这封信发

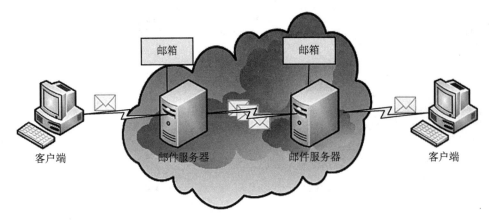

图 6-49　电子邮件系统结构

送到接收方的邮件服务器上;接收方邮件服务器将该邮件存放到收信人的邮箱中,收信人通过客户端工具访问这个服务器,从自己的邮箱中收取邮件。

邮件服务器就像传统邮政系统中的"邮局",管理着众多用户的电子信箱。每个电子邮件信箱都要占用邮件服务器一定容量的存储空间,由于这一空间是有限的,因此用户要定期查收和阅读邮件,删除不重要的邮件,以便腾出空间来接收新的邮件。

每个用户的电子邮箱都有一个唯一的地址,称为电子邮件地址,其格式为:

用户名 @ 主机名

用户名是用户在邮件服务器中的邮箱名,命名规则在不同的邮件服务中的规定也不尽相同,但是对于同一个邮件服务器来说,这个账号必须是唯一的。主机名是邮箱所在的邮件服务器的域名,用来标识邮件服务器所在的位置。@ 是英文 "at" 的意思,所以电子邮件地址是表示在某部主机上的一个用户账号。例如,username@163.com. cn,username 表示邮箱名,163.com. cn 是邮件服务器名。

邮件由邮件头(Mail header)与邮件体(Mail body)组成。邮件头主要包括收件人地址、主题和抄送地址等。邮件体是邮件的主要内容,由信纸、邮件正文、附件、签名、原文(回复时可选)等组成。

二、电子邮件访问方式

电子邮件一般可以通过两种方式进行访问。

(一) 浏览器

通过浏览器访问提供电子邮件服务的网站的电子邮件系统,输入用户名和密码,登录用户的个人邮箱,在网上发送 / 浏览邮件。这种方式的好处是不需要占用本地存储空间,使用也方便,但是通常邮箱的空间有限,提供的管理功能不强,关键是不支持离线阅读邮件。

(二) 电子邮件客户端

电子邮件客户端就是安装在本地计算机上,用来收、发、编辑和管理电子邮件的工具软件。客户端在使用之前需要进行设置,但是设置完成后用起来更加方便。通常客户端具有更强的邮件管理功能,例如能同时管理多个邮箱账户、新邮件提醒、邮件归类、全文搜索、备份等。由于客户端是把邮件下载到本地硬盘,所以无需上网也能查阅和管理已收取的邮件,而且可以保存无限容量的邮件,也相对更安全些,但是需要提防病毒邮件的入侵。

常用的电子邮件客户端有 Windows live mail、outlook、foxmail 和网易闪电邮等。

三、电子邮件通信协议

电子邮件的发送、传输和接收需要遵循相关的标准协议才能实现。主要的电子邮件协议有 SMTP、POP 和 IMAP，这几种协议都是 TCP/IP 协议族中的一员。电子邮件协议及通信结构如图 6-50 所示。

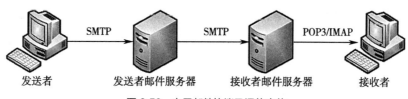

图 6-50　电子邮件协议及通信实体

1. **SMTP**　SMTP（Simple Mail Transfer Protocol，简单邮件传输协议）是 Internet 上传输电子邮件的标准协议，用于提交和传送电子邮件，它规定了主机之间传输电子邮件的标准交换格式和邮件在链路层上的传输机制，用于电子邮件从客户端传输到邮件服务器，以及从一个服务器传输到另一个服务器。这些发送邮件的服务器也称 SMTP 服务器。

2. **POP3**　采用客户端软件访问邮件服务器的方式，需要将邮件从邮件服务器下载到本地，POP3（Post Office Protocol Version 3，邮局协议版本 3）就是关于接收电子邮件的协议，用于把邮件从邮件服务器传输到本地主机，同时根据客户端的操作删除或保存在邮件服务器上的邮件。通过 POP3 协议，收信人不需要参与到与邮件服务器之间的邮件读取过程，简化了用户操作。

3. **IMAP**　与 POP3 协议类似，IMAP（Internet Message Access Protocol，Internet 消息访问协议）也是提供面向用户的邮件下载服务。它与 POP3 的主要区别有：

（1）POP3 协议允许电子邮件客户端下载服务器上的邮件，但是在客户端的操作（如移动邮件、标记已读等），不会反馈到服务器上。而 IMAP 提供 Web Mail 与电子邮件客户端之间的双向通信，客户端的操作都会反馈到服务器上，对邮件进行的操作，服务器上的邮件也会做相应的动作。

（2）IMAP 提供的摘要浏览功能可以让你在阅读完所有的邮件到达时间、主题、发件人、大小等信息后才作出是否下载的决定。

（3）IMAP 更好地支持了从多个不同设备中随时访问新邮件。

总之，IMAP 整体上为用户带来更为便捷和可靠的体验。

四、常用电子邮箱

目前国内的网易、新浪、腾讯 QQ 和搜狐等都提供了免费的电子邮箱。不少机构、企业和单位也都建立自己的电子邮件系统供内部人员使用。国外的则有雅虎邮箱、Gmail、Hotmail 等。

在选择使用哪个电子邮箱时可以考虑以下几点：

1. 如果是经常和国外的客户联系，建议使用国外的电子邮箱。

2. 如果是想当作网络硬盘（存放图片资料等）使用或是需要发送大附件，那么就选择存储量大的邮箱。但是要注意的是，发送大的附件同样需要接收方的邮箱也支持大附件，否则无法发送成功。

3. 如果是想通过邮箱客户端软件将邮件下载到自己的硬盘上，则要选择支持 POP3/SMTP 协议的邮箱。

4. 如果想在第一时间知道自己有新邮件，那么可以选择具备手机短信通知功能的邮箱，例如中国移动通信的移动梦网随心邮、中国联通的如意邮箱等。

5. 可以根据自己最常用的即时通信软件来选择邮箱。例如,使用 QQ 邮箱,这也是非常方便的,无需额外的登录。

另外,在选择电子邮箱时还要考虑安全性(比如较强的反垃圾邮件功能)、稳定性、方便性(比如搜索、排序是否方便等)。总之每个人可以根据自己的需求不同,选择最适合自己的邮箱。

五、免费电子邮箱的申请与使用

(一)免费电子邮箱的申请

目前,许多大型网站都提供了免费的电子邮箱,申请的方法基本类似,下面以网易 163 免费邮箱为例介绍整个申请的过程。

1. 163 网易免费邮(http://mail.163.com)的页面如图 6-51 所示。如果已有邮箱,则输入邮箱账号和密码直接登录。

图 6-51 "163 网易免费邮"登录页面

2. 单击"注册"按钮,申请新的邮箱。根据页面要求,依次输入"邮件地址"(邮箱名)、"密码""确认密码"和"验证码"。输入的密码尽量由英文字符、数字和其他特殊字符组合而成,以增强密码的强度。最后单击"立即注册",注册成功后就拥有了一个 163 网易免费邮箱。

如果有多个网易邮箱(包括 163、126、yeah 邮箱),还可以将它们关联起来,关联后无须重新登录,即可在已关联的邮箱之间一键切换。

(二)邮件的接收与阅读

163 免费邮箱的界面如图 6-52 所示。

单击页面左侧的"收信"按钮或"收件箱"打开收件箱页面,如图 6-53 所示,顶部显示邮件总数和未读邮件数。收件箱邮件列表给出了邮件的发送者、邮件主题和时间等信息。

图 6-52　163 免费邮箱首页

图 6-53　收件箱邮件列表

　　单击列表左侧的小方框可以选中对应的邮件,当选中某邮件后,可以对它进行"删除""举报"(即举报垃圾邮件)、"标记为"某种类型(如未读或已读、插上不同颜色的旗帜或自己定义的各种标签等)、"移动到"其他文件夹内。还可以"查看"特定的某一类型邮件(如未读、已回复等邮件,还可以进行排序)、"更多"的操作还有导出或转发选中的邮件。

　　单击你想阅读的邮件主题进行阅读,通常一封邮件包括以下内容:

- 主题:显示当前邮件的主题;
- 时间:显示当前邮件的发出日期及具体时刻;
- 发件人:显示当前邮件的发件人电子邮件地址;
- 收件人:显示当前邮件的收件人电子邮件地址;
- 附件:当邮件带有附件时,显示当前邮件的附件名称。

(三) 邮件的书写与发送

在阅读邮件时单击"回复"或是直接点击页面左侧的"写信",进入邮件编辑页面,如图 6-54 所示。

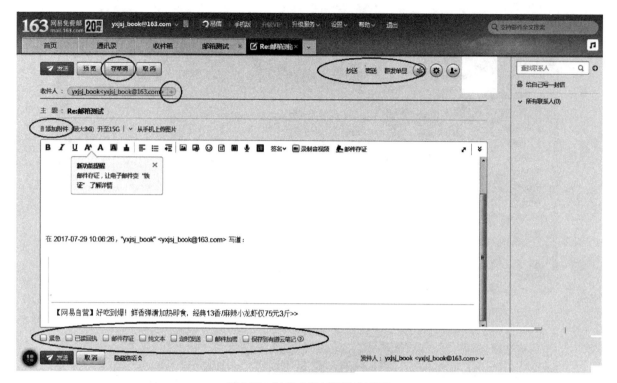

图 6-54 "163 免费邮"写邮件界面

在"收信人"框中填写接收邮件者的邮件地址,并在"主题"框中填写邮件主题,在"内容"框中输入邮件内容,单击"发送"按钮即可发送邮件。

1. **正文书写** 正文书写时可以利用"内容"框上方的功能按钮对邮件进行编辑。利用"内容"框下方的多项选择对邮件作"紧急"标记、发送"已读回执""定时发送"和对邮件进行"加密"等设置。在鼠标移到这些功能按钮上面时都有提示信息。

2. **添加附件** 如果发送的邮件需要携带附件,单击"添加附件"。选择想要发送的文件后单击"打开"返回写邮件页面,这时将显示当前附件的上传进度。可以上传多个附件,如果想取消已添加的附件,单击相应附件右边的"删除"。

3. **保存到草稿箱** 在编辑邮件过程中,需要继续保存该草稿而不是立即发送,则可以单击"存草稿",系统将保存本次编辑后的邮件。成功保存后,重新打开草稿箱,可以看到刚才的邮件已经成功保存到草稿箱中了。

4. **多人发送** 如果要发给多人时,地址以分号隔开。"添加抄送"可以同时将这封邮件发给其他联系人。"添加密送"可以同时将这封邮件发给其他联系人,但收件人和抄送人不会看到密送人。如果需要将邮件同时发给多人,又不希望收件人获悉其他人也收到此邮件,可以选择"使用群发单显",则收件人接到邮件后,将看到本邮件只发给了自己。

(四) 邮件管理

当邮箱中的邮件很多的时候,就需要对他们进行有效的管理。可以在系统提供的"其他文件夹"处创建文件夹,建立或编辑符合自己使用习惯的文件夹名称。系统文件夹(收件箱、草稿箱、已发送、已删除、垃圾邮件)不允许被修改。

1. **创建新文件夹** 单击"其他文件夹"右侧的"新建"按钮("+"),弹出"文件夹添加"对话框,输入新建的文件夹名称,如"学生",如图 6-55 所示。

指定是学生的联系人的邮件会被自动收取到该文件夹。

图6-55　文件夹添加对话框

2. 文件夹的改名、清空和删除　右键单击"其他文件夹"或是单击"其他文件夹"右边的"⚙"号,再选择"管理文件夹",进入文件夹管理页面,如图6-56所示。

图6-56　文件夹管理页面

单击文件夹后面的"改名",可以对文件夹重新命名。系统提供的文件夹(收件箱、草稿箱、已发送、已删除、垃圾邮件)不允许被改名。单击文件夹后面的"删除"按钮,可以删除这个文件夹,但前提是该文件夹里已经没有文件。

3. 发件箱　单击"已发送"邮件夹,进入发件箱,可以查看已发邮件的情况,如图6-57所示。单击需要查看的邮件,可查看该邮件的详细内容。

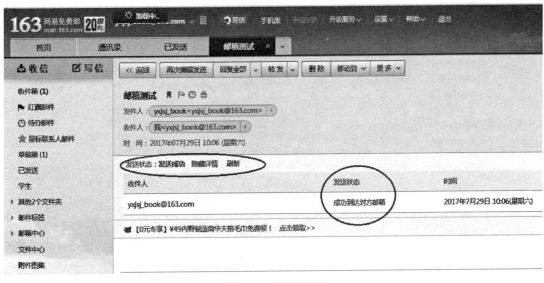

图6-57　发件箱页面

打开具体某封已发送邮件,主题下方会显示"发送状态"是否发送成功。若发送失败,可点击"查看详情"了解原因,解决问题后使用"再次发送"功能发送邮件。

(五)邮箱设置

单击邮箱页面最上面的"设置"菜单,就可以进入邮箱设置选项的页面,页面左侧列出了所有的功能,包括"常规设置""邮箱密码修改""签名/电子名片""反垃圾/黑白名单"等。页面右侧是相应的具体功能。例如"常规设置"里又包括了"基本设置""自动回复/转发""发送邮件后设置""写信设置"等,如图6-58所示。

如果要通过Outlook express、Foxmail等客户端软件管理你的电子邮件,则要对"POP3/SMTP/IMAP"进行设置,如图6-59所示。

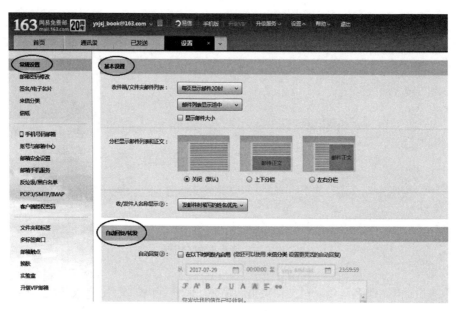

图6-58　邮箱设置页面

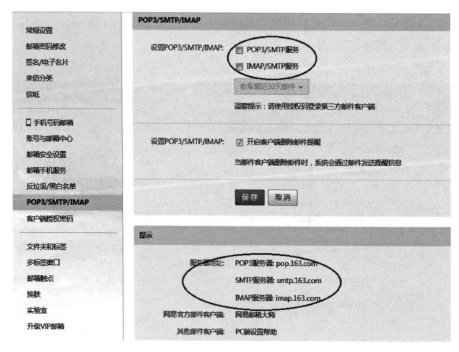

图6-59　邮箱客户端设置页面

通常,SMTP、POP3、IMAP 服务都要开启,网易邮箱需要用户设置"授权码"。这里"提示"中给出的各服务器的地址,需要在进行客户端软件设置时用到。

(六) 通讯录

单击邮箱页面上方的"通讯录",进入自己的通讯录,对联系人进行管理。这在联系人很多时比较有用,便于查找联系人的邮箱地址,而且还可以对他们进行分组,以便进行基于群组的邮件发送和管理。

(七) 邮件客户端软件的使用

在众多的邮件客户端软件中,Windows Live Mail(早期版本的 Windows 系统中是 Outlook Express)和 Foxmail 使用范围较为广泛。另外,网易提供的"网易闪电邮"也是一款设置简单、使用方便和功能齐全的邮件管理软件。各类邮件客户端软件的基本功能和使用方法大体相似,本书以"Windows Live Mail"为例讲解邮件客户端软件的使用。

1. **Windows Live Mail 简介**   Windows Live Mail 是 Outlook Express 的升级版,它可以将各种邮箱同步到你的计算机上,而且巧妙的集成了其他 Windows Live 服务。

微软提供的另一款电子邮件客户端软件是 Outlook。这两款软件大部分的功能和特点都是一样的。Windows Live Mail 是微软 Windows Live 服务的成员之一,是随 Windows 操作系统预装的一个免费电子邮件软件。而 Outlook 是微软 Office 套件的一个组件,属于商业软件,在功能上还集成了日历、日程安排、分配任务等个人信息管理功能,更适用于商务用户。

2. **Windows Live Mail 设置** Windows   Live Mail 无须安装,位于"开始"→"Windows Live"下,首次运行时需要建立账户,如图 6-60 所示。

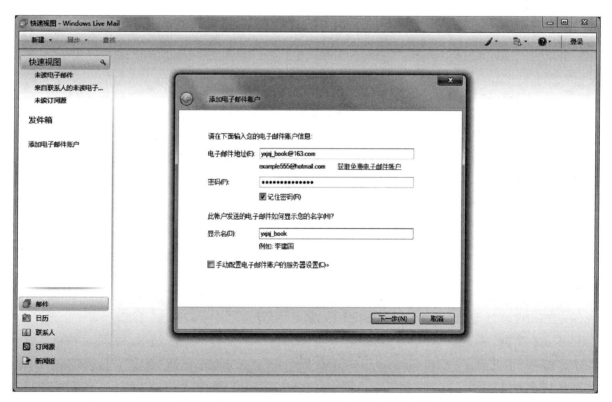

图 6-60   Windows Live Mail 的"添加电子邮件账户"

然后依次按提示信息输入:①电子邮件地址(即你打算用 Windows Live Mail 来管理的邮箱,例如 yxjsj_book@163.com);②电子邮件服务器名(pop.163.com 或 imap.163.com 和 smtp.163.com);③该邮箱的账号名和密码(密码即前文在开启 POP3/SMTP/IMAP 服务时设置的授权码)。建立成功后,打开 Windows Live Mail 主窗口,如图 6-61 所示,就可以利用 Windows Live Mail 收发 163 邮件了。

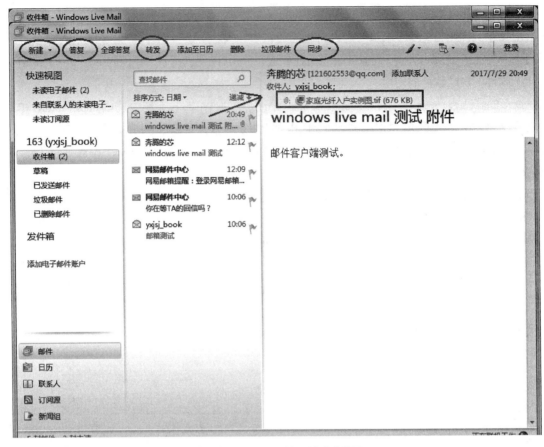

图 6-61　Windows Live Mail 主窗口

3. **邮件接收与阅读**　Windows Live Mail 会自动收取相应邮箱账户里的邮件,点击菜单栏上的"同步"可以对邮箱进行信息刷新。

主窗口左边区域为邮箱的信息,中间区域为邮箱中的邮件,右边区域为邮件正文。单击菜单栏上的"回复"按钮,可以对当前阅读的邮件写回信。邮件回复时,收件人、主题都已经写好,正文部分包含了来信全文。点击菜单栏上的"新建"按钮,可以新建一封邮件。单击"转发",将该邮件转发给其他人。转发窗口与回复窗口相似,但是需要用户输入"收件人"地址。

如果该邮件带有附件,点击"附件"图标可以看到所有的附件,再点击相应的附件则可以打开或保存该附件。

在"主题"栏中,输入邮件的标题。在正文框中编辑正文时可以插入图片。如果要在邮件中插入附件,单击窗口顶端的"附件"按钮,选择要插入的文件。

书写好邮件后,单击窗口顶端的"发送"按钮发送邮件。

4. **邮箱个性化设置**　点击 Windows Live Mail 右上角的菜单按钮▣▾,选择"选项",可以对其进行个性化设置,如图 6-62 所示。

通过对选项进行个性化的设置,以更好地满足你的需要。例如创建签名、设置撰写邮件时的字体、自动发送回执等。

5. **添加账户**　Windows Live Mail 可以管理多个邮箱账户。单击主窗体左边的"添加电子邮件账户",打开"添加电子邮件账户"窗口,如图 6-63 所示。

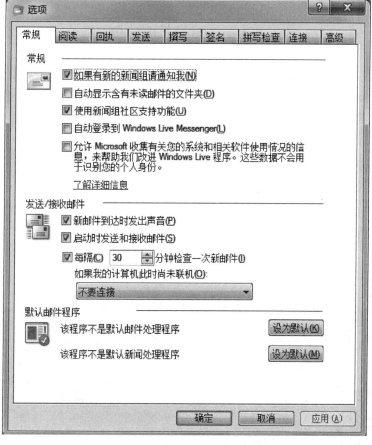

图 6-62　Windows Live Mail "选项" 对话框

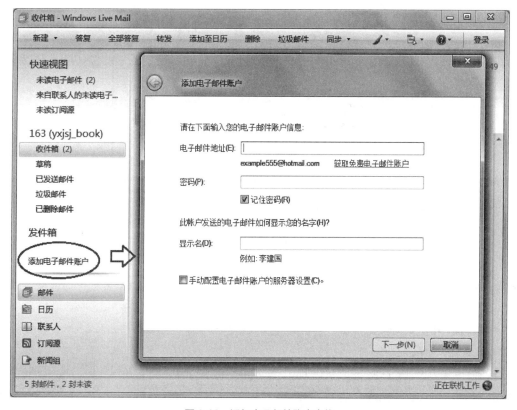

图 6-63　添加电子邮件账户窗体

6.5.2 QQ 软件的使用

相较于电子邮件,人们日常更频繁地在使用 QQ 和微信为代表的即时通讯软件进行交流。QQ 是腾讯 QQ 的简称,是腾讯公司开发的一款基于 Internet 的即时通信(IM)软件。QQ 支持在线聊天、视频通话、点对点断点续传文件、共享文件、网络硬盘、自定义面板、QQ 邮箱等多种功能,并可与多种通讯终端相连。

一、QQ 软件下载与安装

打开 http://im.qq.com/download/,下载最新发布的 QQ PC 版安装程序。双击运行 QQ 安装程序,逐步按向导和自己的需要选择安装,QQ 的安装向导如图 6-64 所示。点击"自定义选项"可以对 QQ 的安装和运行进行个性化设置。

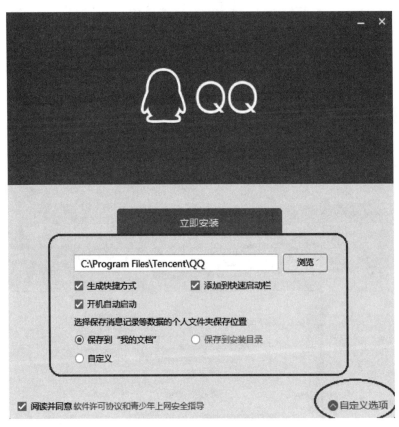

图 6-64　QQ 软件的安装示意图

二、QQ 软件的使用

(一) QQ 号的申请与登录

QQ 的注册途径有两种:

1. 通过腾讯官方网站的 QQ 注册页面 http://zc.qq.com/chs/index.html 进行注册。按照要求填写相关信息,单击"立即注册",获得免费的 QQ 号码。

2. 在 QQ 登录窗口中,点击"注册账号"链接到 QQ 官方网站进行注册。

运行 QQ,在登录界面上输入账号和密码,单击"登录",登录成功后的主面板如图 6-65 所示。

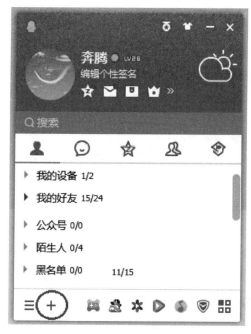

图 6-65　QQ 主面板

（二）添加、删除联系人

新号码首次登录时，好友名单是空的，要和其他人联系，必须先要添加好友。在主面板最下面单击"查找"图标＋，打开"查找联系人"窗口，如图 6-66 所示。输入联系人的 QQ 号码、昵称、关键词、手机号或邮箱都可以进行查找。如果是通过昵称或关键字等模糊方式进行查找，返回的结果可能比较多。

图 6-66　查找联系人窗口

将鼠标移动到需要添加的好友上，然后点击 ➕好友 按钮，可进入下一步分组设置，将新添加的 QQ 好友分入不同的组进行管理。得到对方同意后，在 QQ 好友里面将会出现他的头像，这就添加成功了。

如果要删除好友，只需在主面板中右键点击好友，在快捷菜单中选择"删除好友"即可。

（三）消息发送

在主面板上双击好友，打开聊天窗口，如图 6-67 所示。点击消息输入框上的 A 可以打开"字体选择工具栏"，设置消息的字体。

在聊天窗口中输入所要发送的消息，按"回车"键或点击"发送"按钮，即可向好友发送消息。

（四）创建 QQ 群和讨论组

单击主面板上的"群聊"标签 ⚇，如图 6-68 所示。

单击"创建群"，然后依次"选择群类别""填写群信息"和"邀请群成员"。创建成功后的群出现在"群聊"标签中，如图 6-69 所示。

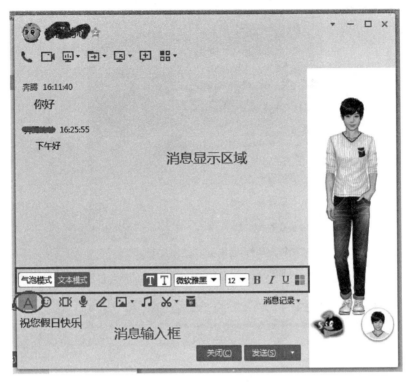

图 6-67　QQ 聊天窗口

图 6-68　"群聊"标签

图 6-69　创建群聊

　　双击创建的群,打开群聊天窗口,如图 6-70 所示。

　　在窗口的上方有一排功能按钮:"聊天""公告""相册"和"文件""设置"等。窗口右下角显示了当前群的成员。

　　"公告"用于群管理员对全体成员发布通知用。"相册"用于群成员上传和下载照片。"文件"用于群成员上传和下载共享文件。"设置"可以对群的"消息提醒""图片屏蔽""加群方式"和"访问权限"等进行设置。

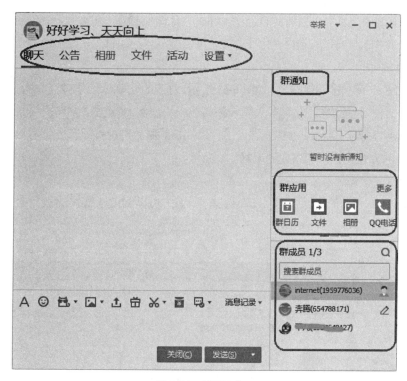

图 6-70 群聊天窗口

（五）构筑自己的 QQ 空间

QQ 空间自问世以来受到众多人的喜爱。用户可在 QQ 空间上通过书写日记，上传自己的图片等多种方式展现自己。还可以根据自己的喜爱设定空间的背景、小挂件等，构建个人的特色空间。

单击 QQ 主面板上方的"QQ 空间"按钮☆，即可进入自己的空间，如图 6-71 所示。

图 6-71 QQ 空间

点击页面最上端的"主页",可以看到自己空间里的"日志""说说"和相册等,还能看到最近访问自己的空间的好友。点击"日志"标签,选择"写日志",就可以撰写自己的日志了。

(六) 其他功能

在聊天窗口的上方有一排功能按钮,如图 6-67 所示,对应的功能分别是:发起语音通话、发起视频通话、远程演示、传送文件、远程桌面、发起多人聊天和其他应用。例如,点击"发起视频通话"按钮可以向好友发起视频聊天请求,对方同意后即可视频聊天了。当然视频聊天的前提是双方都有摄像头。使用"远程桌面"功能,可以让对方得到授权使用你的电脑。

(七) QQ 设置

点击 QQ 主面板左下角的主菜单按钮 ≡,选择"设置"可以对 QQ 软件的运行进行配置,如图 6-72 所示。

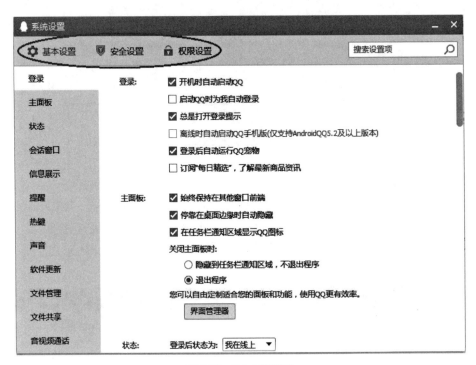

图 6-72　QQ 系统设置

QQ 系统设置分为"基本设置""安全设置"和"权限设置"。在"基本设置"中设置一些基本的信息,如"开机时自动启动 QQ""主面板是否总是在最前面""允许接收窗口抖动"等,打勾为选中。"安全设置"主要可以进行密码安全、消息记录、安全更新和文件传输等的设置。"权限设置"可以用来设置谁可以查看自己的个人资料、空间权限和个人状态等信息,还可以建立防打扰机制等。用户可以根据自己的需要进行选择。

6.5.3　微信的使用

微信(WeChat)是腾讯公司于 2011 年初推出的一个为智能终端提供即时通讯服务的免费应用程序。微信支持跨通信运营商、跨操作系统平台,通过网络快速发送免费语音短信、视频、图片和文字,但是需消耗一定的网络流量。同时,微信提供支付、公众平台、朋友圈、消息推送、位置共享和阅读等功能。用户可以通过"摇一摇""搜索号码""附近的人"、扫二维码等方式添加好友和关注公众平台,同时微信可以将内容分享给好友,以及将用户看到的精彩内容分享到微信朋友圈。

截至到 2016 年第二季度,微信已经覆盖中国 94% 以上的智能手机,用户覆盖 200 多个国家、超过 20 种语言。此外,各品牌的微信公众账号总数已经超过 800 万个,微信支付用户则达到了 4 亿左右。

通过为合作伙伴提供"连接一切"的能力,微信正在形成一个全新的"智慧型"生活方式,移动应用对接数量超过 85 000 个。其已经渗透进许多的传统行业,如微信打车、微信交电费、微信购物、微信医疗、微信酒店等。

一、账号注册

首先,在手机上安装微信 APP,然后运行,打开登录 / 注册界面,如图 6-73 所示。

图 6-73　微信注册

微信需要使用手机号注册;昵称是微信号的别名,允许多次更改;密码可用于后面的账号登录。输入相关消息后,点击注册,将会进行验证码验证,微信会通过短信的方式发送验证码。

注册成功后即成功登录了微信,如图 6-74 所示。

微信窗体的底部有"微信""通讯录""发现"和"我"四个按钮。分别原来查看消息、联系人、朋友圈和基于位置信息的一些功能以及用户的一些信息。微信窗体的右上角的有按钮🔍和➕。

二、基本功能

(一)聊天

点击"通讯录",选择需要聊天的联系人,再点击"发消息",即进入聊天窗口。点击🎙可以发送语音消息,此时按住 按住 说话 不放,同时说话,当放开手指时即将所讲的语音消息发送出去了;

图 6-74　微信主窗体

再点击😊又可以返回文字聊天模式。点击😊可以发送表情。点击➕可以发送相册中的图片、拍摄的图片和视频、位置信息和名片等信息。

点击微信主窗体右上角的➕可以发起群聊,如图 6-75 所示。选择需要参与群聊的联系人,然后点击右上角的"确定"。

(二) 添加好友

点击微信主窗体右上角的➕,选择"添加朋友",方式有多种形式,如图 6-76 所示。

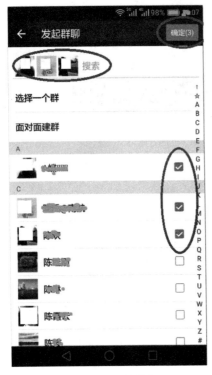

图 6-75　微信群聊

图 6-76　添加朋友

图 6-77　微信登录界面

(三) 账号切换与登录

通常,在手机上运行微信,是自动登录的。如果用户需要登录另外的微信账号,则需要先退出当前账号,再登录新的账号,具体流程如下:

点击主窗体右下角的"我"→"设置"→"退出"→"退出当前账号"→"退出",此时出现如图 6-77 所示的账号登录界面。

点击右上角的 ⋮ →"切换账号",此时可以输入所需切换的微信号对应的手机号进行登录。也可以通过 QQ 号 / 微信号 / 邮箱登录,注意,只有在用手机注册绑定了 QQ 号 / 微信号 / 邮箱后才能选择这种登录方式。首次用手机号登录时,需要选择通过"验证码"进行登录,单击"获取验证码"微信将会通过短消息发送验证码会要求设置微信号和昵称。微信号是用户在微信中的唯一识别号,必须大于或等于六位,注册成功后允许修改一次。

（四）二维码扫描

在移动网络领域，二维码的应用越来越广泛。二维码（2-Dimensional Bar Code）是用某种特定的几何图形按一定规律在平面（二维方向上）分布的黑白相间的图形记录数据符号信息的；在代码编制上利用构成计算机内部逻辑基础的"0""1"比特流的概念，使用若干个与二进制相对应的几何形体来表示文字数值信息，通过图像输入设备或光电扫描设备自动识读以实现信息自动处理。

相对于一维码只能在一个方向（一般是水平方向）上表达信息，二维码在水平和垂直方向都可以存储信息。一维码只能由数字和字母组成，而二维码能存储汉字、数字和图片等信息，因此二维码的应用领域要广得多。

二维码在微信中的应用包括：添加好友、账号登录、支付、运行小程序和信息读取等。例如，可以通过扫描对方的二维码名片添加好友。每个微信账号都有对应的二维码名片，单击微信主窗体右下角的"我"，再点击二维码图标，即可打开自己的二维码名片，如图6-78所示。

（五）支付

微信支付是集成在微信客户端的支付功能，用户可以通过手机完成快速的支付流程，它以绑定银行卡的快捷支付为基础。通常，微信支付要求用户在微信中关联一张银行卡，并完成身份认证，这样你的装有微信的手机就变成了一个全能钱包。用户在支付时，点击微信主窗体右上角的 ➕ ，选择"收付款"，向商家出示付款码，商户扫描后即可完成支付，如图6-79所示。单击图6-79右上角的 ⋮ 可以阅读使用说明。

图6-78　二维码名片

图6-79　微信支付

另外，也可以通过扫描商户提供的二维码，完成支付。点击图6-79上的"二维码收款"，然后"设置金额"，可以无需加好友，让对方扫二维码向你付钱。

三、其他功能

微信还提供了许多其他功能：

● 朋友圈：用户可以通过朋友圈发表文字和图片，同时可通过其他软件将文章或者音乐分享到朋友圈。用户可以对好友新发的照片进行"评论"或"赞"，用户只能看相同好友的评论或赞。

- 雷达加朋友:根据用户的地理位置找到在用户附近同样开启本功能的人。
- 文件传输助手:登录微信网页版,可以在手机与电脑间传输文字、图片、音频、视频等文件。
- 订阅公众号:通过微信公众平台,个人和企业都可以打造一个微信的公众号,可以发布文字、图片、语音等内容,目前有几百万公众账号。用户可以在"添加朋友"里选择"公众号",然后搜索你所需要的公众号名称,比如"＊＊医科大学",再点击符合你需求的公众号,最后点击"关注"。或者是通过扫描二维码添加公众号。这样就能阅读该公众号里的文章,或接收该公众号的文章推送。

四、微信电脑版与网页版

　　微信推出微信电脑版和网页版,这使得微信也能在电脑上得以应用,全面实行了电脑与手机平台的互动。

　　可以从 http://weixin.qq.com/ 上下载微信电脑版安装程序。在运行电脑端微信程序后,需要用户用手机微信扫描二维码,最后进行手机端的登录确认才能同步登录 PC 端的微信账号。

　　网页版微信的网址为 https://wx.qq.com/。使用网页版微信可以避免电脑版微信的安装,但是同样需要配合手机才能使用,即要用手机微信扫码登录。

任务 6-6　医疗物联网

【任务描述】

1. 掌握物联网的基本概念和关键技术。
2. 熟悉物联网技术在医疗卫生领域的应用。
3. 了解医疗物联网的典型案例。

【知识点分析】

6.6.1　物联网概念及其关键技术

一、什么是物联网

　　物联网(Internet of Things,IoT)就是"物物相连的互联网",主要是通过条码、射频识别技术(RFID,radio frequency identification)、传感器、全球定位系统、激光扫描器等信息传感设备,按约定的协议,把任何物品与互联网连接起来,进行信息交换和通信,以实现智能化识别、定位、跟踪、监控和管理的一种网络系统。

　　这里有三个相关的概念要加以区别,即物联网、传感器网和泛在网。

　　传感器网:一般是指末端近距离通信的网络,是传感器加一个近距离的无线通讯网,中间不包括基础的网络。物联网的末端就是传感器网。

　　物联网:物联网的传输环节,要跨越几个网络,可能要跨越多个专网,或是从一个运营商到另一个运营商的网络,它可能需要多网融合协同。所以,物联网不但涵盖了末端网络,还涵盖中间基础网络。

　　泛在网:是指一种无所不在的网络,它和物联网的区别主要在于它的末端可能还包括了手机、网卡等,它的基础网络涵盖了固定通信网和移动通信网的业务和范围。所以泛在网具有比传感器网、物联网更广泛的内涵。

物联网是一个动态的概念,其内涵将随技术的发展而不断持续演进。一般认为,物联网具有如下基本特征。

● 全面感知:通过 RFID、传感器、二维码、摄像头、GPS 卫星定位等技术感知、捕获、采集、测量物体信息。

● 可靠传输:通过无线传感器网络、短距无线网络、移动通信网络等信息网络,将物体信息接入信息网络,实现物体信息的交互和共享。

● 智能处理:利用云计算、模糊识别和数据挖掘等人工智能技术分析和处理采集到的物体信息,针对具体应用提出新的服务模式,实现智能决策和控制。

二、物联网的发展

1991 年,美国麻省理工学院的 Kevin Ash-ton 教授首次提出物联网的概念。

1995 年,比尔·盖茨在《未来之路》中,提及 "物联网" 这一概念。

1999 年,美国麻省理工学院建立了 "自动识别中心(Auto-ID)",提出 "万物皆可通过网络互联",阐明了物联网的基本含义。

2003 年,美国《技术评论》提出传感网技术将是未来改变人们生活的十大技术之首。

2005 年,国际电信联盟(International Telecommunication Union,ITU)发布《ITU 互联网报告 2005:物联网》,正式提出 "物联网 IoT" 的概念。

2009 年,欧盟委员会以政策文件的形式对外发布了物联网战略,提出要让欧洲在基于互联网的智能基础设施发展上领先全球。

IBM 公司在 2009 年提出 "智慧地球" 构想,将智能技术应用到生活的各个方面,使地球越来越智能化。其中物联网是 "智慧地球" 的重要组成部分。

2009 年温家宝总理视察无锡,提出 "感知中国" 计划,拉开了中国物联网发展的帷幕。

三、物联网体系结构

由于物联网中有各种各样的感知器,为实现异构信息之间的互联、互通与互操作,物联网需要以一个开放的、分层的、可扩展的网络体系结构为框架。通常,人们在描述物联网的体系框架时,多采用 ITU-T 在 Y.2221 建议中描述的 USN 高层架构,如图 6-80 所示,自下而上分为传感器网络、传感器网络接入网络、泛在传感器网络基础骨干网络、泛在传感器网络中间件、泛在传感器网络应用平台 5 个层次。

中国移动和中国电信等企业也定义了具备自身特色的物联网典型体系结构,如图 6-81 所示。

以人来比喻的话,感知层像人的皮肤、五官等,用来识别和采集信息;网络层就是人的神经系统,将采集到的信息传递到大脑进行处理;各种不同的应用就相当于人能做各种事情。

(一)感知层

感知层由数据采集子层、短距离通信技术和协同信息处理子层组成。数据采集子层通过各种类型的传感器获取物理世界中发生的物理事件和数据信息,例如各种物理量、标识、音视频多媒体数据。短距离通信和协同信息处理子层将采集到的数据在局部范围内进行协同处理,以提高信息的精度,降低信息冗余度,并接入上层承载网络。

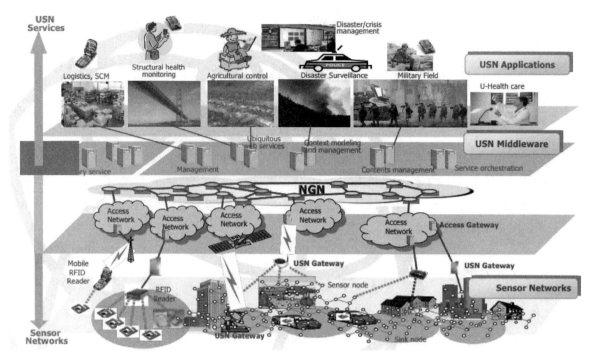

图 6-80 ITU-T 物联网参考模型

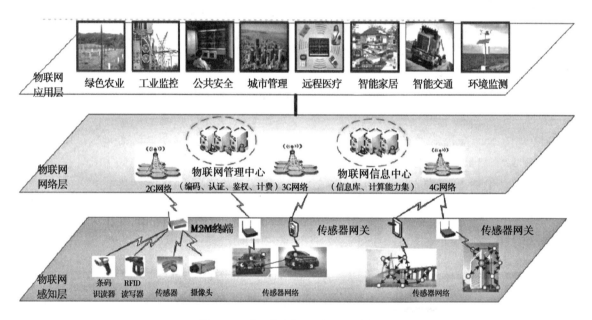

图 6-81 中国企业定义的物联网体系结构

(二) 网络层

网络层将来自感知层的各类数据,经过初步处理,传输到应用层,包括移动通信网、互联网、卫星网、广电网、行业专网,及形成的融合网络等。

(三) 应用层

应用层主要包括服务支撑层和应用子集层。物联网的核心功能是对信息资源进行采集、开发和利用。服务支撑层的主要功能是根据底层采集的数据,形成与业务需求相适应、实时更新的动态数据资源库和应用服务资源库,再经过解析、智能处理等环节完成各业务功能。

各应用领域可以根据业务需求不同,对业务、服务、数据资源、共性支撑、网络和感知层的各项技术进行裁剪,形成不同的解决方案。

四、物联网关键技术

国际电信联盟把 RFID、传感器技术、纳米技术、智能嵌入技术视为物联网发展过程中的关键技术。其中,RFID 是物联网的构建基础和核心。欧盟在 2009 年发布的《欧盟物联网战略研究路线图》中列出了 13 类物联网关键技术,包括物联网体系结构技术、标识技术、通信技术、网络技术、发现与搜索引擎技术、软件和算法技术、硬件技术、数据和信号处理技术、网络管理技术、电源和能量存储技术、安全与隐患技术、标准化等。

如果从物联网体系结构角度出发,可以将支撑物联网的关键技术分为四个层次:识别与感知技术、网络与通信技术、支撑技术和共性技术。

(一) 感知与识别技术

物联网底层的感知层涉及物的识别、数据测量和定位技术等。包括 RFID、条形码、IC 卡(Integrated Circuit Card)、磁卡、光学字符识别(例如扫描仪)、语音识别、生物计量识别(例如指纹)等标识技术;进行物体的物理、化学和生物等各种数据采集和短距离传输的传感器网络技术;声音、视频等多媒体信息采集技术;基于卫星定位系统(例如 GPS、北斗卫星导航系统)或无线通信技术对物进行实时定位和跟踪的定位技术。

(二) 网络与通信技术

网络层是物联网数据汇聚和传输的基石,通常是建立在现有的通信网络基础之上。包括无线广域网(3G/4G),无线局域网(Wi-Fi),无线城域网(WiMAX),无线个域网(ZigBee、蓝牙、NFC),使用超宽带技术(Ultra Wideband,UWB)的无线载波通信网和红外通信技术等。另外,还涉及智能路由器,不同网络传输协议的互通、自组织通信等多种网络技术。

(三) 支撑技术

物联网的数据具有海量、实时、多样、关联和语义特征。所以支撑物联网数据存储、处理和利用的技术涉及数据库、数据挖掘、云计算和各种中间件技术。以实现物联网数据的存储与搜索、信息提取和知识发现、高性能计算和为上层应用提供运行与开发环境。中间件技术旨在解决感知层数据与多种应用平台间的兼容性问题,包括代码管理、服务管理、状态管理、设备管理、时间同步、定位等。

(四) 共性技术

物联网的共性技术涉及网络的不同层面,主要包括体系结构、编码标识和解析、安全和隐私、网络管理和服务质量等技术。

6.6.2　智　慧　医　疗

一、智慧医疗概述

先看一个智慧医疗的场景:张先生是个退休教师,某天他感到胃部不舒服,于是他打电话(或手机端应用软件)联系到社区卫生服务站的王医生。王医生在接听到电话的同时就能在电脑上看到张先生的电子健康档案。经过详细询问(还可以辅助视频或其他医疗传感设备),王医生认为情况较复杂,于是他联系所在地区的中心医院,与专家一起进行视频会诊。诊断结果建议张老师到中心医院进行内窥镜检查。于是,王医生帮张老师预约第二天上午 9 点到中心医院进行内窥镜检查。张老师第二天上午 9 点直接到达中心医院,无需排队,进行检查和诊断。相关的结果和处方自动记录在张老师的电子健康档案中。张老师然后就直接回家,在家等待及时送达的处方药品,费用直接通过医保系统和电子方式进行缴纳。

智慧医疗能促进医疗资源的共享,节省患者就医的时间,提高医疗的质量。通常,要做到智慧医疗,需要做好以下几个方面的事情:

（一）信息互联

各级各类医疗机构间的信息需要共享整合，并实时记录，构建每个人的全生命周期的电子健康档案。经过授权的医生能实时查看患者的健康档案，患者也能自主地选择合适的医生和医院。医疗保险系统、药品销售企业和医院间的系统要互联，为患者提供自动的药物配送和费用结算。

（二）实时监控

通过医疗传感器、互联网、疾控网络的互联协作，实时感知个体与群体的健康状况和医疗事件，从而提高疾病预防和公共卫生事件的分析、处理的响应速度和有效性。

（三）普及性

乡镇／社区医院要与中心医院网络互联，构建合理的医疗分级体系，既方便患者就诊又能保证医疗质量。

（四）诊疗决策支持

基于电子健康档案，通过大数据挖掘、人工智能、机器学习、知识库等技术为医生的诊断提供智能化的决策支持。

（五）创新

医生能借助于海量的医疗数据从事创新性的研究工作，进一步提升自身的业务能力，推动临床创新。

二、物联网在智慧医疗中的应用

智慧的医疗离不开物联网技术，通过智能的物联网和通信技术连接居民、患者、医护人员、药品以及各种医疗设备和设施，支持医疗数据的自动识别、定位、采集、跟踪、管理、共享，从而实现业务流程标准化，运营管理的精细化，对医疗对象的全生命周期、全流程的闭环管理。即通过对人的智能化医疗和对物的智能化管理，使得医院的信息化水平和服务能力得到大幅度提升。

医疗物联网有三个基本要素：

一是"物"，就是对象，包括医护人员、患者、医疗器械、医疗用品等。

二是"网"，是指标准化的医疗流程，医疗物联网并不只是看得见的物理网络，这个网络必须是基于标准的流程。

三是"联"，指的是信息交互，网络中的对象是可感知、可互动和可控制的。

物联网技术几乎可以应用与医疗的各个环节，涉及从医疗信息化、身份识别、医院急救、远程监护和家庭护理、药品与耗材领域、以及医疗设备和医疗垃圾的监控、血液管理、传染控制等多个方面。

（一）健康管理

健康管理是指对个人或群体的健康危险因素进行全面监测、评估与有效干预的活动过程。可以运用各类智能传感器实时监测对象的血压、血糖、血氧、心电等健康指标，将采集的数据传到医疗机构，并记录在个人健康档案中。再运用数据挖掘和人工智能技术对这些数据进行分析、评估，及时预警。卫生机构工作人员针对居民的健康指标变化轨迹进行干预和健康教育，最大限度实现健康促进和早期预防。

（二）远程医疗与监护

利用物联网技术，构建危急重病患的远程会诊和持续的监护服务体系。监测体温、心跳等生命体征，以及体重、胆固醇含量、脂肪含量、蛋白质含量等生理指标数据，并将数据传输到到护理人或医疗机构，及时为患者提供医疗服务。以跨越时间、空间的障碍，缓解由于医疗资源分布不均衡造成的看病难、住院难等问题。

（三）医疗物资管理

1. **设备管理** 为医疗设备贴上 RFID 标识，在无线网络条件下对设备进行实时标识、定位、监控和管理。通过将设备与医院信息系统互联,实现数据的实时、精确和自动化传输,即避免了人为的失误又能提高大型医疗设备的利用率。

2. 药品管理 为药品配置唯一的 RFID 标识码,使得购买者可以获取药品的生产信息,避免假冒伪劣药品的使用。当药品出现质量问题时,可对其进行回溯追踪。利用传感器技术实时采集药品所在环境的温度、湿度、时间等参数,加强管理人员对药品的有效管理,避免不必要的浪费。

3. 医疗器材管理 使用唯一性标签对医疗器械的消毒、存储、发放、使用以及回收过程进行标识和跟踪管理。例如,提醒是否经过消毒或过期,分发和使用过程中是否有误,使用和回收数量的比对,既增加了对器材全过程的监控和管理,也降低了发生医疗事故的可能性。

4. 医疗废弃物监管 在医疗废弃物包装上安装定位标签,实时监控其运输轨迹,当其违规越界时实时报警。并可快速确认可能出现交叉感染的范围,发现在此过程中接触废弃物的人员,避免二次感染。

(四) 医疗过程管理

1. 患者管理 RFID 腕带能实现无线移动护理及患者识别,对老人、儿童、精神病、传染病、急诊患者的管理尤为重要。利用定位功能,与门禁控制功能结合,可以对患者的活动情况进行监管。当患者出现紧急情况,也可通过标签快速获取可靠的患者身份、血型、既往病史等信息,并与电子病历系统对接,获取患者的临床数据,为治疗争取宝贵的时间,为快速制订最佳的治疗方案提供帮助。

2. 母婴管理 在产科出入口布置固定式读写器,当护士、产妇和婴儿通过时,先读取识别卡或腕带,身份确认无误后房门才能打开,所有身份信息及出入时间记入数据库,防止婴儿抱错和盗窃。

3. 血液管理 将 RFID 技术应用到血液管理中,通过非接触式识别,能够有效避免条形码容量小的弊端,减少血液污染,实现多目标识别,提高数据采集效率,提供从采血到化验或用血的全过程使用管理。

任务 6-7 云计算及在医疗中的应用

【任务描述】

1. 掌握云计算的基本概念和关键技术。
2. 熟悉云计算在医药卫生领域的应用。

【知识点分析】

6.7.1 云计算定义

一、什么是云计算

随着物联网及其他信息系统的快速部署和应用,由此产生的数据量也在快速增长,数据中心面临着电力、空间、各种软硬件设施的运维成本不断上升的巨大挑战。计算、存储能力和资源利用率的迫切需求,网络的普及,技术的进步,这些因素共同推动了云计算的产生和发展。

2006 年,Google 首次提出"云计算"(Cloud Computing)的概念。这里的"云"不是蓝天中飘荡的白云。而是散布在 Internet 上的各种软件资源(例如应用软件、集成开发环境等)和硬件资源(例如服务器、存储器、CPU 等)的统称。把 Internet 比喻为蓝天,把 Internet 上所有可以利用的资源称为"云",利用 Internet 上的"云"来为用户服务。

"云计算"实质上是将存储、计算等资源进行虚拟的统一管理,用户依据个人需求自助地、随时随地、快速地访问和管理个人的信息资源,只需投入很少的管理工作,或与服务供应商进行很少的交互。好比是从古老的单台发电机模式转向了电厂集中供电的模式。它意味着计算能力也可以作为一种商品进行流通,就像煤气、水电一样,取用方便,费用低廉。最大的不同在于,它是通过互联网进行传输的。

其实,我们日常一直在使用云计算的服务,例如搜寻引擎、电子信箱等,用户只要输入简单指令即可获得到大量信息。而有些云计算的服务中,还可以为用户提供各种计算技术、数据分析等服务。用户通过自己的电脑和网络连上"云",就可以让它快速地处理庞大的数据,就像自己在使用一台"超级计算机",比如,分析 DNA 的结构、基因图谱排序、解析癌症细胞等。

智慧医疗系统中,如果把物联网看作是人的感知器官,那么云计算则相当于人的大脑。可以基于云计算的存储技术存储海量的医疗卫生的数据,基于云计算的强大计算能力对海量的医疗卫生数据进行挖掘和分析。

二、云计算的特征

云计算系统具有如下基本特征:

(一) 虚拟化

云计算系统可以看作是一个虚拟资源池,用户在任意位置、使用各种终端获取应用服务,无需了解、也不用担心应用运行的具体位置。

(二) 规模大

"云"的规模通常超大,通常拥有几十～几百万台服务器。企业私有云一般拥有数百上千台服务器。"云"能赋予用户前所未有的计算能力。

(三) 按需服务

用户运行不同的应用通常需要不同的资源和计算能力。云计算平台可以按照用户的需求进行资源配置和计费。

(四) 通用

云计算通常不针对特定的应用,同一个"云"可以同时支撑不同的应用运行。

(五) 可靠

云计算使用了数据多副本容错、计算节点同构可互换等措施保障服务的高可靠性,使用云计算比使用本地计算机更可靠。

(六) 性价比高

"云"可以采用廉价的节点来构成,"云"的通用性使资源的利用率得到提升,"云"的自动化集中式管理使用户无需负担日益高昂的数据中心管理成本,充分享受云计算的成本优势。

(七) 可扩展

"云"的规模可以动态伸缩,满足应用和用户规模增长的需要。

但是,云计算也存在一些潜在的危险。因为大多数的云都是由企业运维的,如果用户把敏感、隐私性的数据存储在云上,则要充分考虑其安全性。

三、云计算的服务形式

目前,云计算主要包括三个层次的服务形式:基础设施即服务(Infrastructure-as-a-service, IaaS)、平台即服务(Platform-as-a-Service, PaaS)和软件即服务(Software-as-a-Service, SaaS)。这三者的关系如图 6-82 所示。

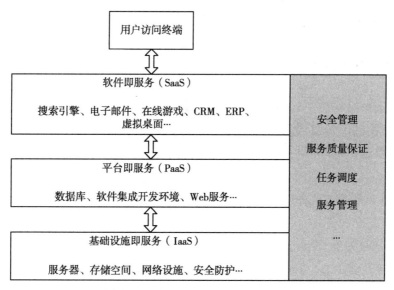

图 6-82　三种云计算服务形式的关系

（一）软件即服务（SaaS）

在云计算之前软件即服务就已经流行了。SaaS 通过 Internet 为用户提供各种软件，用户无须购买软件。通常用户通过 Web 访问云端的软件（例如，在线企业管理软件、电子邮箱），服务商则根据用户所租用软件的数量、使用时间长短等因素进行收费。

（二）平台即服务（PaaS）

PaaS 是指将软件研发的平台作为一种服务，也可以说是中间件即服务。它以 SaaS 的模式提交给用户，因此，PaaS 也是 SaaS 模式的一种应用。PaaS 可以为用户提供开发环境、服务器平台、硬件资源等服务，帮助用户在其平台上定制、开发自己的应用程序。例如，WebSphere 是 IBM 的软件平台，包含了编写、运行和监视 Web 应用程序和跨平台、跨产品解决方案所需要的整个中间件基础设施，如服务器、服务和工具。Weblogic 是一个基于 JavaEE 架构的中间件，用于开发、集成、部署和管理大型分布式 Web 应用、网络应用和数据库应用软件。

（三）基础设施即服务（IaaS）

IaaS 通过虚拟化技术将硬件服务器、存储器与网络资源进行一体化整合，构建一个虚拟的资源池，以计量收费的形式提供给用户，用户可以通过 API 接口（Application Programming Interface）的形式进行访问。

6.7.2　云计算技术

云计算系统涉及众多的技术，其中的关键技术包括编程模式、数据管理技术、数据存储技术、虚拟化技术和云计算平台管理技术等。

一、编程模式

云计算采用分布式的计算模式，这就要求必须有分布式的编程模式。MapReduce 是由 Google 公司研究提出的一种面向大规模数据（大于 1TB）处理的并行计算模型和方法。它的程序处理理念是"分而治之"，即把一个复杂的任务划分为若干个简单的任务分别来做。它极大地方便了编程人员在不会分布式并行编程的情况下，将自己的程序运行在分布式系统上。在该模式下，用户只需要自行编写 Map（映射）函数和 Reduce（归约）函数即可进行并行计算。其中，Map 函数中定义各节点上的分块数据的处理方法，而 Reduce

函数中定义中间结果的保存方法以及最终结果的归纳方法。

二、海量数据分布存储技术

云计算系统由大量服务器组成,同时为大量用户服务,因此云计算系统采用分布式存储的方式存储数据,用冗余存储的方式(集群计算、数据冗余和分布式存储)保证数据的可靠性,同时降低了存储成本。

云计算系统中广泛使用的数据存储系统是 Google 的 GFS(Google 文件系统)和 Hadoop 团队开发的 GFS 的开源实现 HDFS。

GFS 是一个可扩展的分布式文件系统,用于大型的、分布式的、对大量数据进行访问的应用。它运行于廉价的普通硬件上,并提供容错功能。一个 GFS 包括一个主服务器(master)和多个块服务器(chunk server),这样一个 GFS 能够同时为多个客户端应用程序提供文件服务。文件被划分为固定的块,由主服务器安排存放到块服务器的本地硬盘上。主服务器会记录存放位置等数据,并负责维护和管理文件系统,包括块的租用、垃圾块的回收以及块在不同块服务器之间的迁移。此外,主服务器还周期性地与每个块服务器通过消息交互,以监视运行状态或下达命令。应用程序通过与主服务器和块服务器的交互来实现对应用数据的读写,应用与主服务器之间的交互仅限于元数据,也就是一些控制数据,其他的数据操作都是直接与块服务器交互的。

三、海量数据管理技术

云计算需要对分布的、海量的数据进行处理、分析,因此,数据管理技术必须能够高效的管理大量的数据。云计算系统中的数据管理技术主要是 Google 的 BigTable 和 Hadoop 团队开发的开源数据管理模块 HBase。

由于云数据存储管理形式不同于传统的关系型数据库管理方式,所以传统的 SQL 数据库接口无法直接移植到云管理系统中来,可以通过一些接口技术进行移植,如基于 HBase 和 Hive 等。

Bigtable 将存储的数据都视为字符串,但是 Bigtable 本身不去解析这些字符串,客户程序通常会在把各种结构化或者半结构化的数据串行化到这些字符串里。通过仔细选择数据的模式,客户可以控制数据的位置相关性。最后,可以通过 BigTable 的模式参数来控制数据是存放在内存中还是硬盘上。Bigtable 使用 GFS 来存储数据文件和日志。

四、虚拟化技术

虚拟化技术是指计算元件在虚拟的基础上而不是真实的基础上运行。通过虚拟化技术可实现软件应用与底层硬件相隔离,它包括将单个资源划分成多个虚拟资源的裂分模式,也包括将多个资源整合成一个虚拟资源的聚合模式。

虚拟化技术根据对象可分成存储虚拟化、计算虚拟化、网络虚拟化等,计算虚拟化又分为系统级、应用级和桌面虚拟化。虚拟化技术目前主要应用在 CPU、操作系统、服务器等多个方面,是提高服务效率的最佳解决方案。

五、云计算平台管理技术

云计算资源规模庞大,服务器数量众多并分布在不同的地点,同时运行着数百种应用,如何有效地管理这些服务器,保证整个系统提供不间断的服务是巨大的挑战。云计算系统的平台管理技术能够使大量的服务器协同工作,方便地进行业务部署和开通,快速发现和恢复系统故障,通过自动化、智能化的手段实现大规模系统的可靠运营。

6.7.3 云计算在医药卫生行业中的应用

一、概述

随着我国医疗改革的逐步深入,医院信息化、电子健康档案、区域医疗信息共享平台的建设都在逐步完善,云计算在医疗卫生领域的应用得到了极大促进。

对于中小型医院,云计算平台可以减低医院自建数据中心的投入和运营成本,并可最大幅度的减少后期维护和管理费用。

对于大型医院,物联网技术的应用使得信息化服务越来越多样,日益庞大的医疗数据采用云计算技术可以提高信息中心的管理水平,增强信息系统的安全性、可扩展性和互联互通性,提升软硬件资源的利用率。

随着医疗协作体、区域性医学影像 / 检验中心、区域性医学数据中心的建设,云计算也是信息共享、大数据分析和管理一体化的必然选择。

二、典型案例

这里以国家超级计算深圳中心为深圳市开发和运行的"健康云"为例介绍云计算在医疗卫生行业的应用。

"健康云"由深圳市卫生与计划生育委员会和市科技创新委员会组织建设,面向健康医疗管理部门、医院、市民等用户,提供医疗、保健、计划生育等各方面的"大健康"云服务,覆盖深圳市 1500 万以上的人群。其系统结构如图 6-83 所示。

(一) 主要功能

1. **足不出户的常规体检**　血糖、血脂、体脂、心电图、睡眠状况等常规体检监测均可在家完成,足不出户便可通过健康云得到专业的医疗团队提供的优质健康咨询诊疗服务。

2. **在线查看个人的健康档案、电子病历**　可以实时了解最新医疗资讯和基本健康知识。

3. **远程健康监测、分析和主动干预**　百万级并发的实时响应和高效精准的多集群海量数据实时检索查询功能,云计算技术结合大数据,采用数据挖掘和语义分析疾病的产生,在疾病初期提供主动健康干预。

4. **健康数据隐私保护**　使用分布式匿名化技术保护用户隐私,不破坏数据的关键信息和关联性。

(二) 主要特点

1. **海量健康数据的存储与管理**　包括多种异构和非结构化数据,提供数据的标准化管理,稳定可靠地数据存储和交换技术。

2. **整合资源、服务应用**　整合现有的深圳市医疗卫生业务信息系统和超算中心的信息资源,提供医院所需的 HIS、CIS、LIS、PACS、EMR 系统,实现医疗机构内部之间、医疗机构之间医学检验检查结果的互联互通互认。

3. **优化流程、降低费用**　以便民惠民为应用导向,积极服务民生,方便居民;有效降低患者医疗费用负担,优化医疗卫生工作流程,促进业务融合,让市民获得更加便捷、实惠、优质的医疗服务。

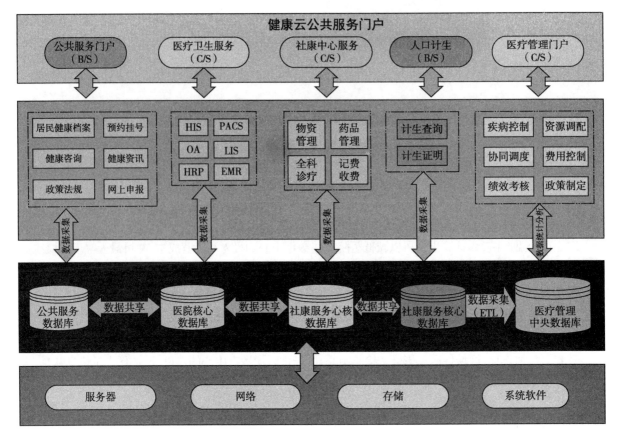

图 6-83 "健康云"体系结构

4. **优化配置医疗资源** 减少重复检验、医生随时调用历史诊疗记录,提高效率,降低开支。

5. **显著降低成本,提高效率** 降低系统维护成本,提高服务水平,使医疗资源最优化配置;将健康云资源模块化管理,加强工作标准化、自动化和管控水平,提高服务器的利用率,减少硬件的总体投入。为用户提供高可靠性,高安全性,低成本高效的个性化健康服务。

(三) 适用人群

1. **患者** 患者可以查询医保账户、个人就诊病历和健康档案,多渠道享受主动全面的健康服务。

2. **医生** 随时随地经过授权访问患者的病历记录,聚焦医疗服务,提高了工作效率。

3. **医院** 访问患者病历全景记录,聚焦医疗服务,提升管理水平和服务能力。

(胡 杰)

本章重点讲解了计算机网络和 Internet 相关的基本概念,从 Internet 的接入、IE 浏览器、搜索引擎、电子邮件、QQ、微信的使用等角度介绍了 Internet 的常见应用,最后介绍了物联网和云计算的定义、关键技术及它们在医疗卫生领域的典型应用。

在学习这一章内容时,要在理解基本概念的基础上加强实际的操作练习,善于发现同类型软件间的异同。根据各类软件的特点和自己的喜好选择合适的工具,让 Internet 在日常工作和学习中发挥更大的作用。针对物联网和云计算,日常要多关注,有余力的情况下深入学习其中的关键技术。

1. 查看本机 IP 地址、子网掩码、默认网关和 DNS 地址。

2. 查看本机网卡运行是否正常,如果有问题,怎么重新安装网卡驱动程序?

3. 设置"宽带连接"属性,使得网络连接出现故障时自动重拨 5 次,间隔为 30 秒。

4. 设置"宽带连接"属性,允许网络上其他用户共享本机的 Internet 连接。

5. 使用 IE 浏览器访问"国家医学考试网"网站,将首页上的新闻图片保存到本地计算机中。

6. 利用搜索引擎找到"客观结构化临床考试(OSCE)简介",并将网页上的文字复制到 Word 中。

7. 打印当前网页,要求打印 3 份,并打印全部的页面。

8. 设置 Internet 临时文件保存在 D 盘的"IE 临时文件"文件夹下,使用的磁盘空间为 800MB。

9. 设置 IE 浏览器默认主页为你所在学校的网站首页。

10. 什么是 Cookies?删除本地 Internet 中的 Cookies。

11. 设置保存网页历史记录的时间是 10 天。

12. 关闭 IE 的动画、声音和视频多媒体功能,加快网页浏览速度。

13. 设置禁止 IE 启用脚本调试功能。

14. 使用百度学术搜索,搜索关于"高血压"的最新研究论文。

15. 设置 Bing,使其只搜索最近一个月内关于某个关键词的网页。

16. 在百度中搜索与"糖尿病"相关的图片并保存到本地计算机中。

17. 在国家卫生健康委员会官方网站内搜索"考试"相关的网页。

18. 利用搜索引擎查找 WinRAR 软件,并下载和安装,然后用 WinRAR 软件对文件进行解压和压缩

19. 申请一个自己所在学校的电子邮件账号,并将其添加到 Windows Live Mail 中。

20. 设置 Windows Live Mail,使其每隔 20 分钟自动检查一次新邮件。

21. 新建一个邮件规则,名为"附件规则",条件是若邮件带有附件则用红色突出显示。

22. 创建自己的邮件签名,内容为自己的姓名。

23. 设置发送邮件时提供阅读回执,以确认"收件人"是否收到邮件。

24. 设置默认撰写邮件的字体为楷体,大小为五号。

25. 在 Windows Live Mail 中为建立的 pop3.163.com 账户设置发送超过 5000kb 的邮件时要拆分。

26. 从学校的 FTP 站点上下载学

习资料。

27. 设置迅雷在启动后自动开始未完成任务。

28. 装扮自己的 QQ 空间，并撰写日志。

29. 使用 QQ 的远程协助功能，请求好友帮你进行电脑维护。

30. 建立一个微信公众号，并进行设置和管理。

31. 简述物联网的体系结构及物联网的主要特征。

32. 搜集云计算在医疗卫生行业的最新案例。

第七章　信息安全技术

7

07章

学习目标

掌握　信息安全的概念、内容及威胁信息安全的主要因素；各种恶意程序的概念、特征和危害；数据加密与认证的基本概念；数字签名的定义和基本工作流程；访问控制和入侵检测的基本概念；Windows 7 中访问控制与防火墙的应用；计算机杀毒软件的使用。

熟悉　各种类型的信息安全事件；恶意程序的危害及常见表现；信息安全模型；信息安全技术的种类和各自的特点；个人计算机安全防范措施。

了解　各类恶意程序中的典型案例；著名的信息安全事件；信息安全相关的法律法规。

能力目标

学会运用各种技术保护计算机信息的安全。

任务 7-1　认识计算机信息安全问题

【任务描述】

1. 掌握信息安全的基本概念、内容，常见的信息安全技术。
2. 学会在 Windows 7 操作系统中设置相关的安全功能。
3. 了解各类威胁信息安全的恶意程序和其他信息安全事件。
4. 了解我国关于信息安全的相关法律，搜集著名的信息安全事件。
5. 掌握常用信息安全技术。

【知识点分析】

7.1.1　信息安全概述

随着信息技术的发展，尤其是计算机网络的普及，信息安全问题已成为涉及国家政治、军事、经济和社会众多领域事业发展的重要保证和社会安全的重要组成部分。例如，某医院的收费系统由于受到病毒入侵，全面瘫痪，近千名患者和家属在收费窗口前苦等了几个小时。另外，患者的资料如果通过网络外泄，会侵犯患者的隐私，造成严重的后果。

为此，世界各国都制定了各自的信息与网络安全战略，将信息安全列为国家信息化发展的战略重点。2011 年，我国成立了国家互联网信息办公室(http://www.cac.gov.cn/)，主要职责包括落实互联网信息传播方针政策和推动互联网信息传播法制建设，指导、协调、督促有关部门加强互联网信息内容管理，依法查处违法违规网站等。2014 年成立了中央网络安全和信息化领导小组。该领导小组将着眼国家安全和长远发展，统筹协调涉及经济、政治、文化、社会及军事等各个领域的网络安全和信息化重大问题，研究制定网络安全和信息化发展战略、宏观规划和重大政策，推动国家网络安全和信息化法治建设，不断增强安全保障能力。2016 年颁布了《中华人民共和国网络安全法》，对网络空间主权、网络产品和服务提供者和网络运营者的安全义务，个人信息保护规则，关键信息基础设施安全保护制度和重要数据跨境传输规则进行了明确规定，以保障网络安全，维护网络空间主权和国家安全、社会公共利益，保护公民、法人和其他组织的合法权益，促进经济社会信息化健康发展。

一、什么是信息安全

(一) 信息及其特征

信息(information)，泛指人类社会传播的一切内容。人通过获得、识别自然界和社会的不同信息来区别不同事物，得以认识和改造世界。在一切通讯和控制系统中，信息是一种普遍联系的形式。信息学奠基人香农(Shannon)认为"信息是用来消除随机不确定性的东西"。信息作为一种资源，它的普遍性、共享性、增值性、可处理性和多效用性，使其对于人类具有特别重要的意义。

(二) 信息安全的定义

信息安全的实质就是要保护信息系统(包括硬件、软件、数据、人、物理环境及其基础设施)免受内部、外部、自然等各种因素的威胁、干扰和破坏，即保证信息的安全性。根据国际标准化组织的定义，信息安全性的含义主要是指信息的完整性、可用性、保密性和可靠性。为保障信息安全，要求有信息源认证、访问控制，不能有非法软件驻留，不能有未授权的操作等行为。

(三) 信息安全体系

网络环境下的信息安全体系是保证信息安全的关键,包括计算机安全操作系统、各种安全协议、安全机制(数字签名、消息认证、数据加密等),直至安全系统,如 UniNAC(Network Access Control)、DLP(Data leakage prevention,DLP)等,只要存在安全漏洞便可以威胁全局安全。

因此,计算机信息安全包括两个方面,即物理安全和逻辑安全。物理安全指系统设备及相关设施受到物理保护,免于破坏、丢失等。逻辑安全包括信息的保密性、真实性、完整性、不可否认性、可用性、可控性等。

1. 保密性 信息不泄露给非授权用户、实体或过程,或供其利用的特性。常用的保密技术是信息加密,即用加密算法对信息进行加密处理,使得对手即使得到了加密后的信息也无法获取有效信息。

2. 真实性 通过身份识别技术来鉴别用户身份的真实性,保证用户的身份不会被别人冒充。常见的身份识别方式有口令、IC 卡、和指纹识别等。

3. 完整性 数据未经授权不能进行改变的特性。即信息在存储或传输过程中保持不被修改、破坏和丢失的特性。

4. 不可否认性 所有网络通信参与者都不可能否认或抵赖曾经完成的操作和承诺。数字签名技术是解决不可否认性的手段之一。

5. 可用性 可被授权实体访问并按需求使用的特性,就是说当用户需要使用网络时,网络能够及时地提供服务。例如网络环境下拒绝服务、破坏网络和有关系统的正常运行等都属于对可用性的攻击。

6. 可控性 对信息的传播及内容具有控制能力。例如,不允许不良内容通过公共网络进行传输。

二、信息安全事件的类型

信息安全事件信是指由于自然或者人为以及软硬件本身缺陷或故障的原因,对信息系统造成危害,或对社会造成负面影响的事件。信息安全事件可以分为恶意程序事件、网络攻击事件、信息破坏事件、信息内容安全事件、设备设施故障、灾害性事件和其他信息安全事件等类型。

(一) 恶意程序事件

恶意程序事件是指蓄意制造、传播有害程序,或是因受到有害程序的影响而导致的信息安全事件。恶意程序是指未经授权,在信息系统中安装、执行的一段程序,以危害系统中数据、应用程序或操作系统的保密性、完整性或可用性,或影响信息系统的正常运行为目的。

恶意程序包括计算机病毒、蠕虫、特洛伊木马、僵尸程序、混合攻击程序、网页内嵌恶意代码和其他有害程序等。

1. 计算机病毒

(1) 计算机病毒(Computer Virus)是指编制者在计算机程序中插入的破坏计算机功能或者破坏数据,影响计算机使用并且能够自我复制的一组计算机指令或者程序代码。

就像生物病毒一样,计算机病毒具有自我繁殖、互相传染以及激活再生等生物病毒特征。它们能够快速蔓延,又它们能把自身附着在各种类型的文件上,当文件被复制或从一个用户传送到另一个用户时,它们就随同文件一起蔓延开来,常常难以根除。例如,Office 宏病毒,是一种寄存在微软 Office 文档或模板的宏中的计算机病毒。一旦打开这样的文档,其中的宏就会被执行,于是宏病毒被激活,并驻留在 Normal 模板上。此后,所有自动保存的文档都会感染上这种宏病毒,而且如果在其他计算机上打开了感染病毒的文档,宏病毒又会转移到别的计算机上。

(2) 计算机病毒的特点

1) 繁殖性:计算机病毒可以像生物病毒一样进行繁殖,当正常程序运行的时候,它也运行并自身复制,是否具有繁殖、感染的特征是判断某段程序为计算机病毒的首要条件。

2) 破坏性:计算机中毒后,可能会导致正常的程序无法运行,把计算机内的文件删除或受到不同程度的损坏。

3) 传染性:病毒会通过各种渠道从已被感染的计算机扩散到未被感染的计算机。病毒程序一旦进入计算机并得以执行,就会搜寻其他符合其传染条件的程序或存储介质,确定目标后再将自身代码插入其中,达到自我繁殖的目的。可能的传染渠道有硬盘、移动存储设备、计算机网络等。

4) 潜伏性:病毒程序进入系统之后一般不会马上发作,而是等到条件具备或满足某种触发机制的时候就一下子就爆炸开来,对系统进行破坏。

5) 隐蔽性:有的病毒可以通过杀毒软件检查出来,有的根本就查不出来,有的时隐时现、变化无常,这类病毒处理起来通常很困难。

在网络环境下,病毒还又具有一些新的特点:①速度快和范围广:病毒可以通过网络迅速扩散到整个网络范围内的所有计算机;②传播形式复杂多样:传播的形式可以是一对一、一对多和多对多;③清除困难:在网络中,只要有一台联网计算机的病毒未能清除干净,就可能使整个网络重新被感染;④破坏性大:网络上的某些重要服务器或站点被感染后,破坏的信息价值更高,同时影响大量的用户。

(3) 当计算机出现以下症状时,很可能已经感染病毒了。

- 系统运行速度明显减慢;
- 系统经常无故发生死机;
- 系统中的文件长度发生异常变化;
- 存储的容量异常减少;
- 系统引导速度减慢;
- 丢失文件或文件损坏;
- 屏幕上出现异常显示;
- 系统的蜂鸣器出现异常声响;
- 磁盘卷标发生变化;
- 系统不识别硬盘;
- 键盘输入异常;
- 文件的日期、时间、属性等发生变化;
- 文件无法正确读取、复制或打开;
- 命令执行出现错误;
- 虚假报警;
- 操作系统无故频繁出现错误;
- 系统异常重新启动;
- 一些外部设备工作异常;
- 异常要求用户输入密码;
- 不应驻留内存的程序驻留在内存中。

2. 蠕虫　蠕虫(Worms)是指能自我复制和广泛传播,以占用系统和网络资源为主要目的的恶意程序。有别于普通病毒,蠕虫通常并不感染计算机上的其他程序,而是窃取其他计算机上的机密信息。按照传播途径,蠕虫可进一步分为邮件蠕虫、即时消息蠕虫、U 盘蠕虫、漏洞利用蠕虫等。

"飞客"蠕虫(Conficker 或 Kido)是一种针对 Windows 操作系统的蠕虫病毒。它利用 Windows RPC 远程连接调用服务存在的高危漏洞入侵互联网上未有效防护的主机,通过局域网、U 盘等方式传播,并且会停用感染主机的一系列 Windows 服务。它最早出现在 2008 年,后来又衍生了多个变种,这些变种感染上亿台主机,构建一个庞大的攻击平台,不仅能够被用于大规模的网络欺诈和信息窃取,而且能够被利用发动大规模拒绝服务攻击,甚至可能成为有力的网络战工具。

3. 特洛伊木马 特洛伊木马(THI,Trojan Horses),简称木马,是以盗取用户个人信息,甚至以远程控制用户计算机为主要目的的恶意程序,通常由控制端和被控端组成。由于它像间谍一样潜入用户的电脑,伪装成正常文件,与战争中的"木马"战术十分相似,因而得名木马。

木马通常是被使用最多的一类恶意程序。按功能,木马程序可进一步分为盗号木马、网银木马、窃密木马、远程控制木马、流量劫持木马、下载者木马等。

- "盗号木马"是用于窃取用户电子邮箱、网络游戏等账号为主要目的的木马;
- "网银木马"是用于窃取用户网银、证券等账号的木马;
- "窃密木马"是用于窃取用户主机中敏感文件或数据的木马;
- "远程控制木马"是以不正当手段获得主机管理员权限,并能通过网络操控用户主机的木马;
- "流量劫持木马"是用于劫持用户网络浏览的流量到攻击者指定站点的木马;
- "下载者木马"是用于下载更多恶意代码到用户主机并运行,以进一步操控用户主机的木马。

但是,随着木马程序编写技术的发展,一个木马程序往往同时包含上述多种功能。

4. 僵尸程序与僵尸网络 僵尸程序(bot)是用于构建大规模攻击平台的恶意程序。按照使用的通信协议,僵尸程序可进一步分为 IRC(Internet Relay Chat,互联网中继聊天,一种网络聊天协议)僵尸程序、HTTP僵尸程序、P2P(Peer-to-peer,对等网络)僵尸程序等类型。

僵尸电脑(Zombie computer),简称"僵尸(zombie)",常称之为"肉鸡",是指接入互联网的计算机感染病毒或木马后,受控于黑客,可以随时按照黑客的指令展开攻击或发送垃圾信息,而用户却毫不知情,仿佛是没有自主意识的僵尸一般。

僵尸网络(Botnets)是指网络上受到黑客集中控制的一群计算机,其核心特点是黑客能通过一对多的命令与控制信道操作僵尸电脑执行相同的恶意行为,例如可以同时对某目标网站进行分布式拒绝服务攻击,发送大量的垃圾邮件,进行信息窃取或传播木马、蠕虫等其他恶意程序。

据统计 2016 年约 9.7 万个木马和僵尸网络控制服务器控制了我国境内 1699 万余台主机。因感染恶意程序而形成的僵尸网络账号,规模在 10 万台以上的僵尸网络多达 52 个。Mirai 是 2016 年影响力最大的僵尸网络。当年发生的多次重大网络攻击事件均与 Mirai 有关。例如,"美国断网""德国电信断网"和"利比里亚断网"等事件。这些事件都造成了大面积的网络瘫痪,向世人展示了 Mirai 僵尸网络惊人的攻击能力。Mirai 感染过程如图 7-1 所示。

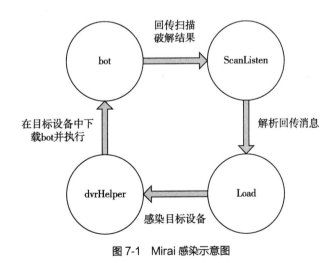

图 7-1　Mirai 感染示意图

感染到设备端的 bot 程序通过随机策略扫描互联网上的设备,将成功猜解的设备用户名、密码、IP 地址、端口信息上传给 ScanListen;ScanListen 解析这些信息后交由 Load 模块来处理;Load 通过这些信息登录相关设备对设备实施感染,向目标设备推送一个具有下载功能的微型模块(命名为 dvrHelper);dvrHelper 被传给目标设备后,再远程下载 bot 执行,bot 再次实施扫描并进行密码猜解,由此周而复始地在网络中扩散。这种感染方式极为有效,黑客 Anna-senpai 曾经每秒得到 500 个传给爆破的结果。

Mirai 具备如下特点:

- Mirai 为了防止进程名被暴露,在一定程度上做了隐藏;
- 黑客服务端实施感染,而非僵尸程序自己实施感染;
- 采用高级扫描技术,扫描速度提升 30 倍以上,提高了感染速度;
- 强制清除其他主流的僵尸程序,以除掉竞争对手,独占资源;
- 一旦通过 Telnet 服务进入,便强制关闭 Telnet 服务,以及其他入口,如 SSH 和 Web 入口,并且占用服务端口防止这些服务复活;
- 独特的 GRE(generic routing encapsulation,通用路由封装)协议洪水攻击,加大了攻击力度。

5. 勒索软件　勒索软件是黑客用来劫持用户资产或资源并以此为条件向用户勒索钱财的一种恶意软件。勒索软件通常会将用户数据或设备进行加密操作或更改配置,使之不可用,然后向用户发出勒索通知,要求用户支付费用以获得解密密码或获得恢复系统正常运行的方法。

勒索软件已逐渐由针对个人终端设备延伸至企业用户。针对企业用户方面,主要表示为加密企业数据库。针对个人终端设备方面,敲诈勒索软件恶意行为在 PC 端和移动端表现出明显的不同特点:在传统 PC 端,主要通过“加密数据”进行勒索,即对用户电脑中的文件加密,胁迫用户购买解密秘钥;在移动端,主要通过“加密设备”进行勒索,即远程锁住用户移动设备,使用户无法正常使用设备,并以此胁迫用户支付解锁费用。

从欺诈勒索软件的传播方式看,PC 端和移动端表现出共性,主要是通过邮件、仿冒正常应用、QQ 群、网盘、贴吧和受害者等传播。

6. 网页内嵌恶意代码　网页内嵌恶意代码(WBP,Web Browser Plug-Ins)是指内嵌在网页中,未经允许由浏览器执行,影响信息系统正常运行的有害程序。

7. 混合攻击程序　混合攻击程序是指利用多种方法传播和感染其他系统的有害程序,可能兼有计算机病毒、蠕虫、木马或僵尸网络等多种特征。混合攻击程序事件也可以是一系列有害程序综合作用的结果,例如一个计算机病毒或蠕虫在侵入系统后安装木马程序等。

8. 移动互联网恶意程序　移动互联网恶意程序是指在用户不知情或未授权的情况下,在移动终端系统中安装、运行以达到不正当的目的,或具有违法行为的可执行文件、程序模块或程序片段。按照行为属性分类,移动互联网恶意程序包括恶意扣费、信息窃取、远程控制、恶意传播、资费消耗、系统破坏、诱骗欺诈和流氓行为等类型。其中流氓行为类、恶意扣费类和资费消耗类恶意程序最为多见。

黑色产业链从业者通过阅读恶意程序窃取的用户短信和通信录,可以了解用户身份信息、工作、职务、家庭情况、社会关系和经济基础等个人信息,从而进行有针对性的诈骗攻击。为提高诈骗成功率,黑色产业链从业者会根据目标人群制作具有针对性的恶意短信和恶意程序,冒充好友、亲属、同事、领导或公职人员等多种身份向目标人群发送恶意短信和恶意程序下载地址。

从恶意程序的传播途径发现,诱骗欺诈行为的恶意程序主要通过短信、广告、网盘和应用商店等特定渠道进行传播,造成重大经济损失。从恶意程序的攻击模式发现,通过短信方式传播窃取短信验证码的恶意程序数量占比较大,表现出制作简单、攻击模式固定、暴利等特点。恶意程序经常使用“学习成绩单”“违章查询”“天天数钱”“人人红包”“检查更新”“System Constituent”“Android System Updata”等进行冒充。

随着移动互联网的不断发展,此类恶意程序呈持续高速增长态势。据360互联网安全中心报告,2016年感染数量最多的10个恶意应用总共感染了一千三百多万台手机。

"相册"类安卓恶意程序是一类传播广泛,具有窃取用户隐私的恶意行为的移动互联网恶意程序,主要通过短信进行传播带有恶意程序下载链接的短信,诱骗用户点击安装,导致感染手机的短信和通讯录等个人信息泄露。

例如,该恶意程序伪装成"视频"APP,通过伪基站或手机以短信方式进行传播,短信内容为"XXX,我是XXX,这是我帮你拍的小视频df.tc/3XQGdf"。

相册类恶意程序使用的程序名称多达几百种。其中使用恶意程序冒充频次最多的是"新的影集""录像"和"相片",此外还有"校讯录""照片""中国移动"和"资料"等。

该恶意程序具有以下恶意行为:
● 运行后隐藏安装图标,同时诱骗用户点击激活设备管理器功能,导致用户无法正常卸载;
● 私自向黑客指定的手机号发送两条短信,"软件安装完毕\n识别码:IMEI号码、型号、手机系统版本"和"激活成功";
● 私自将用户手机中已存在的所有短信和通信录上传至黑客指定的邮箱;
● 私自将用户接收到的新短信转发至黑客指定的手机号,同时在用户的收件箱中删除该短信。

(二) 网络攻击事件

网络攻击事件(Network Attacks Incidents)是指通过网络或其他技术手段,利用信息系统的配置缺陷、协议缺陷、程序缺陷或使用暴力攻击对信息系统实施攻击,造成信息系统异常或对信息系统当前运行造成潜在危害的信息安全事件。

网络攻击事件包括拒绝服务攻击、后门攻击、漏洞攻击、网络扫描窃听、网络钓鱼和干扰等。

1. 拒绝服务攻击 拒绝服务攻击(DoS, Denial of Service)是指攻击者向某一目标机器或网络发送密集的攻击包,或执行特定攻击操作,使其无法提供正常的服务。大流量攻击事件数持续增加,例如阿里云多次遭受500Gbit/s以上的攻击。

最常见的DoS攻击有计算机网络带宽攻击和连通性攻击。带宽攻击指以极大的通信量冲击网络,使得所有可用网络资源都被消耗殆尽,最后导致合法的用户请求无法通过。连通性攻击指用大量的连接请求冲击计算机,使得所有可用的操作系统资源都被消耗殆尽,最终计算机无法再处理合法用户的请求。

常用攻击手段有:同步洪流、WinNuke、死亡之PNG、Echl攻击、ICMP/SMURF、Finger炸弹、Land攻击、Ping洪流、Rwhod、tearDrop、TARGA3、UDP攻击、OOB等。

拒绝服务攻击问题也一直得不到合理的解决,究其原因是网络协议本身的安全缺陷,使得拒绝服务攻击也成为了攻击者的终极手段。攻击者进行拒绝服务攻击,实际上让服务器实现两种效果:一是迫使服务器的缓冲区满,不接收新的请求;二是使用IP欺骗,迫使服务器把非法用户的连接复位,影响合法用户的连接。

2. 后门攻击 后门攻击(Backdoor Attacks)是指利用软件系统、硬件系统设计过程中留下的后门或恶意程序所设置的后门对信息系统实施的攻击。

例如网站后门攻击,是指黑客在网站的特定目录中上传远程控制页面,从而能通过该页面秘密远程控制网站服务器,上传、查看、修改、删除网站服务器上的文件,读取并修改网站数据库的数据,甚至可以直接在网站服务器上运行系统命令。

后门程序一般是指那些绕过安全性控制而获取对程序或系统访问权的程序。在软件的开发阶段,程序员常常会在软件内创建后门程序以便可以修改程序设计中的缺陷。但是,如果这些后门被其他人知道,或是在发布软件之前没有删除后门程序,那么它就成了安全风险,容易被黑客当成漏洞进行攻击。

后门程序跟"木马"有联系也有区别。联系在于,都是隐藏在用户系统中向外发送信息,而且本身具有一定权限,以便远程机器对本机的控制。区别在于,木马是一个完整的软件,而后门则体积较小且功能都很单一。后门程序和电脑病毒最大的差别,在于后门程序不一定有自我复制的动作,也就是后门程序不一定会"感染"其他电脑。

3. 漏洞攻击　漏洞攻击(Vulnerability Attacks)是指除拒绝服务攻击和后门攻击之外,利用信息系统的漏洞,对信息系统实施攻击的信息安全事件。

漏洞是指信息系统中的硬件、软件、通信协议的具体实现或系统安全策略上存在的缺陷或不适当的配置,从而使攻击者能够在未授权的情况下访问或破坏系统,导致信息系统面临安全风险,或是被作为入侵其他主机系统的跳板。

漏洞可能来自应用软件或操作系统设计时的缺陷或编码时产生的错误,也可能来自业务在交互处理过程中的设计缺陷或逻辑流程上的不合理之处。例如,在 Intel Pentium 芯片中存在的逻辑错误,在 Sendmail 早期版本中的编程错误,在 NFS 协议中认证方式上的弱点,在 Unix 系统管理员设置匿名 Ftp 服务时配置不当的问题等。

根据影响对象的类型,漏洞可分为:应用程序漏洞、Web 应用漏洞、操作系统漏洞、网络设备漏洞(如路由器、交换机等)、安全产品漏洞(如防火墙、入侵检测系统等)和数据库漏洞等。

例如,FortiGage(飞塔防火墙)是一款网络防火墙产品,用于防御网络层和内容层的网络和恶意代码等攻击。但是业内认定它存在一处"后门"漏洞,漏洞形成的原因是由于 FortiGate 防火墙 Fortimanager_Access 用户的密码采用较为简单的算法生成,攻击者通过分析破解后可直接获得认证的最高权限(root),进而控制防火墙设备,后续攻击可通过防火墙作为跳板,渗透内部区域物流,进行信息嗅探、数据拦截等操作。

从已发现的漏洞来看,应用软件中的漏洞远远多于操作系统中的漏洞,特别是 Web 应用系统中的漏洞更是占信息系统漏洞中的绝大多数。

IoT 设备的漏洞主要有权限绕过、拒绝服务、信息泄露、跨站、命令执行、缓冲区溢出、SQL 注入、弱口令、设计缺陷等类型。其中权限绕过、拒绝服务、信息泄露漏洞数量位居前列。弱口令(或内置默认口令)漏洞虽然在统计比例中漏洞条数漏洞占比不大,但实际影响却十分广泛,成为恶意代码攻击利用的重要风险点。

按影响 IoT 设备的类型,漏洞的类型包括网络摄像头、路由器、手机、防火墙、网关设备、交换机等。

4. 网络扫描窃听　网络扫描窃听事件(Network Scan & Eavesdropping Incidents)是指利用网络扫描或窃听软件,获取信息系统网络配置、端口、服务、存在的脆弱性等特征而导致的信息安全事件。

5. 网络钓鱼　网络钓鱼(Phishing)是指利用欺骗性的计算机网络技术(例如,伪造出以假乱真的网站,发送声称来自于银行或其他知名机构的欺骗性垃圾邮件诱惑受害者根据指定方法进行操作),使用户"自愿"泄漏重要的信息,例如用户名、口令、账号 ID 或信用卡的详细信息等。网络钓鱼是一种在线身份盗窃方式,入侵者并不需要主动攻击,他只需要静静等候这些钓竿的反应并提起一条又一条鱼就可以了,就好像是"姜太公钓鱼,愿者上钩"。

网络钓鱼并不是一种新的入侵方法,但是它的危害范围却在逐渐扩大,成为最严重的网络威胁之一。是因为随着电子商务和在线支付的普及与发展,人们使用互联网进行在线经济活动越来越频繁。

其常用的技术包括:

(1) 链接操控:使用某种形式的技术欺骗,使电子邮件中的一个链接(和其连到的欺骗性网站)似乎属于真正合法的组织。

拼写错误的地址或使用子网域是网络钓鱼经常使用的欺骗伎俩。例如,地址"http://www. 某银行 .subnet.com/",好像会连接到"某银行"网站的"subnet"子网域;实际上这个地址指向了"subnet"网站的"某银行"子网域,即网络钓鱼网站。

(2) 过滤器规避:网钓者使用图像代替文字,使反网钓过滤器更难侦测网络钓鱼电子邮件中常用的文字。

(3) 网站伪造：一旦受害者访问网钓网站，欺骗并没有到此结束。一些网钓诈骗使用 JavaScript 命令改变地址栏。这可以通过使用一个合法地址的地址栏图片盖住真实的地址栏，或者关闭原来的地址栏并重开一个新的合法的 URL 达成。

攻击者也可以利用合法网站自身的漏洞对付受害者。这一类型攻击的问题尤其严重，因为它们诱导用户直接在他们的银行或服务的网页登录，在这里从网络地址到安全证书的一切似乎都是正确的。而实际上，链接到该网站是经过摆弄的，没有专业知识要发现是非常困难的。这样的漏洞于 2006 年曾被用来对付PayPal。

为了避免被反网络钓鱼技术扫描到网钓有关的文字，网钓者可以利用 Flash 构建网站。这些看起来很像真正的网站，但把文字隐藏在多媒体对象中。

(4) 电话网络钓鱼：并非所有的网络钓鱼攻击都需要个假网站。例如，冒充银行给用户发送消息，让用户拨打某个电话号码以解决其银行账户的问题。一旦电话号码（该电话被网钓者所拥有，并由 IP 电话服务提供）被拨通，便提示用户输入他们的账号和密码。通过电话进行网络钓鱼，也称为话钓（Vishing，即语音网钓），它经常使用假冒来电显示，使外观类似于来自一个值得信赖的组织。

(5) Wi-Fi 免费热点网络钓鱼：网络黑客在公共场所设置一个假 Wi-Fi 热点，吸引人来连接上网，一旦用户用个人电脑或手机，登录了黑客设置的假 Wi-Fi 热点，那么个人数据和所有隐私，都会因此落入黑客手中，甚至还会在别人的电脑里安装间谍软件。

6. 垃圾邮件　垃圾邮件是指未经用户许可（与用户无关）就强行发送到用户邮箱中的电子邮件。垃圾邮件中经常含有恶意的链接或附件，诱导受害者点击打开。

例如在邮件正文中诱导受害者点击链接查看"完整版报告"，一旦用户点击该链接就会下载恶意文档。该文档可能使用了 Office 格式文档漏洞，且采用自动播放的特点，实现文档打开漏洞即被触发。

7. 域名劫持　域名劫持是通过拦截域名解析请求或篡改域名服务器上的数据，使得用户在访问相关域名时返回虚假 IP 地址或使用户的请求失败。

8. 路由劫持　路由劫持是通过欺骗方式更改路由信息，导致用户无法访问正确的目标，或导致用户的访问流量绕行黑客设定的路径，达到不正当的目的。

9. 干扰　干扰（Interference）是指通过技术手段对网络进行干扰，或对广播电视有线或无线传输网络进行插播，对卫星广播电视信号非法攻击等。

10. 针对物联网的攻击　近年来，随着智能可穿戴设备、智能家居、智能路由器等终端设备和网络设备的迅速发展和普及利用，针对物联网智能设备的网络攻击事件比例呈上升趋势，攻击者利用物联网智能设备漏洞可获取设备控制权，进而被控制形成大规模僵尸网络，或用于用户信息数据窃取、网络流量劫持等其他黑客地下产业交易。又因物联网智能设备普遍是 24 小时在线，感染恶意程序后也不易被用户察觉，形成"稳定"的攻击源。

前面介绍的 Mirai 恶意程序就是一款典型的利用物联网智能设备漏洞进行入侵渗透以实现对设备控制的恶意代码。

(三) 信息破坏事件

信息破坏事件（Information Destroy Incidents）是指通过网络或其他技术手段，造成信息系统中的信息被篡改、假冒、泄漏、窃取等而导致的信息安全事件。

信息破坏事件包括信息篡改、信息假冒、信息泄漏、信息窃取和信息丢失等。

1. 信息篡改　信息篡改（Information Alteration）是指未经授权将信息系统中的信息更换为攻击者所提供的信息，例如网页篡改等。

网页篡改是指恶意破坏或更改网页内容，使网站无法正常工作、出现黑客插入的非正常网页内容或植入暗链。

按照攻击手段,网页篡改可分为显式篡改和隐式篡改两种。通过显式网页篡改,黑客可炫耀自己的技术技巧,或达到声明自己主张的目的。隐式篡改一般是在被攻击网站的网页中植入被链接到诈骗、色情等非法信息的暗链中,以助黑客谋取非法经济利益。网页篡改越来越受到网络钓鱼攻击者的喜爱,主要是为了躲避安全软件的监控与拦截。

黑客为了篡改网页,一般需提前知晓网站的漏洞,在网页中植入后门,并最终获取网站的控制权。

2. 信息假冒 信息假冒(Information Masquerading)是指通过假冒他人信息系统收发信息,例如网页假冒等。

网页仿冒是通过构造与某一目标网站高度相似的页面诱骗用户的攻击方式。钓鱼网站是网页仿冒的一种常见形式,常以垃圾邮件、即时聊天、手机短信或网页虚假广告等方式传播,用户访问钓鱼网站后可能泄露账号、密码等个人隐私。

被仿冒得最多的网页是银行、淘宝等著名金融机构和大型电子商务网站,以及央视网、浙江卫视、湖南卫视、腾讯、去哪儿网等知名媒体和互联网企业,通过发布虚假中奖信息、新奇特商品低价销售信息等开展网络欺诈活动。

3. 信息泄漏 信息泄漏(Information Leakage)是指因误操作、软硬件缺陷或电磁泄漏等因素导致信息系统中的保密、敏感、个人隐私等信息暴露于未经授权者。

由于互联网传统边界的消失,各种数据遍布终端、网络、手机和云上,加上互联网黑色产业链的利益驱动,数据泄露日益加剧。网站数据和个人信息泄露事件频发,对政治、经济、社会的影响逐步加深,甚至个人生命安全也受到侵犯。

在国外,美国大选候选人希拉里的邮件泄露,直接影响到美国大选的进程;雅虎两次账户信息泄露涉及 15 亿个人账户。在国内,我国免疫规划系统网络被恶意入侵,20 万儿童信息被窃取并在网上公开售卖;信息泄露导致精准诈骗案件频发,高考考生信息泄露间接夺去即将步入大学的女学生徐玉玉的生命。

4. 信息窃取 信息窃取(Information Interception)是指未经授权用户利用技术手段恶意主动获取信息系统中信息。此类事件一般发生在存在漏洞的信息系统中,黑客采用专门的漏洞利用程序获取信息系统访问权限。

5. 信息丢失 信息丢失(Information Loss)是指因误操作、人为蓄意或软硬件缺陷等因素导致信息系统中的信息丢失。

(四) 信息内容安全事件

信息内容安全事件(Information Content Security Incidents)是指利用信息网络发布、传播危害国家安全、社会稳定和公共利益的内容的安全事件。

信息内容安全事件包括以下四种类型:

- 违反宪法和法律、行政法规的信息安全事件。
- 针对社会事项进行讨论、评论形成网上敏感的舆论热点,出现一定规模炒作的信息安全事件。
- 组织串连、煽动集会游行的信息安全事件。
- 其他信息内容安全事件等。

(五) 设备设施故障

设备设施故障(FF, Facilities Faults)是指由于信息系统自身故障或外围保障设施故障而导致的信息安全事件,以及人为的使用非技术手段有意或无意的造成信息系统破坏而导致的信息安全事件。

设备设施故障包括软硬件自身故障、外围保障设施故障、人为破坏事故和其他设备设施故障等。

1. 软硬件自身故障 软硬件自身故障(SHF, Software and Hardware Faults)是指因信息系统中硬件设备的自然故障、软硬件设计缺陷或者软硬件运行环境发生变化等而导致的信息安全事件。

2. 外围保障设施故障　　外围保障设施故障（PSFF, Periphery Safeguarding Facilities Faults）是指由于保障信息系统正常运行所必需的外部设施出现故障而导致的信息安全事件，例如电力故障、外围网络故障等导致的信息安全事件。

3. 人为破坏事故　　人为破坏事故（MDA, Man-made Destroy Accidents）是指人为蓄意的对保障信息系统正常运行的硬件、软件等实施窃取、破坏造成的信息安全事件；或由于人为的遗失、误操作以及其他无意行为造成信息系统硬件、软件等遭到破坏，影响信息系统正常运行的信息安全事件。

（六）灾害性事件

灾害性事件（DI, Disaster Incidents）是指由于不可抗力对信息系统造成物理破坏而导致的信息安全事件。

灾害性事件包括水灾、台风、地震、雷击、坍塌、火灾、恐怖袭击和战争等。

7.1.2　常用信息安全技术

信息安全与技术的关系可以追溯到古代。罗马时代的恺撒大帝使用了"恺撒密码"对信函加密，它是一种替代密码，例如，通过将字母按顺序推后 3 位，将字母 A 换作字母 D，将字母 B 换作字母 E，……。计算机科学之父阿兰.图灵帮助破解了德军的 Enigma 密电码，改变了二次世界大战的进程。

一、信息安全模型

美国国家安全系统委员会（CNSS, Committee on National Security System），将信息安全控制分为 3 类。

（1）技术，包括产品和过程（例如防火墙、防病毒软件、侵入检测、加密技术等）。

（2）操作，主要包括加强机制和方法、纠正运行缺陷、各种威胁造成的运行缺陷、物理进入控制、备份能力、免予环境威胁的保护。

（3）管理，包括使用政策、员工培训、业务规划、基于信息安全的非技术领域。

信息安全涉及政策法规、教育、管理标准、技术等方面，任何单一层次的安全措施都不能提供全方位的安全，安全问题应从系统工程的角度来考虑。图 7-2 给出了 CNSS 给出了一个全面的信息安全模型，即 McCumber 立方体（由 John McCumber 创建）。

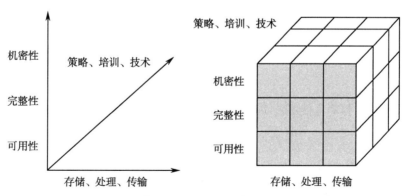

图 7-2　McCumber 立方体

McCumber 立方体的每个轴都分为 3 个单元，这就得到 27 个单元的立方体，每个单元表示当前信息系统安全的一个方面。为确保系统安全，必须确定每个单元的安全。例如，技术、完整性和存储之间的交叉部分，需要一个控制或安全措施，以利用技术在存储区域中保护信息的完整性。

二、信息安全技术概述

涉及信息安全的技术非常繁多,总体上可以分为三大类,即预防类技术、检测与恢复类技术和支持技术。

(一) 预防类技术

预防类技术用来阻止出现安全漏洞,主要包括:

1. **通信保护** 该技术用来保护实体间的通信,是保证完整性、可用性和保密性的基础。

2. **认证** 该技术用来保证通信的实体是它所声称的实体,即验证实体身份。

3. **授权** 授权表示允许一个实体对一个给定系统做一些操作,如访问一个资源。

4. **访问控制** 该技术用来防止非授权用户使用资源,包括控制谁可以访问资源,在什么条件下访问,能够访问什么。

5. **不可否认** 该技术用来保证信息发送方和接收方都不能否认发送和接收到的信息。

6. **隐私保护** 该技术用来保护数字交易的隐私性。

(二) 检测与恢复类技术

检测与恢复技术主要用于对安全漏洞的检测,以及采取行动恢复或降低这些漏洞产生的影响,主要包括以下内容:

1. **安全审计** 对信息系统的各种事件及行为实行监测、信息采集、分析,并针对特定事件及行为采取相应的动作。

2. **入侵检测** 该技术主要用来监控可能会危害系统安全的行为,以便采取安全机制和措施进行保护。

3. **整体检验** 用于检验系统或数据是否是完整的。

4. **恢复安全状态** 该类技术用于保证当发生安全事件时,系统能恢复到安全状态。

(三) 支撑技术

支撑技术是其他安全技术的基础,主要包括以下内容:

1. **鉴别** 该类技术能独特地识别系统中所有的实体,这些实体可能是用户、进程或信息资源。

2. **密码技术** 该类技术主要用来对数据进行加密、解密和密钥管理。

3. **安全管理** 对系统的安全属性进行管理,包括各类技术和软件的更新和运行情况的监控,以保证他们的正常运行。

三、数据加密与认证

(一) 加密技术

加密是将数据(明文)按照某种算法(加密算法)进行处理,使其成为不可读的信息(密文),使得非法用户即使取得加密过的数据,也无法获取其正确的内容。加密和解密过程如图 7-3 所示。

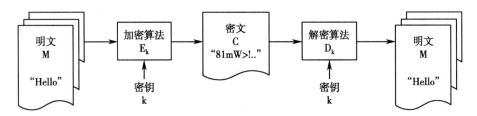

图 7-3 加密解密过程

加密和解密过程通常是在一组密钥(Key)的控制下进行的,密钥是在明文转换为密文或将密文转换为明文的算法中输入的参数。

(二)加密技术的分类

根据加密算法使用的加密密钥和解密密钥是否相同、能否由加密过程推导出解密过程(或者由解密过程推导出加密过程),可将加密技术分为对称加密和非对称加密两种。实际应用中,目前流行使用对称和非对称混合加密技术。

1. 对称加密 对称加密即对称密钥加密,即信息的发送方和接收方使用同一个密钥去加密和解密数据。它的最大优势是加/解密速度快,但密钥管理困难,如果该密钥被他人获取,那么他也就能进行解密了,所以要确保密钥被安全地传递给接受者。最流行的一种对称加密技术是 DES(Data Encryption Standard),它采用 56 位的密钥。之后,在此基础上又创建了 3DES(使用了 3 个 64 位的密钥)和 AES(Advanced Encryption Standards)(密钥长度支持 128 位、192 位和 256 位)。

2. 非对称加密 非对称密钥加密系统,又称公钥密钥加密。它需要使用不同的密钥来分别完成加密和解密操作,一个公开发布,即公开密钥,另一个由用户自己秘密保存,即私用密钥。信息发送者用公开密钥去加密,而信息接收者则用私用密钥去解密。公钥机制灵活,但加密和解密速度比对称密钥加密要慢得多。

假设小明要给小亮发送加密消息。小明首先进入一个公钥注册地,获得小亮的公钥。然后用小亮的公钥对消息进行加密,再发送给小亮。小亮收到加密后的消息后,用他的私钥(该私钥只有小亮一个人拥有)对消息进行解密。

(三)认证

加密用于保证信息的内容对非授权方而言是保密的。但是确无法保证信息的完整性,即信息是否被别人修改过,或是一个伪装的信息。这对于医疗系统中患者信息的传输尤其重要。传统的加密技术中,文件或消息的组成(每个字符)是相互独立的,缺乏彼此的绑定,这使得攻击者对信息的修改很难被发现。古代人在信封上加上蜡封的方法来保证邮件被完好地传递。现代密码技术中则使用认证技术来防止攻击者对信息的伪造、篡改和改变顺序等攻击。

认证有两个目的:一是验证信息的发送者不是冒充的,这称为实体认证,包括对信息发送方和信息接收方的认证和识别;二是验证信息本身的完整性,即数据在传送或存储过程中没有被篡改和改变顺序(内容顺序和时间顺序),这称为消息认证。

1. 身份认证 身份认证是指在信息系统中确认操作者身份的过程,从而确定该用户是否具有对某种资源的访问和使用权限,进而使计算机和网络系统的访问策略能够可靠、有效地执行,防止攻击者假冒合法用户获得资源的访问权限,保证系统和数据的安全,以及授权访问者的合法利益。

按认证的手段,用户身份认证技术可以分为以下三种:①根据用户知道的信息来证明身份(例如,密码、密钥或个人识别码等),即"你知道什么?"②根据用户拥有的东西来证明身份(例如,令牌、信用卡或智能卡等)即"你有什么?"③根据用户独一无二的身体特征来证明(例如,指纹、语音特征、面貌等),即"你是谁?"

为了达到更高的身份认证安全性,某些场景会将上面三种挑选两种混合使用,即所谓的双因素认证。以下罗列几种常见的认证形式:

(1)用户名/密码:用户名/密码是最简单也最常用的身份认证方法,是基于"你知道什么?"的验证手段。用户的密码是由用户自己设定的,在系统登录时输入正确的用户名和密码,即被系统认为是合法用户。

实际上,由于许多用户为了防止忘记密码,经常采用诸如生日、电话号码等容易被猜测的字符串作为密码,或者把密码抄在纸上放在一个自认为安全的地方,这样很容易造成密码泄漏。另外,在验证过程中,用户名和密码需要在计算机中存储和传输,此间可能会被恶意程序或网络监听手段截获。因此,用户名/密码方式一种是不安全的身份认证方式。

(2) 智能卡:智能卡是一种内置集成电路的芯片,芯片中存有与用户身份相关的数据。智能卡由合法用户随身携带,登录时必须将智能卡插入专用的读卡器读取其中的信息,以验证用户的身份。

智能卡方式是基于"你有什么?"的验证手段,通过智能卡硬件的不可复制来保证用户身份不会被仿冒。然而由于每次从智能卡中读取的数据是静态的,通过内存扫描或网络监听等技术还是很容易截取到用户的身份验证信息,因此存在安全隐患。

(3) 动态口令:动态口令是目前较为安全的身份认证方式,也是基于"你有什么?"的验证手段,也称为动态密码。

动态密码技术让用户的密码随时间或使用次数不断动态变化,每个密码只使用一次。口令牌是用户手持用来生成动态密码的终端,主流的是基于时间同步方式的,一般每 60 秒产生一个 6 位数字的密码。

但是由于基于时间同步方式的动态口令牌存在 60 秒的时间窗口,导致该密码在这 60 秒内存在风险,现在已有基于事件同步的,双向认证的动态口令牌。基于事件同步的动态口令,是以用户动作触发的同步原则,真正做到了一次一密,并且由于是双向认证,即:服务器验证客户端,并且客户端也需要验证服务器,从而达到安全性极高的身份认证。

(4) USB Key:USB Key 是一种 USB 接口的硬件设备,它内置单片机或智能卡芯片,可以存储用户的密钥或数字证书,利用 USB Key 内置的密码算法实现对用户身份的认证。基于 USB Key 身份认证系统主要有两种应用模式:一是基于挑战/应答的认证模式,二是基于 PKI(Public Key Infrastructure,公钥基础设施)体系的认证模式。

基于 USB Key 的身份认证方式是近几年发展起来的一种方便、安全的身份认证技术。它采用软硬件相结合、一次一密的强双因子认证模式,很好地解决了安全性与易用性之间的矛盾,已广泛运用在电子政务、网上银行等流域。

(5) 生物特征识别:这是基于"你是谁?"的认证手段。通过可测量用户的身体或行为等生物特征进行身份认证。生物特征是指用户自身唯一、可测量、可自动识别和验证的生理特征或行为方式。生理特征包括:指纹、掌型、视网膜、虹膜、人体气味、脸型、手的血管和 DNA 等;行为特征包括:签名、语音、行走步态等。

生物特征识别技术的成熟度、便利性和成本较高影响了此种认证方式的普及,其稳定性和准确性还有待提高。

2. 消息认证 消息认证就是验证消息的完整性,当接收方收到发送方的报文时,接收方能够验证收到的报文是真实的和未被篡改的。它包含两层含义:一是验证信息的发送者是真正的而不是冒充的,即数据源认证;二是验证信息在传送过程中未被篡改、重放或延迟等。

(1) 消息内容认证:消息内容认证常用的方法:消息发送者在消息中加入一个鉴别码(MAC、MDC 等)并经加密后发送给接受者。接受者利用约定的算法对解密后的消息进行鉴别运算,将得到的鉴别码与收到的鉴别码进行比较,若二者相等,则接收,否则拒绝接收。

(2) 消息源和宿的认证:消息源和宿的常用认证方法有两种:一种是通信双方事先约定发送消息的数据加密密钥,接收者只需要证实发送来的消息是否能用该密钥还原成明文就能鉴别发送者;另一种是通信双方实现约定各自发送消息所使用的通行字,发送消息中含有此通行字并进行加密,接收者只需判别消息中解密的通行字是否等于约定的通行字就能鉴别发送者。为了安全起见,通行字应该是可变的。

(四) 数字签名

数字签名(又称公钥数字签名、电子签章)是一种类似写在纸上的普通的物理签名,但是使用了非对称加密技术和数字摘要技术实现,用于鉴别数字信息的方法。一套数字签名通常定义两种互补的运算,一个用于签名(加密过程),另一个用于验证(解密过程)。

假如现在 Alice 向 Bob 传送数字信息,为了保证信息传送的保密性、真实性、完整性和不可否认性,需要对传送的信息进行数字加密和签名,其传送过程为:

(1) Alice 对数字信息(明文)进行哈希运算,得到一个信息摘要。

(2) Alice 用自己的私钥对信息摘要进行加密得到 Alice 的数字签名,并将其附在数字信息上。

(3) Alice 随机产生一个加密密钥,并用此密码对要发送的信息进行加密,形成密文。

(4) Alice 用 Bob 的公钥对刚才随机产生的加密密钥进行加密,将加密后的密钥连同密文一起传送给 Bob。

(5) Bob 收到 Alice 传送来的密文和加密过的密钥,先用自己的私钥对加密的密钥进行解密,得到 Alice 随机产生的加密密钥。

(6) Bob 然后用随机密钥对收到的密文进行解密,得到明文的数字信息,然后将随机密钥抛弃。

(7) Bob 用 Alice 的公钥对 Alice 的数字签名进行解密,得到信息摘要。

(8) Bob 用相同的哈希算法对收到的明文再进行一次哈希运算,得到一个新的信息摘要。

(9) Bob 将收到的信息摘要和新产生的信息摘要进行比较,如果一致,说明收到的信息没有被修改过。

数字签名是只有信息的发送者才能产生的别人无法伪造的一段数字串,类似于现实中的"亲笔签名"。结合非对称加密技术,数字签名技术能保证信息传输的保密性、完整性、发送者的身份认证和防止发生交易否认,所以得到了广泛的应用。

四、访问控制

访问控制是一组保证数据处理系统的资源只能由被授权主体按授权方式进行访问的方法。

(一) 主要功能

1. 防止非法的主体(用户、进程和设备等)进入受保护的网络资源。
2. 允许合法用户访问受保护的网络资源。
3. 防止合法的用户对受保护的网络资源进行非授权的访问。

(二) 分类

访问控制可分为自主访问控制和强制访问控制两大类。

自主访问控制,是指由用户有权对自身所创建的访问对象(文件、数据表等)进行访问,并可将对这些对象的访问权授予其他用户和从授予权限的用户收回其访问权限。

例如,Windows 系统中,用户通过对硬盘中的某个文件或文件夹进行安全、共享设置,以规定哪些人可以对该文件或文件夹进行哪些操作。选中某个文件夹单击鼠标右键,选择"属性",打开"属性"对话框,如图 7-4 所示。

单击图 7-4 中的"添加"或"编辑"按钮,可以设置访问控制的对象,例如用户"abc"。设置该用户对当前文件夹 / 文件的权限,例如"修改""读取"等。

Windows 7 提供了"家长控制"的设置,以便家长控制对儿童使用计算机的方式进行协助管理。例如,限制儿童使用计算机的时段、可以玩的游戏类型以及可以运行的程序。首先,单击"开始"菜单→"控制面板"→"用户账户和家庭安全"→"家长控制"→"创建新用户账户";然后,输入新用户账户名,创建新用户;再点击该新用户图标,打开用户控制对话框,如图 7-5 所示。

强制访问控制,是指由系统(通过专门设置的系统安全员)对用户所创建的对象进行统一的强制性控制,按照规定的规则决定哪些用户可以对哪些对象进行什么样操作系统类型的访问,即使是创建者用户,在创建一个对象后,也可能无权访问该对象。

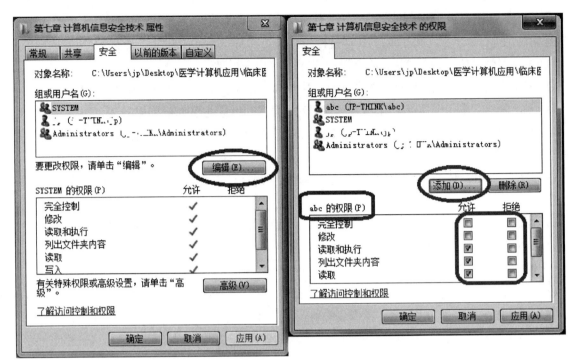

图 7-4 Windows 7 文件 / 文件夹权限设置

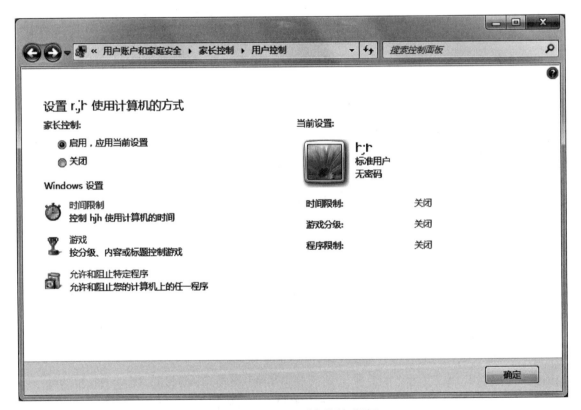

图 7-5 Windows 7 家长控制对话框

　　根据控制手段和具体目的的不同,将访问控制技术划分为不同的级别,包括入网访问控制、网络权限控制、目录级控制、属性控制及网络服务器的安全控制等。

　　经过 40 多年的发展,先后出现了自主访问控制、强制访问控制、基于角色的访问控制和使用控制等模型。

五、防火墙

(一) 基本概念

防火墙的本义是指古代构筑和使用木质结构房屋的时候,为防止火灾的发生和蔓延,人们将坚固的石块堆砌在房屋周围作为屏障,这种防护构筑物就被称之为"防火墙"。在计算机网络中,是一种位于内部网络与外部网络之间的网络安全系统,如图7-6所示。

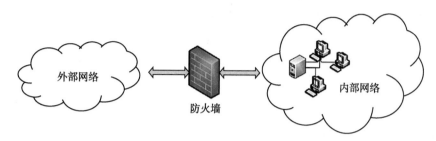

图7-6 防火墙示意图

"防火墙"将内部网和外部网(如 Internet)隔离开,它允许经过授权的人和数据进入内部网络,同时将未经授权的人和数据拒之门外,最大限度地阻止网络中的黑客来访问内部网络。内部网络的人访问 Internet 和 Internet 上的人访问内部网络都需要通过防火墙进行通信。

(二) 类型

防火墙是一种综合性技术,形式多种多样,有的是现有协议上的一个软件模块,有的是一套独立的软件系统,有的是一个专用硬件设备。

1. 根据物理特性,可以将防火墙分为软件防火墙和硬件防火墙。

软件防火墙单独使用软件系统来完成防火墙功能,将软件部署在系统主机上,其安全性较硬件防火墙差,同时占用系统资源,在一定程度上影响系统性能。其一般用于单机系统或是极少数的个人计算机,很少用于计算机网络中。

硬件防火墙是指把防火墙程序做到芯片里面,由硬件执行这些功能,能减少 CPU 的负担,更稳定和高效。软件防火墙通常只有数据包过滤功能,硬件防火墙除了具备软件防火墙的功能,还具有其他功能,例如内容过滤、入侵侦测、入侵防护以及 VPN(Virtual Private Network,虚拟专用网)等功能。

2. 根据体系结构,可以将防火墙分为单机防火墙、路由集成防火墙和分布式防火墙。

单机防火墙就是一台独立于其他网络设备的专用防火墙设备,位于网络边界。有些路由器设备中也嵌入了防火墙功能,称为路由集成式防火墙。

分布式防火墙不只是位于网络边界,而是将防火墙的防护体系渗透到网络中的每一台主机,为内部网络的主机构建全面的保护,且性价比较高。

3. 根据工作所在的网络层,可以将防火墙分为网络层防火墙、应用层防火墙和数据库防火墙。

网络层防火墙可视为一种 IP 数据包过滤器,运作在底层的 TCP/IP 协议堆栈上。它只允许符合特定规则的包通过防火墙,这些规则通常可以由管理员定义,例如:来源 IP 地址、来源端口号、目的 IP 地址或端口号、服务类型(如 HTTP、FTP)等。操作系统及网络设备大多已内置防火墙功能。

应用层防火墙是在 TCP/IP 堆栈的"应用层"上运作。应用层防火墙可以拦截进出某应用程序的所有数据包。理论上,这一类的防火墙可以完全阻绝外部的数据流进到受保护的机器里,但是必须具有丰富的应用识别,才能确保安全策略更精细,更可视。

数据库防火墙基于数据库协议分析与控制技术,根据预定义的禁止和许可策略让合法的 SQL 操作通过,阻断非法违规操作,形成数据库的外围防御圈。

（三）Windows 防火墙

Windows 7 操作系统在系统安全性方面有了很多的改进,其自带的防火墙功能更实用,操作更简单。从 Windows 7 "开始" 菜单处进入控制面板,然后找到 "系统和安全" 选项点击进入,即可找到 "Windows 防火墙" 功能,其操作界面如图 7-7 所示。

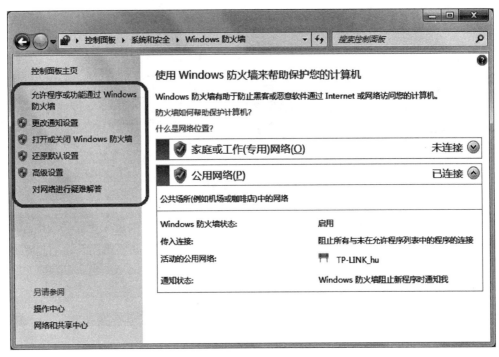

图 7-7　Windows 防火墙

它提供了 5 个关联的设置:

1. 允许程序或功能通过 Windows 防火墙
2. 更改通知设置
3. 打开或关闭 Windows 防火墙
4. 还原默认设置
5. 高级设置

六、入侵检测

（一）基本概念

入侵检测(Intrusion Detection),就是对入侵行为的发觉。它通过对计算机网络或计算机系统中若干关键点收集信息并对其进行分析,从中发现网络或系统中是否有违反安全策略的行为和被攻击的迹象。

入侵检测作为一种积极主动地安全防护技术,提供了对内部攻击、外部攻击和误操作的实时保护,在网络系统受到危害之前拦截和响应入侵。因此被认为是防火墙之后的第二道安全闸门,在不影响网络性能的情况下能对网络进行监测。

入侵检测通过执行以下任务来实现:监视、分析用户及系统活动;系统构造和弱点的审计;识别并反映已知进攻的活动模式,向相关人士报警;异常行为模式的统计分析;评估重要系统和数据文件的完整性;操作系统的审计跟踪管理,并识别用户违反安全策略的行为。

入侵检测是防火墙的合理补充,帮助系统对付网络攻击,扩展了系统管理员的安全管理能力(包括安全审计、监视、进攻识别和响应),提高了信息安全基础结构的完整性。

(二) 分类

按入侵检测系统所采用的技术可分为特征检测与异常检测两种。

1. 特征检测　特征检测(Signature-based detection),这一检测假设入侵者活动可以用一种模式来表示,系统的目标是检测主体活动是否符合这些模式。它可以将已有的入侵方法检查出来,但对新的入侵方法无能为力。其难点在于如何设计模式既能够表达"入侵"现象又不会将正常的活动包含进来。

2. 异常检测　异常检测(Anomaly detection)的假设是入侵者活动异常于正常主体的活动。根据这一理念建立主体正常活动的"活动简档",将当前主体的活动状况与"活动简档"相比较,当违反其统计规律时,认为该活动可能是"入侵"行为。异常检测的难题在于如何建立"活动简档"以及如何设计统计算法,从而不把正常的操作作为"入侵"或忽略真正的"入侵"行为。

根据数据源的不同,可分为基于主机的入侵检测系统、基于网络的入侵检测系统和分布式入侵检测系统。

1. 基于主机的入侵检测系统　一般主要使用操作系统的审计、跟踪日志和目标对象的信息作为数据源,有些也会主动与主机系统进行交互以获得不存在于系统日志中的信息以检测入侵。这种类型的检测系统不需要额外的硬件,对网络流量不敏感,效率高,能准确定位入侵并及时进行反应,但是占用主机资源,依赖于主机的可靠性,所能检测的攻击类型受限。不能检测网络攻击。

2. 基于网络的入侵检测系统　通过被动地监听网络上传输的原始流量,对获取的网络数据进行处理,从中提取有用的信息,再通过与已知攻击特征相匹配或与正常网络行为原型相比较来识别攻击事件。此类检测系统不依赖操作系统作为检测资源,可应用于不同的操作系统平台;配置简单,不需要任何特殊的审计和登录机制;可检测协议攻击、特定环境的攻击等多种攻击。但它只能监视经过本网段的活动,无法得到主机系统的实时状态,精确度较差。

3. 分布式　这种入侵检测系统一般为分布式结构,由多个部件组成,在关键主机上采用主机入侵检测,在网络关键节点上采用网络入侵检测,同时分析来自主机系统的审计日志和来自网络的数据流,判断被保护系统是否受到攻击。

任务 7-2　计算机安全防范

【任务描述】

1. 掌握各种威胁计算机安全的恶意程序的防范措施。
2. 熟识计算机安全防范软件的使用。

【知识点分析】

7.2.1　计算机安全防范措施

当前,人们面临的计算机和网络安全问题日益严峻,作为个人用户,主要面临的威胁是恶意程序和网络攻击。所以,首先要提升自己的网络安全意识,其次必须掌握必备的安全防范知识和技术,以保障自己的计算机安全。

一、安装与使用安全软件

配置好的计算机首先要安装安全软件,并设置为开机自启动。当前的许多安全软件通常具备了多种功能,例如杀毒、软件升级、实时监控和打补丁等功能。

二、及时系统升级和打补丁

用户应养成及时下载最新安全漏洞补丁和升级软件的习惯,同时升级杀毒软件、开启病毒实时监控。大部分严重的信息安全威胁都是由系统的安全漏洞诱发的,所以及时发现和处理漏洞是安全防范的重中之重。

但是,在遇到银行系统升级要求用户更改密码的消息时,一定要谨慎确认。

三、操作系统安全设置

Windows 操作系统中提供了防火墙、网络服务控制等安全软件,用户要尽量学会对这些安全保护措施的使用。具体来说,就是 Windows 系统的"控制面板"中"系统和安全"上的设置。

仅在需要的时候开启文件 / 文件夹共享,并及时关闭共享,而且在开启共享时尽量不授予"写权限"。

当用户较长时间离开或不用计算机时,系统通常会进入休眠或睡眠状态,以节约用电。但是如果不设置休眠 / 睡眠密码将会面临在用户离开期间计算机被他人使用的风险。

禁止访问和编辑注册表,因为用户日常并不需要经常修改注册表,而且这样可以避免被恶意程序和他人使用。点击 Windows 系统的"开始"菜单,在"搜索"对话框中输入"regedit"可以打开注册表编辑器。

在觉察到计算机的异常时可通过 Windows 任务管理器(按 Ctrl+Alt+Delete 组合键启动,如图 7-8 所示)或安全软件查看和管理正在运行的程序和进程,及时关闭可疑的程序和进程,并开启安全软件进行杀毒和修复。

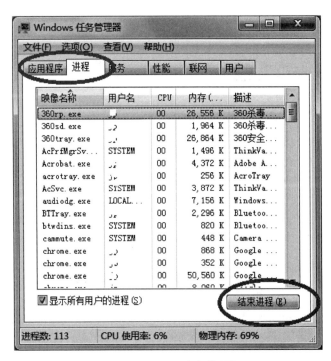

图 7-8　Windows 任务管理器

如果一台计算机供多人使用,最好分别建立用户账户,以便于进行用户管理和访问控制。

默认情况下,许多操作系统会安装一些辅助服务,如 FTP 客户端、Telnet 和 Web 服务器。这些服务为攻击者提供了方便,而对普通用户并没有太大用处,关闭或删除它们可以大大减少被攻击的可能性。

四、日常安全行为

良好的计算机日常使用行为可以避免不少安全风险。

(一) 基于网页的使用

网上许多可供下载的资料或软件中隐藏着病毒或木马,下载要谨慎,尽量从知名、可靠的网站下载。比较知名的软件下载网站有华军软件园(http://www. onlinedown. net)和太平洋下载中心(http://dl. pconline. com. cn)等;资料下载的知名网站有豆丁网(http://www. docin. com)和百度文库(http://wenku. baidu. com)等。但是对下载的软件和文件在安装和打开前也要先确认其来历,尽量先用安全软件进行检查。

在浏览网页时也要格外小心,因为有些网页上设置了木马。所以,尽量不要登录来历不明的网站,当网页上出现未知插件是否安装时,要确定其来源和安全性。尽量把浏览器调到较高的安全等级。

在进行在线交易操作时尽量使用 USB 证书认证方式,不要在公用计算机上使用网银、支付宝等金融服务。网上购物时要选择相对知名、信誉度高的网店。登录金融类网站时,应直接输入其域名,而不要通过其他网站提供的链接进入,因为这些链接可能误导进入钓鱼网站。留意浏览器地址栏,如果发现网页地址不能修改,最小化浏览窗口后仍可看到浮在桌面上的网页地址等现象,要立即关闭浏览器窗口,以免账号密码被盗。

另外,尽量禁用浏览器的缓存功能、自动保存用户名和密码、自动加载应用程序等功能,不要随意安装浏览器插件和组件。定期清理本地缓存、Cookie、历史记录及临时文件内容。为浏览器下载设置统一、独立的存储目录。

(二) 使用安全性强的密码

需要使用密码的场合很多,尽量设置不同的密码,防止一次泄露就被"一网打尽"。密码不要太简单,尽量使用字母、数字和特殊符号的组合,增加被破解的难度。避免使用生日、电话号码等容易被猜测的密码。

比较好的一个方法是设计一个好记的规律,然后用这个规律创造密码,这既保证了复杂性,有较容易记住。例如采用汉语拼音的首字母和有规律的数列等。重要密码最好要经常更换。

(三) 电子邮件

不要轻易打开邮件的附件和点击邮件内容中的链接。

通过邮件客户端或邮箱网页设置垃圾邮件过滤功能。

谨慎使用自动回信功能,一是可能会给对方提供一些额外的信息,另外就是有可能被邮件炸弹攻击。设想一下,如果对方也开启了自动回复功能,那么时间一长,双方的邮箱都有可能被自动回信塞满。

建立独立于邮件客户端软件安装目录之外的邮件保存目录。对下载的邮件附件用安全软件进行检测。

禁用或限制邮件客户端系统对带格式邮件、附件的自动处理和显示功能。

定期清理、转移或归档历史邮件。

(四) 即时通讯

在使用即时通讯软件时,不要轻易打开聊天中的超链接和接收好友发送的文件。及时升级软件,不要随便接收陌生人的添加好友申请。

（五）文档编辑

禁用文档编辑软件（例如 Word）的网络自动连接等功能。

对重要的文档设置口令保护，限制对文档的读写。

不安装和运行来历不明的插件。

（六）移动设备

在 Windows 操作系统下，当闪存盘、移动硬盘、手机等移动设备插入计算机时，系统通常会自动启动默认程序或播放视频文件，这成为恶意程序可利用的途径。所以在使用移动设备前，尽量先对其进行杀毒。禁用系统的"自动播放"功能可以防止恶意程序的自启动。在打开移动设备的方式上尽量使用右键单击设备图标，然后在快捷菜单中选择"打开"。因为双击移动设备图标可能在打开设备的同时也启动了移动设备中的默认程序。

（七）网络接入

不要连接来历不明的无线网。

当用户的计算机发现病毒或异常时应立刻断网，以防止计算机受到更多的感染，或者成为传播源，再次感染其他计算机。

五、数据备份

相对于软件，数据更为重要，因为软件可以重新安装，而资料的损失通常无法弥补。恢复硬盘资料的价格较高且不一定可靠，而且面临个人隐私泄露的风险。所以做好重要数据的定期备份，以防万一。数据备份的方法很多，其中最为廉价的方法是使用刻录光驱将数据刻录到光盘上；其次是将数据备份到额外的大容量移动硬盘或闪存盘上。

7.2.2　常用计算机安全防护软件

对个人用户来说，使用功能比较齐备的安全防护软件进行计算机的保护是比较简单、可行的方法。下面介绍几款知名的计算机安全防护软件，他们提供的功能具有相似性，而且由于安全技术的飞速发展，所以仅对他们做简单介绍。如果要详细了解和使用它们，请参考其官方网站的相关内容。

一、360 安全卫士与 360 杀毒

360 安全卫士是一款由 360 公司推出的免费的安全类上网辅助工具软件，拥有木马查杀、恶意软件清理、漏洞补丁修复、电脑全面体检等安全防护功能。同时还具有开机加速、垃圾和痕迹清理等多种系统优化功能。内含的 360 软件管家还可帮助用户轻松下载、升级和强力卸载各种应用软件。

由于 360 安全卫士开启了免费杀毒的先河，使用方便、功能强大、占用资源相对较低等特点，所以得到广泛使用。

360 杀毒专门用于查杀病毒；通常和 360 安全卫士是同时安装的。

公司网址：http://www.360.cn

二、腾讯电脑管家

腾讯电脑管家是由腾讯公司发布的一款免费安全软件，集成了杀毒和系统管理功能，包括病毒和木马

查杀、实时保护、修复漏洞、系统清理、电脑加速、软件管理、硬件检测、网速保护等功能。

下载网址：https://guanjia.qq.com/

三、金山毒霸

金山毒霸是金山公司研发的云安全智扫反病毒软件。融合了启发式搜索、代码分析、虚拟机查毒等经业界证明成熟可靠的反病毒技术，使其在查杀病毒种类、查杀病毒速度、未知病毒防治等多方面达到先进水平，同时金山毒霸具有全面扫描、软件净化、实时监控、压缩文件查毒、查杀电子邮件病毒等多项的功能。

下载网址：http://www.ijinshan.com/

四、瑞星杀毒软件 V17

瑞星杀毒软件 V17 采用瑞星最先进的四核杀毒引擎，性能强劲，能针对网络中流行的病毒、木马进行全面查杀。同时加入内核加固、应用入口防护、下载保护、聊天防护、视频防护、注册表监控等功能，一款软件即可帮助用户实现多层次全方位的信息安全立体保护。

下载地址：http://pc.rising.com.cn/

五、百度卫士与百度杀毒

百度卫士是百度公司出品的系统工具软件，集成了电脑加速、系统清理、安全维护三大功能，为用户提供电脑及网络安全服务。此外，百度卫士悬浮窗还可以一键搜索，并智能感知电脑、办公各类问题。

百度杀毒是百度公司全新出品的专业杀毒软件，具有病毒查杀、弹窗拦截、网购保镖、支付前极速扫描、精准拦截被篡改网址、网购中的智能提醒服务、浏览器保护和安全沙箱(隔离环境中的运行软件)等功能。

下载地址：http://anquan.baidu.com/shadu/index.html

六、国外公司的安全软件

国外比较著名的计算机安全软件包括：
1. 美国赛门铁克公司的赛门铁克杀毒软件和诺顿杀毒软件等。
2. 美国 McAfee 公司的 McAfee 杀毒软件。
3. 俄罗斯卡巴斯基实验室开发的卡巴斯基反病毒软件。
4. 德国 Avira 公司开发的 Avira AntiVir 杀毒软件，中文名为"小红伞"。

【任务扩展】

安装并使用一款计算机安全防护软件，比如 360 安全卫士。

（胡　杰）

学习小结

本章重点介绍了计算机信息安全相关的概念和常用技术，包括各种恶意程序的概念、特征和危害，数据加密与认证，数字签名，访问控制和入侵检测。

读者在学习这一章时要结合实践，利用计算机系统自身提供的安全软件、专门的杀毒和系统管理软件，以及养成良好的计算机安全意识和行为习惯，合力为自己的计算机或智能手机构筑安全保护伞。

复习参考题

1. 尝试用本章介绍检测病毒的方法检测本人的计算机是否有病毒？

2. 在使用计算机网络的时候，试举例说明具体应如何遵守网络道德？

3. 为什么说数据是信息系统中最重要的资源，还有哪些资源需要保护？

4. 安装一款防病毒软件并扫描系统。

5. 简述计算机病毒的概念和特征。

6. 简述木马程序的原理和危害。

7. 举例说明计算机中毒后的异常表现。

8. 分析钓鱼网站的常用欺骗技术，如何防范？

9. 对 IE 浏览器进行安全设置，删除历史记录、Cookie 和临时文件等。

10. 在使用电子邮件的过程中有哪些安全方面的防范措施？

11. 讨论加密技术在信息安全中的应用。

12. 数字签名是什么？它有什么功能？

13. 你使用过哪些身份认证手段，简述其工作过程。

14. 防火墙有哪些功能？你觉得他存在什么安全隐患？

第八章　医院信息系统

8

学习目标

掌握　数字化医院和医院信息系统基本概念。

熟悉　医院信息系统的基本功能规范。

了解　医院信息系统各个子系统的功能及工作流程。

能力目标

　　正确理解数字化医院和医院信息系统基本概念、功能,尽快掌握与理解自己医院所运行的医院信息系统各个子系统的功能。

医院信息系统（Hospital Information System，简称 HIS 系统）是指运用网络通讯技术及计算机技术等相关技术实现对医院各个部门的人员、财务及物流情况进行有效管理，并对在医院医疗活动中产生的数据进行收集和相应的处理，进而为医院的良好运行提供一系列服务和管理。

就医院外部而言，医院信息系统能够实现有效地远程治疗，并将医疗过程中发现的传染病及时上报，实现与医疗保险机构相关信息的合理衔接；就医院内部而言，医院信息系统的建立能够有效实现对信息传输过程的简化、对医院各项工作效率进行提升、对医院医护人员在实际情况中的诊疗质量进行提升、为院长的决策过程提供真实可靠的依据。

任务 8-1　初步认识数字化医院

【任务描述】

随着计算机技术的发展，信息化、科学化的概念已渗透到医院管理之中，医院的管理模式逐步实现了由经验管理向信息管理的转变。医院信息系统目前在国际学术界已公认为新兴的医学信息学（Medical Informatics）的重要分支，同时也是数字化医院建设的核心内容之一。作为医务人员，掌握数字化医院和医院信息系统基本概念显得十分必要的。

【知识点分析】

8.1.1　数字化医院简介

一、数字化医院发展阶段

国内外数字化医院发展经历了医院管理信息化、临床管理信息化、局域医疗卫生服务信息化等三个阶段。目前，国际上数字化医院日趋成熟，国内有些医院已开始尝试通过网络远程医疗会诊疑难病症、进行高难度手术、护理患者、健康咨询、康复指导，并取得了满意的结果。

我国从 20 世纪 90 年代末开始进行建设数字化医院的探索，未来几年我国将有 70%~80% 的医院实现信息化管理，连接成一个庞大的医疗信息网络，为医生、护士、患者提供一个更为快捷、有效的信息纽带和相互交流的广阔空间。

数字化医院的建设使传统的医疗方式发生了深刻变化。例如，医院所有的临床业务全部实现了无纸化运行，患者的门诊和住院病历、检查结果等各类信息都完整地保存在医院数据库中；医生们扔掉了纸和笔，不管是开具处方，还是各类检查检验，数据及图像采集、传输，一切都在电脑前进行，在网络中传递；护士们每天测量完患者的体温、脉搏、血压等都录入电脑，在电脑上自动形成曲线，并按时段图形显示，患者的生命体征一目了然。

二、数字化医院概念

数字化医院（Digital Hospital 或 E-Hospital）简单讲就是利用先进的计算机及网络技术，将患者的诊疗信息、卫生经济信息与医院管理信息等进行最有效的收集、整合、储存与传输，并纳入整个社会医疗保健数据库，使医院的服务对象由"有病求医"的患者扩展到整个社会。患者在世界上任何一个地方，只要通过网络接入,就可轻松查询个人健康档案、向医生进行健康咨询等;需要到医院就医时,可以在家中预约挂号。

数字化医院系统是医院业务软件、数字化医疗设备、网络平台所组成的三位一体的综合信息系统,数字化医院工程有助于医院实现资源整合、流程优化,降低运行成本,提高服务质量、工作效率和管理水平。

三、数字化医院定义

狭义上的数字化医院是指利用计算机和数字通信网络等信息技术,实现语音、图像、文字、数据、图表等信息的数字化采集、存储、阅读、复制、处理、检索和传输。即数字化医疗设备(DR)、医院信息系统(HIS)、医学影像存储和通信系统(PACS)与办公自动化系统(OA)等。其主要特征包括无纸化、无胶片化、无线网络化。

广义上的数字化医院是指基于计算机网络技术发展,应用计算机、通讯、多媒体、网络等其他信息技术,突破传统医学模式的时空限制,实现疾病的预防、保健、诊疗、护理等业务管理和行政管理自动化数字化运作。实现医疗服务的全面数字化,即联机业务处理系统(OLTP)、医院信息系统(HIS)、临床信息系统(CIS)、联机分析处理系统(OLAP)、互联网系统(Intranet/Internet)、远程医学系统(Tele medicine)、智能楼宇管理系统(IBMS)等。其主要特征包括全网络(多系统全面高性能网络化)、全方位(医教研诸方面)、全关联(医院、社会、银行、社区、家庭全面关联)(图 8-1)。

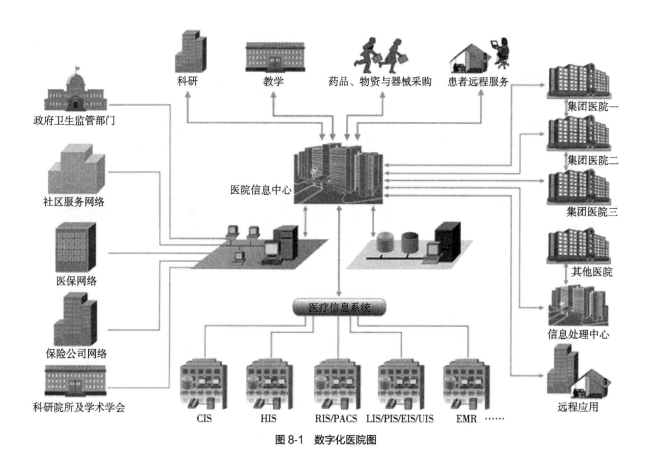

图 8-1 数字化医院图

四、数字化医院的主要系统组成:

● HIS(Hospital Information System)医院信息系统;

- PACS（Picture Archiving and Communication Systems）医学图像档案管理和通信系统；
- LIS（Laboratory Information System）检验信息系统；
- CIS（Clinic Information System）临床管理信息系统；
- RIS（Radiology Information System）放射科信息系统；
- GMIS（Globe Medical Information Service）区域医疗卫生服务；

此外还有：CAE 计算机辅助教学系统、CAD 计算机辅助诊断系统、CAT 计算机辅助治疗系统、CAS 计算机辅助外科系统、RTIS 放射治疗系统等。

五、数字化医院架构

数字化医院的技术核心是智能化与信息化的集成融合，集成优化系统资源，提高医院各系统的协同能力。其特点是"四化"：建筑智能化、医疗数字化、管理信息化、资源社会化；"三无"：无纸化、无胶片化、无线化。

数字化医院是医院管理流程中诸多复杂环节的融合，将诊疗信息化和管理智能化集为一体，"以病人为中心，以医疗信息为主线"，以智能化和信息化技术为支撑，实现医院诊疗自动化、建筑设备管理智能化、管理信息集成化，并以信息的互通和互操作构架各类应用系统，形成诊疗手段完备、管理科学、信息一体化、高效节能的数字化医院解决方案（图 8-2）。

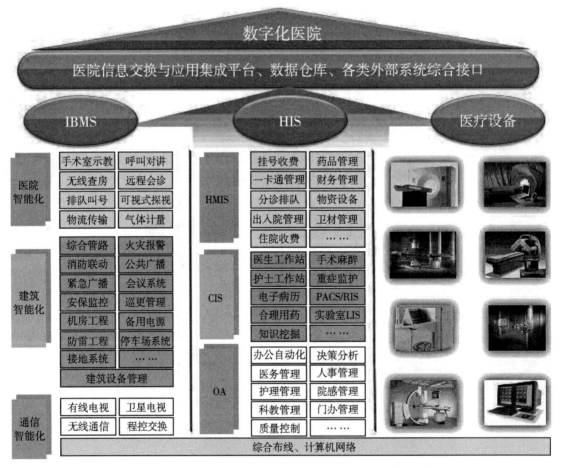

图 8-2 数字化医院总体架构

六、方案特色与优势

- 全面融合智能化和信息化,整体规划设计的应用解决方案。
- 聚焦医院关注的问题:医疗质量、服务质量、成本核算、运营节能,支持医院集团化发展。
- 集国内外医院先进成熟、实用可靠以及高性价比的设计理念和系统技术。
- 整体设计、按需定制、模块组合等灵活应用和配置。
- 强大的医院信息共享和应用集成平台架构,可按标准化"插座式"方式轻松集成各类厂商的不同系统,彻底告别信息孤岛,使医院决策分析实现"一键式"数据集成展现。
- 建立统一的网络平台、控制平台和信息平台,三大平台各司其职,按照业务和管理流程的要求进行必要的数据融合,功能集成。
- 基于 IP 解决的方案,采用 SOA 架构,实现办公信息、临床关键信息(包括用药、监护、手术、检验、影像)和智能化运营管理信息(包括设备管理、节能、安防、会议、示教等)的集成,实现控制、发布、统计、查询和浏览。
- 智能提醒与警示(如配伍禁忌提示),保证医疗安全,防范差错事故,减少医疗纠纷发生。
- 全程可定义的医疗质量控制流程与监管要素,可对医疗质量实时监控与动态反馈,提高医疗服务质量,促进医疗行为规范化。
- 基于工作流引擎的工作效率分析(如分析患者平均收费等待时间、候诊时间等)。根据分析报告,医院可作出精确的流程优化与重组决策,给患者带来更高效、优质的医疗服务。
- 院、科、组、个人多级成本与绩效核算。
- 医院的物流管理及审核评估提供支持。

8.1.2　医院信息系统简介

20 世纪 60 年代初,美国、日本、欧洲各国开始建立医院信息系统,到 70 年代已建成许多规模较大的医院信息系统(Hospital Information System,HIS)。医院信息系统的发展趋势是通过不同系统中病历、登记、检测、诊断等指标标准化的建立,将各类医疗器械直接联机并将附近各医院乃至地区和国家的医院信息系统联成网络。医院信息系统的高级阶段将普遍采用医疗专家系统,建立医疗质量监督和控制系统,进一步提高医疗水平和保健水平。医院信息系统的总体架构如图 8-3 所示。

一、国内医院信息系统发展的四个阶段

我国医院信息建设伴随着计算机和网络技术的发展,历经 30 多年,大体经历了以下四个阶段:

1. **单机应用**　始于 20 世纪 70 年代末 80 年代初,主要用于门诊收费、住院患者费用管理、药库管理等。

2. **部门级局域网**　20 世纪 80 年代中期,代表性的应用系统主要有住院患者管理系统、门诊计价及收费发药系统、药品管理系统等。

3. **完整的医院信息系统**　20 世纪 90 年代初开始,一些大医院相继在 100M 快速以太网上建立了较为完整的医院信息系统。

4. **数字化医院雏形**　21 世纪初一些大型医院开始建立以患者为中心的临床信息系统,建立门诊、住院医生护士工作站,实现电子病历、电子处方、电子申请单、条形码等数字化技术的应用。

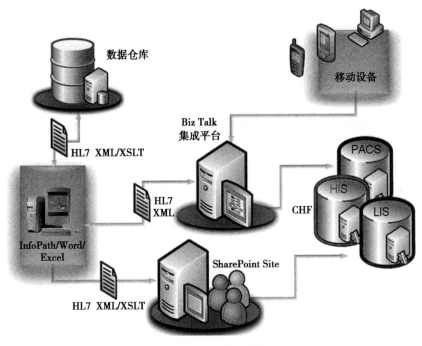

图 8-3 医院信息系统的总体架构

二、国外临床信息系统（CIS）的基本构成

目前,国际上医疗技术较发达的国家已由医院信息系统第四阶段向前迈进,其 CIS 由以下几个部分组成。

- 患者管理　　　　　　　　　　　　ADT&Patient Administration
- 医嘱输入　　　　　　　　　　　　Physician Order Entry
- 电子病历系统　　　　　　　　　　Computer-based Patient Record
- 药物物资系统　　　　　　　　　　Pharmacy/supply management
- 资源与预约　　　　　　　　　　　Resource & Scheduling
- 放射信息系统　　　　　　　　　　RIS
- 实验室信息系统　　　　　　　　　LIS
- 危重监护系统　　　　　　　　　　Critical/Intensive Care Unit
- 图像存档与通讯管理系统　　　　　PACS
- 患者转诊　　　　　　　　　　　　Patient Referral

三、国内医院信息系统的发展趋势

国内也有部分医院由医院信息系统第四阶段向前迈进,其未来发展趋势可以归纳以下几个方面。

（一）实现全面集成化的数字化医院

数字化医院是由医院建筑智能化、数字化医疗设备、医院信息系统有机结合而成的三位一体的现代医院运营体系。数字化医院的规划与建设包括了智能技术、信息技术、数字影像、设备集成、电子医疗、临床应用、生物信息化、远程医学、辅助医疗等多个学科体系,技术核心是智能化与信息化的集成融合,它将改变目前医院智能化楼宇与信息化独立建设、各自为政的局面,信息系统在兼顾医院业务的同时,也将充分整合楼控、安保、电力、暖通、消防等系统,集成优化系统资源,提高医院各系统的协同能力。其特点是"四化":建筑智能化、流程数字化、管理规范化、信息集成化。

（二）建立开放、稳定的集临床和医院管理为一体的数字化网络平台

目前我国的临床信息系统（CIS）、医学影像信息系统（PACS）和检验信息系统（LIS）等与国外发达国家相比还有一定差距。现在我国一些先期信息化建设基础较好的医院逐渐转向这些系统的建设，预计未来几年会有较好发展，医院信息系统（HIS）也将与这些系统相集成，不存在信息孤岛，临床业务和管理工作流覆盖全院各个环节，实现医疗信息资源的共享，使对医疗、教学、科研、预防等多种需求相集成。随着医保工作的推进，医院信息系统逐渐从局域网向广域网发展。而远程医疗出现和发展，医院信息系统可以面向远程医疗的需求，实现与院外信息应用的连接，加速网络化和开放化的发展。

（三）采用先进技术的临床信息系统（CIS）

信息化技术与楼宇智能化技术的快速发展，将为数字化医院的建设奠定坚实的技术基础。一方面，在信息存储上，采用目前国际上最先进的 POMR 结构，该树形结构更适用于对医学信息的描绘，且符合国际标准的信息编码；另一方面，对于电子病历的交换则遵循 HL7 最新准，如 HL7 Version3.0 Standard 是未来医院之间电子病历交换的前提，可以记录在磁盘、磁卡、IC 卡或通过网络等传输；同时采用同一界面访问医生工作站及电子病历系统，包括图像、实验室结果及报告，实现信息使用方便和实现信息共享。

任务 8-2　医院信息系统的基本功能

【任务描述】

医院信息系统几乎涵盖了患者到医院就诊所涉及的全过程的费用管理与诊疗管理。作为医务人员，了解和熟悉医院信息系统的基本目标和基本功能规范是十分必要的。

【知识点分析】

8.2.1　医院信息系统功能分析

从概念上说，医院信息系统的功能是指利用现代计算机软、硬件技术，建成一个涵盖全院各部门、各科室的数字化医院信息管理系统，以功能完善和流程优化为核心，加速医院内部各种信息的传递、开发和利用，为医院管理和科学决策提供依据。由此可见，医院业务对于信息系统的依赖是不容置疑的。

一、医院信息系统通过软件来实现医院管理和临床管理服务，其服务流程主要包括：

- 以财务核算为主的服务流程：包括分诊挂号系统、收费结算系统、各类医保接口等
- 以患者就诊为主的医疗流程：包括医生工作站、护士工作站、PACS 影像系统、LIS 检验系统、手术麻醉系统、药房系统等
- 以后勤管理为主的管理流程：包括物资、供应、制剂、膳食等辅助系统

二、医院信息系统的具体目标涉及以下几个方面：

（一）体现"以病人为中心"的服务宗旨，通过患者整个就医过程，获取各种信息（包括诊疗、药品、收费

等信息),从而及时准确地收集到第一手资料。

(二)适应卫生体制改革的需要,不断提高医疗质量和工作效率,为患者提供更加快捷、优质、完善的服务。

(三)规范医院管理,堵塞财、物漏洞,杜绝各种浪费现象。

(四)改进医院管理手段和方法,对各种数据进行精确统计,以代替过去的模糊定量考核,对各项指标进行实时动态监控,以替代滞后的数据汇总。

(五)为院领导提供各部门、各科室的动态工作情况,辅助院领导对医院工作作出科学决策。

8.2.2　医院信息系统功能划分

原卫生部《医院信息系统基本功能规范》(2002年版)中根据数据流量、流向及处理过程,将整个医院信息系统划分为五部分,即临床诊疗部分、药品管理部分、经济管理部分、综合管理与统计分析部分、外部接口部分。

一、临床诊疗部分

临床诊疗部分主要以患者信息为核心,将整个患者诊疗过程作为主线,医院中所有科室将沿此主线展开工作。随着患者在医院中每一步诊疗活动的进行产生并处理与患者诊疗有关的各种诊疗数据与信息。整个诊疗活动主要由各种与诊疗有关的工作站来完成,并将这部分临床信息进行整理、处理、汇总、统计、分析等。

临床诊疗部分包括门诊医生工作站、住院医生工作站、护士工作站、临床检验系统、输血管理系统、医学影像系统、手术室麻醉系统、重症监护管理系统等。

二、药品管理部分

药品管理部分主要处理药品的管理与临床使用。在医院中药品从入库到出库直到患者的使用,是一个比较复杂的流程,它贯穿于患者的整个诊疗活动中。这部分主要处理的是与药品有关的所有数据与信息。

药品管理可分为两部分,一部分是基本部分,包括药库、药房及发药管理;另一部分是临床部分,包括合理用药的各种审核及用药咨询与服务。

三、经济管理部分

经济管理部分属于医院信息系统中的最基本部分,它与医院中所有发生费用的部门有关,处理的是整个医院中各有关部门产生的费用数据,并将这些数据整理、汇总、传输到各自的相关部门,供各级部门分析、使用并为医院的财务与经济收支情况服务。

经济管理部分包括门急诊挂号,门急诊划价收费,住院患者入、出、转、住院收费,物资管理,设备管理,财务与经济核算等。

四、综合管理与统计分析部分

综合管理与统计分析部分主要处理病案的统计分析、管理,并将医院中的所有数据汇总、分析、综合处理供领导决策使用。

综合管理与统计分析部分包括:病案管理、医疗统计、院长综合查询与分析、患者咨询服务。

五、外部接口部分

随着社会的发展及各项改革的进行,医院信息系统已不是一个独立存在的系统,它必须实现与社会上相关系统的互联。

外部接口部分提供了医院信息系统与医疗保险系统、社区医疗系统、远程医疗咨询系统等连接。

目前,国内各层次医院的医院信息系统基本涵盖了门急诊管理、住院管理、医技管理和医疗物资管理等四大子系统。

完善的一体化医院信息系统结构如图 8-4 所示。

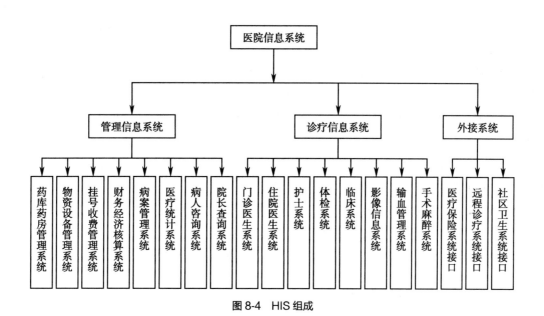

图 8-4 HIS 组成

任务 8-3 门急诊与住院管理子系统

【任务描述】

患者张某,因感冒、发烧来院就诊,作为一名导诊员,请你引导该患者完成在门急诊的就医过程。若患者必须住院治疗,作为一名医务人员,又如何正确使用住院管理信息系统?

【知识点分析】

8.3.1 门急诊管理系统

一、系统概述

门急诊信息管理系统是医院对外服务的窗口,患者将从这里得到对医院的第一印象。

在整个医院信息系统中,门急诊管理系统作为一个重要组成部分,负责向其他系统提供必需的患者信息和准确翔实的临床信息,为医院管理部门服务,并辅助管理部门进行管理,如规范医疗行为、辅助调整门诊业务流程等。

门急诊信息管理系统既要满足自身的业务管理,又要为其他系统应用提供基础数据。从门急诊系统本身的管理看,门急诊信息管理系统服务于门急诊医疗业务,对门急诊患者的数据进行较为完整的采集和管理。基于它的地位和作用重要,许多医院都非常重视门急诊管理系统的建设。

二、系统功能组成

门急诊信息管理系统设计的基本思想是简化工作流程,实现门急诊业务全流程的计算机管理。患者从入院初(复)诊、诊室看诊、到医技科室检查检验、窗口交费和取药,每个环节都应设置相应的功能模块,实现计算机辅助管理,减少患者来回排队的时间。

门急诊管理系统主要有挂号预约、身份登记、医保账户、急诊管理、门诊医生工作站、门诊收费、门诊药房、病案流通等子系统。

1. 身份登记子系统 登记患者的自然信息、建立患者主索引,包括:患者 ID 号、姓名、性别、出生日期、费别等内容;修改和合并主索引信息,对于一个患者出现多条主索引信息时,应能合并 ID 号、住院号。

2. 病案流通子系统 管理门急诊病案,办理门急诊病案的借阅和归档,登记借阅者、借阅时间、归还日期等信息。

3. 医保账户子系统 维护患者的医疗保险账户,包括新建、挂起暂停使用和注销。挂号预约子系统,管理门急诊挂号工作,处理患者就诊的基本信息,包括:初复诊。

4. 就诊科室、挂号费用等 通过设置可以在挂号的同时建立患者的主索引信息。做好挂号窗口的预约、挂号、退号业务工作,对就诊患者进行分诊,减少患者排队现象。

5. 急诊管理子系统 登记急诊患者的基本信息、主要诊治,快速准确采集患者信息;实现急诊挂号、急诊收费、急诊记账的管理;对患者的紧急程度进行管理,对最紧急的患者进行最及时诊治;对需要住院的患者迅速办理住院手续;查询急诊病历和登记表,统计急诊收治患者情况,分析汇总表(针对病种,病因,患者来源等)等。

6. 门诊医生工作站子系统 处理患者就诊的详细信息,应该包括:建立并书写门诊病历、开检查、检验申请单并传送到相应科室和开处方等;对医生在诊室的业务行为进行管理,如图 8-5 所示。

7. 门诊收费子系统 对在门诊进行的诊治等进行划价、收费管理。

8. 门诊药房子系统 包括库存、处方发药处理和处方录入等功能,完成库存初始化、入库处理、接收由门诊收费发送过来的处方确认并出库处理、负责未经门诊收费处理的其他处方录入和出库处理,包括:领导批药、出院带药和门诊退药等。

9. 门急诊导医子系统 提供患者就诊指南,采用触摸屏或电子滚动屏的方式对医院概况、科室设置、出诊专家和收费标准等提供咨询,方便患者进行相关信息查询。

三、系统工作流程

在门急诊信息管理系统中,患者有多种标识方法:患者唯一标识号(ID 号)、门诊病案号、就诊序号和医疗保险号等,每种号都要求唯一。

患者 ID 号是患者在医院信息系统中的唯一标识,在全院所有系统中共享使用,要求必须唯一。医院信息系统可以在身份登记、挂号预约和住院登记系统给患者分配 ID 号,ID 号记录可以制成纸卡、条形码、磁卡、IC 卡等多种载体,其中 IC 卡的成本相对较高。

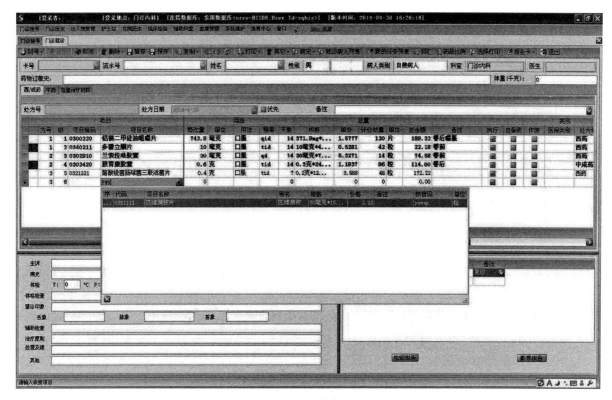

图 8-5　门诊检疗

门诊病案号是患者在门急诊管理系统的一种标识,仅限于在门诊系统中共享使用。在传统管理模式下,门诊病案与住院病案分开管理,分别分配门诊和住院病案号,门诊病案号需要与患者 ID 号进行关联。为统一管理和信息充分共享的方便,目前很多医院在实施信息系统时将患者 ID 号代替作门诊病案号使用,而不单独分配门诊病案号。

就诊序号是患者当天在医院就诊的一个流水号,与就诊日期一起使用,提供给门诊收费系统读取患者就诊信息。与患者 ID 号不存在联系,是计算机系统自动产生的流水号。

医疗保险号是患者参加医疗保险后,由当地的医疗保险部门分配给患者的唯一标识。医疗保险号的使用,需要与患者 ID 号进行关联,单独使用就失去意义。

在医院信息系统的实际应用中,上述各种患者信息标志方法均有采用。为方便管理和充分共享患者信息,统一分配患者 ID 号并进行严格管理是必要的,通过患者 ID 号进行信息传递是在实际应用中采用最多、也是管理最为方便的形式。至于 ID 号记录采用何种载体(如卡片),则根据各医院实际可采用不同的方式。为保证患者 ID 号的唯一性,当一个患者有多个 ID 号,应该对其进行合并。

为进一步规范门诊医疗业务、方便患者,越来越多的医院在门急诊业务管理中引入门诊医生工作站,并结合门诊医生工作站全面调整门诊就诊流程。在采用门诊医生工作站的模式中,门急诊患者的信息录入主要由门诊医生进行操作,例如:登记病史、提出检查 / 检验申请、开治疗单、开处方、诊断等内容,并使信息充分共享到相关科室。单独计价的科室(如放射科)可将各项目的收费明细做成模板,供门诊医生工作站在开单时调用,患者只需去收费窗口一次性计价交费。既满足科室对计价准确性的要求,又方便患者,并极大地缓解门诊收费的压力。

四、门诊医生工作站

门诊医生工作站是门急诊管理系统的核心,是门急诊患者信息的主要提供者,其首要目标是服务于门急诊医生的日常工作,减轻门急诊医生书写工作量,规范门急诊医疗文书,为其就诊提供各种辅助工具以促进其诊治水平的提高,实现门急诊病历电子化,并与门急诊其他系统协同工作,提高门急诊效率。除此之外,门诊医生工作站系统还向其他系统提供患者诊疗信息、为医院的卫生经济管理服务、提供患者在诊室发生的费用信息,为医疗体制改革服务和医院门诊实施医疗保险提供强有力的支持。

(一)诊室业务管理

门诊医生工作站对医生在诊室的业务行为进行管理,主要处理患者就诊的详细信息,包括:建立并书写门急诊病历、诊断、开处方、检查/检验申请单的录入与查询、检查/检验报告单的浏览、医学影像的调阅和患者病史的调阅等。有的系统还对登记住院提供了支持,即由门诊医生工作站直接办入院,或由门诊医生工作站填写病案首页中的部分内容,如门诊诊断、门诊医生和收治科室等,再由患者到住院处办住院。

(二)门急诊病案管理

门急诊患者的病案信息分散在身份登记、挂号处、门诊医生工作站和相应的医技科室等信息的发生点进行采集,最后综合形成完整的门急诊病案信息。门诊医生工作站的采用提供了患者在诊间的完整信息,促进了门急诊病历的电子化。

除了对门急诊病案进行整理归档外,病案室还需对病案流通进行管理,办理门急诊病案的借阅和归档工作,登记借阅者、借阅时间、归还日期等信息。

8.3.2 住院管理系统

住院管理系统是医院信息系统四大部分中的核心部分,是医院信息系统为临床服务的最集中体现。

一、系统概述

住院管理系统既属于业务管理信息系统,也可以属于临床信息系统。针对住院患者在院的医疗活动,采集和管理的数据包含患者的基础信息、医嘱信息、病程描述信息、检查/检验结果(检查检验报告及医学图形图像等)信息和护理信息等。在整个医院信息系统中,住院管理系统作为一个核心组成部分,还负责向其他系统提供必需的患者信息和准确翔实的临床信息,辅助管理部门进行医疗管理。

患者经过门急诊收治住院后,要经过入院、入科、病房诊治、药房摆药、相应医技科室辅助诊疗、收费处划价结算、病案室进行病案编目等多道环节,涉及部门较多。基于它的核心地位和面临的特点,许多医院都要建立比较完善的住院管理系统。

二、系统功能组成

医院信息系统将患者住院期间的所有临床医疗信息应用计算机管理,住院患者从入院、入科、转科、诊疗医嘱、病历记录、出院和病历归档,每个环节上都设置了相应的功能模块,实现对患者住院期间全过程的计算机管理。住院管理系统的主要功能组成如图8-6所示。

一般说来,住院管理系统主要由住院登记、护士工作站、医生工作站、临床药局、住院收费和病案编目等子系统组成,每个子系统又分为若干个功能模块。为满足医院对住院患者信息全面管理的需要,有的医院信息系统还提供了监护、护理和营养膳食等系统。

住院登记子系统:主要提供住院预约、叫床、等床队列维护、空床信息查询、患者入院登记(身份登记)等功能。

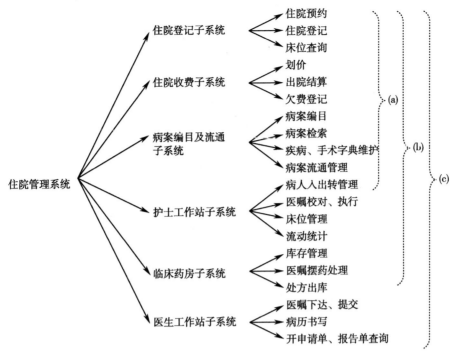

图 8-6　住院管理系统功能结构图

护士工作站子系统：主要完成患者的入、出、转管理，自动生成患者流动统计，床位和护士文档的管理，医嘱的转抄、校对与执行。

医生工作站子系统：主要提供下达医嘱、病历书写与打印病历、开检验／检查申请单并查询报告结果、检索和调阅病历、调阅医学影像、手术申请和术后登记、填写病案首页和病历归档等功能。

住院收费子系统：对患者在住院期间预交金及所发生的费用进行划价、结算管理。

临床药房子系统：包括库存、摆药处理和处方录入等功能，完成库存初始化、入出库处理、接收由病房发送过来的医嘱进行摆药出库处理、负责其他处方录入和出库处理，包括：领导批药、出院带药和住院退药等。

病案编目及流通子系统：主要完成对疾病和手术的分类、编码填写，并提供病案检索和相关管理；办理住院病案的借阅和归档工作，登记借阅者、借阅时间、归还日期等信息。

膳食管理系统：主要完成医院膳食科的日常管理工作，查询医嘱、对膳食医嘱审核入账、自动或手工进行营养配餐，打印配餐报表，生成膳食医嘱报表、月报和年报等。

在具体应用时，各医院可根据自身情况和管理需要选择不同的功能组合模式。如有的医院只要求对患者流动和收费进行计算机管理，可采用最基本的模式，即只包含住院登记，入、出、转、住院收费和病案编目系统，如图 8-6 中 (a) 所示；有些医院希望对医嘱进行计算机管理，则在基本模式的基础上加入护士工作站，由护士对医嘱进行录入，并在此基础上，加强对药品的管理，加入了临床药房子系统，如图 8-6 中 (b) 所示；越来越多的医院则采用了较为全面的管理，加入了医生工作站，如图 8-6 中 (c) 所示，由医生直接在计算机上下达医嘱、护士通过计算机转抄执行，从而彻底改变了传统的手工模式。

三、系统工作流程

当医院采用较为全面的功能组合模式（如图 8-6 中 (c) 所示），加入医生工作站，对医嘱和病历进行全面的计算机管理，医生直接在计算机上书写病历、下达医嘱，护士通过计算机转抄执行，相关科室间通过计算机网络进行信息传递和共享时，其基本流程一般如图 8-7 所示。

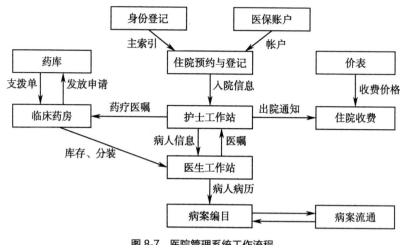

图 8-7　医院管理系统工作流程

该种住院管理系统的业务流程一般为：

1. 患者经门急诊收治并开具入院申请单,住院处根据科室空床情况和候床预约计划叫床,为患者办理入院登记(医院根据管理需要,也可在门诊医生站直接办理)。非免费患者还需交纳预交金。

2. 患者办理住院登记后到相应病区,办理入科手续,由护士工作站安排床位,填写相关信息。

3. 经治医生为患者新建病历夹,对患者进行各种诊疗信息的处理。下达医嘱,传送到相应的护士工作站;开检查/检验和手术申请单,传送到相应科室;并可查询患者检查/检验报告、护理信息和检查、手术的预约情况。

4. 护士工作站转抄和校对医生提交的医嘱,自动生成各种执行单,摆药室根据护士工作站校对后产生的药疗通知单进行摆药。医院根据管理需要,可设中心摆药室进行集中摆药,也可在病区药柜摆药,还可分不同剂型在不同地点摆药。

5. 检查/检验和手术科室接收申请,进行预约,并在完成之后出具报告。

6. 患者出院前,护士工作站下达预出院通知,并停所有长期医嘱,收费处对患者费用进行审核并结算后,护士工作站对患者做出院处理。

7. 患者出院后,医生应在规定的日期内书写并整理完病历,然后将病历提交。病案室及时进行病案编目。

四、住院患者流动及统计

住院管理系统的一个中心任务便是对患者的入院、入科、转科和出院(简称患者流动)这一系列的常规操作进行科学有序的管理,做到步步准确、环环相扣。所谓"步步准确"是指在不同的处理环节上的操作要准确无误;"环环相扣"是相关部门之间(如住院处与护士站之间、转科的两个护士站之间)要协调好,保证统计信息准确性的同时方便患者。

(一) 入院

患者住院必须办理住院登记。根据医院管理需要,可专门设住院处办理住院登记,也可在其他相关科室进行。住院处根据科室空床情况和候床预约计划叫床,对相应患者办理住院登记,录入患者入院信息。住院登记完成后,患者成为在院患者。

(二) 入科

患者办理住院登记后到相应病区,办理入科手续。由护士工作站安排床位,填写护理、经治医生等信息后,患者成为在科患者。

（三）转科

转科包括转出和转入两个对接的过程，转科前应先由转出科室提出转科申请，明确转向的科室确认接受后，再进行计算机操作，先停止该患者的所有长期医嘱、完成转科病历，然后转出，再由接受科室进行转入处理。

（四）出院

患者在出院前要作以下一些处理：病区医生站提前或当天下达出院信息并停长期医嘱，并在"出院通知"中录入将要出院患者的信息，护士通过护士工作站对患者费用进行审核，病区护士审查完，修改患者信息（如取消"危重"等）；患者到收费处结算住院费用，最后才能由护士站执行出院操作。

以上流程中任何一个环节的错误都将导致整个转科过程的失败，甚至会影响到流动统计的准确性，因此必须做到步步准确、环环相扣。

（五）流动统计

患者流动情况或流动日报是基于患者入出转数据统计得到的。只要各相关部门准确进行患者的入出转处理，科室以及全院的流动日报即可自动形成。医院信息系统允许随时统计查询任意时间区间的流动情况，可完全替代手工统计工作。

科室患者流动情况统计，可详细统计指定时间区间内病区的入科、出科和危重患者情况，以及病区的空床情况。

全院患者流动情况统计，可按科室或患者身份分别统计指定时间区间内各病区的入科、转科和出院情况。

五、医嘱处理

医生下达医嘱是否方便快捷、护士执行医嘱是否准确及时，都直接影响着医院的医疗秩序和医疗质量，甚至影响到整个医院的服务水平。因此，对医嘱处理进行科学管理是住院管理系统的基本任务之一。

医嘱的处理主要包括以下内容：医嘱的下达、校对、作废和执行，医嘱本和医嘱执行单的管理，另外还有检查、检验和手术的申请等。

（一）医嘱的处理流程

按照医嘱处理的方式不同，可将常规的医嘱处理流程分为手工方式、护士录入方式、医生录入方式三种。

1. **手工方式** 手工处理医嘱时，医生手工在医嘱本上下达医嘱，护士手工转抄到医嘱记录单，校对后抄写执行单并执行。

2. **护士录入方式** 当采用护士工作站后，采用护士录入方式。医生手工在医嘱本上下达医嘱，护士将医嘱本上的医嘱录入计算机并校对，打印医嘱记录单，并根据自动生成打印出的各种执行单进行执行。

3. **医生录入** 当采用医生工作站后，采用医生录入方式。医生直接通过计算机给患者下达医嘱，并通过网络自动向护士工作站发出新开医嘱提示信息。护士通过计算机转抄、校对，打印医嘱记录单，并按自动生成的各种执行单进行执行。

目前，由于第三种处理方式较前两种能够减少转抄过程可能出现的问题，提高文档的规范性和护士的效率，避免烦琐出错，使其有更多的时间可面向患者，因此被越来越多的医院所采用。

（二）医嘱的计费

医嘱具有计费属性。医院信息系统在应用过程中，充分地利用了这一属性，使医嘱在执行过程中产生的费用记录在患者的医嘱费用单中，再通过服务器端的每天定时的后台划价服务程序，将医嘱费用单中的收费信息记录到患者的收费单中，从而完成了患者的医嘱计费过程。

在医嘱中,医嘱的计费属性是计价方式的描述。医嘱的计费属性一般分为:计价、不计价、手工计价、不摆药和自带药几种情况。其中"计价"表示该医嘱能够自动计价,如:大换药、吸氧等;"不计价"表示该医嘱是医疗描述性不收费的医嘱,如:消化内科常规护理、出院等;"手工计价"医嘱一般对应于不规范医嘱,需由人工干预计价;"不摆药"类药疗医嘱一般需从处方或其他方式进行计价;"自带药"医嘱药品本身不需计价,但一些附加的操作费和材料费还得计价。对药疗医嘱来说,医嘱的给药途径提供了更为详细的收费依据。例如,"静滴"途径就包含"静脉滴入"操作费、"一次性输液器"和"一次性空针"材料费。

在医院信息系统中,医嘱的计费属性和给药途径的计费项目,都是通过医嘱的诊疗项目和价表项目对照产生的。要完成上述的医嘱计费功能,需要在系统初始化阶段进行较为完善的字典建立工作。特别是临床诊疗项目与价表收费项目对应字典,使得每条"计价"医嘱都有其对应的计价项目。

(三) 申请的处理

除了医生直接下达医嘱、由病区护士执行外,对患者的诊治还包括其他科室执行的项目,典型的如检查、检验和手术等,这些操作一般都由病区以外的专业科室(如放射科、检验科等)执行,因此与常规医嘱处理不同,一般是病区医生提出申请、相应科室进行安排并执行、最后返回结果的过程。

医生工作站中提供的申请主要有检查、检验和手术三类。

1. **检查** 医生通过医生工作站开检查单时,需选择检查类别和发往的科室,输入患者症状、诊断及申请的项目。相应检查科室收到申请,并安排了预约时间后,医生可查看预约时间,在检查科室完成相应检查项目并出具报告后,医生可及时查询检查报告。

2. **检验** 医生工作站中一般提供两种检验申请单:一种是事先将各科有固定格式的制式检验申请单输入计算机作为模板使用的制式检验申请单;另一种是对没有固定格式需逐项输入申请项目的空白检验申请单。医生工作站申请单开出后,由护士工作站或相应科室确认执行。在检验科室完成相应项目并确认检验结果后,医生可及时通过医生工作站查询结果。与检查申请一样,医生工作站与检验科室间的信息也是通过网络进行共享和传递。

3. **手术** 医生通过医生工作站向相应手术室发手术预约申请时,需输入患者诊断及申请的手术。手术室收到手术申请,并安排手术时间、手术间和台次后,医生可通过医生工作站查询手术安排信息,并做术前的准备工作。在手术结束后医生和手术室操作人员还要分别进行术后登记。

六、电子病历

病历是患者在医院诊断治疗全过程的原始记录,贯穿于患者在医院就诊的各个环节中,因此病历信息的电子化,在面向医疗的信息服务中处于核心地位。建立电子病历系统是医院信息系统发展的主要方向。

电子病历是有关患者的健康和医护情况的终身电子保存信息,它由医护人员记录诊断治疗全过程,客观、完整、连续地记录了患者的病情变化及诊疗经过,将分散的信息汇集到一起并以相关的方式提供给医生,是临床教学、科研及诊断治疗的基础资料。

七、病案管理

病案管理是一门专业,涉及的内容很多,与信息系统关系较为密切的包括病案首页、病案编目、病案质量监控及病案流通四个方面管理。

(一) 病案首页

病案首页内容可分以下几个部分:患者基本信息、住院及入出转信息、诊断手术信息、费用信息。在整体集成的信息系统中它们将分别由住院处、护士工作站、医生工作站、住院收费处和病案室进行录入,由病案室或统计室负责审核。审核的依据是各种医疗信息标准。因为它是各种统计分析以及上报医疗报表的主要数据来源,所以它的数据的准确性和完整性非常重要。

(二)病案编目

病案编目工作即是对病案首页中所有的疾病诊断名称(如:门急诊诊断、入院初步诊断、最终诊断及并发症等)和手术名称进行录入,并按照国家或国际标准编码。编目工作是一项专业性很强的工作,从事这项工作的人不仅要熟悉病案编目软件的使用,更重要的还必须具有较全面的内科和外科的基本知识,并经过专门训练。

(三)病案质量监控

为保证病案书写的质量,医院都设有病案质量检查机构,这一机构或隶属于医务处或隶属于病案室,它的任务就是检查并纠正病案中的问题。

如果系统中有医生工作站,医生在计算机上直接书写病历,各种病历记录必须在规定时间区间内"提交",而一旦"提交",便不能再修改。针对这一要求,有的医院信息管理系统专门研制了病案浏览检查软件,该种软件提供的功能主要有:

可在网上直接查看任何人的病历,发现问题后在给医生的提示栏内提出提示或修改意见。

可检查出住院医生是否在规定时间内写完该写的病历或提交了病历,如:24小时内是否写完了入院记录,患者出院后是否在三日内提交了病历。如没按时完成则在提示栏内提出提示或警示。

采用这种检查软件,就使病历的检查由原来的终末检查变成了实时检查,还能及时发现医疗操作中的其他问题。使用这种软件,不只保证了医疗文书的质量,还能帮助发其他问题,辅助医疗质量的提高。

(四)病案流通管理

病案流通管理主要办理住院病案的借阅、归档管理及丢失处理。它有些像图书馆的图书借阅管理。

病案借阅主要完成借阅病案的登记,登记借阅者、借阅时间等信息。为方便在病案室借阅病案的登记,很多系统中还提供了批量借阅的功能。

病案归档主要完成归还、入库病案的登记,登记归还日期。为方便在病案室借阅病案的归架登记,很多系统中还提供了批量归还的功能。

8.3.3　医生工作站

医生工作站以患者信息为中心,围绕患者的诊断治疗活动,实现患者信息的采集、处理、存储、传输和服务。它以加快信息传送和减轻病历书写为目的,围绕临床医生每天的日常工作,切实提高医生的医疗服务质量和临床工作效率,支持医生的临床研究。

一、门诊医生工作站

(一)门诊医生工作站的定义

门诊医生工作站是以电子病历为中心,支持医院建立门诊病历库,为医生提供高效的电子病历和电子处方的管理平台。门诊医生工作站可建立医院的门诊病历库,配合医院医卡通或医保卡的使用,为患者建立起连续的就医资料,提高对患者的诊疗与服务水平,从而提高患者的忠诚度;机打处方笺符合卫健委的最新要求。

(二)门诊医生工作站的特点

医生能方便地获取患者既往的就诊记录、病史、用药记录、检查检验报告、当前病情发展情况、各种检验检查结果等,通过计算机下达处方、各种检验检查申请,记录患者病情及发展变化情况。同时方便获取相关医疗知识,对各种疾病的诊疗常规、药物手册、检验手册、医学信息资源进行检索。与门急诊管理、检验检查、手术麻醉等系统一体化集成。

(三)门诊医生站的功能

门诊医生站子系统是协助门诊医生完成日常医疗工作的计算机应用程序,其主要功能是处理门诊记录、诊断、开电子处方、检查检验等信息,方便患者和义务工作者。

患者身份识别:可支持医院医卡通、医保卡及患者就诊号等多种手段来识别患者身份,覆盖了公费、市医保、省医保、自费等所有类型的患者。患者信息查询方便了调阅当前待诊患者的历次就诊情况,了解其最近的用药情况、检验检查结果。

门诊叫号:采用多媒体叫号方式,极大改善门诊就诊秩序。

医嘱下达:特殊的程序设计,充分考虑到医生的应用水平,可方便快捷的录入医嘱,同时可现场征求患者意见,避免患者跑冤枉路,同时极大避免了医院处方的流失。

网上信息传递:处方划价、检验检查等信息自动传递到门诊收费处、药房、检验检查科室,极大地减少了患者排队交费、取药的时间,优化了就诊流程。

模板功能:科室模板、个人模块建立,加快医嘱下达速度,同时加强科室内部的学习交流。

支持多种输入方式:键盘、手写板、语音等多种输入方式,大大降低系统使用门槛,保证门诊病历快速书写。

药品信息查询:查询药品规格、产地、疗效、禁忌症、效期、批号、其他说明等信息,为合理地制订治疗手段提供了理论依据。

二、住院医生工作站

(一)住院医生工作站的定义

住院医生工作站是以电子病历为核心的实际应用,它结合医生日常的工作,以医嘱和电子病历为中心全面展开,将医院各个组成部分有机的连接起来,从而达到信息共享和共建的目的。住院医生的医疗工作是全院工作的中心环节,与医院其他科室有广泛的联系,也是全院医疗质量的关键所在,因此,住院医生工作站也必然是医院信息管理系统(HIS)中的核心部分。住院医生工作站工作界面如图 8-8 所示:

(二)住院医生工作站的功能

住院医生工作站的内容包括了住院医生所有医疗活动和日常事务工作,主要功能有:医嘱录入、开检查单、化验单、电子病历、病程录、医技报告查询、统计功能、教学资料等。

医嘱录入:医生可以在医生工作站平台上十分方便地开处方、下医嘱,信息传至护理站,由护士核对执行,再传送到药房摆药。专科常用药方式选择所需药品,通过药理学一、二、三级分类,可快速调出目前库存已有的药品,供医生选择调用,而不必逐字输入(图 8-9)。

模板录入:常用医嘱内容可作成套餐和模板方式输入,可快速调入已储存的多种模板,快捷准确,模板的内容由使用医生自行维护生成,可按全院、科室、个人共享三种方式保存。

药品显示:下医嘱时选中药品名,系统支持一药多名,能同时显示所选药品是否医保用药,有无库存;药品价格,剂量和用法已有预设,显示方法简洁科学。

开检查、化验单:医生在住院医生工作站上可以开化验、医技检查、X 光、CT、B 超单,患者基本信息已自动加入,医生只需在检查目录上选择所需的项目即可。各种单据传至护理站核对,再传到各医技科室,医技科工作站在患者前去检查时确认、扣费(图 8-10)。

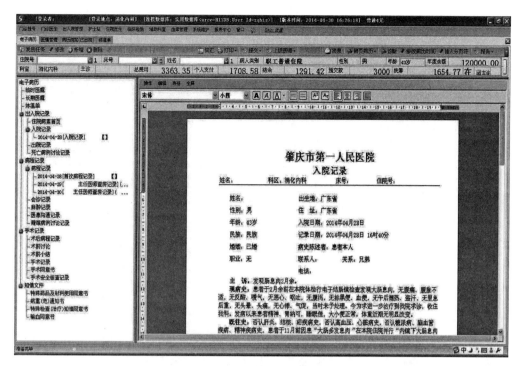

图 8-8 医生工作站系统

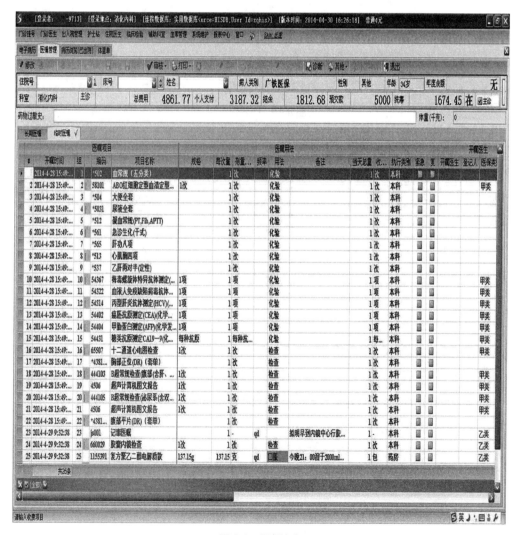

图 8-9 医嘱检疗

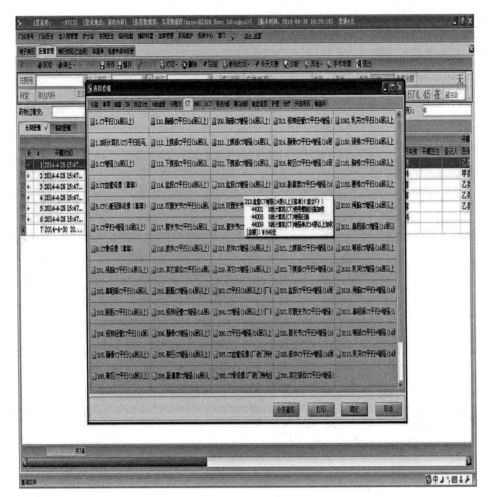

图 8-10 医嘱选择

医生工作站实现了与原有的 HIS 系统无缝连接,它能将医生开出的检查检验申请单、手术申请单通过网络传送至相应科室,各科室再将检验结果、影像检查图像、手术安排等信息传回医生工作站,医生可以在第一时间查阅这些信息,避免了手工传递途中丢失现象。另外,与 LIS、PACS 系统共享患者基本信息,避免了信息的重复录入,实现信息共享。

8.3.4 护士工作站

一、护士工作站

护士工作站是协助病房护士对住院患者完成日常护理工作的计算机应用程序。其主要任务是协助护士核对并处理医生下达的长期和临时医嘱,对医嘱执行情况进行管理。同时协助护士完成护理及病区床位管理等日常工作。将医嘱录入计算机,审核校对,打印医嘱记录单,并根据自动生成打印出的各种执行单进行执行,即录入—审核—打印—执行。

二、护士工作站的功能

(一) 初始化功能

护士工作站的初始化功能包括建立护士工作环境参数,处理各类信息的数据库建设等内容。

(二) 患者的入、出、转院管理

入院管理:为患者办理入科登记,可从患者叙述中提取已有信息,联机录入本次入科的详细内容。

出院管理:为患者办理相关出院手续,让出所占床位,召回已办理出院手续而因特殊理由继续住院患者。

转科、转院管理:为患者办理相关手续,让出所占床位。

(三) 床位管理

开放床位情况:在"床位设置"初始化基础上,具有增加、删除床位的功能。

修改床位相关数据:定义床位属性(特需床位、监护床位、一般床位等),维护不同级别床位的收费标准,包括附加收费(空调费等)。

处理患者选床、转床、选科的功能。

浏览显示床号、病历号、姓名、年龄、诊断、病情、护理等级、饮食等,显示各科室床位占用情况。

查询:可根据患者住院号、姓名查询所占床位。

打印床位日报表。

(四) 医嘱处理

医嘱是医生根据疾病诊断和病情变化对患者处置所开列的医疗指令和措施。医嘱是医院信息系统的核心。首先因为医院对患者的医疗服务,或称诊疗行为 100% 由医嘱派生,它在一定程度上反映医疗质量;其次,患者在医院内的医疗费用 100% 由医嘱派生的;第三,医嘱是医务人员对患者诊疗的记录,具有法律效应。医嘱还涉及病房、药房、检验科、放射科、住院收费处等医院各部门。

我国目前对住院患者医嘱的处理方式可以分为两类,一类是由医生手工书写医嘱,由护士在护士工作站系统录入,并进一步处理。另一类是由医生直接在医生工作站系统录入医嘱,由护士在护士工作站系统作进一步处理。无论是哪一类,护士工作站系统都是医嘱处理的主体。

医嘱处理是一系列相互关联的、有序的操作过程,有其科学合理的自动化流程。总体分为 4 个步骤:录入—审核—打印—执行。对于医嘱流程为什么要设计上述几个步骤,我们可以用一个形象的比喻来说明:"录入"好似买火车票,要说明时间、地点、目的地;"审核"好似进入检票口,此时尚允许退票返回;"执行"则是上车启动,乘车的行为已经完成。同样的道理,一条医嘱管理已严格完成。

医嘱处理的流程不仅取代和实现了原有的手工处理,例如医嘱转抄,"三查七对"审核,各种医嘱报表的填写等,更重要地是通过规范化的录入界面、格式化的数据形式以及系统内部的质量控制、设置错误提示警告,保证了医嘱录入、处理的正确性、完整性,有利于提高医疗护理质量,防止医疗护理差错。

(五) 费用管理

患者的费用 100% 来自医嘱,换言之,只有医嘱才能产生收费行为。护士工作站对费用的管理如下:

医嘱一旦"执行",即产生后台瞬间计费,其费用将自动进入患者、病区、医院相应的费用记录。

通过作废医嘱,自动进行相应退费,并显示和打印相关的退费单。

可以随时查询每一个患者的费用清单,并可按日、按任意时间段、按出院结账打印患者住院费用明细账单。

系统可自动显示、提示欠费患者清单,打印催缴住院费通知单。

(六) 病区护理管理

护理记录(危重患者护理记录、抢救记录等);护理计划;护理评价单等。系统均依据卫健委或地方、医院卫生行政主管部门规定,设置相应模板。录入时可以调出模板,录入患者住院号等关键数据,模板可调用显示已录入的相关信息(诊断、医嘱等),对于计划、评价内容,可采用文本录入的方式完成。

病房护理管理:如护士排班表、护士长月计划、护理查房、护理指标完成记录、护理业务考核等。

8.3.5 电 子 病 历

一、电子病历（Electronic Medical Record，EMR）的定义

电子病历也叫计算机化的病案系统或称基于计算机的患者记录（Computer—Based Patient Record，CPR），它是用电子设备（计算机、健康卡等）保存、管理、传输和重现的数字化的患者医疗记录，取代手写纸张病历。它的内容包括纸张病历的所有信息。

什么是电子病历？我国原卫生部《电子病历基本架构与数据标准（试行）》给出了电子病历定义：电子病历是由医疗机构以电子化方式创建、保存和使用的，重点针对门诊、住院患者（或保健对象）临床诊疗和指导干预信息的数据集成系统，是居民个人在医疗机构历次就诊过程中产生和被记录的完整、详细的临床信息资源。

在医院内部，电子病历不是一个独立的系统，它建立在各类临床信息系统充分发展的基础上，临床信息系统构成了电子病历的信息源。医生工作站作为临床信息系统的重要部分和电子病历系统的核心部件，既是电子病历的信息源，也是电子病历最重要的展现载体。

二、电子病历的功能

（一）电子病历不仅可记录纸质病历的全部内容，还可记录 CT、MRI、X 线、超声、心电图和手术麻醉等影像图片、声像动态以及神经电生理信号多种内容，使医护人员在阅读病历时更加直观和全面，保证了医疗信息的完整性。电子病历实质上是整个医院以患者为中心的计算机信息化，其意义绝不仅限于病历本身管理。

（二）电子病历对书写出来的病历达到了格式上的规范化、记录上的完整性，可以有效避免临床医师在病历书写时的缺项、漏项及书写病历的随意性，从而有效保证了病历的质量。

（三）电子病历可随时检索住院患者信息、接收患者索引、住院患者管理、医疗统计系统的动态数据。患者持电子病历就医，可帮助医务人员迅速、直观、准确地了解患者的资料，缩短确诊时间，避免不必要的重复检查，控制医疗费用，减轻患者的经济负担。同时电子病历还可作为媒介进行异地专家的远程会诊和研究。

三、以电子病历为核心的临床信息系统

电子病历是临床信息系统的核心，临床信息系统的主要功能是为医院的医疗提供信息服务，其各项功能都是建立在对患者的病历信息进行处理的基础上。它包括：①患者的姓名、性别等自然信息；②患者的入院、出院、转科、转院等情况；③患者在医院所接受的各种检查记录；④医师为患者所做的各种治疗记录。⑤对患者的护理记录等。

有了以电子病历为核心的临床信息系统，医疗工作的过程将会有很大的变化。如果一个急诊患者突然来到医院，医师可以将患者身上所带的健康卡插入计算机，这样计算机就会立刻显示出患者的有关情况，如姓名、年龄、药敏等，此时医师就能够根据患者的临床表现很快开出需要的检查项目单。完成检查后，经治医师能够立刻得到检查结果，并做出诊治处理意见。如果是疑难病例，经治医师还可以通过计算机网络系统请上级医师或专科医师进行会诊。上级医师或专科医师可以在自己的办公室或家中提出会诊意见，以帮助经治医师做出治疗方案。电子病历和计算机信息系统的应用，将使这个医疗会诊的时间大大缩短，质量大大提高。

四、电子病历的应用现状

20 多年来,欧、美一些大医院开始建立医院内部的临床信息系统,随之电子病历在美国、英国、荷兰、日本、中国香港特别行政区等国家和地区有了相当程度的研究和应用。美国政府已在大力推广、普及 EMR 的应用工作,印第安纳大学医学分校利用 EMR 预测癌症早期患者的死亡率,波士顿 EMR 协会正在研究通过 Internet 传输急救患者的 EMR 问题。英国已将 EMR 的 IC 卡应用于孕妇孕期信息、产程启示及跟踪观察。中国香港特别行政区医院管理局的患者卡(Patient Card)记录了患者完整的医疗过程,包括医生检查、检验结果、X 片、CT 片、MTI 片及处方等。同时,这些国家和地区已经成立了专门的研究机构,把 EMR 作为一个重点课题研究,组织医疗单位实施和普及。

经过近 20 年的发展,我国临床信息系统已初具规模,许多医院相继建立起医院范围的临床信息系统,为我国电子病历的研究和应用奠定了坚实的基础。原卫生部监制的金卫卡将向全社会推出,可保存持卡人终生的医疗保健信息,持卡人可通过计算机网络直接和银行、医疗保险中心和保险机构联网,使医疗活动变得简单、方便、快捷。解放军总医院开展了 EMR 的研究和应用,这仅仅是 EMR 研究及应用的起步,相关的研究内容将会随着 EMR 的发展而深入。

任务 8-4　医技与医疗物资管理子系统

【任务描述】

患者李某,因发热、咳嗽在医院门急诊或住院检查治疗,需要做一系列临床检查,作为一名医务人员,如何正确使用医技与医疗物资管理各子系统。

【知识点分析】

8.4.1　医技管理系统

门急诊、病区以外的诊疗机构,如各种检查、检验、各种治疗以及手术 / 麻醉等机构通常称为医技部门,为这些部门配置的管理信息系统也统称为医技管理系统。

医技信息管理的共同任务是:接受门急诊和病区发来的各种申请,安排工作计划,采集或录入结果并发回给申请者,同时完成计价。

医技管理系统的共同目标是:准确采集并记录各种结果;从网上接收或手工录入申请并通过网络将结果迅速传送给申请者,以缩短诊疗周期;准确计价;通过提供需要参考的患者相关信息、提供标准化字典及书写报告模板,辅助提高诊断质量;完成各种医技工作量的统计,为深入的统计分析提供可靠的原始数据。

医技管理系统主要包括临床检查管理系统、血库管理系统、手术 / 麻醉管理系统、临床检验信息系统、医学影像信息系统等。

一、临床检查管理系统

医院信息系统中的临床检查管理系统,通过对检查申请、预约、计价和报告的管理,实现患者检查信息的计算机网络管理,成为医院信息系统的重要组成部分。通过临床检查管理系统将各辅助检查仪器直接连入医院信息系统,医生或护士可以直接在自己的电脑中提取患者的检查结果。同时,通过网络预约,减少患者排队和等待检查时间;自动计价,使收费更加合理和准确;共享报告,将检查的报告信息及时提供给临床医生,极大地提高工作效益。

(一) 临床检查管理系统的设计目标

1. 为检查科室服务 提高设备使用率和检查工作效率、缩短患者排队时间、减轻检查医生的工作量。

2. 为经济管理服务 在检查确认的同时实现自动或选择划价,从而提高检查计价的实时性和准确性,避免漏费和欠费的发生,方便医院进行成本核算。

3. 为医疗管理服务 充分利用计算机网络的优越性能,实现检查的申请、预约和报告的网上传递,减少检查全过程的时间,从而有利于对患者的迅速诊断。检查管理系统产生的各种统计指标可以辅助提高管理水平。

(二) 系统功能组成

检查管理系统从申请、预约,到登记、检查、计价和书写报告,每个环节上都设置了相应的功能模块,实现计算机辅助管理。多种检查的计算机联网及临床患者信息系统的联网,使得患者申请及时传送到检查科室,报告的结果及时传送到申请科室,为减少患者诊治时间提供了支持。

临床检查管理系统分为检查申请预约管理子系统和检查报告管理子系统。

检查申请预约管理子系统:主要提供申请的录入、接收/登记、预约、修改、计价等功能,它产生的申请数据是报告书写的基础。

检查报告管理子系统:主要提供报告的书写、修改、删除、打印以及浏览等功能,它可减轻检查医生的报告书写负担,提高检查文档的科学水平。在确定诊断意见时,可参阅患者的其他检查及检验结果,查看医学影像,从而可提高诊断的准确率,提高报告质量。

(三) 系统工作流程

临床检查管理系统的工作流程一般分为以下几个步骤:医生申请、检查科室预约、检查确认、书写报告、发出报告。

检查科室在收到申请后进行预约,在预约时间内进行检查,当检查确认后,书写初步报告,对初步报告进行审核后,形成最终报告。最终报告发往门诊、病区,不可再修改,而在未成为最终报告之前,检查科室医生可对报告进行修改。

检查管理系统的应用,从检查申请、预约、计价收费到报告发出,完全实现了计算机网络化传递。图 8-11 给出了患者最后普通检验报告界面。

二、血库管理系统

输血是医院的一项特殊又极为重要的工作。针对输血关系患者安危的特殊性和血液来源的复杂性,医院信息系统中的输血管理系统对血液进行全程追踪管理,如在采血、库存管理和血液配发等各个环节都设计了相应软件跟踪管理,为输血科提供了一套准确无误、方便快捷的管理方法,以保证用血安全、及时。

(一) 血库管理系统的设计目标

1. 为输血科服务 建立血液的全程追踪管理,采血管理以加快供血者体检信息的传递和减轻工作人员书写工作量;库存管理以保障在库血液的质量安全;配发血管理以保证血液准确、及时发送,提高工作效率也保证用血的安全性。

2. 为经济管理服务 血库在发血的同时实现自动划价收费,从而提高收费的实时性和准确性,避免漏费和欠费的发生。

3. 为医疗管理和输血科的行政、科研管理提供服务 将血液的实际情况及时准确地反映给业务人员和相关的管理人员,对存在的问题及时进行纠正,实现实时环节管理。

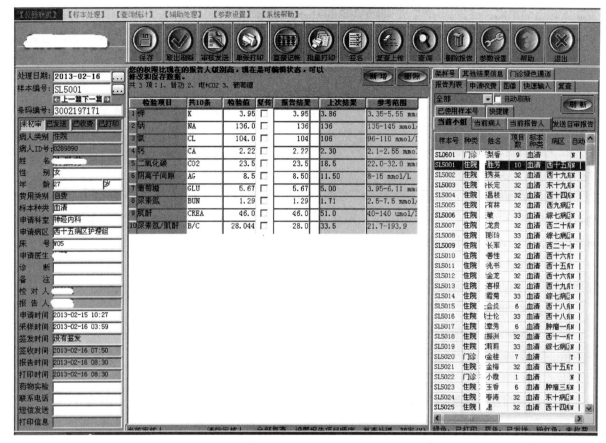

图8-11 普通检验报告界面

(二) 系统功能组成

血库管理系统设计的基本思想是对血液进行全流程的计算机管理。系统在供血者的体检、采集、配血、发血等各个环节都设置了相应的功能模块。由于有的医院不具备采血资质,因此,医院可根据具体情况选择相应管理模块。

血库管理系统一般分为四个子系统:供血者与采血管理,在库血液管理,配、发血管理,统计与查询。

1. **供血者及采血管理子系统** 主要处理供血者的身份录入,产生查体、初/复检申请单,记录查体结果信息,采集血液并进行血液入库管理。

2. **血液在库管理子系统** 主要处理血液的分装、分离、合并、出库等,完成对血液的加工处理管理。

3. **配发血管理子系统** 主要实现配血、发血管理及血液的划价处理。

4. **统计查询子系统** 主要查询血液的流向,为医院血库信息统计提供各种报表。应具备的统计报表主要有:供血者信息查询、供血者查体信息统计表、在库血液登记本、出库血液登记本、作废血液登记本、采血数量统计表、全院用血月报表和血液流动日报表等。

(三) 系统工作流程

血库管理系统的工作流程可概括为三步:一采、二存、三出。一采是对供血者进行预约、编号和安排体检,然后对初检合格者采血并进行复检,复检合格者的血液入库;二存是根据患者的病情需要,将血液进行分离、分装、合并等,并对变质的进行作废处理;三出是根据用血申请单进行配血和发血处理。

三、手术/麻醉管理系统

手术/麻醉管理系统针对麻醉科、手术室和外科病房开发,用于管理与手术麻醉相关的信息,实现有关数据的自动采集、报告的自动生成、以及病历的电子化，是医院信息系统的一个重要组成部分。采集和管理的数据包含患者的手术信息、麻醉信息、患者手术过程中从麻醉机、监护仪上采集到的数据和患者情况等。

（一）手术 / 麻醉管理系统设计的主要目标：

1. 为手术室工作人员服务　实现手术申请的接收、手术安排预约、手术麻醉计价、手术麻醉统计、麻醉报告 / 总结等业务的计算机管理。

2. 为经济管理服务　患者手术发生的费用信息可直接在手术室和麻醉科自动划价产生，从而提高手术 / 麻醉计价的实时性和准确性。

3. 为麻醉医师服务　减轻了麻醉医生记录麻醉过程和书写医疗文书的压力，让麻醉医生术前能方便地查询与患者相关的资料，制订更加科学的麻醉方案，术中能集中精力在患者的麻醉操作本身，术后能对麻醉进行科学的评估，以利于总结麻醉经验。

4. 为医疗管理服务　为管理部门、手术 / 麻醉科室及医护人员提供及时、准确的手术 / 麻醉工作数量和质量统计、过程回顾及效率分析。

（二）系统功能组成

手术 / 麻醉管理系统设计的基本思想是简化工作流程，实现手术 / 麻醉业务全流程的计算机管理。从术前、术中到术后，每个环节上都设置了相应的功能模块，实现计算机辅助管理。

手术 / 麻醉管理系统分为手术预约及术后登记子系统和麻醉医生工作站子系统：

1. 手术预约及术后登记子系统　主要提供手术申请的接收、录入、预约安排、修改、计价等功能，下达手术通知单，进行术后手术信息的核对录入，提供全院或各科室手术 / 麻醉工作量统计、医师护士工作量统计、手术间的利用率统计以及制作手术 / 麻醉科室医疗工作月报等。

2. 麻醉医生工作站子系统　主要提供术前查阅患者的各种临床信息、病历信息，完成术前访视记录；术中自动采集并记录监护仪上的患者的体征（如心率、血压、体温、血氧）等数据，下达术中医嘱。术后查询术中采集记录的数据、发生事件，进行麻醉总结，出具麻醉报告。

（三）系统工作流程

手术和麻醉的工作流程中的预约登记、术前修改、术后核对过程完全一致，手术登记信息和手术安排通知的信息中已包含有麻醉安排信息。

手术信息管理流程中主要是术前预约与安排、术后修改与完善这两步。

手术申请可以有两种途径：手工和医生工作站。手术室在收到申请后预约安排手术时间、台次、手术护士等。将安排好的通知通过网络或以纸张形式发给有关部门。

麻醉信息管理流程中主要有根据术前访视做访视记录，术中采集有关参数、记录有关事件，术后总结和书写报告。

8.4.2　医疗物资管理系统

医院物资管理是医院为完成医疗、教学、科研等工作，对所需各种物资进行计划、采购、保管、供应等各项组织管理工作。医院物资管理主要的研究对象是物资在医院内的流转过程和科学管理，包括医院物资的分类、物资的定额管理、物资供应计划的编制、物资的采购运输、物资仓库的管理和组织领导等（图 8-12）。

医院物资管理是保障医院医疗活动的基础。如何提高医院各类物资管理的科学性和合理性，加强计划预算管理，降低物流成本，提高库存周转率，减少库存资金占用和积压浪费，优化物资管理流程，加强物资的定额管理等，是医院物流管理重点工作，也是医院加强信息化管理的一个重要课题。

物流管理系统是专门为实现医院物流的科学管理而设计，通过对医院物流的采购计划管理、采购订单管理、库存管理、耐用品管理、应付款管理、供应商管理等功能,实现规范医院物流管理,做到科学计划、计划采购、保障供应、减少流动资金占用和损失,降低医院医疗成本,提高医院物流管理水平。

系统在保持医院物流管理先进性的同时,加强了与医院综合运营管理系统其他子系统及外部 HIS 系统的一体化集成应用,为加强医院的一体化经营管理提供了技术保障,通过实时共享各系统的数据,保证了系统数据的完整性和准确性,提升了医院整体的经营管理。

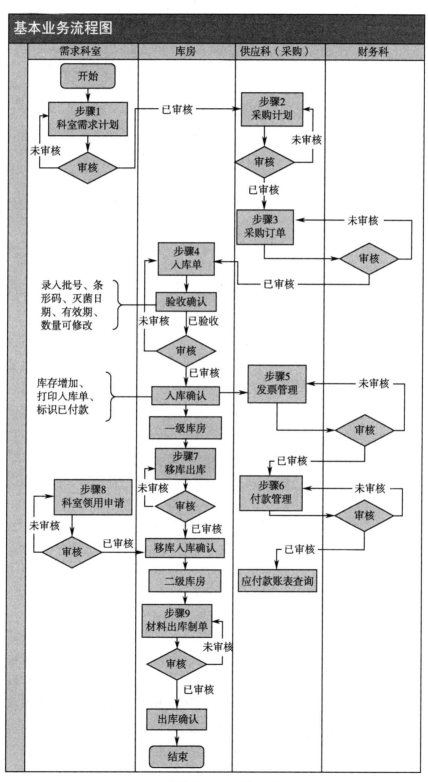

图 8-12　医疗物资管理系统基本业务流程图

一、医疗设备管理系统

医疗设备主要是指对患者在疾病预防、检查、治疗和康复过程中所使用的仪器设备,它在医院的固定资产中占有相当大的比重,是医院开展医疗、教学和科研的重要工具,也是提高医院医疗质量所应具备的先决条件。因此,医院管理者历来都十分重视医疗设备的使用和管理工作。

医院信息系统中的医疗设备信息管理,是以医院的各种医疗设备作为主要对象,建立起相应的科学的、功能较完善的计算机管理系统,对医疗设备信息进行全过程的动态管理。通过这些全面、科学的日常管理,实现设备的定期质量分析和定期效益效率分析,使设备始终保持良好的运行状态,从而更好地为医院服务,提高医院的医疗水平,最大限度地发挥其社会效益和经济效益。实施计算机管理,还可以减少设备管理的漏洞和资金的浪费,为医院的全面经济核算提供可靠依据。

医疗设备信息管理的目标是:计划采购、合理分布、充分利用,提高使用效率,降低运行成本,增加经济效益,延长设备的使用寿命。

- 实现医疗设备从采购、使用、维修到报废的全过程动态管理;
- 为设备采购部门和医院决策者提供设备的整机状况、效率效益分析等信息咨询,为制订订购计划和决策提供依据;
- 为医院的全面经济核算提供所必需的设备效率效益指标、设备折旧、维修经费、配件使用等基础数据;
- 为医院领导及设备管理人员和设备使用人员提供综合查询和统计分析信息。

二、医用消耗材料管理系统

医用消耗材料管理也是医院管理中的一个重要组成部分。在医院的医疗活动中使用了大量的医用消耗材料,这些消耗物材料不仅占用了医院大量的资金,而且容易发生"跑、冒、漏"等现象,增加了医院不必要的医疗成本。根据我国现行的有关管理规定,一部分消耗材料的费用可以向患者收费,但也有相当部分消耗材料的使用不能直接向患者收取费用,其消耗费用由医院支出。因此,无论是从医院管理还是从成本核算的角度来讲,都必须加强对医用消耗材料的管理,在保证供应的前提下,尽量减少流失和不必要的损耗,最大限度地降低医疗成本。

医用消耗材料管理包括医用消耗品管理的库存管理和循环使用物品的管理。

消耗材料在医院的流动过程比较复杂,其特点是集中采购,分散使用。消耗材料的管理流程主要是入库(采购)、存储、出库(消耗)三项工作,也就是"进销存"的管理模式。对于消耗材料信息管理来讲,就是要按照消耗材料在医院流动的过程,在各个环节设置相应的功能模块,实现对消耗材料流动的全过程计算机管理。

由于消耗材料管理与二级库房管理的模式不同,所以对应的模块和功能设置也就有所区别。

消耗品库房管理:消耗品库房管理是消耗材料管理的基础,也是消耗材料管理的关键环节,同时还是医院消耗材料集中采购的入口。消耗材料字典管理主要是对消耗材料的名称、别名、俗称、分类、代码、规格型号、生产厂家等信息定义。这些信息将为整个信息系统提供有关消耗材料的基础数据;消耗材料价格管理主要负责消耗材料价格的定义和调整,同时对全院价表中的消耗材料项目和价格进行更新。消耗材料价格管理是整个收费系统的重要组成部分,直接用于收费系统;库房管理包括消耗品的库存建账、计划采购、入库处理、库存管理、出库处理、盘存处理、结账处理、统计查询等功能。

二级库房管理:医院信息系统中将医院中的供应室、手术室等使用、存储消耗材料的科室归纳为消耗品的二级库房。二级库房管理针对这些科室的业务特点,主要负责对物品的入库、打包、回收、消耗登记等信息的处理。

科室储备基数管理:消耗品库房管理和二级库房管理可对科室消耗品及消毒物品的保有量进行实时监督监控。控制其消耗量、请领量,并及时给予补充。

综合统计查询:消耗材料综合统计查询可以进行库房入出库及库存物品的数量、品种和金额等信息的统计查询。

三、药品管理系统

药品是医疗活动中必不可少的基础物资,兼具物资和医疗双重属性,药品在许多医院的运营成本中占第一大比重。因此,医院管理者历来都十分重视药品的管理工作。

药品在医院内部用到患者身上,要经过药库、药房、摆药室、病房等多道中间环节,与医生用药和收费环节紧密相关。药品的品种规格可达数千种,数量多、流动快。因此,药品的日常管理,重点要做好以下几个方面的工作:

1. 在库存管理方面 要随时掌握各类药品的库存数量、金额,防止不同批次的药品过期造成损失;做好库存量和采购量的控制,既能保证供应、又可以减少资金占用;要尽量减少各环节管理上的漏洞。

2. 在药品价格管理方面 由于市场经济条件下药品不再是统一定价,定价条件更加复杂,所以要及时与物价管理人员和药品会计沟通,为管理系统制订正确的价格生成模型,确保划价收费人员能准确划价。

3. 在与临床沟通方面 使医护人员及时了解药品是否可供;要做好新药通报、用药指导的宣传工作。

4. 在合理用药方面 要对临床用药进行监督;对用药情况进行统计分析特别是与病种和科室的相关分析。

(一) 药品管理系统的目标

从药品本身作为物资管理看,药品管理系统要管理采购、入库、出库、库存,是一个比较典型的"进销存"系统。但从药品与医院医疗工作的紧密相关程度以及医院内部药品流通过程的特殊性看:一方面,药品管理系统通过对医院内药品各个流通环节进、出、存的管理,达到降低成本的目的;另一方面,药品管理系统作为整个医院信息系统的一个重要组成部分,负责向其他系统提供必需的药品信息。

因此概括在来讲,药品管理系统的目标:

1. 药品的进、出、存管理 做好药品的品种、数量、金额管理,以及药品库存的控制以达到减少库存资金占用、保障供应、堵塞药品流通中各种漏洞的目的。

2. 为其他系统提供药品信息 临床系统中需要使用的药品字典、计价收费中需要使用的药品价表、药品的可供目录等。

3. 药品使用的统计分析,为合理用药和高层管理服务 不同类别不同品种药品的使用情况、不同科室不同医生药品使用情况、各厂家药品的使用情况等等。

(二) 系统功能组成

药品在医院内部的流动涉及药库、药房、病房等多个环节。要实现上述管理目标,需要在药品流动的每个环节上设置相应的功能模块。整个药品使用管理流程中,不同的环节都以库存管理为中心。但由于业务流程和内容特点不同,各环节的库存管理模式不同,对应的功能模块也不相同。药库与药房不同,门诊药房与住院药房也不同。

整个药品信息管理系统可以分为药库管理、住院药房管理、门诊药房管理、药品综合查询四个子系统。每个子系统又可分为若干个功能模块或程序。

药库是药品进入医院的入口,也是药品信息进入整个医院信息系统的入口。药库管理子系统中,药品字典管理主要负责药品的名称、品种、规格、剂型、含量、别名等信息的定义,该定义将用于整个医院信息系统中有关药品信息的处理;药品价格管理主要负责新药品价格的设定和已有药品价格的调整,药品价表是整个收费系统价表的重要组成部分,直接作用于收费系统;库存管理包括了药品的库存初始化、入出库处理、库存盘点、采购计划、入出库统计等功能。

住院药房管理中库存管理与药库子系统中的库存管理功能基本相同,不同之处是药房可以通过网络直接向药库提出发放申请,也可通过网络直接接受药库子系统生成的出库单;处方录入模块主要负责患者处方领药,像毒麻局限药、贵重药以及一些外来处方处理;医嘱摆药处理负责药疗长期医嘱和临时医嘱摆药单的生成处理;科室药柜管理主要负责对科室小药柜的库存量、消耗量、请领量进行监督控制。

门诊药房管理中库存管理与住院药房的库存管理基本相同;处方发药处理负责在发药窗口接收由门诊收费发送过来或者由医生录入由门诊收费确认的处方,人工核对无误后,调配并作确认出库处理;处方录入负责未经门诊收费处理的其他处方录入和药品出库处理。

药品综合查询系统中的按品种库存查询可以查询指定药品在各个药库、药房的现存量;支出统计可以统计指定时间区间内各品种或各类别药品的支出情况,入库统计可以统计指定时间区间内各品种或类别的入库情况。

对一个小型医院,门诊药房和住院药房可能合并设置;对一个大型医院,门诊药房和住院药房一般分开设置,并且可能有多个门诊药房或多个住院药房。这些药房的库存各自独立管理。为了管理上的方便,住院药房和摆药中心之间可能共同使用同一个库存,也可能分开各自管理各自库存。因此,药品管理系统在库存管理的功能上一般可以设置多个库存管理单位,库存管理单位之间的库存互相独立、互不透明。

(三) 系统工作流程

药库与药品管理系统有关的日常工作主要有三方面:入库、出库和定价。药库从供货商采购的药品到货后,通过药库管理系统的入库开单功能,将到货药品信息录入,打印入出库单;经库房管理人员按入库单清点无误后,在药库管理系统中记账,药品入库。药库对药房的药品供应,是由药房通过药房管理系统提出请领申请,药库人员接受请领单并审核,打印出库单;由库房管理人员出库,在药库管理系统中记账,给药房管理系统发出出库单。在新入库药品价格发生变化或者接到上级调价通知后,药库人员对药品的零售价格进行调整,调整后价格传播给整个医院信息系统的价表。

门诊药房与药品管理系统有关的日常工作有四方面:入库、门诊处方发药、其他处方发药、批量出库。药房的请领入库工作,先通过药房管理系统向药库发出请领申请,药品到货后,通过药房管理系统接受药库的出库单,形成自己的入库单,清点药品入库。

门诊药品的出库有三种方式:

1. 药品管理系统的目标 门诊处方发药:患者在交费后,在药房管理系统的待发药处方队列中就可以看到患者的处方,经与患者手持处方核对无误后,确认并发药。

2. 其他处方发药 对于非由门诊交费的处方的发药,由药房自行将处方录入,并发药。

3. 批量出库 在特殊情况下,药房需将药品出库给其他科室或药房,可以通过批量出库,录入出库单,药品出库。

住院药房与药品管理系统有关的日常工作有四方面:入库、摆药、处方发药、批量出库。入库工作与门诊药房相同。

住院药品的出库也有三种方式:

摆药:根据病房系统发出的药疗医嘱,逐个患者摆药(一般为1天的用药),药品出库。

处方发药:部分药品(如毒麻局限药品)需要医生开处方领药,药房接受医生处方或自行录入处方,发药。

批量出库:与门诊药房的批量出库相同。

(黄海平)

学习小结

随着计算机技术的发展,数字化医院建设已得到十分重视、医院信息系统的使用已相当普遍。因此,必须了解医院信息系统的五大功能;熟识门急诊管理系统、临床检查管理系统、血库管理系统、手术/麻醉管理系统、药品管理系统的功能和工作流程;门诊医生工作站与住院医生工作站在的定义与功能异同;护士工作站的功能及电子病历的功能,以提高对医院信息系统认识及提高使用的效率。

复习参考题

1. 从狭义和广义两个方面给出数字化医院定义。

2. 数字化医院的主要系统常见组成有哪些?

3. 给出医院信息系统的五大功能组成。

4. 简述门急诊管理系统的功能组成及工作流程。

5. 简述住院管理系统的功能组成及工作流程。

6. 比较门诊医生工作站与住院医生工作站在的定义与功能。

7. 说出护士工作站的功能。

8. 简述电子病历的功能。

9. 简述临床检查管理系统的功能及工作流程。

10. 简述血库管理系统的功能及工作流程。

11. 简述手术/麻醉管理系统的功能及工作流程。

12. 简述药品管理系统的功能及工作流程。

13. 结合工作实际,介绍一下医院信息系统在您业务工作中的应用情况。

第九章

数据处理及常用统计软件 SPSS

9

掌握　SPSS 数据文件的建立方法,数据文件的编辑、修改方法;数据的描述统计方法。

熟悉　两组定量资料统计分析的基本方法(t 检验)以及两个率或构成比的比较方法(卡方检验)。

了解　医学数据处理过程;使用 SPSS 进行数据分析时分析方法的使用条件。

　熟练使用统计软件 SPSS 进行数据分析。

任务 9-1　试述医学数据处理过程

【任务描述】

了解医学数据分析的基本过程。

【知识点分析】

9.1.1　医学数据分析与决策

信息技术与医学的结合引发了数据迅猛增长,数据已成为国家基础性战略资源。大数据应用能够揭示传统技术方式难以展现的关联关系,用数据说话、用数据决策、用数据管理、用数据创新的管理机制已经形成。只有经过分析有用的数据,对数据进行有效的深层次挖掘,才能体现出数据本身的价值,使其为我们所用。因此,大数据应用是我们科研和管理工作者当前的主要任务之一。

随着人口健康信息平台的建设,基础资源信息、全员人口信息、居民电子健康档案和电子病历四大数据库,覆盖公共卫生管理、医疗健康公共服务、基本药物制度运行监测评价、卫生服务质量与绩效评价、人口统筹管理和综合管理等业务应用系统已经普及,并逐步实现互联互通、业务协同。但目前普遍存在着大量数据和有效利用之间的矛盾。如何对居民健康状况等重要数据精准统计和预测评价,加强临床和科研数据资源整合共享,提升医学科研及应用效能,是医护人员需要解决的问题。

一、卫生信息分析

信息是客观存在的一切事物通过物质载体所发出的消息、情报、指令、数据和信号中所包含的一切可传递和交换的内容。信息分析是运用科学的理论、方法和手段,在对大量的(通常是零散、杂乱无章的)信息进行提炼加工、鉴别和筛选,并进行归纳、分析的基础上,透过由各种关系交织而成的错综复杂的表面现象,把握其内容本质重组合成新的信息,从而获取对客观事物运动规律的认识。信息分析的目的是为决策服务。

信息分析是对信息的内容进行深度加工,以挖掘出满足用户需要的新信息。信息分析对其所研究的对象具有整理、评价、预测和反馈四项基本功能。

二、数据挖掘

数据挖掘(Data Mining)就是从大量的、不完全的、有噪声的、模糊的、随机的数据中提取隐含在其中的,人们事先不知道的,但又是潜在有用的信息和知识的过程。

在当今的信息时代,随着信息和计算机技术的飞速发展,人们可以在短时间内搜集和积累大量的数据。但是,如何快速、准确地从这大量的数据中发现有用的知识,已成为人们迫切需要解决的问题。数据挖掘正是为满足这种需求而提出的一种新技术。

数据挖掘是当前研究的热门领域,它是集信息科学、管理科学、统计学和人工智能等学科于一身的交叉学科。数据挖掘在生物医学领域中的应用有着广阔的前景。医学数据挖掘为医学信息管理通向知识管理架设了一座桥梁。

由于医学信息自身具有的特殊性和复杂性,与常规数据挖掘相比,医学数据挖掘在挖掘对象的广泛性,挖掘算法的高效性和鲁棒性,提供知识或决策的准确性方面有着更高的要求。在医学数据挖掘方法中,决策树、神经网络、模糊逻辑、进化计算、关联规则、粗糙集理论和支持向量机、深度学习、自然语言学习等算法都显示出了各自独特的优越性,已经在医学数据挖掘中得到了成功的应用。随着理论研究的深入和进一步的实践摸索,数据挖掘技术在疾病的诊断和治疗,医学科研与教学以及医院的管理等方面将会发挥更大的作用。

9.1.2　医学数据处理过程

医学研究中的统计工作包括研究设计、数据搜集、数据整理、数据分析、结果报告和结论陈述等。

一、研究设计

研究设计是统计工作的先导和依据,其任务是对全过程(搜集资料、整理资料和分析资料)有一个全面的设想。包括专业设计和统计设计。在从事医学研究工作之前,要事先作好研究设计,也就是事先对研究作出具体计划。调查之前,需要事先对研究目的、对象、内容、调查表设计、样本含量估计、调查方法、进度、统计分析方法和预期结果等作出周密的计划,此称为调查设计。实验研究需要对研究对象施加干预措施等进行设计。设计是在数据处理之前进行的。

二、搜集资料

遵循统计学原理,按照设计要求,采取必要措施得到准确可靠的原始资料。数据搜集时应遵循真实、准确、完整、及时四个原则。为此,数据搜集人员应该具有良好的业务素质和责任心。搜集资料前要接受过统一培训。

资料来源可从各类卫生信息系统、各种统计报表、日常记录、网络数据库、专题调查或实验中获得。

三、数据整理

数据整理也称为数据清理,其目的是将搜集到的原始数据系统化、条理化,根据研究目的将原始数据进行归纳、分组或计算,以便进一步计算统计指标和进行深入分析。通常需要对数据进行编码、核查、纠错改错、补漏等。可对数据进行预处理,实施逻辑查错。如数据是否超出范围,是否不符合逻辑等。如果发现数据错误,就应该进行检查、核对并纠正。

四、统计分析

目的是按照研究设计的要求,计算有关指标,反映数据的综合特征,阐明事物的内在联系和规律。包括统计描述和统计推断及多因素分析。是数据分析的核心组成部分。统计描述包括平均值、率及其变异指标(如标准差、变异系数)的计算,统计图表的绘制等。统计推断是由样本数据对其相应总体作出估计或决策的过程。一般需要借助专业统计分析软件 SPSS,SAS 等实现。

五、结果报告

统计分析主要是针对数据的分析,结果一般需要整理成人们可以阅读的形式,研究论文需要按格式整理成相应的格式。

任务 9-2　建立 SPSS 数据文件

【任务描述】

在 SPSS 中建立数据文件,将第四章 Excel 电子表格处理软件所说的例子中(某医院住院患者信息表)的数据输入到 SPSS 中。

【知识点分析】

9.2.1　SPSS 的概述

SPSS(Statistical Product and Service Solutions),"统计产品与服务解决方案"软件。最初软件全称为"社会科学统计软件包"(Statistical Package for the Social Sciences),是世界著名的统计分析软件之一。应用于调查统计、市场研究、医学统计、政府和企业的数据分析中,是世界上最早的统计分析软件,由美国斯坦福大学的三位研究生于 1968 年研制,同时成立了 SPSS 公司。1984 年 SPSS 首先推出了第一个统计分析软件微机版本 SPSS/PC+。2009 年,IBM 公司宣布收购 SPSS 公司。如今 SPSS 已出至版本 23.0,而且更名为 IBM SPSS Statistics。SPSS 用户界面友好,使用方便,统计功能强,成为当今世界上最受欢迎的统计软件包之一,广泛应用于自然科学、社会科学的各个领域。在国际学术界有条不成文的规定,即在国际学术交流中,凡是用 SPSS 软件完成的计算和统计分析,可以不必说明算法。目前已推出 9 个语种版本,本书以 SPSS 23.0 中文版为蓝本,以医学科研领域的相关资料为例,介绍该软件的具体使用方法。

一、SPSS for Windows 的特点

(一)操作简单,易于使用

SPSS for Windows 的命令语句、子命令及选择项大部分由"菜单""图标""对话框"的操作完成,操作简单、使用方便。工具栏提供了方便用户进行各种不同操作的按钮,用户也可根据不同的需要增加或者减少各种操作按钮。同时还具有记忆功能,能够记住用户最近打开的数个文件以及当前执行的统计分析及作图的操作中用户输入的数据。使用简单,便于学习;具有第四代语言的特点,告诉系统要做什么,无需解释怎样做。只要了解统计分析的原理,选择适当的统计方法,无需通晓统计方法的各种算法,即可得到需要的统计分析结果。非常适合于非专业统计人员使用。

(二)具有完整的数据处理功能

非常全面地涵盖了数据分析的整个流程,提供了数据获取、数据管理与准备、数据分析、结果报告等数据分析的完整过程。特别适合设计调查方案、对数据进行统计分析,以及制作研究报告中的相关图表。采用动态表格(PIVOT TABLE)技术,创造表格、图表与报告模块(report cube)。

(三)方便的数据整理功能

在进行数据分析之前,需要根据分析目的及分析技术,对数据进行准备和整理工作。SPSS Statistics 内含多种数据准备技术。可以同时打开多个数据集,方便研究时对不同数据库进行比较分析和进行数据库转换处理,支持 Excel、文本、Dbase、Access、SAS 等格式的数据文件,通过使用 ODBC(Open Database Capture)的数

据接口,可以直接访问以结构化查询语言(SQL)为数据访问标准的数据库管理系统,通过数据库导出向导功能可以方便地将数据写入到数据库中。支持超长变量名称(64位字符),方便了中文研究需要,也达到对当今各种复杂数据仓库更好的兼容性。

(四)提供独有的菜单命令向程序文件的转换功能

几乎每一个对话框都有"粘贴"(Paste)按钮。可将菜单操作命令直接转换为程序命令。用户可将命令文件保存或编辑,也可直接执行该程序文件。因此,编写程序文件时不需记忆大量的命令,为高级用户对数据实现自动分析提供了强有力的帮助。

二、SPSS 窗口的组成

SPSS 最常见的窗口有3个,数据编辑窗口(Date Editor)、输出窗口(viewer)以及语法编辑窗口(Syntax Editor),另外还有图形编辑窗(Chart Editor)等。每个窗口中会有自己的一组菜单,用于对该窗口进行操作。通过"文件→新建"(File→New)命令新建各类窗口,或通过"文件→打开"(File→Open)命令打开一个已存在的窗口。SPSS 将一些常用的功能以图形按钮的形式组织在工具栏中。执行某个操作时,可直接单击工具栏上的某个按钮完成其相应功能,使操作更加快捷和方便。当鼠标停留在工具栏上的按钮上时,会自动显示相应按钮的功能。可通过"视图→工具栏"(View→Toolbar)命令显示工具栏或删除、重置工具栏。

(一)数据编辑(Data Editor)窗口

SPSS 是一个数据分析系统,启动 SPSS 后首先进入"数据编辑窗口"(Data Editor),如图9-1所示,用来建立数据文件。与 Windows 其他窗口一样,有标题栏、菜单栏、工具栏、数据编辑区以及窗口底部的系统状态栏(显示系统当前的工作状态)等,窗口下面有两个选项卡,数据视图和变量视图。可通过"文件→新建"(File→New)命令建立数据文件,可同时创建或编辑两个以上的编辑窗口。

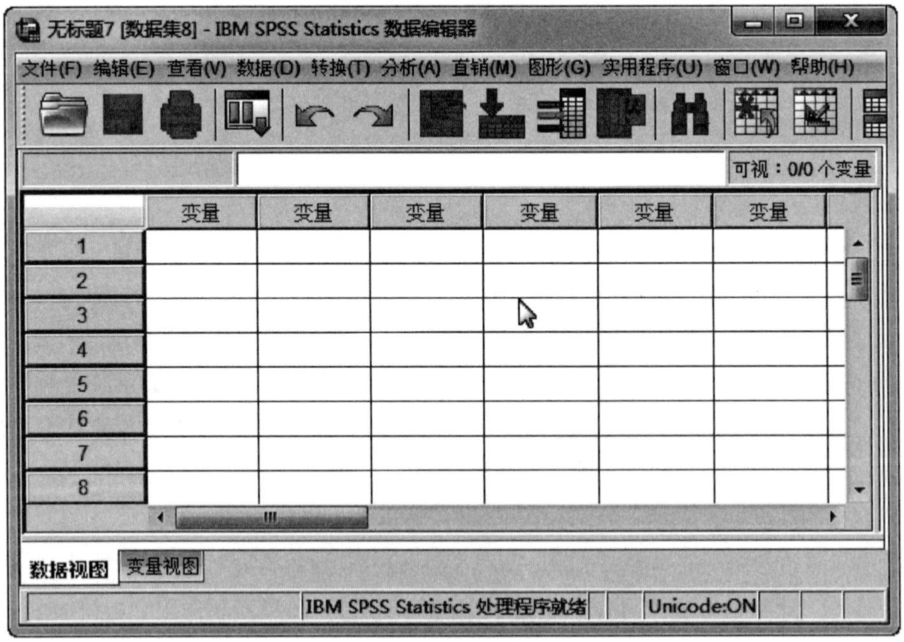

图9-1 数据编辑窗口

窗口名位于窗口上端的标题栏中。系统默认数据编辑文件名 Untitled SPSS Data Editor(无标题)。数据编辑窗口是一个类似于 EXCEL 的电子表格形式,是一个可扩展的二维表格,可在该窗口中建立或编辑数据文件。

SPSS 的数据编辑窗口有两个视图窗口,一个是数据视图(Data View)窗口,另一个是变量视图(Variable View)窗口。变量视图(Variable View)窗口用于定义变量的类型、宽度等格式;数据视图(Data View)窗口用于向定义好格式的数据文件中输入数据,可通过单击相应的标签进行切换。数据编辑窗口建立的 SPSS 数据库文件扩展名为 SAV。系统状态显示区用来显示系统的当前运行状态。当系统等待用户操作时,会出现"就绪"(SPSS processor is ready)的提示信息,该信息可以作为检察 SPSS 是否成功安装和正常启动的手段。

通过"编辑→选项"(Edit→Options)选择输出及用户界面的语言类型、字体。

(二) 输出(Viewer)窗口

当对数据进行统计分析后,统计结果、统计报告、统计图表将在输出窗口(Viewer)出现,默认的文件名为"输出 1"(Output 1),可对窗口内容进行编辑。执行统计命令中产生新变量信息、运行命令及程序产生错误时的警告信息等日志信息也在该窗口显示。输出窗口建立的文件扩展名为 SPV。输出窗口是显示和管理 SPSS 统计分析结果的窗口。SPSS 统计分析的所有输出结果都显示在该窗口中。输出窗口由窗口主菜单、工具栏、分析结果显示区、状态显示区组成。其中主菜单和工具栏和数据编辑窗口类似;分析结果显示区分成两个窗口:左边的区域类似于 Windows 资源管理器的树形形式显示已有的分析结果的目录,称为标题窗。右边的区域是各分析结果的详细报告,称为内容窗。两窗口大小可通过拖动两窗口间纵线调节。可以同时创建或打开多个结果输出窗口。

(三) 语法编辑器(Syntax Edit)窗口

使用 SPSS 菜单命令操作后,都会打开一个对话框,每一个对话框都有一个"粘贴"(Paste)按钮,用于将该窗口对应的程序及用户选择的参数存入"语法编辑窗口"(Syntax Editor)。也可通过文件菜单中的新建命令新建或打开语法格式(程序)文件。保存该文件(扩展名 SPS)后,对数据进行分析时,不需通过菜单方式,可直接通过该窗口的"运行命令"(Run)运行该程序文件,自动完成相应的操作。特别适合应用于处理比较复杂的资料以及解决特殊问题不能通过菜单命令完成时。可同时打开两个或两个以上的语法编辑器窗口,其中只有一个为主窗口。

三、采用 SPSS 进行数据分析的基本步骤

1. **数据采集** 根据分析目标采集分析数据,数据可以从现有卫生信息系统获取。
2. **数据整理** 对搜集数据进行加工整理(包括清洗),使搜集数据符合分析要求。
3. **统计分析** 理解统计分析方法的概念和统计含义,统计思想和公式使用条件、范围,无需记忆公式。先进行数据描述统计,再选择一种或几种统计分析方法探索性的分析统计数据。
4. **结果及解释** 读懂统计分析结果,发现规律,得出结论。

9.2.2 建立数据文件

数据管理是 SPSS 的重要组成部分,也是对数据进行统计分析的基础。在对数据分析之前必须先建立数据文件,将收集到的各种信息、数据输入计算机中。SPSS 建立数据文件有两种方法:一是由 SPSS 系统建立数据文件;而是从其他系统导入数据文件。

一、由系统建立数据文件

在 SPSS 中建立数据文件分两步:第一是在变量视图(Variable View)中定义数据文件的属性(格式,定义

变量名、类型、宽度等);第二步是在数据视图(Data View)中,向建立好格式的数据文件中输入数据。现以Excel 一章例子中的某医院住院患者信息表(表 9-1)为例说明建立数据文件的基本方法。

表 9-1　住院患者信息表

住院号	姓名	性别	出生日期	入院日期	出院日期	疾病名称	ICD	药品费	其他费用
0101	李莉娟	2	1973-1-12	2013-1-1	2013-1-10	胃炎	K29.700	1200.00	3620.50
0102	王万宏	1	1970-12-23	2013-1-2	2013-2-9	尺骨骨折	S52.201	800.00	2300.00
0103	张华卫	1	1960-7-2	2013-1-3	2013-1-12	高血压病	I10.x00	600.00	1200.00
0104	赵斌	1	1974-11-5	2013-1-4	2013-1-8	口腔炎	K12.112	230.00	800.00
0105	梁萍	2	1975-3-12	2013-1-5	2013-1-20	期前收缩	I49.400	320.00	1230.00
0201	王兰香	2	1988-11-23	2013-1-6	2013-1-11	慢性咽炎	J31.200	230.00	1100.00
0202	黄丽丽	2	1963-5-12	2013-1-7	2013-2-10	肺炎	J18.900	2300.00	4320.00
0203	王永歌	1	1982-6-29	2013-1-8	2013-1-25	高脂血症	E78.500	1700.00	3600.00
0204	许艳艳	2	1984-2-28	2013-1-9	2013-1-28	糖尿病	E14.900	1800.00	2390.00
0205	李建辉	1	1962-4-12	2013-1-10	2013-2-25	脑卒中	I64.x00	1800.00	4510.00

打开 SPSS 软件后显示数据编辑窗口(Data Editor)。数据编辑窗口有两个选项卡,分别打开两个窗口,一个是变量视图(Variable View)窗口,另一个是数据视图(Data View)窗口。变量视图窗口用于定义、显示和编辑变量格式,数据视图用于输入数据。

(一) 定义数据文件格式

单击"变量视图"(Variable View)选项卡,打开"变量视图"窗口,系统出现定义变量的 11 种选项,功能如下:

1. **变量名(Name)**　在该栏输入变量名。这里定义 X1-X10 等 10 个变量为变量命名,如图 9-2 所示,定义变量名应遵循如下原则:

图 9-2　变量视图

（1）变量名由不多于 64 个字符组成，也可使用 32 个汉字。但由于老版本及某些软件变量名长度应在 8 位之内，为了避免与老版本及其他软件出现兼容问题，变量名一般仍控制在 8 位之内。由于汉字在变量输入与处理方面有诸多不便，一般不建议使用汉字，必要的中文说明可以放在变量标签（Label）栏中加以说明。

（2）首字符应该是英文字母或汉字，其后可为字母或数字及除了" "（空格）、"?""!"和"*"以外的字符。但下划线、圆点"."不能出现在变量名尾。

（3）变量名不能使用 SPSS 的关键字（保留字）。如：ALL、AND、OR、NOT、EQ、GF、LE、LT、NE、TO、WITH 及一些常用的符号等。

（4）变量名必须唯一且不区分大小写字母。例如 ABCD 与 abcd 被认为是同一变量。

2. 类型（Type） 变量类型，默认变量类型为数值型（Numeric），单击数值（Numeric）右侧的小按钮，可打开变量类型对话框，改变变量类型，变量类型有 8 种：

（1）数值（Numeric）：标准数值型变量，如图 9-3 所示，系统默认为数值型；总长度为 8，小数位数为 2。总长度包括小数点前位数、小数点和小数点后位数。系统的默认长度可以从编辑（Edit）菜单中的选项（Options）命令数据（Data）选项卡中重新设置。

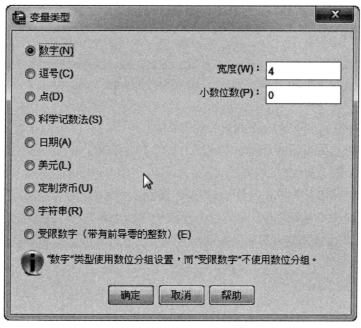

图 9-3 "变量类型"对话框数字

（2）逗点（Comma）：带逗点的数值型变量；默认总长度为 8，小数位数为 2。其值在显示时，整数部分自右向左每 3 位用一个逗点作分隔符，圆点做小数点。如：12,345.00，输入时逗点可不输入。小数指示符右侧不能包含逗号。

（3）句点（Dot）：带圆点的数值型变量；默认总长度为 8，小数位数为 2。显示时与逗点（Comma）相反，其值在显示时，整数部分自右向左每三位用一个圆点作分隔符，逗点做小数点。值的小数指示符右侧不能包含句点。

（4）科学记数法（Scientific Notation）：科学记数法；默认总长度为 8，小数位数为 2。它的值以嵌入的 E 及带符号的 10 次幂指数形式显示。对于很大或很小的数据用此方法表示，指数的字母可以用 E，也可用 D，也可省略，如：12345 可输入为 1.2345E4、12345、1.2345D4、1.2345E+4、1.2345+4，但显示值为 1.2345E+04。

（5）日期（Date）：日期型变量，有 27 种表示方法，如图 9-4 所示。既可表示日期又可表示时间，用户可根据实际情况自行选择。其值以若干种日历—日期或时钟—时间格式中的一种显示,从列表中选择一种格式,输入日期时可以用斜杠、连字符、句号、逗号或空格作为分隔符。如 1973 年 1 月 21 日可表示为:1973/01/21、12-Jan-1973、12-Jan-1973 00:00:00.00(时:分:秒)等。

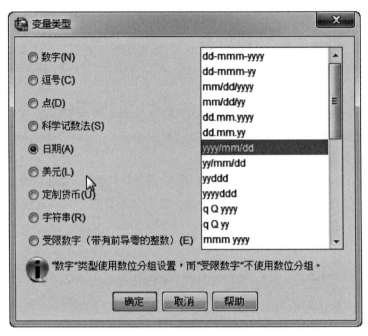

图 9-4 "变量类型"对话框日期

(6) 货币型(Dollar):货币型变量,主要用来表示货币数据,默认总长度为 8(含 $),小数位数为 2,其值在显示时有效数字前有 "$",用逗点做分隔符,用句点作为小数分隔符。输入时可不带 "$",系统自动加上。如输入 12345.67 系统自动显示:$12,345.67。

(7) 设定货币型变量(Custom Currency):货币型变量用于货币符号等的设置,定义的定制货币字符不能用于数据输入,但显示在数据编辑器中。可自行设置 CCA 到 CCE 共五种格式,CC 为自定义货币型的首字母,A-E 为编号。如定义 CCA 的格式为 ¥1,234.56RMB 等。前缀是 ¥,后缀是 RMB,可在 "编辑"(Edit)菜单的 "选项"(Options)命令中,打开 "货币"(Currency)选项卡,进行设置,其中 "全部数值"(All Values)用于设置 "首"(前缀)(Prefix)、"尾"(后缀)(Suffix)字符,"负数"(Negative Value)栏用于设置负数的 "首"(Prefix)"尾"(Suffix)字符,系统默认负数的首字符是 "-"。"小数点分隔符"(Decimal Separator)栏用于设置小数点的符号,默认为 "圆点"(Period),也可定义为 "逗号"(Comma)。

(8) 字符型(String):字符型变量,默认总长度 8 位,字符串值可以包含任何字符(汉字、字母和数字等),可包含的最大字符数不超过定义的长度。作为常量(程序中)时应用单引号 "'"、双引号 """ 括起。注意应为英文引号。一般地,为便于数据统计分析,变量类型应定义为数值型。

3. 宽度(Width)与小数位数(Decimals) 根据每个变量数据的大小(最大数)及保留小数点的位数,定义变量的总宽度,小数点位数。总宽度包括小数点前后位数及小数点本身。如:12345.67。宽度定义为 8 位,2 位小数。我们一般称为 format8.2 结构。应该再次强调的是宽度是变量内容的宽度,而不是变量本身的宽度。本例中,定义 X3(性别)为数值型、宽度为 1,小数为 0。

4. 变量标签(Label) 变量名一般没有完全表达变量内容信息,为了便于标示变量,对变量的含义进行进一步说明,常常需要用汉字或其他能描述清楚变量的信息表示文字说明变量的内容,如 X3 变量的标签为 "性别"。其最大长度为 255 个可显示字符(含空格)。对变量加上标签后,在数据编辑窗口鼠标指向变量时,变量名下会显示标签。在对数据分析后出现的结果输出窗口中凡是出现变量名的地方均用变量标签来表示,方便了用户对变量的理解,因此变量名尽量简单化。

5. 数值标签(Values) 变量值标签是对变量的可能取值的含义附加的进一步说明,标签内容最多可以有 120 个字符,通常仅对分类变量的取值指定值标签。如对 X3(性别),当变量值是有限分类数据时,数据输入时尽量用代码输入,以加快输入速度、方便数据处理,特别是从各类信息系统采集的数据。如性别中"男"可输入"1","女"可输入"2"。数据代码化定义需符合国家或国际有关标准,便于数据共享及分析结果通用。结果输出时,定义了数值标签的变量会用数值标签表示数据值。默认没有数值标签(None),要改变(以性别标签为例),可按以下步骤:

(1) 单击需要设置数值标签变量"值"(Value)中的"无"(None)后的小按钮,弹出"数值标签"(Value Label)对话框,在上面的"数值"(Value)栏中输入变量值,如"1",在下面的"数值标签"(Value Label)栏中输入标签如"男",单击"添加"(Add)按钮,同理可输入其他数值说明。X3 中"1"为"男","2"为"女"。

(2) 单击"确定"按钮。

这样凡是在输出结果中性别是"1"的地方都会用"男"代替,性别是"2"的地方都会用"女"代替。如图 9-5 所示。

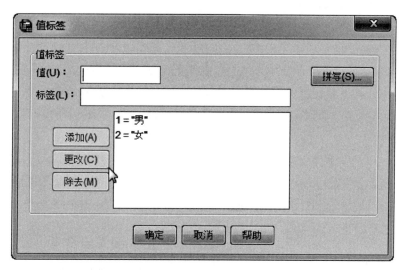

图 9-5 "数值标签"对话框

如要在数据视图中显示变量值用数值标签表示,则可执行"查看→值标签"(View→Value Label)命令,如对性别变量值标签定义完毕后,则输入 1 时将显示"男",2 时显示"女",也可通过单击"值"标签右侧的按钮,在弹出的下拉列表框中进行选择其他值,用于对输入值的修改。但变量中存放的数值仍然是其原值,这里是 1 和 2。

6. 缺失值(Missing) 由于各种原因引起的数据缺失。缺失值有两种类型:系统缺失值和用户定义缺失值。

系统缺失值不需要定义,如调查数据资料时(如测量人群生长发育情况),某项数据(如身高)没有调查。则在该身高的地方不输入任何信息。系统自动会出现"."或空格(字符型)。数据处理时,将不会处理这个变量中有系统缺失值的数据。

用户定义的缺失值由用户自行定义,如数据收集错误(调查表上填写数据错误,如身高误写为 250cm),或输入数据完毕后发现一些数据不符合逻辑等。可以将这些数据定义为缺失值(无效值),对数据进行分析时,系统将不分析这些数据,使该项其他数据有效。用户可以定义以下 3 种缺失值。

(1) 没有缺失值(No missing Values):无须定义缺省值,即除了默认的缺省值外,不设缺省值,这是默认方式。

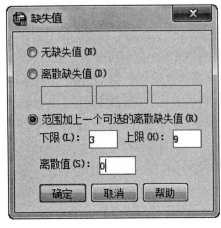

图 9-6　设置缺失值

（2）离散的缺失值（Discrete miss Values）：可定义 1~3 个离散的单一数为缺失值；如有效范围为 1~7，当定义宽度只有一位整数时，缺失值可定义为 0，8，9。

（3）范围加离散的缺失值（Range plus one optional discrete missing value）：定义指定某一范围为缺失值，同时指定另外一个不在这一范围内的离散单一数值为缺失值，如在性别中有效数值是 1 和 2，可定义 3~9 及 0 为性别缺失值，如图 9-6 所示。

对由多个范围的缺失值，可通过数据变换解决。如身高正常范围是 150~200，包括 150 及 200。可通过后面的菜单"转换→重新编码到不同变量"（transform→Into Different Variables）命令（转换为不同变量以保留原始数据），将 150 以下（0~149.99）转换为 1，200 以上（200.01~999.99）转换为 2。然后将 1 及 2 定义为缺失值。通过这种方法可以对任一范围缺失值进行定义。

缺失值定义后，在进行数据统计时默认不参加计算。这样会产生数据例数不一的情况，对数值型及日期型数据，为保持数据完整性，系统提供了 5 种不同替代缺省值的方法。可通过"数据转换→替换缺省值"（Transform→Replace Missing Values…）命令实现缺失值的替换。如将缺失值替代为均数（默认）等。

7. **栏宽（Columns）**　定义变量值的列显示宽度，默认宽度为 8，根据需要可进行调整。

8. **对齐（Align）**　定义变量值显示的对齐方式，有三种选择项：靠左（Left）向左对齐；靠右（Right）向右对齐；居中（Center）居中对齐。默认字符型数据左对齐，其他数据为向右对齐，用户可单击右侧的下拉列表中选择一种对齐方式。

9. **测量（Measure）**　也称测度，根据统计数据的类型定义度量尺度，度量是指按照某种法则给现象、事物或事件分派一定的数字或符号，通过测度来刻画事物的特征或属性。有三种类型选择：

（1）标度型（Scale）：也称刻度型，定比测度或比率测度，为连续型变量，表示间隔测度的变量和表示比值的变量，适合定量数据，如身高、体重等。

（2）有序型（Ordinal）：或序数型，定序测度或顺序测度，为有序分类变量，用于表示有顺序的等级变量，适合定性数据，如疾病等级、文化程度、职称、考试排名等。变量值可以是数值型，也可以是字符型。

（3）名义型（Nominal）：定类测度，或名义测度，为标称变量，是分类变量的一种，可以是数值型或字符型变量，如：性别、血型、宗教信仰、党派等，没有顺序大小之分。字符型变量默认为名义型。

度量的确定与许多统计分析过程以及图形过程有密切关系。在这些过程中系统需要区分度量类型。后两种只作为分类变量对待。如该统计过程没有要求，则按系统默认数值型自动按标度型（Scale），字符型自动按名义型（Nominal）。

本例，X3（性别）可定义为名义型（Nominal）类型变量。如不进行其他分析也可按默认度量型（Scale）。

10. **角色（Role）**　对每一变量定义相应角色。常用角色类型为：

（1）输入：变量将用作输入（例如预测变量、自变量），默认。

（2）目标：变量将用作输出或目标（例如因变量）。

（3）两者：变量将同时用作输入和输出。

（4）无：变量没有角色分配。

（5）分区：变量用于将数据划分为单独的训练、检验和验证样本。

（6）拆分：设定此角色是为与 SPSS Modeler 模块相互兼容，具有此角色的变量不会在 SPSS Statistics 中用作拆分文件变量。

二、数据录入

将变量定义完毕,单击数据编辑窗口下端的"数据视图"(Data View)标签,定义的变量会自动出现在窗口上端,将表 9-1 住院患者信息表中的数据依次录入。

1. 在定义变量之后,数据编辑窗口形成了一个数据文件的二维表格,表格的顶部标有定义的变量名,表格的左侧有观测值(Case)的序号(案例号,黑色的说明已输入数据,灰色的说明没有数据被输入)。

2. 一个变量名和一个案例序号就对应了二维表格中的一个单元格。输入数据时可按变量(列式)输入数据(按回车键),也可按案例号(记录、行式)输入数据(按 Tab 键),默认按变量输入数据。

3. 输入数据时,单击鼠标左键,把插入点定位到第一个单元格,使该单元格为当前操作的单元格,输入该变量的第一个值,按回车键;当前操作单元格下移到同变量下一个单元格,输入第二个值,以此方法把该变量值输完。如按案例号(记录)输入数据,可在一个单元格输完数据后按"Tab"键,输入同一案例号(记录)的下一变量值,输入数据时,可利用上、下、左、右光标键,或单击鼠标将光标移到插入点定位到某一单元格,并在其中输入或编辑数据。

如没有定义变量名及格式直接在数据视图窗口输入数据,则变量名默认为 VAR00001、VAR00002…等。

三、文件的保存

与其他软件类似,第一次保存文件时,单击"文件"(File)菜单中的"保存"(Save)命令或工具上的"保存"按钮,系统会弹出"另存为"(Save Data As)对话框,如图 9-7 所示,系统给出多种保存的格式供选择,如默认格式,扩展名为 .SAV。也可以保存为文本文件格式(.dat、.csv)、Excel 格式(.xls、.xlsx)、DBASE 格式(.dbf)、SAS 格式(sd2、sd7、sas7bdat)、stata(.dta)格式等。

图 9-7 "另存为"对话框

本例中,选择 SPSS 数据文件格式 SPSS(*.sav),主名输入 DATA。并选择路径(可事先在 D 盘建立一个名为自己名字命名的文件夹,也可单击该窗口中的"新建"按钮),单击对话框中的"保存"(Save)即可,数据编辑窗口标题栏上出现文件名。数据保存时可单击"变量"(Variables)按钮打开"保存变量"(Save as Variables)对话框,可选择部分变量保存。在"保留"(Keep)列可选择需要保存的变量(打√号),也可选择"全部保留"(Keep All)变量或"全部丢弃"(Drop All)变量的保存。单击"继续"(Continue)返回"另存为"(Save As)对话框,单击"保存"(Save)按钮保存文件。

四、由其他文件建立数据文件

如数据已经在其他软件中输入,可将其他数据导入到 SPSS,下面以 XLS 格式文件为例说明数据导入过程。如已存在 DATA.XLSX 数据文件,"患者基本信息"工作表中存放已输入信息。

打开 SPSS 软件,执行"文件→打开"(File→Open)命令,选择"数据"(Data)选项,出现"数据文件"(Open File)对话框,选择 Excel 文件,并找到 DATA.XLSX 文件位置,单击"确定"(OK)按钮。打开"打开 Excel 数据源"对话框,如图 9-8 所示。

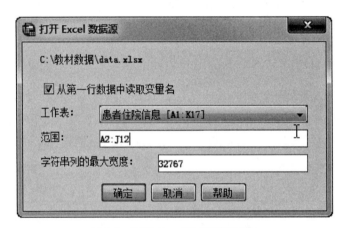

图 9-8 "打开 Excel 数据源"对话框

由于本例标题在第一行,范围栏中输入需要导入包括变量名在内的数据范围:A2:J12,选择"从第一行数据读取变量名"复选框。工作表中选择需要的工作表,这里选择"患者住院信息"表。单击"确定"按钮,将 Excel 文件导入。

对于文本文件导入需要指出文本文件的变量值分隔方式(逗号、空格、分号等)、文本限定符(单引号、双引号、无等)及变量类型(数值型、字符型、日期型等)。

如要打开最近的数据文件,可以在"文件"(File)菜单下端的最近使用过的"数据文件"(Recent Used Data)菜单中选择。打开其他文件(程序文件、结果文件)也可在此选择。

任务 9-3 求总费用并比较不同性别患者药品费用

【任务描述】

计算任务 9-2 中所建数据文件中各患者住院总费用以及比较不同性别患者药品费用。

【知识点分析】

9.3.1 计算总费用

可以通过 Compute 命令产生新变量,数据的运算包括算术运算、关系运算以及逻辑运算,常用的运算为算术运算。

一、算术运算

在进行数据统计分析时,有时需要根据原始数据生成新的目标变量。例如,根据"药品费及其他费用求住院总费用,对变量进行加(+)、减(−)、乘(×)、除(/)、乘方(幂)(**)运算。如求每人住院总费用,操作步骤:

(1) 单击"转换→计算变量"(Transform→Compute)命令,弹出"计算变量"(Compute Variable)对话框,如图 9-9 所示。

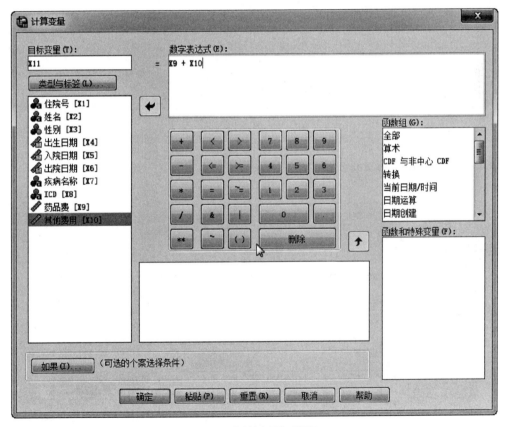

图 9-9 "计算变量"对话框

(2) 首先在"目标变量"(Target Variable)中输入一个保存计算结果的变量,这个变量可以是原有的变量,也可以是欲生成的新变量,如 X11(住院总费用),然后单击"类型与标签"(Type&Label)按钮,定义生成数据的类型(默认为数值型)及为变量加上标签(住院总费用)。在"数值表达式"(Numeric Expression)框中根据系统提供的计算器键入计算表达式,X9+X10 即 X11=X9+X10。

(3) 如果要对符合条件的观测值进行计算,可单击"如果"(If...)按钮,弹出"计算变量:如果个案"(Compute Variable:If Cases)对话框,如图 9-10 所示,可选择"如果满足个案则包括"(Include if case satisfies condition)

并在文本框中输入计算条件,如只对男患者进行计算,输入条件为"X3=1",默认为"包含所有观测值"(Include all cases),这里选择默认。单击"继续"(Continue)按钮。

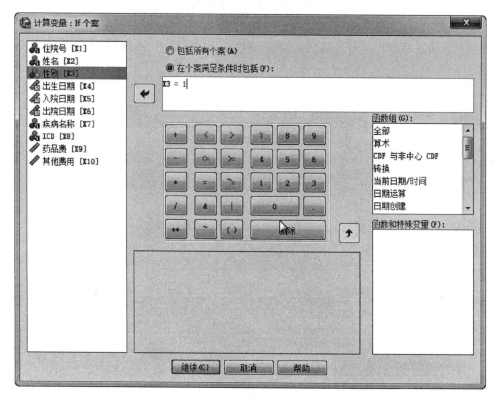

图 9-10 选择计算条件

(4) 单击"确定"(OK)则可看到计算结果,如图 9-11 所示。

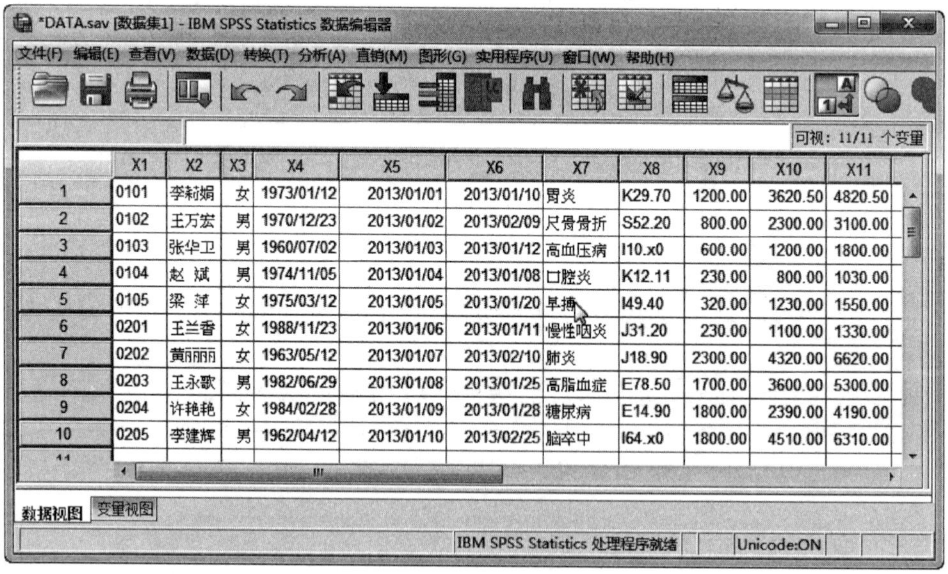

图 9-11 计算结果

二、关系运算与逻辑运算

关系运算是用于两个同类型数据进行比较。运算结果是一数值 1 或 0,即 .T.(真)或 .F.(假)。关系运

算符有 <(小于)、>(大于)、<=(小于等于或称不大于)、>=(大于等于或称不小于)、=(等于)、~=(不等于)六种。上面的 X3=1 就是有条件选择性别是男性的患者。

逻辑运算符是将两个关系运算连接起来进行的运算,运算结果是一数值,1 或 0,即 .T. 或 .F.。逻辑运算符有与(&)、或(|)、非(~)三种运算符。如只计算药品费用大于 1500 的男性患者的住院总费用,可在上面的"如果满足个案则包括"(Include if case satisfies condition)下面的框输入 X3=1&X9>1500。如果要选择相反的患者则为 ~(X3=1&X9>1500)。

关系运算及逻辑运算命令也常用于选择案例命令("数据→选择个案"(Data→Select Cases))中,选择符合条件的案例。

三、函数

函数是系统提供的为了完成某种特定功能的一种特殊计算。如对 X9(药品费)取对数,可使用"计算变量"(Computer)命令对 X9 取对数,产生新的数值型变量 X12。即 X12=lg10(x9)。再如,本例住院号变量,如前两位表示部门:"01"表示内科,"02"表示外科。要按部门分析住院费情况,可使用"计算变量"命令根据住院号将部门提取出来。X13=CHAR.SUBSTR(X1,1,2),注意需将 X13 设置为字符型(String)变量。

求每人到 2019-1-1 的年龄,公式为:

$$Age1 = (DATE.DMY(1, 1, 2019) - X4) / (365.25 * 24 * 60 * 60)$$

两个日期相减可得到两个日期之间的秒数。可通过计算变量(computer)命令得到。如计算每位患者入院时的年龄,公式为:

$$Age2 = (X5 - X4) / (365.25 * 24 * 60 * 60)$$

9.3.2 住院总费用描述统计

数据统计分析之前首先需要先对分析数据进行描述统计,查看数据分布情况,有无异常值等。可通过描述统计中的频数统计命令实现。

1. 打开 DATA.SAV 数据文件,执行"分析→描述统计→频率"(Analyze→Descriptive-Frequencies)命令,打开"频率"(Frequencies)对话框,如图 9-12 所示。左边的列表框表示待分析的变量,右边的列表框表示分析变量。选定需分析变量,如"性别"及"住院总费用",方法与选定文件方法类似,将分析变量移到右边的"变量"(Variable)列表框中。

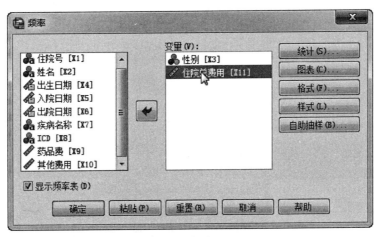

图 9-12 "频数统计"对话框

选择左下角的"显示频率表格"（Display frequency tables）表示是否输出频数分布表。此项为系统默认方式。

2. 单击"统计量"（Statistics…）按钮，系统弹出"频率:统计量"（Frequencies:Statistics）对话框，如图9-13所示。

图9-13 "统计量"对话框

在对话框中选择输出统计量，可供选择的统计量分四组，每组中的统计量可以同时选择：

（1）百分位值（Percentile Values）：输出所选变量的百分位数。

1）四分位数（Quartiles）：即25%,50%,75%百分位数。

2）割点（Cut points for equal groups）：在右边的文本框中输入数据K，表示将数据平分为K等份；输出各分点处的变量值，即求第K百分位数。默认为分10个点，即求10%、20%、30%…90%，共9个百分位数。

3）百分位数（Percentiles）：由用户定义的百分位数。本例输入2.5,3.6,97.5等，即分别求2.5%、3.6%、97.5%百分位数。输入后单击添加（Add）按钮表示增加、更改（Change）按钮表示修改、删除（Remove）表示删除框内的数值。

（2）离散（Dispersion）：离散趋势组，输出所选变量的离散程度统计量。

1）标准差（Std. deviation）。

2）方差（Variance），即S^2。

3）范围（Range）：全距，即最大值 - 最小值。

4）最小值（Minimum）。

5）最大值（Maximum）。

6）均值的标准误（S. E.mean）。

（3）集中趋势（Central Tendency）：用于指定反映变量值集中趋势的统计量。

1）均值（Mean）。

2）中位数（Median）。

3) 众数（Mode）：频数最多的一组，如有两组相同则取第 1 个频数最多的组。

4) 合计（Sum）。

（4）分布（Distribution）：描述数据分布统计量。

1) 偏度（Skewness）。

2) 峰度（Kurtosis）。

选择这两项则连同他们的标准误（SE of Skewness 及 SE of Kurtosis）一起显示出来，如果他们的数值接近于 0，变量的分布越接近于正态分布，如果 Skewness 值大于 0，表明变量分布为正偏态，否则为负偏态，如果 Kurtosis 值大于 0，则表明数值分布具有比正态分布曲线更尖峭的峰态。一般用偏度系数及峰度系数除以其标准误值小于一界值（1.64 或 1.96）为判断正态的指标。

组中值（Values are group midpoints），如果变量数据事先已经分组，且变量值确定为组中值时可选此项。

本例选择如图 9-13 所示，单击"继续"（Continue）按钮返回主对话框。

3. 单击"图表"（Charts…）按钮，系统弹出"频率：图表"（Frequencies：Charts）对话框，如图 9-14 所示，可以选择输出的统计图形。

图表类型可选：无（None）：不输出图形，为系统默认状态；条形图（Bar charts）：用于描述独立事件分布（如每人住院总费用）；饼图（Pie charts）：用于描述一个事物内部各部分的比重，如男女人数构成；直方图（Histograms）：用于描述数据分布情况，选择此项，还可以确定是否输出正态曲线（With normal curve）。本例主要为描述住院总费用分布情况，为连续型数值变量应选择直方图，并且要求输出正态曲线，单击"继续"（Continue）按钮返回主对话框。

图 9-14 "图表"对话框

4. 单击"格式"（Format…）按钮，系统弹出"频率：格式"（Frequencies：Format）对话框，用来设置频数表输出的格式，如按输出变量值升序或降序排列等。

本例选择系统默认状态，单击"继续"（Continue）按钮返回主对话框。单击"确定"（OK）按钮即可输出结果，部分结果见表 9-2 和图 9-15。

由于没有分组变量，要使用"频数"（Frequencies）命令对数据进行分组描述时（如求不同性别患者的住院总费用），应先选择"数据"（Data）菜单中的"拆分文件"（Split File）命令，对数据按某一个或几个分组变量（性别）进行拆分后在使用该命令。可分组（性别）输出不同频数分布表。

表 9-2　统计结果表

		性别	住院总费用
个案数	有效	10	10
	缺失	0	0
平均值		1.50	3605.05
平均值标准误差		.167	672.00
中位数		1.50	3645.00
标准差		.527	2125.04
方差		.278	4 515 807.25

		性别	住院总费用
范围		1	5590.00
最小值		1	1030.00
最大值		2	6620.00
总和		15	36 050.50
百分位数	2.5	1.00	1030.00
	3.6	1.00	1030.00
	25	1.00	1495.00
	50	1.50	3645.00
	75	2.00	5552.50
	97.5	.	.

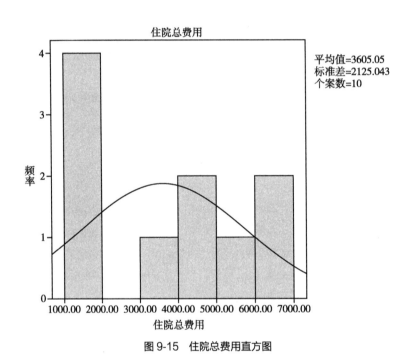

图 9-15 住院总费用直方图

表 9-2 输出频数统计结果,包括集中趋势和离散趋势指标。

双击表格打开透视托盘,调整表格行列位置。选定表格中的单元格进行修改如字体及小数位数等。双击直方图可进入图表编辑器(Chart Editor)窗口,对其图形进行修改,包括标题、坐标轴、间距、颜色、线条等格式。

对频数表资料,可建立两个变量,一个变量 X 存放组中值数据,另一变量存放其频数 F,然后执行"数据→加权个案"(Data→Weight Case)命令,按 F 值加权。以后操作与单变量同。

9.3.3 不同性别住院费用比较

对于定量资料 2 个样本均数比较,适合使用 t 检验,t 检验的应用条件是:每个样本是从正态总体中随机抽取的独立样本(正态性及独立性)、各总体方差相等(方差齐)。

一、正态性检验

对 DATA. SAV 数据库资料中的住院总费用做正态性检验。

如要比较不同性别住院费用,首先考虑做独立样本 t 检验,他的应用条件之一是对于小样本,需要分性别的住院总费用服从正态分布。

1. 打开 DATA. SAV 数据文件,执行"分析→描述统计→探索"(Analyze→Descriptive Statistics→Explore)命令,打开"探索"(Explore)对话框。如图 9-16 所示,将分析变量"住院总费用"选入"因变量列表(D)"(Dependent List)框,将分组变量"性别"选入"因子列表(F)"(Factor List)框。

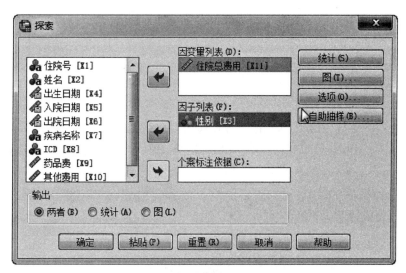

图 9-16 "探索"对话框

2. 单击"图"(Plots)按钮,打开"探索:图"(Explore:Plots)对话框,如图 9-17 所示,选中"含检验的正态图"(Normality plots with tests)复选框,其他默认,单击"确定"(OK)按钮,给出结果。主要结果见表 9-3。

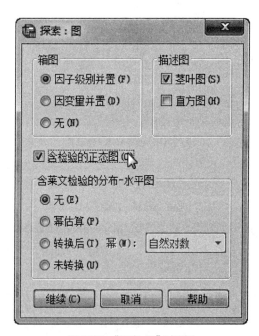

图 9-17 "探索:图"对话框

表 9-3　正态性检验结果

	性别	柯尔莫戈洛夫 - 斯米诺夫ª			夏皮洛 - 威尔克		
		统计	自由度	显著性	统计	自由度	显著性
住院总费用	男	.187	5	.200*	.934	5	.627
	女	.231	5	.200*	.915	5	.497

*. 这是真显著性的下限

a. 里利氏显著性修正

　　表中给出了两种检验方法,对于小样本(5000 例及以下)采用夏皮洛 - 威尔克检验法(Shapiro-Wilk test),大样本(5000 例以上)采用柯尔莫戈洛夫 - 斯米诺夫(Kolmogorov-Smirnov)方法。本例结果采用 S-W 检验 $W=0.934$,$P=0.627$,$P>0.1$ 差异无统计学意义,说明男性患者住院总费用服从正态分布,同理女性也服从正态分布。符合做独立样本 t 检验的一个条件。

二、独立样本 t 检验

　　在医学统计中,独立样本 t 检验要求数据资料服从三个条件:独立样本、对小样本要求每组服从正态分布、方差齐。这些在后面的医学统计学课程中会讲到,我们目前只关注如何操作。比较不同性别患者住院总费用,步骤:

　　1. 打开 DATA. SAV 数据文件,执行"分析→比较平均值→独立样本 t 检验"(Analyze→Compare Means→Independent-Sample T Test)命令,系统弹出"独立样本 t 检验"(Independent-Samples T Test)对话框,如图 9-18 所示。

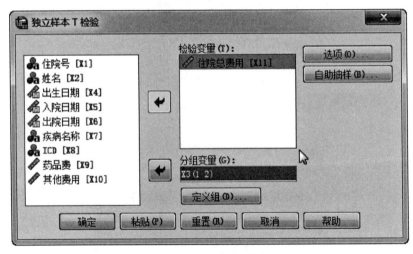

图 9-18　独立样本 t 检验

　　2. 从左侧的变量列表框中选择一个或几个数值变量移入"检验变量"(Test Variables)框内,这里选择分析变量 X11(住院总费用)进入"检验变量"(Test Variables)框内。

　　3. 选择分组变量"X3(性别)"进入"分组变量"(Grouping Variables)框内,表示要以性别为分组依据对住院总费用 X11 的均数进行比较,此时出现"X3[?，?]",单击下面的"定义组"(Define Groups)按钮,弹出"定义组"(Define Groups)对话框。对 X3 分组变量进行定义,本例因为性别分组变量第 1 组定义为 1(男),第 2 组为 2(女),故在组 1(Group1)框内键入 1,在组 2(Group2)框内键入 2,单击"继续"(Continue)按钮返回主对话框。

　　单击"确定"(OK)按钮提交系统运行。给出输出结果,见表 9-4 和表 9-5。

表 9-4 分组统计量

	性别	N	均值	标准差	均值的标准误
住院总费用	男	5	3508.0000	2252.03686	1007.14150
	女	5	3702.1000	2250.63314	1006.51374

输出每组的例数、均数、标准差、标准误。

表 9-5 独立样本 t 检验结果

		方差方程的 Levene 检验		均值方程的 t 检验					差分的 95% 置信区间	
		F	Sig.	t	df	Sig.（双侧）	均值差值	标准误差值	下限	上限
住院总费用	假设方差相等	.002	.964	−.136	8	.895	−194.10000	1423.86934	−3477.54860	3089.34860
	假设方差不相等			−.136	8.000	.895	−194.10000	1423.86934	−3477.54882	3089.34882

方程的 Levene 检验（Levene's Test for Equality of Variances），为 Levene 法进行的方差齐性检验，$F=0.002$、P 值（Sig）=0.964，$P>0.05$，说明方差齐，即两组患者总体方差相等。故观察独立样本 t 检验的结果时应观察"假设方差相等"（Equal variances assumed）所对应行（上排）的结果。如方差不齐，应看下面的"假设方差不相等"（Equal variances not assumed）对应 t 检验结果。

本例 $t=-0.136$，df（自由度）$=8$，Sig.（双侧概率 P）$=0.895$，$P>0.05$。因此应接受 H_0，拒绝 H_1，故可以认为不同性别患者住院总费用差异无统计学意义，或男女住院费用无差异。

系统还输出了差值的均数（Mean Difference）、标准误（Std. Error Difference）以及差值的 95% 可信区间。

任务 9-4 卡方检验

【任务描述】

比较任务 9-2 中所建数据文件中不同性别患者药品费用构成差异有无统计学意义。

【知识点分析】

将住院总费用进行分组，设 5000 元及以上为高费用，5000 元以下为低费用，比较男女患者费用构成（高低程度或高费用率）差异有无统计学意义。

一、住院总费用重新编码

1. 执行"转换→重新编码为不同变量"（Transform→Recode into Different Variables）弹出"重新编码为不同变量"（Recode into Different Variables）对话框，如图 9-19 所示。

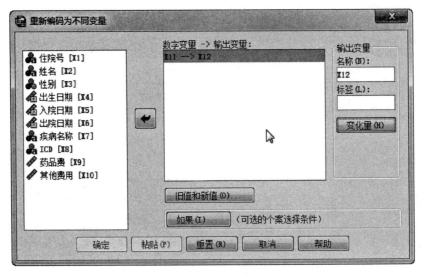

图 9-19 "变量重新编码"对话框

2. 选择 X11（住院总费用）变量进入"数值变量→输出变量"（Numeric Variable→Output）对话框，同时在"输出变量"（Output Variable）名称框内输入一个新赋值变量 X12（可以是新的，也可以是旧的变量）在"标签"（Label）框中输入变量标签：住院总费用分组。单击"变化量（H）"（Change）按钮后，系统会在"数值变量→输出变量"（Numeric Variable→Output）对话框中显示 X11→X12。

3. 单击"IF…"（如果）按钮可以对指定条件的观测值进行重新赋值，这里不选。

4. 单击"旧值和新值"（Old and New Values...）按钮，系统会弹出"重新编码为不同变量：旧值和新值"（Recode into Different Variables：Old and New Value）对话框，如图 9-20 所示，本对话框共有两组项：

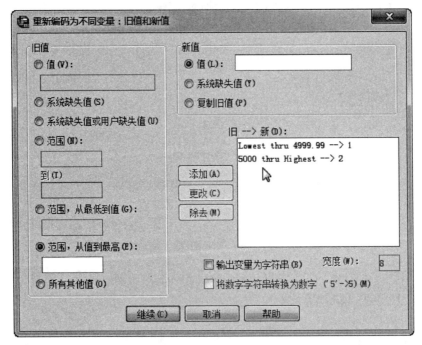

图 9-20 "旧值与新值"对话框

（1）旧值（Old Value）

1）值（Value）：表示单一数值。

2）系统缺失（System-missing）：系统指定的缺失值；即"."。

3）系统或用户缺失（System-or user-missing）：系统或用户指定的缺失值；

4）范围（Range）：指定数值范围；如 200 到 300。

5）范围，从最低到值（range, LOWEST through value）：即小于此值。

6）范围，从值到最高（range, value through HIGHEST）：即大于此值。

7）所有其他值（All other values）：所有其他不在以上定义范围的值。

（2）新值（New Value）：将旧值替换为新的值。

本例在旧值中的"范围，从最低到值（G）"（range, LOWEST through value）框中输入 4999.99，在新值框中输入 1，单击"添加（A）"（ADD）按钮；在"范围，从值到最高（E）"（range, value through HIGHEST）框中输入 5000，在新值框中输入数值为 2。单击"添加（A）"（ADD）按钮，单击"继续（C）"（Continue）返回主对话框。

单击"确定"（OK），可见多出一列变量 X12，将住院总费用分为两组，小于 5000 的 X12 值为 1，大于或等于 5000 的 X12 值为 2。在变量视图中将变量宽度定义为 1 位，数值标签定义："1= 低费用"，"2= 高费用"。

二、卡方检验

比较不同性别住院总费用等级差异有无统计学意义。可以采用 χ^2 检验进行分析。

1. 执行"分析→描述统计→交叉表…"（Analyze→Descriptive Statistics→Crosstabs）命令，系统弹出"交叉表"（Crosstabs）对话框，如图 9-21 所示。

图 9-21 "交叉表"对话框

（1）从左侧的变量列表框中选择 1 个（性别（X3））或几个变量进入"行（O）"（Row(s)）框中，作为交叉表的行，选择 1 个（住院费用分组（X12））或几个变量进入"列（C）"（Column(s)）框中，作为交叉表的列。此时如单击"OK"（确定）则仅输出 4 格表数值。

（2）选择控制变量进入"层"（Layer）框中，以决定交叉表频数的层，称这个变量为层变量，如选择多个层变量，可单击"下一张"（Next）按钮，单击左边的"上一张"（Previous）按钮可选择前面已选定的变量。以计算分层卡方。如上述资料为原始数据，有职业变量，可分职业（层）分别计算两组的比较结果。这里不选。选择"显示簇状条形图（B）"（Display clustered bar charts）分组显示条形图，将每一个行变量和列变量的组合输出一张的条形图。如有层变量,如性别,则输出两个(男、女各一个)条形图,每一个条形图,以行(Row)作为横轴、列(Column)作为纵轴(计数)。选择"取消表格"(Suppress tables)则表示不输出交叉表。

(3) 单击"统计"(Statistics…)按钮,系统弹出"交叉表:统计量"(Crosstabs:statistics)对话框,如图 9-22 所示:

系统共提供了六组统计方法和参数选项进行选择,这里选择"卡方"(Chi-square)计算卡方值,对行变量和列变量的独立性进行卡方检验,包括皮尔逊卡方检验、Likelihood-ratio(似然比)检验、Linear-by-Linear Association(依线形的线形关联)检验等。单击"继续"(Continue)按钮返回主对话框。

(4) 单击"单元格"(Cells…)按钮,系统弹出"交叉表:单元格显示"(Crosstabs:Cell Display)对话框,如图 9-23 所示,用于定义列联表单元格中需要计算的指标:

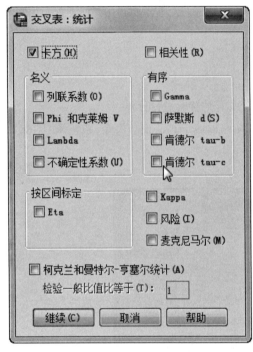

图 9-22 "统计量"对话框

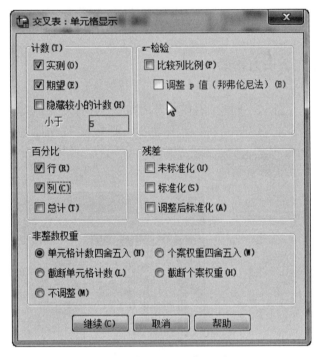

图 9-23 "单元格显示"对话框

计数(Counts)栏用于选择交叉表单元格中频数显示格式。

1) 实测(Observed):实际观察频数;系统默认。

2) 期望(Expected):理论频数。

百分比(Percentages)用于选择交叉表中单元格中百分比的显示格式。

1) 行(Row):行百分数;观测值占该行观察值总数的百分比。

2) 列(Column):列百分数;观测值占该列观察值总数的百分比。

3) 合计(Total):合计百分数;观测值占全部观察值总数的百分比。

标准化(Standardized):标准化的残差,即均值为 0,标准差为 1 的 Pearson 残差。

非标准化(Unstandardized):非标准化的残差;即单元格中观察值(实际频数)与预测值(理论频数)之差。

调节的标准化(Adj. standardized):调整的标准化残差,即观测值与理论频数之差除以标准差的值。

这里选择观察值与期望值、行、列百分比,单击"继续"(Continue)按钮返回主对话框。

单击"OK"(确定)按钮提交系统运行。

2. 结果及解释 系统首先输出了列联表的观察例数,然后,输出了列联表的表格,最后输出统计结果,见表 9-6。

(1) 观测值数据交叉表

表9-6　性别与住院费用分组交叉表

| | | | 住院费用分组 | | 总计 |
			低费用	高费用	
性别	男	计数	3	2	5
		期望计数	3.5	1.5	5.0
		占性别的百分比	60.0%	40.0%	100.0%
		占住院费用分组的百分比	42.9%	66.7%	50.0%
	女	计数	4	1	5
		期望计数	3.5	1.5	5.0
		占性别的百分比	80.0%	20.0%	100.0%
		占住院费用分组的百分比	57.1%	33.3%	50.0%
总计		计数	7	3	10
		期望计数	7.0	3.0	10.0
		占性别的百分比	70.0%	30.0%	100.0%
		占住院费用分组的百分比	100.0%	100.0%	100.0%

第2行为理论频数（Expected Count），可根据理论频数及例数判断采用哪种方法计算。具体应用条件见医学统计学相关文献。

(2) 卡方检验结果（见表9-7）。

表9-7　卡方检验（Chi-Square Tests）结果

	值	自由度	渐进显著性（双侧）	精确显著性（双侧）	精确显著性（单侧）	点概率
皮尔逊卡方	.476[a]	1	.490	1.000	.500	
连续性修正[b]	.000	1	1.000			
似然比	.483	1	.487	1.000	.500	
费希尔精确检验				1.000	.500	
线性关联	.429[c]	1	.513	1.000	.500	.417
有效个案数	10					

a. 4 个单元格（100.0%）的期望计数小于 5，最小期望计数为 1.50

b. 仅针对 2x2 表进行计算

c. 标准化统计为 −.655

第1行显示 Pearson Chi-Square 皮尔逊卡方的值（Value），自由度（df），双侧 P 值（Asymp Sig.2-sided），该卡方值不仅可以用于四个表资料，也可用于 R×C 列链表资料。

第2行显示 Continuity Correction 即连续矫正卡方统计量，适合于有理论频数小于 5 但大于 1 的资料。

第3行显示似然比值，适合 R*C 表资料。

第4行显示 Fisher's Exact Test 精确概率 P，分单侧（1-sided）及双侧（2-sided）概率。$n \leqslant 40$，或 $t<1$ 时使用该概率值。本例由于 $n=10$，使用该方法计算精确概率值。也可以用主对话框中的"精确"（Exact）按钮计算精确概率值。

第5行线形关联检验，两变量均为等级变量，且均从小到大排列时才有意义。

由于本例数据量较小,我们主要关注软件使用过程。本例 $P=1$, $P>0.05$, 差异无统计学意义。说明不同性别患者住院费用等级相同。

任务 9-5   制作表格

【任务描述】

根据 RSDA. SAV 数据文件分性别求平均总费用、最小值、最大值。

【知识点分析】

按性别分组,对每组总费用进行统计。也求每组的人数,构成(%)等信息。

一、操作步骤

1. 打开 RSDA. SAV 文件,执行 "分析(A) → 定制表(B) → 定制表(C)" (Analyze → Custom Tables → Custom Tables…)命令,打开 "定制表(C)" (Custom Tables)对话框。如图 9-24 所示。

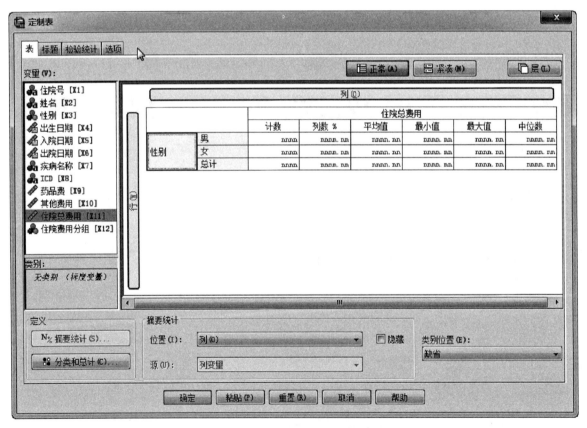

图 9-24   定制表对话框

2. 将行 "性别" 变量(分组变量)拖动到 "行" 中,将 "住院总费用" (分析变量)拖动到 "列" 中,如果需要分科室(如果有)统计住院总费用,可以将 "科室" 变量拖动到列变量 "住院总费用" 上面或行变量 "性别"右侧。

3. 在左下角"定义"框中,单击"N% 摘要统计(S)"打开"摘要统计"对话框。如图 9-25 所示。

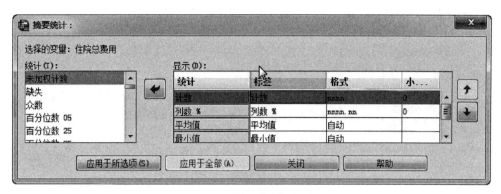

图 9-25 "摘要统计"对话框

左侧的列表框给出摘要统计的统计量,将需要的统计量选到右侧,这里选择计数、列数 %、平均值、最小值、最大值、中位数。

"列数 %"显示格式可以改为 2 为小数,单击"应用于所选项(S)",给出图 9-24 显示格式。

4. 单击(选定)"性别"变量,单击定义框中的"分类和总计"按钮。打开"类别和总计"对话框。如图 9-26 所示。

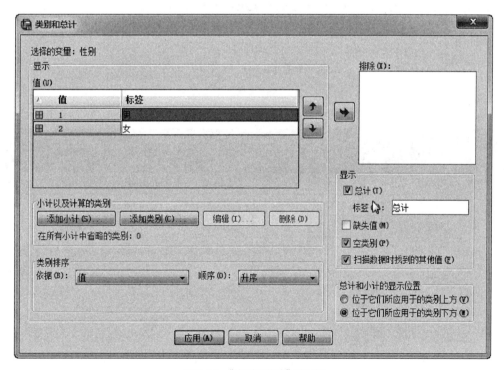

图 9-26 "类别和总计"对话框

左下侧的类别排序可以选择排序的依据(值或计数等)和顺序(升序或降序),显示框中选择"总计"按钮。单击"应用(A)",返回主对话框。

5. 单击"标题"选项卡,给出结果的标题,输入"表 9-8 不同性别住院总费用统计"。单击"检验统计"选择检验统计方法,如图 9-27 所示。卡方检验和列比例检验适用于行和列中都存在分类变量的表。列平均值检验适用于行中存在定量变量而列中存在分类变量的表。这里不选。

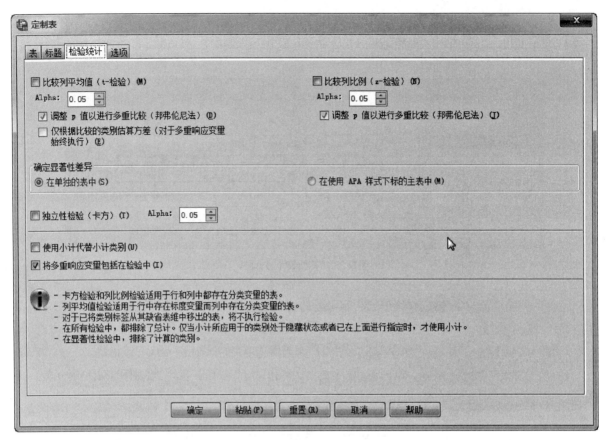

图 9-27 "检验统计"选项卡

6. 单击"确定"按钮给出结果。如表 9-8 所示。

表 9-8　不同性别住院总费用统计

		住院总费用					
		计数	列数 %	平均值	最小值	最大值	中位数
性别	男	5	50	3508.00	1030.00	6310.00	3100.00
	女	5	50	3702.10	1330.00	6620.00	4190.00
	总计	10	100	3605.05	1030.00	6620.00	3645.00

（时松和）

学习小结

本章主要介绍了 SPSS 的基本使用方法。包括数据文件的建立方法,SPSS 常用命令的使用,重新编码命令、数据计算命令及函数的使用方法。数据描述统计方法及两样本定量资料的假设检验(t 检验) 和定性资料的假设检验(χ^2 检验) 使用方法,最后给出了使用原始数据制作统计表格的操作方法。通过五个任务的学习能基本掌握该软件的初步使用方法。

复习参考题

一、选择题

1. 要在 SPSS 中建立表 9-9 的数据文件应_____。

    A. 在变量视图(variable view)中输入数据,再在数据视图(data view)中定义变量格式(变量名,类型、长度、小数位等)。

    B. 在变量视图(variable view)定义变量格式。再在数据视图(data view)中输入数据。

    C. 在数据(DATA)菜单,定义变量格式,在变量视图输入数据。

    D. 在文件(FILE)菜单,定义变量格式,在数据视图输入数据。

2. SPSS 中,对 20 人身高求均数,如果 160cm 的 12 人,170cm 的 8 人,建立了两个变量 HEIGHT 和 F,输入如下,则用频数统计命令求平均身高前应使用命令是_____。

HEIGHT	F
160	12
170	8

    A. 案例加权(Weight cases)

    B. 案例选择(Select Cases)

    C. 拆分文件(Split File)

    D. 计算变量(Computer)

3. 假设已经在 SPSS 中为下面的表建立了相应的数据文件,要求每人总成绩,可以使用的命令为_____。

    A. 案例加权(Weight cases)

    B. 案例选择(Select Cases)

    C. 拆分文件(Split File)

    D. 计算变量(Computer)

4. SPSS 中,如果仅想分析表 9-10 中,计算机成绩大于 80 分的男生(性别值为 1) 的数据,可以使用的命令为_____。

    A. 案例加权(Weight cases)

    B. 案例选择(Select Cases)

    C. 拆分文件(Split File)

    D. 计算变量(Computer)

5. SPSS 可以读取下面哪个类型数据_____。

    A. XLS 文件

    B. DBF(数据库文件)文件

    C. txt(文本文件)

    D. 以上都可

6. SPSS 中,对表 9-9 中求出的总成绩进行分段统计,要分析不同成绩段(如 <100,100~,150~) 人员人数及构成应首先使用下面的命令_____。

    A. 类型变量(Categorize variables)

    B. 重新编码命令(Recode)

    C. 案例排秩(RANK)

    D. 拆分文件(Split File)

表 9-9 某班考试成绩表

编号	姓名	性别	出生日期	计算机	英语
04101030001	刘明	1	1980-9-1	76	90
04101030002	王芳	2	1978-2-1	87	54

编号	姓名	性别	出生日期	计算机	英语
04101030003	张魁	1	1990-9-1	98	67
04101030004	李玉	1	1965-3-2	87	87
04101030005	周详	1	1943-2-3	98	65
04101030006	范令	1	1987-3-2	87	87
04101030007	金生	2	1978-12-5	76	65
04101030008	姚滨	2	1983-9-2	87	87
04101030009	王辉	1	1974-5-3	89	65
04101030010	张灵	2	1977-4-12	78	66

二、操作题

1. 求表9-9中每人"总成绩"(计算机+英语)。

2. 求每人到当前日期的年龄。

3. 比较不同性别("1"代表男,"2"代表女)总成绩差异。

参考文献

<<<<<< 1 Nancy L,Leech,Karen C,et al 著,SPSS 统计应用与解析 . 第 3 版 . 何丽娟等译 . 北京:电子工业出版社,2009

<<<<<< 2 CNNIC. 第 40 次《中国互联网络发展状况统计报告》.[EB/OL] . 2017-08-04. http://www. cnnic. net. cn,2017

<<<<<< 3 国家超级计算深圳中心 . http://www. nsccsz. gov. cn

<<<<<< 4 中国信息通信研究院 . 网络与信息安全产业白皮书(2015 年)[EB/OL] . 2015-12. http://www. cac. gov. cn/2016-09/02/c_1119501188. htm

<<<<<< 5 360 互联网安全中心 . 2016 年中国高级持续性威胁研究报告[EB/OL] . 2017-02-13. http://zt. 360. cn/1101061855. php?dtid=1101062514&did=490274251

<<<<<< 6 Michael E. Whitman. 信息安全原理 . 第 5 版 . 北京:清华大学出版社,2015

<<<<<< 7 中华人民共和国卫生部 . 医院信息系统基本功能规范 . 2002

<<<<<< 8 时松和,施学忠,李颖琰等 . 计算机在医学数据分析中的应用 - 卫生统计学实习指导 . 兰州:兰州大学出版社,2005

<<<<<< 9 丁玲 . 医学信息技术基础 . 北京:人民军医出版社,2010

<<<<<< 10 匡松,邱江涛等 . Internet 应用案例教程 . 北京:高等教育出版社,2010

<<<<<< 11 吴功宜,吴英 . Internet 基础 . 第 4 版 . 北京:清华大学出版社,2011

<<<<<< 12 王云光 . 临床信息管理 . 北京:人民卫生出版社,2011

<<<<<< 13 张文彤,邝春伟 . SPSS 统计分析基础教程 . 第 2 版 . 北京:高等教育出版社,2011

<<<<< 14　谢希仁,谢钧.计算机网络教程.第3版.北京:人民邮电出版社,2012

<<<<< 15　陈兵等.网络安全.北京:国防工业出版社,2012

<<<<< 16　冯天亮,尚文刚.医院信息系统教程.北京:科学出版社,2012

<<<<< 17　陈兵,钱红艳,胡杰.网络安全.北京:国防工业出版社,2012

<<<<< 18　谢希仁,谢钧.计算机网络教程.第3版.北京:人民邮电出版社,2012

<<<<< 19　袁同山.医学计算机应用.北京:人民卫生出版社,2013

<<<<< 20　胡志敏.医学计算机应用.第2版.北京:人民卫生出版社,2013

<<<<< 21　蒋加伏.大学计算机.北京:北京邮电大学出版社,2013

<<<<< 22　武马群.计算机应用基础.第2版.北京:电子工业出版社,2013

<<<<< 23　教育部考试中心.全国计算机等级考试二级教程--MS Office高级应用.北京:高等教育出版社,2013

<<<<< 24　姚志洪.医院信息系统理论与实践.北京:高等教育出版社,2014

<<<<< 25　陈涛,张杰.医学计算机应用基础(Windows 7+Office 2010).第2版.北京:高等教育出版社,2015

<<<<< 26　罗俊.计算机应用基础案例驱动教程(Windows7+Office2010).北京:中国铁道出版社,2015

<<<<< 27　肖峰.医学计算机基础.北京:科学出版社,2016

<<<<< 28　牛少彰,崔宝江,李剑.信息安全概论.北京:北京邮电大学出版社,2016

<<<<< 29　熊平,朱天清.信息安全原理及应用.第3版.北京:清华大学出版社,2016

<<<<< 30　李飞.信息安全理论与技术.西安:西安电子科技大学出版社,2016

<<<<< 31　陈赜.物联网技术导论与实践.北京:人民邮电出版社,2017

<<<<< 32　郭亚军,宋建华,李莉等.信息安全原理与技术.第3版.北京:清华大学出版社,2017